〈政治思想研究　第15号〉

国家と圏域の政治思想

政治思想学会 編

風行社

まえがき

『政治思想研究』第十五号をお届けする。表紙に題目を掲げた特集「国家と圏域の政治思想」は、二〇一四年の政治思想学会研究大会（五月二十四日、二十五日。会場は関西大学千里山キャンパス、関西大学法学研究所との共催）の統一テーマに基づいている。主権国家体制のゆらぎが指摘されるようになった現在、ではほかにいかなる「圏域」が、政治という活動の展開する空間として、意味のあるものになっているのか。そうしたゆらぎは、思想史の上ではいつの時代に始まったと言えるのか。また他面で、そうは言っても主権国家が重要な役割を失なったわけではない以上、その存在意義をいかに再定義するべきなのか。

こうした諸問題をめぐって、研究大会ではさまざまな議論が展開されたが、詳細は研究会報告の頁をご参照いただきたい。本誌ではシンポジウム報告のうち、会員によるものを三本、掲載している。西洋政治思想史、中国政治思想史、現代政治理論の三つの領域がまじりあう、思想的問題の「圏域」のありさまを、読者は知ることができるだろう。

また小特集として、「主権国家体制のゆらぎと政治教育・市民教育の課題」を掲載した。これは、研究大会での公募パネルでの報告に基づく論文を収録している。公募パネルは、以上のような主権国家体制の変容のなかで、政治を支える主体を育てるための政治教育・市民教育がどのようなものに変わっているか、そして今後どのように変えるべきかを議論するもので、当日は討論者（宇野重規氏・齋藤純一氏）によるコメントも含め、活発に討議が闘わされた。

公募論文は九本を掲載している。このうち七本が政治思想学会研究奨励賞受賞論文である。ご多忙のなか査読を快く引き受けてくださった方々に、深くお礼申しあげたい。もちろん、査読者からのコメントを真摯にうけとめ、改稿に努力された執筆者各位にも。例年よりも審査の基準をきびしくしたつもりはないのだが、結果として掲載されたのは応募総数の半分以下である。とくに、古い時代の西洋政治思想史、日本・アジアの政治思想に関する論文の落選率が高かった。

意欲ある研究者の方々の、一層の努力を望みたい。

なお、公募論文の審査に関連して、二つ申しあげたいことがある。第一に、今回は査読の過程で重大な問題が指摘された論文が一本あった。日本国内で刊行された先行研究書、二冊と酷似する記述が散見されたのである。編集委員会は、そのほかの点も含めた総合的判断によって、十分な水準に達していないと判定し不掲載とした。執筆者ご当人の説明によれば意図的な盗用ではないようであるが、そう解されても文句は言えない類の欠陥である。本学会だけでなく、政治思想研究全体の信用を著しく損ねることにつながりかねないので、投稿にあたってはくれぐれもご注意いただきたい。

第二に、査読を依頼したのに対し、不可解な理由で断る人が多すぎる。いまどきの大学教員、忙しいのは誰でも同じなのだから、自分だけが不条理な苦難に遭って苦しんでいるようなふりをするのはやめてほしい。若い研究者の学界デビューを助ける活動であり、本誌の重要な眼目でもあることを了解していただきたい。もちろん、至極もっともな理由で辞退された方々もおられたのではあるが。

書評については、会員による学術的な単著で、過去二年以内に刊行されたもののなかから七冊をとりあげた。

いつもながら編集作業を支えてくださっている、風行社の犬塚満氏に感謝する。また、財団法人櫻田会からの出版助成を戴かなければ刊行は不可能であった。長年にわたる継続的なご支援に、心よりお礼申しあげたい。

編集主任　苅部　直

国家と圏域の政治思想（『政治思想研究』第15号）〈目　次〉

【書評】

【二〇一四年度学会研究会報告】

カール・シュミットと中国の邂逅
――その国家・主権論を中心に

●――王 前

二〇一三年の中国の言論界を騒がせた話題として記憶に新しいのは、「新国父論」である。それを唱えたのは、この十数年間最も精力的にカール・シュミットの紹介と研究を推進してきた西洋思想の研究者、中国人民大学の劉小楓教授である。彼が言うには、今日の中国は精神の内戦を経験しており、自由主義の立場に立つ人々が毛沢東を批判乃至否定するのに対して、左翼は毛沢東を称えるという現実に直面している。彼自身の立場でいえば、孫文も蒋介石も現代の国父と呼ばれるには及ばず、たった一人資格がある人を挙げるならば、毛沢東を置いて他にいない。一九八〇年代後半以来、中国の新しい啓蒙運動に携わり、かつて自由主義者とも目されていたこの学者の発言であるだけに、転向などの批判を招いて、本人もそれに応戦する一幕があった。

この劉氏のお蔭で、昨今の中国の学界において、遅ればせながら、二十世紀最も影響力のある政治思想家、公法学者の一人であるカール・シュミットの著作が続々と翻訳され、その研究書も出版されている。日本と比べると、ほぼ一世紀近く遅れているが、急ピッチで紹介と研究が進められているその勢いは瞠目すべきところがある。レオ・シュトラウスの紹介は欧米の学界から不思議に思われたそうだが、このシュミットへの傾倒ぶりも実に尋常ではない。但し、この三十年間さまざまな世界の主要な思想や哲学を輸入してきた中国の学界とシュミットとの邂逅がこんなに遅いとはまた驚くべきことである。シュミットのよく言及するマックス・ヴェーバーが一九五〇年代以降の中国で三十年近く基本的に研究されなかったのは、中国のイデオロギー事情によるものであるが、シュミットが視野に入らなかったのは、そのナチスに加担した汚点のせいだけではないようだ。その反動のせいか、数年間にわたって人文思想学界では小さいとは言えないシュミット・ブームが起こっている。シュミット自身の角度から見れば、彼は基本的にヨーロッパのことを中心に思考をした思想家で、戦後はソ連や米国にも強い関心を持っていたが、中国のことは、彼の知的関心の中心を占めたことはかつて一度もない。彼の代表作のひとつである『パルチザンの理論』の一章が毛沢東のパルチザンの理論に割かれていることが、中国の読者に親近感を与えているところはあるだろう。

興味深いことに、その紹介と研究の主要な推進者劉小楓とその追随者たちは、シュミットの思想を批判的に読むのではなく、基本的に擁護する立場に立って、議会制民主主義や自由主義を批判している。一時期ナチスの「桂冠法学者」を務めたこともあるシュミットのことだから、今日世界のどこでも彼を無条件に擁護するのは決して簡単なことではないが、中国の思想的環境を考えると、なぜかくも日本における受容と違う展開を見せているのか、首を傾げたくなるところがある。そのようなシュミット受容への批判は、国家イデオロギーの方からではなく、基本的に自由主義者陣営から発せられているが、その多くは必ずしも問題の核心を突いているとは言えない。

二十世紀後半、特に一九八九年以降の左翼陣営の危機によって、欧米の左翼がシュミットの思想の魅力を発見したと言われているが(1)、それによって全世界でシュミットのルネッサンスのような様相を呈している。今となって、つい最近までシュミットの名前すら知らなかった中国の学界もその行列に加わることになったので、二十一世紀におけるシュミットの更なる影響力の拡大と言えよう。中国の台頭と連動するかのように、国家主義の思潮とシュミットの受容も歩調を合わせている感が強い。シュミットの思想に共鳴するのは、上記の劉小楓ら保守的な思潮を唱える学者や論客だけでなく、強い国家を主張する憲法学者や新左翼と位置付けられる論客もシュミットの学説を思想資源として援用するので、その受容は実に多層的な様相を見せている。この論文では、シュミットの国家・主権論をキーワードに、中国における受容の現状と問題点を考察することにしたい。

一　紹介と研究

シュトラウス流の西洋古典の方法を精力的に紹介しながら、中国のシュトラウス学派を形成し、シュミット研究もリードしている劉小楓は、一九八〇年代の後半に中国の学界でデビューした今日の中国の人文学を代表する学者の一人である。積極的に西洋思想の紹介と研究を推進したことでよく知られている彼は、一九九〇年代前半にバーゼル大学で神学を専攻し、その後もキリスト教思想をはじめ、様々な西洋思想を中国に紹介している。二〇〇〇年前後からはほぼ同時に、カール・シュミットとレオ・シュトラウスの紹介と研究に大きな力を入れはじめ(2)、ある種の思想上の転向を示している。なぜこの二人の思想家に注目するのか、彼はその紹介の必要性をこう語っている。

もしシュトラウスがそのユダヤ思想という魔法の目を通して、西洋思想史における極めて隠微的な内部の衝突、即ちプラトン的政治哲学とアリストテレス的・ローマ法的政治神学との衝突を発見したのが間違っていなければ、シュミットの著作はその深遠なローマ・カトリック的政治思想のルーツをたよりに、西洋政治思想の極めて隠微的な内部の問題を暴いたと言える。シュミットの政治法学の鋭い批判性は、もとより現代政治のジレンマと切っても切れない関係にあるが、その政治法学の問題表現は、どれも彼自身が属する思想伝統の再解釈に基づくものである。もし、中国語圏の学界がシュミットの政治法学の研究を通じて西洋政治思想史に内在する問題の奥の院まで突きとめないで、彼の政治的な生涯にこだわりすぎ、急いでその政治的論述に対して、保守的とか、新左派的な或いは自由主義的な批判を加えるのなら、慎重にかつ深く考える機会を失うことになる(3)。

このような評価は未曽有と言わなくても、昨今の中国の学界では非常に珍しい。シュミットの思想の重要性をかくも高く評価する劉小楓は、ほぼ全面的にシュミットの主権論を含む思想を援用して、自由主義、議会制民主主義特にその価値中立論を批判する。本論文はまず彼の著書『現代人及びその敵――公法学者シュミット入門』を中心に、関連論考も視野に入れて、その紹介と研究の全貌を一通り考察したうえで、その問題点を明らかにしたい。

欧米でのシュミットの評価は論客の立場によって、さまざまであるが、シュミットの最新伝記の著者Reinhard Mehring 教授はシュミットのことを「間違いなく新国家主義と反自由主義の父」と明確に位置付けている。[4] この評価は大方の同意を得られるだろうが、これに対して、シュミットの思想を基本的に継承する劉小楓はその国家主義と反自由主義の立場を特に批判することなく、むしろ肯定する姿勢を持っているのが印象的である。その理由として挙げられたのは、近代以降主流となった自由主義の理論では、国家の主権をきちんと理論付けることができないという、これも実はシュミット流の自由主義批判の根拠に基づくものである。言い換えれば、彼らは啓蒙運動の成果である人民民主の主権原則への批判を共有している。具体的にいうと、近代化を推進する国において、国家の統一と強大を求める時は普遍的な権威に服従する必要があり、自由民主主義政治の価値観に基づいて国民国家を作ると成功の可能性が低いという見方をシェアしているのである。[5] ここに劉小楓の自由主義批判の主要な理由があり、彼もシュミットと同様に、自由主義の法学は国家の概念を考えてはいるが、実際は国家を法治秩序の傀儡とさせていると見ている。

『政治的なものの概念』のなかで、シュミットは今日の世界を多民族国家から構成されている多元的な倫理と政治の実体であると捉え、各民族間の生存闘争が現代の政治の現実であるという見方を展開している。劉小楓も基本的にこれを継承し、自由主義の政治学は迂闊に個人の自由と権利を唱えるが、国家は抽象的な普遍的な原理ではなく、具体的な民族の政治実体であり、極端な状況の下で、誰が敵なのか、誰が味方なのかを決断できなければならないというシュミットの最も有名な論点に強く共鳴しながら、シュミットの理論を中国の読者に紹介する。[6] 自然な流れとして、劉小楓はシュミットと論敵のケルゼンとの比較を通して、ケルゼンの純粋法学を批判し、現代の国民国家はどれも主権概念から生まれたもので、誰かが主権を決める権力を持っていれば、その誰かが国民国家を作る権力を持つという事実をケルゼンは見落としていると、ケルゼンの国家観を厳しく批判する。ケルゼンの純粋法学の理念を批判した上で、劉氏は主権こそ国民国家にとって根本的に重要なもので、国際的に普遍な正義は守るべきとは限らないとも主張する。[7]

このようなシュミットの国家論と主権論に正に両手を挙げて賛成する劉小楓が、数年前に朝鮮戦争を高く評価する講演を行ったのも不思議ではないだろう。昨今の中国の歴史学者の研究によっても朝鮮戦争の真相がより明らかになったにもかかわらず、彼はむしろ毛沢東の決断を評価し、アメリカとの対決によって、新中国の国威発揚に貢献したと称えている。その国家主義への転向を示す一つの事例である。そのような講演に対して、当然のことながら、自由主義者からだけでなく、違う立場に立つ学者からも批判が寄せられている。この主張をするからと言って、劉小楓の考えは中国共産党の政治理念そのものを反映しているとは必ずしも言えない。むしろ彼は論文などの中で、自由主義もマルクス主義者も同じ経済の論理によって動かされているというシュミットの論点に同調しているところを見ていると、その独自の立場を持っている部分もあるようだ。

議会制民主主義への批判をシュミットからほぼそのまま受け継いだ劉小楓は、「例外状態」をめぐる対応についても論じ、それは国家の正当性の根拠付けの問題として捉えている。ここで彼は「政治的成熟」という言葉を使い、国家の敵と味方の区別ができなければ、政治的に成熟したとはいえず、またその敵は宗教の敵でもなく、個人の敵でもなく、国家の敵であり、また実際の敵でもあるとシュミットの説を敷衍する。その説明の中で、劉氏はシュミットの『パルチザンの理論』を引用し、敵と味方の区別の重要性を一九二〇年代にほぼシュミットと同じ時期に強調した毛沢東の考えを例としてあげ、毛沢東は政治のプロ中のプロであると称える。(8) その毛沢東を称える言葉の中に劉氏自身の考える政治の本質を意味する部分もあるので、引用しておこう。「毛沢東は臨機応変に戦略戦術を応用し、終始ベストな政治的な状態にあり、正真正銘の政治家である。あるいは本当の自由主義者であると呼んでもいい——なぜならば、彼には絶対的な敵がいないからである。(中略) 国民がその政治の変化についていけないのは、実際の敵を区別することができないからである。それは構わない。しかし、民族と国家の指導者はそれを知らなければならない。重要なのは国家が終始政治的統一を維持することであり、中国を政治的に成熟する民族に育てることである。逆にこのように補足することもできる：ニクソンは本物の政治家で自由主義者である。彼はタイミングを見逃さずに、中国という最大の敵を味方に変えたからである。共産主義者の毛沢東と自由主義者のニクソンは二人とも本当の政治とは何かを知っているだけでなく、相手のこともよく知っている。また口汚い言葉を使って相手を批判することは口先だけのことにすぎないことも知っており、政治の現代的な奥義（統治秘術）を知っているのである。[9]」

ここで劉氏は「自由主義」を「変幻自在」という意味で使っているようだが、おそらく毛沢東本人もこのようなレッテルを拒否するだろう。確かに、一九七〇年代の世界情勢を振り返ると、当時の中国は毛沢東の決断ひとつで米国との関係改善に踏み出し、ソ連という西側との共通の脅威に対処する選択をしたのは、戦略家としての彼のずば抜けた才能を示していることは、たとえ彼の批判者であっても認めざるを得ない。しかし、だからといって、毛沢東は政治の現代的奥義を知っていると評価していいかどうかはまた別の話であろう。それは彼が推進していた文化大革命がもたらした惨憺たる結果を見ればすぐに分かることである。

なぜ劉小楓のような今日の中国を代表する知性がここまでシュミットに「いかれている」のか、自由主義への嫌悪感のような原因はすでに考察してきたが、その深層の原因は何だろうか？　シュミットにつよく引かれた理由を考えると、もっと根が深いようだ。具体的に言うと、シュミットの近代批判や人間性理解及びその信仰にも劉小楓ら中国のシュミット・ファンが共鳴しているのだ。これは劉氏自身の昔の立場とだいぶ違うところがあり、今日の中国における啓蒙批判の代表的な現象なので、ここで少し考察する必要がある。なぜならば、どこか昔の日本の「近代の超克」と似ているようなところがあるからである。

ドストエフスキーに関するある翻訳書の前書きで、劉小楓は中国の知識人が百年ぐらい前から西洋の啓蒙思想を輸入したが、その中にある「毒素」には気付かなかったと手厳しく批判する。このような批判が出来たのは、この十数年間のレオ・シュトラウスとカール・シュミットを研鑽した成果だろう。シュミットは『価値の専制』の中で、十九世紀のニヒリズムを克服するために誕生した価値哲学の「価値思惟」を批判しているのはいかにもカトリックの信仰を持つ彼らしい批判の展開であるが、その価値哲学の誕生とその変遷についての彼の分析にはなかなか鋭いところがある。その批判の射程はある意味では、フランクフルト学派の啓蒙批判と一致しているところがあるし、それよりもっと切り込みかたが凄いところもある。特にその価値哲学が「反価値」などに通じる分析のプロセスは物事の本質を正確に押さえており、一九六〇年代に発表された『パルチザンの理論』の中で展開されている絶対戦争に内在するロジックを見事に析出した手法と同じである。劉小楓はフランクフルト学派の批判が、啓蒙哲学の視座の内部における批判であるのに対して、シュミットのはローマ帝国に端を発した神学伝統に基づくもので、その啓蒙哲学への批判は古代神学と現代哲学との衝突を再度取り上げたものだと説明する。[10] しかし、問題はシュミットが理想とするローマカトリック教会の政治形態を取り戻すことで解決できるのだろうか？　チャールズ・テイラーが言うこの世俗的な時代にそもそもそれを取り戻すことができるだろうか？　ヴェーバーはその知的誠実さを以て、神々の争いの現象に触れたが、その解決策は万人が簡単に真似られるものではないだろう。正にシュミットが言うように、「マックス・ヴェーバーの記述があとに遺した悪夢なのである」[11]。その「悪夢」にいかに対応すべきかに関しては、シュミット自身でさえ満足のいく答えを出したとは言えないだろう。

劉小楓が心情的に共鳴しているもう一つのシュミットの観点は正に今触れたカトリックの政治的形態に関するものである。シュミットの『ローマカトリック教会と政治形態』は薄い小冊子であるが、彼が理想とする政治形態を明らかにした代表作である。シュミットは近代の技術理性の非政治化の特徴を厳しく批判しているが、カトリックのKatholizismus は根本的に政治的なものであり、本当の政治的な形式と位置付けている。彼から見れば、国民国家の主権論の中で、権力と正義の精神的倫理が完全に分かれているので、カトリックの政治形態のなかでこそ、ある程度国際法における両者の関連性が実現できるという。『ローマカトリック教会と政治形態』の中で、シュミットは何回も complexio oppositorum（対立複合体）というカトリックのキーワードを使ってカトリック教会の構造とその本質を説明している。この制度は貴族性と民主制の見事な結晶だと見る劉氏は、これこそ正真正銘のエリート・民主制と、シュミットに劣らない情熱を以て称えている。シュミットのこの政治神学的な見方にも劉氏が共感を持っているのは、共通の信仰が原因と考えられる[12]。

レオ・シュトラウスの紹介と研究も精力的に展開している劉氏は「高貴な嘘」の必要性も唱えているので、カトリック教会の政治形態をそのように高く評価するのは不思議ではない。彼の結論としては、「現代の民主政治において、政治的な抱負を抱いているエリートは神父が教区の中で修業をするのと同じように、民衆の中で自分を鍛えてから、直接選挙を通して国家のリーダーになるべきである。カトリックの制度の構造の中で、重要なのは神父の階層で、彼らは法王と平の信者を繋いでいる。この階層は彼らの天命を持っている――神への贖罪である。同じように、現代の民主政治がもし本当の政治を目指すならば、同じような階層を必要とする――ヴェーバーが呼びかけたプロテスタント倫理を持つ政治家と同じように。もしこの階層がテクノクラートに変わってしまったならば、本当の政治も消えてしまう(13)」。言い換えれば、現代の真正のデモクラシーはその問題点を克服するためには、カトリックの政治形態を見習うべきである。

このような議論を見ていると、劉氏自身は必ずしも完全に民主制を否定するスタンスを取っているとは言えないようだが、その真意を見抜くのは簡単ではない。なぜならば、彼はシュミットの政治神学をもかなり高く評価しているからである。シュミットが一九三〇年代に著した『政治神学』は彼の思想を理解するうえで、最もコンパクトな一冊と言われているが、その政治神学を追求するこころざしは、約四十年後に上梓された『政治神学再論』によってより鮮明になっている。職業的には神学者ではないが、彼の政治哲学と法学の思考には明らかに神学の要素が含まれているのは否めないだろう。その『政治神学』の中でシュミットが高く評価する「反動的な」思想家が三人いる。つまり、ルイ・ボナール、ジョゼフ・ド・メーストルとドノソ・コルテスの三人である。コルテスに関しては、シュミットは一冊の本も書いたので、その心酔ぶりは尋常ではない。劉氏から見れば、この革命と反革命の論争の分岐点は、正に『政治的なものの概念』の最後の二節で触れた人間性理解に関する楽観論と悲観論である。ここで、劉氏はシュミットだけでなく、その三人の「反動的」思想家が示した人間性の邪悪な一面への深い理解にも強い共感を示している。ここはまた劉氏がナイーヴな自由主義者の人間観と袂を分かつところでもある。彼が言うには、近代の自由主義者は人間性の理解を変えるために、キリスト教の原罪説を改造したので、シュミットが最も批判した政治の中立化の文化哲学的な基礎を築いたそうだ(14)。自由主義者たちは果たして劉氏が批判したようにナイーヴかどうかはともかくとして、シュミットから批判の武器を得た劉氏の自由主義者への批判がそれによってエスカレートしたのは間違いないようだ。

『価値の専制』や『政治神学』などの著作には、シュミットの近代技術文明、経済思想への厳しい批判も沢山書かれている。ハイデガーの哲学に詳しい劉小楓は明らかにシュミットの思想からも近代性の問題を発見したようで、レオ・シュトラウスの研究を通して悟った古典哲学への回帰と軌を一にしている。周知のごとく、『政治的なものの概念』へのシュトラウスのコメントは、シュミット自身にもその力量を認めさせたものである。シュトラウスはシュミットの自由主義批判は相変わらずその批判対象の視座の中にあると鋭く指摘した。シュトラウス自身が選んだ道は、西洋古典哲学への回帰であるが、これに強く感心した劉小楓は彼らの近代批判を共有しているので、啓蒙以降の近代性を主張する思想の諸流派を手厳しく批判しているわけである。そういう意味では、彼のシュミットへの共鳴は、本人も言ったように、西洋思想の深層、特にローマカトリック教会の政治形態──言いかえれば、「奥の院」に遡るものであり、単なる自由主義への憎悪に端を発するものではないようだ。レオ・シュトラウスの啓蒙批判、近代批判と一緒に考察すると、劉氏をはじめとする中国のシュミット・ファンたちの思考回路がより明らかになる。

ここまでの考察を振り返ると、劉小楓のシュミットへ傾倒した理由はそう簡単に白黒をつけられないようだ。少なくとも世俗的な角度だけから判断すれば、彼に一蹴されるかもしれない。なぜならば、その背後に深い信仰が絡んでいるからである。筆者のような異教徒はなかなかその真意を測るのが難しいが、少なくとも彼自身も一種の政治神学を持っているとは言えよう。問題は、カトリックなどの伝統がない中国において、どのようにその政治神学を展開するかであろう。自由主義を擁護するかどうかは別として、日本を代表する法哲学者、シュミットとケルゼン両方の研究で知られる長尾龍一が言うように、「シュミットに関していえば、人間中心主義や経済的思考に由来する価値の概念が攻撃性をもち、闘争的であるとするのは、事実としても疑わしい。筆者はむしろ、超人間的権威や未来社会の楽園を信仰する宗教・擬似宗教の間の宗教戦争、神々の争いこそ最も苛酷で凄惨な闘争をもたらすのに対し、人間的世界、経済的打算の世界は妥協可能な世界であって、相対的には平和主義であるとするケルゼン流の思想のほうが、plausible に思われる」(15)。極端な世紀である二十世紀を振り返れば、このシュミットとケルゼン両方の思想に造詣が深い研究者の言葉に頷けるだろう。

その思想の輸入と移植の成否はともかくとして、劉小楓のリーダーシップのもとで、シュミットの主要な著作が収められている『シュミット文集』が出されているだけでなく、シュミットについてのさまざまな論文なども発表されている。政治思想・政治哲学また法学関係者の間でシュミットを語らないと時代遅れと言われても可笑しくないような雰囲気さえ感じられる昨今の中国の学界であるが、純粋に学問思想の研究の角度から見れば、それは中国の学界の発展に資するものもあると言えよう。何といっても、レーモン・アロンが回想録で言っているように、シュミットはヴェーバーと同じようなスケールの大きい哲学者で、単なる一つの専門分野の法学者ではない。彼の第三帝国における挫折からもまた彼の燦然と輝く知性からも中国の学界は多くを学べるはずである。

二　新左翼及び法学者による受容

上述のようなシュミットの紹介と研究と同時に、一部の法学者や新左翼理論家の間でもシュミットの思想に共鳴する人が増えている。彼らはシュミットの自由主義を批判する観点を引用し、今日の中国にまだ根付いていない、ある意味では架空の敵である自由主義を批判しているので、シュミットがその思想上の武器を提供した格好となっている。次は中国で新左派と呼ばれる論客や一部の法学者におけるシュミットの影響を考察したい。

中国の新左派は、一九九〇年代以降現れた学者グループで、伝統的なマルクス主義、毛沢東思想を批判的に継承しながら、欧米の新左翼の思想の影響も受けている。彼らは新自由主義や市民社会論を批判し、国家の役割を強調する。なぜならば、彼らから見ると、議会制民主主義も市民社会のNGOや自己の利益を追い求める個人も最終的には本当の広範に亘る国民の根本的な利益を代表できないからである。まるで全知全能な政府こそ、本当の民意を代表できるし、また至高で分割できない、譲渡もできない最高の決断をする権力を持っているようだ。例えば、この新左派と呼ばれるグループのなかで、「脱政治化の政治」（シュミットの「中立化と脱政治化の時代」の影響を受けていると連想される）を批判したことで知られる清華大学教授の汪暉は、「党国（Party-State）が普遍的な利益を代表する」という説を唱えている。その「脱政治化の政治、覇権の多層的な構造と六十年代の消失」(16)のなかで、彼は現在の中国のイデオロギー国家機構は特定の価値とイデオロギーに基づいて動かされるのではなく、脱イデオロギーのロジック或いは「脱政治化」のロジックに基づいて稼働しているると批判しているが、同時に中国共産党はその政治運営の過程において徐々に国家体制の主体となることによって、政党はある政治理念と政治実践の行動者であることをやめ、通常的な国家権力となったと説明する。中華人民共和国建国六十周年の時に、彼は「自主と開放の弁証法――中国台頭の経験及びその直面する挑戦[17]」のなかで、一九四九年以降の中国革命がうちたてた国家は、最初から人民の普遍的利益を代表するもので、一九八〇年代の市場化改革以降分化した各種の利益が国家の意志に浸透し、国家が私有化の脅威に直面するようになったと分析する。その結果、国家の各部門はさまざまな利益集団の代表となり、いかに国家に普遍的な利益の代表になってもらうかが、極めて重要な課題だと強調する。そのような危機意識を持つ彼は、普遍的な利益を代表する希望を中国共産党に託している。彼はまた毛沢東思想をこの時代の中国にとって最も重要な思想資源の一つと見ており、その重要性を説明する際、シュミットら欧米の思想家の毛沢東に関する見方を引用している。

汪暉は劉小楓と同じく今日の中国を代表する人文学者の一人として、彼もつい最近朝鮮戦争の意義を肯定する文章を発表したことは、上述の紹介から見て、あながち不思議ではないだろう。彼は朝鮮戦争を二十世紀の中国革命と戦争のコンテキストのなかで再考し、その内部的な視座を通して、いかにその政治決断を理解すべきかをめぐって約三万字の長い論文で新たに問うている。その意義を考察する時、彼は朝鮮戦争を本格的な人民戦争で、中国にとっても朝鮮にとっても東側にとってもまた世界にとっても意義のある戦争だったと再評価する[18]（これに対しては、中国を代表する現代史特に中国共産党の歴史の研究で知られる学者によって鋭い反論が出ている[19]）。その朝鮮戦争の意義の再評価が正しいかどうかはともかくとして、前出の劉小楓と似たような評価を下したことはなかなか興味深い。なぜならば、政治的なスタンスが微妙に異なる二人の学者とはいえ、汪暉も国家の主権を常に強調しているからである。たとえば、冷戦時代、中国が二大陣営のどちらにも属したことがなかったことを毛沢東の偉業の一つとして高く評価している。こういうところにもシュミットの主権論と実に通じるところがあるようだ。

汪暉の「党国が普遍的な利益を代表する」論は、高名な文学評論家の銭理群によって、事実に一致しないと批判されたのに対して、一部の憲法学者によっては緻密に論証されている。ルソー、シエイエスとシュミットの理論の影響を受けた憲法学者、北京大学教授の陳端洪は、憲法制定権力（constituent power）と憲法決定権（constituted power）を区別しながら、中国の現実に沿ったと彼が言う憲法の学説を展開している。[21]その説によれば、憲法制定権力は全ての権力の源泉で、憲法決定権は派生的なものである。この学者はルソーのように人民主権を主張し、人民が出場する必要を唱えるが、人民が常に出場できるわけではないので、その代表に主権の行使を委託するしかない。代表と言えば、中国の場合は中国共産党と人民代表大会である。この学者の話によると、中国共産党は憲法によって作られたものではないが、中国人民が二十世紀の革命の歴史のなかで選んだものである。中国共産党中央が人民の憲法制定権力の常駐の代表機構である。ここで、ラジカルな人民主権論者は党国主権論者へと変わる。このように「党国と人民の同一性」を主張する法学者や政治学者は決して個別な現象ではない。彼らから見れば、今中国に存在しているものは合理的である。例えば、中国共産党は選挙の洗礼を受けていないのではないかという反論に対して、中国人民が二十世紀の革命史のなかでそのような選択をしたのだと反論する。程度の差こそあれ、彼らに共通なのは、自由主義の憲政原則に反対することであり、それがナイーヴなものだと一蹴する。その結果、国家の最高権力を人民立憲の名義で憲法を凌駕する超国家的な権力に託すのである。

なぜ中国で上述のような国家主義が現れたかというと、自由主義の立場に立つ学者、華東師範大学の許紀霖教授の分析によると、それは価値観のニヒリズムと関係があるそうだ。[22]その説明によると、今の中国で最も深刻なのは精神の危機で、社会全体が基本的な価値観の共有を実現できず、共通の倫理的基礎も失っている。伝統的な儒教の価値観は文化大革命などにより根こそぎ破壊され、国民全体が承認する価値観を失っている。その結果、世俗的な対象として、国民国家が崇拝されるようになった。それは中国革命の実践とも関連している。もともと共産主義がイデオロギーとしての地位を持っていたが、文化大革命などの動乱を経たあとは、そのイデオロギー自身が疑いの対象となり、また批判もされている。その価値観の欠けた公共的空間を補ったのがナショナリズムであり、国家主義である。国家の価値観は特に議論されることもなく、国家の強大化が唯一の重要な目標となっている。その強力な国家は、自由、民主主義及び法治主義などに基づくものではなく、物質的な実力を基礎とするものである。その中で、ある国家主義を唱える法学者は、シュミットの話を引用して、反対派が現れて、国家が危機的な状況に陥った時、主権者は憲法を超える最高決断権を持っているとと主張する。(23)

筆者から見れば、確かに価値観の空洞化はこの三十年来の中国の深刻な問題の一つである。昔はイデオロギーが支配的な地位を占めていたが、文化大革命という中国史上未曽有の経験をした後は、その影響力を急速に失った。一九九〇年代以降の中国は高度成長期に入り、今度は拝金主義が時代の風潮となり、多くの人々の関心は、一九八〇年代の理想主義から実利を重視する方向へと転換したのである。その場合、国民を束ねるのに非常に役に立つものとしてナショナリズムが選ばれたわけである。中国の経済が成長するに従って、国家の振興、強大化というアヘン戦争以来の宿願も少しずつ実現されるように見えたので、自然な結果というべきか、国家主義が台頭したわけである。この一世紀半の中国の屈折した歴史の流れという面もあることは否めない。

同じ許氏の分析によると、今日の中国の国家主義者たちは、シュミットの思想を直接に中国の現実に持ちこんで、政治人類学から政治神学に変えようとしている。それはどういうことかというと、彼らは全体的な「中国モデル」を求めて、強力な国家の存在は国民の安全と民生の需要を満たせるだけでなく、また西側と違う民族の個性を自由に創造し、民族の意志の全体を見事に体現できると考えているのである。そのプロセスのなかで「国家主義とポピュリズム、古典主義と連携する動きも台頭し、ロマン化された『人民の利益』と『中華文明』が神聖なる国家の世俗的なルーツとなりつつある。(24)」

この分析には多少の補足的な説明が必要である。中国の国家主義者たちが、政治神学者でもあるシュミットの主張を中国の文脈の中に持っていきたいのは、自由主義は強大国家を作る上で、軟弱であるという批判をしているからだと前に触れたが、そのために、シュミットの思想のほうが強い国家を目指すには時宜を得た思想の武器だと理解されているようだ。ある意味では、中国の近現代史とドイツの近現代史が似ているところがあるので、彼らはシュミットと同じように自由主義への批判を展開している。安易に欧米型リベラル・デモクラシーを導入して却って混乱を招いた国々を例として挙げて、特にシュミットも激しく批判したワイマル共和国を取り上げて自由主義のそういった問題性を批判している。それは一理があるだろうが、問題の一面しか見ていないという誇りは免れないだろう。

古典主義というのは、中国の国学で、特に儒教を中心とする中国の古典学問である。中国政府の奨励も受けているためか、儒教自由主義から儒教を国教に定めるべきだという意見まで出ており、まるで儒教のルネッサンスが到来したような錯覚さえ生じている。儒教は元々制度としての一面が強く、簡単に国家に利用される性格を持っていることを自覚しないと、歴史上の復古主義者たちの二の舞を踏まない保証がないだろう。これは正にシュミットの理論と同じような問題性を含んでいるものである。

三　自由主義の立場からの批判

上述の国家主義の台頭に対して、どういう対抗勢力があるかというと、それは主に自由主義の側から批判がなされている。中国における自由主義は全体の思想系譜のなかで、決して主流となっているわけではないが、その価値観が少しずつ社会に浸透しており、決して無視できない思潮なので、簡単に自由主義の陣営の反論を紹介しよう。

自由主義の国家論が欠落しているという反省の上に立って、自由主義的な国家論を作るべきだと主張するグループがある。彼らから見れば、今までの中国の自由主義者はあまりにも国家の問題を疎かにしてきたので、中国における自由主義の有効性を脅かす結果となっている。その問題を解決するために、ハイエクの研究で知られる高全喜という学者が英米型国家観を研究し、英米型自由主義の国家理性の樹立を唱える。つまり、リベラリズムの価値観を擁護しながら、強大な自由主義国家とは何なのかを問うているのである。自由主義の軟弱性を国家主義者に指摘されている以上、その一番弱い部分をどう補強すべきか、これが自由主義に軸足を置く学者たちの急務であるという主張である。その問題を解決するために、強大な自由主義国家のお手本として白羽の矢が立ったのは、アングロサクソン国家の代表格であるイギリスとアメリカである。前の劉小楓の唱える権力側に立つ「政治的成熟」に対して、こちらは自由の価値観に立つ「政治的成熟」を求める。筆者から見て、様々な形で現れたシュミットを擁護する受容に対して、最も有力な反論を展開したのもこのヘーゲルの『精神現象学』の研究からスタートした高全喜という中堅の学者である。

『中国のコンテキストの中のシュミット問題』という論文の中で、高全喜はシュミットの理論を援用して、右と左の立場から自由主義を批判する論調に関して、先ずこう問うている。「欧米の伝統的な右翼と新左翼はシュミットから彼らを興奮させる、どんな共通のものを見つけたのだろうか。なぜまるで約束したかのように、北米が代表する自由主義の政治理論とその現実である政治制度を挟み打ちしているのだろうか[25]」。彼から見れば、それはシュミットが英米の政治理論の二つの核心に対して、力強い批判を展開したからである。つまり、英米系自由主義の政治理論に隠されている重要な課題（hidden agenda）、国家の問題と現代の大衆民主主義の実質上と手続き上の病弊に対してである。確かに、主権の問題はシュミットの生涯の最も関心を持つ問題の一つであり、大衆民主主義への批判は、一九二〇年代からすでに行っている。その鋭い見解は今日見ても射程を失っていないところが多々ある。高全喜が使ったキーワードを借りていえば、シュミットの批判は英米系政治理論の「弱い肋軟骨」に命中したのである。但し、シュミットのその批判は問題の核心を果たして完全に突いているのか？　確かに、国家の問題に関しては、ヨーロッパ大陸の思想家のほうがより多く取り上げており、非常に深遠な理論を残している。問題は、シュミットが指摘した十九世紀に誕生したブルジョア・リベラリズムは本当に彼が言ったように、軟弱で決断できなかったのか？　われわれは歴史の事実に照らしてみれば、イギリスもアメリカもむしろ彼の叙述の反例を提供している。近代現代史上最も強い帝国を築いたのは、正にイギリスとアメリカにほかならない。西洋の哲学思想の伝統に極めて詳しいシュミットは、なぜ英米系政治理論のそういった特徴を見逃したのか、確かに不思議な感じがしてならない。彼はホッブズに関する優れた研究を残したにもかかわらず、肝腎の英米系の国家理論に関しては、その核心の部分を完全には理解できなかったようだ。筆者もシュミットの深い学識に敬服しながら、これに対しては疑問をずっと抱いてきたが、高全喜はシュミットが自分のドイツの伝統と状況に束縛され過ぎたと批判し、なかなか痛烈な指摘である。

高全喜のこの批判を応援するかのように、J・ウォルドロンは最近アイザイア・バーリンの啓蒙観を批判する論文の中で、バーリンが啓蒙の最も重要な成果の一つである啓蒙憲政主義（the Enlightenment Constitutionalism）を無視したと書いている。彼が言うには、西欧の啓蒙期に生まれた憲政の理念はまるで巧妙に設計された機械のように、政府の機能を分散し、幾つかの違う組織に分けており、立法府、司法機関、また法律の実施をする部門、それぞれ多層的な構造を持つ。そして、外部の執行権力或いは連邦の権力が存在し、これを複製したような州及び省のレベルでも同じような分散がなされ、州と連邦の間にまた複雑な関係が存在する。同時にその哲学的な思考は、権力の分散だけでなく、全体の機能麻痺を防ぐために、合理的なベースの上に再統合することにもきちんと配慮している。これによって、人間社会が独裁に陥ることを避けて、同時に利益が競合する人々を同じ社会の中に統合する。(26) 近代英米の政治史を見れば、正にこの叙述の通りに展開されてきたと言えよう。勿論、そのシステムに問題が全くないわけではない。ウォルドロンも同じ論文の最後で指摘したように、イギリスのような最も古いリベラルなデモクラシーでさえ、二院制や権力の分立を研究する必要性がある。但し、それはシュミットが警告したような問題ではなさそうだ。

シュミットを中国に紹介した学者たちはことごとく「決断」という言葉が好きらしい。高全喜はこれに対しても、中国にはそのような決断の主体が欠けたわけではないと反論している。筆者も全く同感で、むしろ今中国史上最も強いリヴァイアサンが存在しているというべきであろう。高氏のような自由主義と憲政主義の立場に立つ学者から見れば、中国を自由、憲政、デモクラティックな民族国家に作り替えるというアヘン戦争以来の悲願は未だに実現されていない。そういう意味では、今日の中国が抱えている問題は、西洋の先進諸国が十七―十九世紀に経験したものであり、共通点はまさにそこにある。同時に中国が直面しているのは、二十世紀と二十一世紀に造られた新しい国際秩序である。そういう現状認識を持っているので、高全喜はワイマル憲法のような憲法でさえ持っていない中国において、どうすればシュミットの「深遠」な理論を適用させるのかと問いかけている。もっと具体的に言うと、現代中国の非常に政治的な権威の力はすでに社会生活の隅々にまで浸透しており、これによって、中国の市民社会は重大な問題に直面している。中国に欠けているのは、法律の下での平等、敵と味方の関係を解消した市民の自治、自生的な社会秩序と規範的な憲法制度である。(27)

高全喜の批判の矢は同じ陣営の教条的な自由主義者にも向けられている。立場は異なるが、彼も劉小楓と同じように一部の中国の自由主義者たちのナイーヴなところを批判している。[28] 要するに、一部の中国の自由主義者たちは、人権や言論の自由などを声高に唱えるが、英米系の国々の政治のシステムを正確に理解できていない。彼らには自由主義の国家も実際極めて政治的であることを往々にして忘れているか理解できていない問題がある。そのために、中国の問題を論じる時、中国の自由主義者たちは、国家論を何も構築せずに、自ら論敵に陣地を手渡してしまうという結果になっている。それは国家論や主権論を論じると、反自由主義ではないかという批判を招きかねないという中国の特殊な国情にもよる問題だが、だからと言って、その重要な論争のテーマを放棄してはならないと高氏が強調する。漸進主義を肯定し、穏健な自由主義者の立場に立つ高全喜は今後の中国の進路についてこう分析している。最も良識のある中国の学者の一人の声で、これはシュミット問題への彼なりの答えでもある。

中国の教条的な自由主義は中国の憲政政治へ変わるメカニズムを認識できず、憲政システムを促進させる政治的要素を培うことも怠っている。特に権威主義的政治の決断の役割を無視している。実際、中国の自由民主的な憲政国家の建設に対して、われわれは盲目的な楽観主義を抱いてはいけないが、同時に悲観する、絶望する必要もない。現在の憲法体制の内部においても、進歩の種が育まれており、法治の要素も育ち、市民社会も拡大し、国民が憲法に基づいて自分の権利を守る平和的な請願も高まっている事実を認識すべきである。場合によっては、将来的に権威主義的な政治が憲政の改革を推進する日が来るかもしれない。もし、中国の自由主義が胸襟を開いて、シュミットの理論を逆手にとって利用すれば、彼の教えはわれわれにある側面から自由主義の政治法学の本質を全体的に把握する必要性を促せるだろう。[29]

これは中国の自由主義が「政治的成熟」を目指す一つの重要な方向性を示したものと言える。筆者から見れば、丸山眞男やバーリンら自由主義者の発想と極めて近い。言い換えれば、シュミットを学ぶことを通して自由主義の弱い「肋軟骨」を強化することである。

もう一つの代表的な声は、中国の帝国的な性格を認めたうえで、新しい文明の創造を伴う中国の台頭を主張する文明論的なものである。つまり、富国強兵だけでなく、同時に文明的になるべきだという意見である。例えば、上述の許紀霖のようなリベラルな知識人がそうである。具体的に言うと、近代史におけるドイツと日本の偏った富国強兵の教訓を汲んで、自由主義と民主主義に基づく新しい道を求めるべきだという考え方である。基本的な価値観は高全喜のような学者と同じであるが、その中で、国家主義の問題性を批判し、それを乗り越えるべきだと主張する。このような主張をする学者たちは必ずしも明確な国家論を持っているわけではないが、巨大なリヴァイアサンがもたらしうる危険を警戒しながら、近代的な自由民主主義の文明を以て、その危険を防ぐという理念はしっかり抱いている。

結び

この十数年の中国におけるシュミット受容の問題点を考えると、偏っている誇りを免れない面が存在しており、如何にもドイツの屈折した近現代政治史・思想史の理解に影響された自由主義批判がまず問題点であると言えよう。英米に代表される自由主義は決して価値に関して常に中立の立場を保つわけではないことは贅言を要しない。その理解の偏りのなかで展開された紹介と研究の問題性は看過できない。もっと具体的に言うと、ワイマル共和国は確かに失敗したが、だからといって、シュミットの自由主義批判がそれによってすべて合理化され、証明されたとは言い切れない部分も多々あるだろう。シュミットの思想を以て自由主義を批判するのは大いに構わないが、その前に、そもそもシュミット自身の批判があたっているかどうか、どこまであたっているかを再考する必要もあるだろう。特にその政治神学的思考の問題性に注目すべきである。マーク・リラの下記の言葉は、中国のシュミット・ファンにとって頂門の一針になるはずである。「シュミットの現在の推進者の中に彼の特異な神学のヴィジョンを共有する人は少ないが、彼の自由社会への憎悪を表している人は多い。彼と同じように、情熱的に新しい神命（dispensation）を求めている。そのような情熱の力と彼らが引き起こしうるダメージを考えると、われわれは慎重に自由主義の本当の哲学的な批判者と神学的な失望を政治的に実践する人たちと区別すべきである。シュミットから学びたい誰しもこの基本的な区別をしなければ何も学べないはずである[30]」

リベラル・デモクラシーを強化するうえで、シュミットの批判は正に丸山眞男が言ったとおり、「尊敬すべき敵」(honorable enemy) の批判として受け止めるべきだろう。その批判をしっかり受け止めたうえで、彼との対話を通して、自由主義の問題点を克服するのが生産的な道である。実際、丸山自身は正に好例である。その政治哲学者としての知的営為の重要な部分はシュミットとの対話を通して構築されたと言える。大衆民主主義の問題点を克服するために、「永久革命」としてのデモクラシーを提唱した丸山の思考には、論敵シュミットの批判があったはずである。正統と異端の問題などもシュミットの影響と切り離せないだろう。中国の国家主義者たちにとって、丸山におけるシュミット受容は見習うべきであろう[31]。

シュミットの近代性批判、世俗化した時代への批判にも自由主義者にとって看過できない極めて鋭い指摘が多い。例えば、前出の『価値の専制』のなかで、こう書いている。「経済的合理主義がカトリックの合理主義とあまりにかけ離れているが故に、教会は前者に対し、特殊カトリック的な不安を感ぜざるを得ない。近代技術はどんな需要にも容易に仕えることができる。近代経済においては、極度に合理化された生産に、全くもって非合理的な消費が対応する。驚くほど合理的なメカニズムはあらゆる需要に奉仕可能で、しかもその需要が絹のブラウスであれ、毒ガスであれ、その他どんなものであれ、つねに同じ熱心さと同じ精密さをもって作動するのである[32]」。近代批判は決してシュミットに始まったわけではないが、このような皮肉を込めて、近代社会及びそれを動かしている経済の原理の病理を暴いた見識は見逃すべきではないだろう。

中国革命や毛沢東評価に関していえば、その負の遺産の清算をせずに、直接にシュミットの思想とともに論じることの危険性をはらんでいることも意識すべきだろう。確かにシュミットは『パルチザンの理論』の中で、毛沢東の卓抜な手腕を評価しているが、彼はレーニンに始まったイデオロギーの指導のもとに置かれたプロレタリアのパルチザンを決して劉小楓のように手放しで高く評価したものではない。なぜならば、彼は自分の理想をつねにヨーロッパの公法（Jus Publicum Europaeum）に託しているからである。絶対的な敵ではなく、戦争は妥協可能なものであるという、ヨーロッパの十八世紀の初頭に確立された戦争のルールは正に彼が称賛するものである。

またシュミットの理論を応用して、今日の中国における国家主義の台頭に加担することの危険性を顧みないことも批判すべきである。そもそもシュミットの理論と今日の中国の政治との整合性を考えると、その矛盾はどう解釈すべきかに関しては、基本的に触れずに応用するのは異様な感じを禁じ得ない。国内政治及び国際政治をめぐるシュミットの発言や学説の鋭さは否定できないが、その問題性にいかに対処すべきかをも考えるべきであろう。すでに強力な国家を持っている現状を見て、シュミットの政治神学と中国の文脈との本質的に異なるところはどう調整すべきか、これもよく考えるべき側面である。

反対に、一部の自由主義者はシュミットの「危険な精神」の問題性に注目するあまり、シュミットの学説を全部否定する傾向もある。彼らから見れば、シュミットは所詮浅薄な第三帝国の御用学者でしかない、その思想的学問的な価値は一顧だにする価値がない。そのような自由主義者には、丸山眞男とアイザイア・バーリンのように、シュミットを「尊敬すべき敵」として彼から謙虚に学ぶ姿勢が必要であろう。自由主義の「敵」から学んで、いかに今後の中国の自由主義の言説を作り出すのかが課題である。

筆者は中国の国家主義者たちによる熱心なシュミットの受容に対して疑問を抱いている一人だが、彼らの問題意識を一概に否定するつもりはない。中国における自由主義は、言説としては大学においても社会においてもある程度の市民権を得ているが、国家論の欠如が指摘されているのは確かに前出の高全喜が指摘した通り、その弱みの一つである。なぜならば、近現代中国の歴史を振り返ると、国家の主権の問題は重要な課題であり、その確立の問題は長年実存的な課題として思考されてきた面が強い。その中で、国家の価値或いは重要性をあまり批判的に思考しないという特徴も持っている。個人の自由を擁護する自由主義者は、場合によっては、国家のために個人の自由を犠牲にするのもやむを得ないという時期も確かにあった。整合性のある国家論は英米のように紡がれていない。一部の中国の学者や論客がシュミットの国家・主権論に親近感を感じる事実の背後にはそのような中国の屈折の近現代史があると言えよう。但し、他の欧米の重要な思想家を導入する時と同じく、思想の脱文脈化と再文脈化はシュミットの場合も不可欠である。

中国の台頭とともに、シュミットが流行っているのはむしろ我々に彼の思想を再検証する絶好のチャンスをもたらしていると言えよう。コジェーヴやアロンや丸山のような第一級の知性に高く評価されたこの卓抜な知性の仕事を新しい文脈の中で考察するのは決して時間の無駄にはならないはずである。

（1）シュミットの *Polotische Theologie II* の英語訳 *Political theology II*（Polity2008, p. 20）の Editors' Introduction を参照されたい。
（2）その具体的な展開は、王前『中国が読んだ現代思想』（講談社選書メチエ、二〇一一年）を参照されたい。
（3）劉小楓編集『施米特與政治法学』（『シュミットと政治法学』）（上海三聯書店、二〇〇二年）五三頁。訳文は特に説明しない限り、筆者の手によるものである。
（4）Reinhard Mehring. *Carl Schmitt: Aufstieg und Fall: Eine Biographie.* München: C. H. Beck. 2009, S. 14.
（5）劉小楓『現代人及其敵人――公法学家施米特引論』（『現代人及びその敵――公法学者シュミット入門』）（華夏出版社、二〇〇五年）一〇一頁。
（6）同前、一二〇頁。
（7）同前、一三七―一三八頁。
（8）同前、一五二―一五三頁。
（9）同前、一六二―一六三頁。
（10）同前、七二―七三頁。
（11）シュミット『価値の専制』、『政治神学再論』所収（長尾龍一ら翻訳、福村出版、一九八〇年）二〇一頁。
（12）前掲、劉小楓『現代人及びその敵――公法学者シュミット入門』一三二―一三五頁。
（13）同前、一三六頁。
（14）同前、一八九頁。

（15）前掲、『政治神学再論』訳者あとがき、二五六―二五七頁。

（16）日本語訳「中国における１９６０年代の消失」は、『思想』二〇〇七年六、七月号に掲載されている。

（17）汪暉「自主与開放的弁証法――中国崛起的経験及其面臨的挑戦」（「自主と開放の弁証法――中国台頭の経験及びその直面する挑戦」）http://wen.org.cn/modules/article/view.article.php/1951（2015. 1. 2アクセス）

（18）汪暉「二十世紀中国歴史視野下的抗美援朝戦争」（「二十世紀中国の歴史的視座のもとにおける朝鮮戦争」）http://www.guancha.cn/wang-hui/2013_12_02_189811.shtml（2015. 1. 2アクセス）

（19）中国共産党の歴史に詳しい歴史学者楊奎松の反論は下記サイトで読める：http://www.guancha.cn/YangKuiSong/2013_12_30_196367.shtml（2015. 1. 2アクセス）

（20）銭理群「回顧二〇一〇年」（二〇一〇年を振り返る）http://www.chinese.rfi.fr/%E9%A6%96%E9%A1%B5/20111205-%E9%92%B1%E7%90%86%E7%BE%A4%E5%9B%9E%E9%A1%BE2010%E5%B9%B4（2015. 1. 2アクセス）

（21）陳端洪『憲法与主権』（『憲法と主権』）（北京：法律出版社、二〇〇七年）などを参照されたい。また、愛思想サイトに掲載されている氏の論文を参考にしてこの部分を書いた：http://www.aisixiang.com/data/38537.html（2015. 1. 2アクセス）

（22）許紀霖「近十年来中国国家主義思潮之批判」（「最近十年間の中国国家主義批判」）http://www.aisixiang.com/data/41945.html（2015. 1. 2アクセス）

（23）その国家主義の色彩が強い法学者は、ウクライナのオレンジ革命の時に、当時のウクライナ当局の対応は、正に例外状況における主権者の決断がなされなかったと批判している。

（24）前掲、許紀霖の論文。

（25）高全喜「中国語境下的施米特問題」（「中国のコンテキストの中のシュミット問題」）http://www.aisixiang.com/data/10787.html（2015. 1. 2アクセス）

（26）Jeremy Waldron, Isaiah Berlin's Neglect of Enlightenment Constitutionalism, NYU School of Law, Public Law Research Paper No. 14-12.（http://papers.ssrn.com/sol3/papers.cfm?abstract_id=2410388, 2015. 1. 5アクセス）

（27）前掲、高全喜の論文。

（28）その主張の全容は、氏の講演、「論中国自由主義的政治成熟」（中国の自由主義の政治的成熟を論じる）を参照されたい。『思想』（Reflexion, 台湾聯経出版）二十一号、二十一―四十二頁。

(29) 同(25)。
(30) Mark Lilla, *The Reckless Mind* (New York Review Books, 2001), Chapter II Carl Schmitt, 75-76.
(31) 丸山とシュミットの知的関係に関しては、権左武志の『丸山眞男の政治思想とカール・シュミット——丸山の西欧近代理解を中心として』(『思想』1999.9と10)に詳しく書いてある。
(32) 前掲、『政治神学再論』一四一頁。

参考文献：

欧文：

Gopal Balakrishnan, *The Enemy: An Intellectual Portrait of Carl Schmitt*, Verso, 2000.
D. Dyzenhaus ed., *Law as Politics: Carl Schmitt's Critique of Liberalism*, Duke University Press, 1998.
Jürgen Habermas, *The New Conservatism: Cultural Criticism and the Historians' Debate*, ed. and trans. by Shierry Weber Nicholsen, The MIT Press, 1989.
Ellen Kennedy, *Constitutional failure: Carl Schmitt in Weimar*, Duke University Press, 2004.
Michael Marder, *Groundless Existence: The Political Ontology of Carl Schmitt*, Continuum, 2010.
Reinhard Mehring, *Carl Schmitt: Aufstieg und Fall: Eine Biographie*. München: C. H. Beck, 2009.
Heinrich Meier, *The Lesson of Carl Schmitt: Four Chapters on the Distinction between Political Theology and Political Philosophy*, trans. by Marcus Brainard, The University of Chicago Press, 1998.
Jan-Werner Mueller, *A Dangerous Mind*, Yale University Press, 2003.
William E. Scheuerman, *Carl Schmitt: The end of Law*, Rowman & Littlefield Publishers, 1999.
Carl Schmitt, *The Crisis of Parliamentary Democracy*, trans. by Ellen Kennedy, MIT Press, 1985.
Carl Schmitt, *Political Romanticism*, trans. by Guy Oakes, MIT Press, 1986
Carl Schmitt, *Constitutional Theory*, ed. and trans. by Jeffrey Seitzer, Duke University Press, 2008.
Carl Schmitt, *Politische Theologie II*, Duncker und Humblot, Berlin, 2008.
Carl Schmitt, *Der Begriff des Politischen*, Duncker und Humblot, Berlin, 2009.

Carl Schmitt, *Politische Theologie*, Duncker und Humblot, Berlin, 2009.
Carl Schmitt, *Dictatorship*, trans. by Michael Hoelzl and Graham Ward, Polity, 2014.

和文：
田中浩『田中浩集』第三巻（未來社、二〇一四年）
長尾龍一編集『カール・シュミット著作集』Ⅰ・Ⅱ（慈学社、二〇〇七年）
長尾龍一『リヴァイアサン―近代国家の思想と歴史』講談社学術文庫（講談社、一九九四年）

中国語：
施米特『政治的概念』（『政治的なものの概念』『パルチザンの理論』『政治神学』などの中国語訳）、劉宗坤等翻訳（上海人民出版社、二〇〇四年）
劉擎『懸而未決的時刻――現代性論域中的西方思想』（新星出版社、二〇〇六年）
劉小楓『儒教与民族国家』（華夏出版社、二〇〇七年）

※本論文は、二〇一四年度政治思想学会研究大会（関西大学）シンポジウムⅠ「国家・主権・規範理論」における報告原稿を元に、シンポジウムでの討議をふまえてさらに加筆・修正を加えたものである。企画、司会、討論者の方々に、あらためて心より御礼申し上げる。

所有権と領土権
——規範的政治理論における主権国家概念の再検討

●——山岡龍一

一 はじめに——国家・コスモポリタニズム・リアリズム

政治理論という営みにおいて「国家」概念は、長年最も重要な概念として認識されてきたといえる。政治理論が扱う主題は、何らかの意味で公共的なものであったとして、国家はその最も典型的な具体例だといえるからである。もちろん、国家によって意味するものは、時代によって変化してきたし、どの側面、つまり、法、制度、倫理、人的結合、物理的空間等の側面から理解するかによって、国家概念が政治理論のなかで果たす役割は変わってくる。しかしながら現代の規範的な政治理論において第一に重要なのは、近代国家、とりわけウェーバーによって「ある一定の領域の内部で正当な物理的暴力行使の独占を（実効的に）要求する人間共同体[1]」と規定された国家の概念だといってよいであろう。この規定内において鍵となるのは「領域」「正当性」「物理的暴力」「独占」といった概念であるが、これらを結びつけるもので、明示的には表されていないのが「主権」の概念である。要するに、国内的な最高性と、国外的な独立性をもつ権威を独占する国家という人間共同体が、政治理論の考察において特別の有意性をもつものとみなされてきた。

しかしながら、グローバル化という現象が社会科学の言説のなかで重要性を高めるようになると、規範的な政治理論においても国家概念の意義を相対化する必要性を唱える議論が生まれてきた[2]。そのような試みの急進派が、グローバル正義論を展開するコスモポリタンと呼ばれる人びとである。たとえばピーター・シンガーは端的に、我々の道徳の背景の一部となってきた「国民国家（nation state）という概念を超えたものが本気で考えられはじめている」と宣言している[3]。つまり、我々のあいだにある物理的・意識的相互関係に影響を与えるテクノロジーの劇的変化が、国境を越えた倫理意識を生み、それに相関する義務感を生んでいるというのである。こうした主張は、人道的介入や、グローバルな分配的正義といった、政治理論的に重要な主題において、既存の主権国家概念の有意性に挑戦する議論を生み出している。

　こうした主張に対して賛否両方の反応があるが、代表的な批判的応答として、リアリズムからの批判がある。たとえば、分配的正義論を基本的に国家内部の正義に限定した『正義論』におけるロールズの議論を、グローバルな次元に適用したチャールズ・ベイツの議論[4]に対して、スタンリー・ホフマンはリアリスト的な視点から批判を加えていた。「賢慮（prudence）という見地からすれば、ベイツの議論は……政治の歴史のみならず、政治のまさしく政治的な特質を完全に否定しているのである」[5]。この、「賢慮」「歴史」「政治的」という概念は、広い意味での政治的リアリズムにおいて中核をなすものとみなすことができる。ウィリアム・ギャルストンの論文によって一躍注目の的となった現代政治理論におけるリアリズムと称される立場においても、同様の批判的な視座が認められる[6]。いまだにその輪郭が曖昧だといえるこの一群の理論家たちの基本的信条、とりわけ積極的な信条を同定するのは難しい[7]。ただ、その消極的信条をある程度明確化することはできる。主要な論点の一つが、現代の分析的な政治理論、とりわけリベラルな立場のそれに対する批判であり、政治を道徳に還元する方法、もしくは、政治から独立した道徳的見地を使用して、政治理論を道徳理論の応用問題として理解するアプローチへの不満がそれである[8]。

　このような不満は、政治理論という営みがどのようなものであるべきなのか、という問いをめぐる考えに基づいている。マーク・フィリップはレイモンド・ゴイスのテクストに依拠しながら、リアリストの信条を次のように列挙している。①政治理論は、理想（合理性）ではなく、事実（実際の諸制度や人間の実際の心理等）から議論を始めなければならない。②政治理論は行為（action）に焦点を絞らなければならない。③政治は歴史的に位置づけられたものとして理解されねばならないし、政治の研究はこの事実を反映しなければならない。④政治的行為は、理論を応用するという過程としてではなく、ある種の技巧（craft）や技術（art）のようなものとして理解されるべきである。[9]

このほかに、秩序の重視や、利益概念への注目、実現可能性への配慮等、さまざまな要素がリアリズムと呼ばれる思潮にあると考えられる。ここで私は暫定的に、政治理論におけるリアリズムの主要な関心は、〈政治的なるもの〉の理解の適宜性をめぐるものだと理解しておく。政治理論を道徳理論の応用とする考えが間違っているのは、〈政治的なるもの〉の固有な意味の外部で規範的原理を打ち立て、それを政治に当てはめている点にある。これがリアルではないのは、事実と対応していないからではない。それは、〈政治的なるもの〉（そこには当然、価値や文化といった経験的事実だけからでは理解できない要素が含まれる）の適切な理解を欠くがゆえにリアリティを欠くのであり、[10]それゆえに理解においても実践においても、適切な役割を政治理論に演じさせることができない、と批判されることになる。こうした適宜性の把握には、政治的行為や思想の個々の文脈に対する、注意深い配慮が不可欠となる。

こうした観点から、普遍主義を標榜するコスモポリタニズムは、厳しい批判を受けることになるであろう。シンガーがグローバル正義論の問題提起を掲げた、比較的初期で影響力のある論文のなかに、以下のような主張がある。

もしも私が浅い水溜りの横を通り過ぎようとしたとき、そこで溺れている子供を見つけたとしたら、私は水溜りに入り、その子供を助け出すべきであろう。このことで私の洋服は汚れるだろうが、それはたいしたことではない。というのも、子供が死ぬということは、はるかに悪いことであると想定できるからである。[11]

シンガーはこの、「助け出すべき」という義務をめぐる道徳的直観が、国境を超える義務にまで適用可能だと考えた。つまり、〈我々が道徳的にいって多大な犠牲をはらうことなく、他の人を助けることが可能であるとき、その人を助ける義務が我々にはある〉という命題を普遍的な道徳的直観として同定し、この直観をグローバルな関係性にまで具体的に適用することが可能だとしたのである。こうした構想は、これ以降、コスモポリタンな正義論の基底的発想に流れこんでいったといえる。しかしながらデイヴィッド・ミラーは、この構想にある難点を次のように指摘している。[12]

ミラーの主要な論点は、水溜りの事例とグローバルな正義の事例のあいだにある文脈の違いへの配慮である。[13] 水溜りの事例に認められるとされる倫理的妥当性は、暗黙のうちに種々の特殊な文脈を前提としている（例えば、助けが必要なのは子供だという想定）。他方、誰が、誰に対して、どのような理由で、どのような手段で、援助をするべきなのか、という（倫理的）判断は、さまざまの偶然的な事情によって左右される。例えば、助けるのが私でなければならない理由はあるのか。あるいは、助けるべき人は本当に助けるに値するのか（例えば、その人の苦境の責任は、じつはその人自身にあるのではないか）。そして、助けるとして、それは一回きりでよいのか、それとも何回にもわたって助けるべきなのか、もしそうだとしたら、いつまで助けるべきなのか、といった問いが援助の判断には付随するのであり、こうした問いをグローバルな援助の文脈において適切に解決していくのは容易なことではない。

こうしてミラーは、グローバルな正義を論じる際、国民国家という事実を適切に考慮しない議論は妥当性を欠くと考えている。この批判自体は、極めて妥当なものに思える。しかしながら、次のような問いを考察する余地はある。はたして国家の概念は、政治理論にとってどれ程リアリティをもっているのか。とりわけ規範的な政治理論を展開する際、我々が現在理解しているような国家の概念は、どれ程のリアリティをもっているのだろうか。この問いは、既にみてきたように、グローバル化という現象そのものが、リアリティをもって語られるようになってきたという事実を考慮するなら、けっして些末なものではないことがわかるであろう。

もちろんこの場合のリアリティの意味は、具体的に我々がどのような問いを掲げるかに相関する。本論では、次のような問題設定をしてみたい。シンガーの議論にある不適宜性は、ある特定の文脈に依存した倫理的直観を、他の文脈に無媒介に適用した点に求められた。[14] では、（それが可能だとして）文脈に（極力）依存しない仕方で同定された道徳的原理を展開してなされたコスモポリタンな政治理論に対して、リアリスト的な国家論[15]はどのように批判することができるだろうか。そしてその批判と、批判に対する応答を検討することで、政治理論における国家概念（の適宜性）に関する、我々の理解は促進するだろうか、あるいはどのように促進するだろうか。このような問いを検討するために、以下では、ヒレル・スタイナー（Hillel Steiner）のグローバル正義論を検討したい。

二　リバタリアンと領土の正義――スタイナーの問題提起

スタイナーは日本では、物理主義的な消極的自由の擁護者（あるいは、マイケル・テイラーのいう純粋な消極的自由論者）として紹介されてきた。近年では、運の平等主義（luck egalitarianism）の一種とされる左派リバタリアニズムの理論家としても知られている[16]。彼の主著は一九九四年に出版された『権利論』（*An Essay on Rights*）であり、そこでもグローバル正義論は論じられているが、おそらく彼がこの主題で論争を惹起した最初のものは、B・バリーとR・グッディンが編者の論文集『自由な移動』（一九九二年）に収録された、「リバタリアニズムと国境を越えた人の移住[17]」である。

この著作は、人と通貨の国境を越えた移動を論じる論文集のなかで、リバタリアニズムの立場から人の移動の規制をめぐる道徳的意味を論じる、という役割を負ったものである。スタイナーは議論を、湖畔に位置する会員制のリゾート・コミュニティの実例を論じることで始めている。会員には、コミュニティの維持に必要な経費を負担する義務が課されている。そして同時に、外部者が新たにコテージ購入を申し出たとき、それに対して会員は拒否権を行使できることになっている。このコミュニティは、新住民の流入を制限する絶対的な法的権力をもちながら、既存の住民の流出に関しては相対的な法的権力をもっているのだ、という仕方でスタイナーはこの状況を描いている。そこで彼は、これは流入移民（immigrants）と流出移民（emigrants）に対する国家政府の関係性とパラレルであるかどうかを問う。

こうした住民（移民）の出入りに関する法的権力は、彼らが私的に所有している土地への権利と、彼らが実際に交わす契約に依っている。したがって、こうした権力が道徳的に正当化されるためにリバタリアンにとって重要なことは、契約が真正であることと、彼らが取得した土地の権利が正当であることになる。ここで哲学的に問題となるのが土地の所有権である。現在の住民の権利の正当性は、土地取得に関する契約の正当性と、そうした契約の歴史に依存する。論理的には、この契約の正当性は、原初的な所有権の正当性に由来することになる。この原初的な権利とは、無主の土地の占有に関する権利にほかならない。スタイナーによれば、無主の土地の取得に関して、リバタリアニズムには二つの立場がある。第一の立場は、「先着順（first come, first served）」ルールと呼ばれるもので、先取者に占有権を与えるものである。これによれば、土地の取得者は土地に関して無制約の権利をもつ。第二の立場は、自己所有権を奉じると同時に自然資源を人類の共有物とみなすものである。この立場によれば、土地を専有するものは、「ロック的但し書き」と呼ばれるものの制限下で、つまり、他の人にも十分な善きものが共有物として残されている場合にのみ、その専有は正当化される。[18] スタイナーはこの後者を支持する。

この第二の立場にあるヘンリ・ジョージ（Henry George 1839-1897）が提唱した、敷地地代に対する税のみを正当とする「地価単一税（single tax）」の思想をスタイナーは紹介し、この考えをグローバルな正義の構想にまで拡大することが可能であり、それが望ましいものであると主張する。彼によれば、もしもこの構想が実施されるなら、移民への要求自体が弱まるであろうし、もしもこの構想の道徳的含意を真剣にとるならば、この税制を現実の国家が採用していないという事実に照らすと、移民への制限の道徳的根拠はリバタリアンの立場からすれば弱まることになる。

もちろん、スタイナーはこれがあまり現実的な構想の提案ではないことを認める。そこで彼は、より現実的な状況で、リバタリアンが移民政策に関してどのような道徳的判断をするであろうか、という問いを考察する。つまり、移民を制限する政策は、各人の私的所有権と各人が実際に交わしている契約を尊重するものであるのか、という問題を論じる。スタイナーの主張は、経験的にみて移民の制限は正当化できない、というものである。しばしば流入移民の制限は、国民の権利の実質的な保障のためにあると正当化されるが、それはたいてい中立的な政策ではなく、特定の人びとの利益を擁護するために、特定の人びとの利益を損なっているにすぎないのだとスタイナーは論じる。流入移民に対する制限が正当化できるとすれば、それは流入が国民の所有権と抵触する場合のみであるが、その場合でも国家ではなく、個々の土地所有者が、その制限を制御できると彼は述べる。

流出移民の制限に関しては、リバタリアンは犯罪等の、拘留を正当化するような理由のみを、正当なものとして認めるとスタイナーは主張している。そして彼は、国家と国民の関係性をめぐる問題に関してリバタリアニズムは、これよりもラディカルな問いを提起することになると論じる。それは領土の正義（territorial justice）をめぐるものであり、より特殊的には分離独立（secession）の問題である。これに関してスタイナーは、しばしばリバタリアンの父祖とみなされるジョン・ロックの議論の不完全性を指摘する。政治的統治権は私的所有権をもつ人びとの同意によって打ち立てられるとするロックの国家論においては、論理上、国家の領土権は国民の所有権の総和と一致するはずである。この点に関してリバタリアンは同意する。しかしながらロックは次のようにも述べている。

政治的共同体（commonwealth）は、その領土（dominion）のいかなる部分であっても、それが取り去られたり、それをその共同体の成員以外の者が享有したりすることを許さないので、息子は、通常、父親の所有物（possession）を、それが父親によって享有されていたのと同じ条件でなければ、つまり、その社会の一員になるのでなければ享有することはできない……。それによって、息子は、その政治的共同体の他の臣民と同じように、そこに確立されている統治に直ちに服することになる（TTG, II: 117）。

こうしてロックは、一部の国民による国家からの分離独立の権利を否定している。こうした権利の否定は、ロックの理論における社会契約の説明には含まれておらず、それゆえ「魔法の日の理論」と呼ぶことのできる不可解なまじないによって、土地所有者はいつのまにか所有権を永久に失ってしまったかのようだとスタイナーは述べる[19]。つまり国民は自らの身体と動産をもって他国へ移民することはできても、不動産の権利を他国に移すことはできない。自らの土地を他の人びとのそれと合わせて国家を形成する場合と、国家から離脱する場合では、その道徳的な意味に根本的な非対称性がある。

ここでスタイナーのロック解釈を少し検討しよう。第一に、たしかにこの箇所は、ロックの政治理論内に緊張関係を生むものだといえる。自然状態において結ばれる社会契約の唯一の目的を所有権（property）の保全としたロックは、政治社会の設立の際、所有権の放棄がなされるとは述べていない（Cf. TTG, II: 85, 87, 95, 124）[20]。そして所有権の保全という目的こそが、国家の統治権力に対する制限の道徳的根拠になるとされる。

最高権力といえども、いかなる人間からも、その人間自身の同意なしには所有物の一部なりとも奪うことはできない。なぜならば、所有権の保全こそが統治の目的であり、そのためにこそ人びとは社会に入るのだから、国民が所有権をもつべきであるということは必然的に想定され、また要請されることであって、そうでなければ、彼らは、社会に入る目的であったものを社会に入ることによって失うことになると考えなければならず、そんなことは、誰であっても認めない著しく不合理なことであるからである（TTG, II:138）。

実際、所有権の不可侵性に関するロックの議論は徹底しているので、軍隊はその兵士に対して、命の危険を冒す命令をすることはできても、兵士の所有物を取り上げることはできないと主張している（Cf. TTG, II:139）。

第二にスタイナーの指摘は、ロックの政治理論のなかに内蔵された、国家主権論をあぶりだしている。不可分性は近代的な主権論の重要な要素である[21]。たしかに、近代国家主権論における不可分性の議論は、混合政体論に対抗するもので、主権の権能の分割が問題とされており、土地の統治権の分割が主題となっているわけではない[22]。しかしながら、国家が絶対権力としての主権を持つということと、国民が絶対的な所有権と抵抗権を持つということが、ロック思想のなかに緊張関係を生んでいることはたしかである。ロックにおける国家主権論に関しては、その議論のなかに絶対的な主権概念が占める位置はなく、ロックの議論はホッブズ的な主権論の否定であるという解釈があるが[23]、P・ラズレットは、『統治二論』の議論にボダン流の主権論の影響を認めている（Cf. TTG, I: 129n, II: 11n）[24]。ボダンの『歴史方法論』のなかで挙げられている主権の機能の一つが生殺与奪の権力であり[25]、ロックの国家もこの権力を独占している。これは、ロック理論における死刑論の正当性という、理論的問題を生み出す[26]。少なくともスタイナーの問題提起は、ロック的な（つまりリベラルな）国家論において、正義と主権の要求が両立しがたい仕方で共存していることを明らかにしているといえよう。

スタイナー自身の議論に戻ろう。個人の私的所有権に基づく正義を、主権論が公然と否定している点で、ロックの議論は不完全であるとしながら、彼はリバタリアン的正義を支持する。とはいえ、歴史的な問題として、国民国家がリバタリアンもしくはリベラルな原理の推進において寄与してきた貢献があることも、スタイナーは認める。[27] しかしながら、このような国民国家の規範的意義は論争の余地があるものであり、二〇世紀の経験が示すのは、国民国家がつねに個人の権利を促進するものではなく、ときにはそれを脅かすものでもあることを、スタイナーは強調する。そして結局国家の境界は、個人の所有地の境界と、道徳的な意味において大差はないのだ、という結論に至っている。

三　ナショナリズムのリアリティ——オニールのスタイナー批判

『自由な移動』に所収された論評において、オノラ・オニールがスタイナー批判を展開している。まず問題にされたのが、リゾート・コミュニティと国家のアナロジーであった。私的なコミュニティとその住民の関係性と、国家と国民の関係性は、道徳的な意味において性質を異にしている。第一に、コミュニティは国家のなかにあることで、その権力を調達している。第二に、コミュニティの権力には、国家のような正当化された強制力がない。第三に、そもそもコミュニティには流出者を制約する権力がない。要するに、オニールが援用しているのはミラー流の文脈主義だといえる。スタイナーの議論は文脈を適切に考慮していないゆえに、妥当性を欠いているのだとされている。

しかしながらオニールは、実はスタイナーもこの不適宜性と限界性に気づいているのであり、だからこそ、スタイナーはリバタリアン的権利論を原理的なレベルからあらためて展開しなおし、ロック的国家論の批判をしているのだと述べている。オニールによれば、移民の制限に反対するリバタリアンは、移民の自由化が惹き起こす社会変化や、国家、伝統、コミュニティの衰退可能性を問題視しない。換言すれば、スタイナーの議論においてシチズンシップの重要性が適切に認識されていないのであり、国家は単なる自発的結社として思念されている。つまりリバタリアンの描く国家は国民国家（nation state）ではない。たしかにこのような国家観によって、移民問題は解消されるかもしれない。「しかしながら、このような魔法のトリックは、我々の世界にとって現実的な意義をもつのだろうか」とオニールは冷淡に言い放つ。[28]

論評の最後でオニールは、シチズンシップのテーゼを提示する。

リベラルになる以前の社会では、社会的なアイデンティティは部族や血縁関係によって与えられていたであろうし、単一のあるいは排他的な領地の中に集められているという意識を共有した人びとの存在に依っていたであろう。リベラルな原理によって、誰が仲間で誰がよそ者であるかを認める基礎として、家系や生まれに依拠することが難しくなったので、リベラリズムは誰が仲間かを定める代替となる基礎を見つけなければならなかった。そのような方法のなかで際立ったものは、シチズンシップを人に与える特定の国家によって区別された権利の付与であった。……国家が存在するところでは、その境界は、「私の隣人の土地と私の土地の境界」とは異なった道徳的重要性をもっているのである。[29]

こうしてオニールは国家、とりわけ国民国家のリアリティを道徳的判断にとって不可欠のものとすることで、スタイナーの議論の妥当性を疑うのである。

四　不偏的な（リベラルな？）領土の正義論——スタイナーによるオニールへの応答

スタイナーは一九九五年に発表した論文「リベラリズムとナショナリズム」によって、オニールへ返答している。[30]ここにおいてスタイナーは、オニールのナショナリズム論を心理学的仮説として受け止め、それが強い政治的示唆を含むものだと評している。心理学的仮説の妥当性の判断は自分にできないとしながら、原理のレベルで、リベラリズムとナショナリズムが衝突する点があることをスタイナーは主張する。つまり、ナショナリズムは特殊主義的で、情念に訴えるものであるのに対し、リベラリズムは普遍的な理由に訴えるものだとされる。そしてリベラリズムが尊重する権利を、しばしばナショナリズムは侵犯するものだとスタイナーは論じる。

スタイナーはこの論文で、普遍的な理由に訴える一貫した正義論を展開し、そのことでグローバルな正義論の主張を訴えている。移民を論じた先の論文は、いわば、リバタリアンという党派の議論に過ぎないとみなされうるものであった。他方、ここで彼は自らの主著『権利論』に依拠しながら、普遍的ないしは不偏的な正義論の展開を試みている。スタイナーが構築することを目指したのは、非目的論的な正義論、つまり、特定の善の構想に基づかない、複数の善の構想に対して中立的な正義論であった。（ちなみにミラーは、スタイナーの立場を「厳密に義務論的なリベラリズム（strictly deontological liberalism）」と呼んでいるが、スタイナー自身はそれを「多元論的帰結主義（pluralist consequentialist）」と表現している[31]）。

スタイナーの議論をごく簡単に説明すると以下のようになる[32]。行為に物理的な障害がないことを自由とみなす、つまり、価値の要素を考慮に入れない自由論である、純粋な消極的自由論から議論を始めながらスタイナーは、そのような自由の行使の機会は〈物理的空間を特定の行動が占めること〉として理解できると考える。こうしてスタイナーは「自由とは事物の所有である[33]」と主張する立場に至る。ここから自由と不自由はゼロサム関係にあると主張するスタイナーは、自由の政治理論が取り組むべき主題が、このように理解される自由の分配的正義なのだと主張する。当然、議論の焦点は所有権となる。所有とは、所有者、所有物、そしてその他の人びとという三項関係からなるとしながらスタイナーは、所有権とは、権利者がその他の人びとに対して持つ道徳的な権能だと理解する。権利者はある物に対する支配権を持ち、その他の人びとはその権利を尊重する義務を負う。スタイナーはこのような権利・義務の相関関係は、記述的な概念である純粋な消極的自由の概念から、必然的に導出されると考えている。そのような導出の際に重要とされるのが、「共存可能性（compossibility）」の概念である。人が自由を行使できるためには、つまり、権利が行使可能であるためには、その行使に必要な物理的空間が他の人によって侵害されないことが不可欠となる。換言すれば、その権利の行使と他の人の権利が、同時に共存可能でなければならない。誰であれ権利を享受するためには、このような共存可能性を、すべての人が互いに保障し合わなければならない。これはスタイナーがいう広い意味での所有権の尊重となる。

スタイナーは以上のような権利論から、最も基底的な権利が、「平等な自由への権利」であり、それがすべての人に保障されなければならないと議論を展開する。こうした基底的権利の要求こそ、リベラリズムの規範的主張の中核にあるとスタイナーは主張している[34]。ここから、二つの基本的権利が帰結するとスタイナーは考える。つまり、自己所有権と、天然資源の価値に対する平等な割り当ての要求権である。これらの基本権から、さまざまのリベラルな規範的要求が生まれるが、スタイナーによれば、それはナショナリズムと一致しないものを含む。リベラルな権利は、移民に対する制限（それが民主的な決定によるものであっても）を道徳的に無効にするが、他方、ナショナリズムは排他的な主権行使を支持する。そしてスタイナーによれば、リベラリズムの規範は、すべての正当な集団的要求が、個人の正当な要求の総計でなければならないことを必然化する。[35]

以上の議論からスタイナーは、二つの議論を展開している。一つは、すでにみてきた分離独立の権利である。ここでもスタイナーはロックの議論の不完全性に言及している。もう一つは「国際的な分配的正義（international distributive justice）」に関するものであり、ここでは彼のグローバル基金（Global Fund）の構想が説明される。これは、先に見たジョージストの地価単一税を哲学的に発展させたもので、その内容はミラーによって以下のように要約されている。

各人は世界の利用されていない天然資源の平等な分配への権限を持つという仮定から出発し、あるネイションの天然資源保有は領土内のすべての場所にある財産価値の合計で算定すべきであるとスタイナーは提案する。そのうえで、一人当たりの保有量が地球全体の平均値を上回るネイションは基金へ支払い、平均以下のネイションは基金からの支払いを受け取ることになろう。言い換えれば、資源が豊かなネイションは土地保有の一人当たりの価値に従って課税され、資源の乏しいネイションは一人当たりの不足分の量に応じて基金から支払いを受けるのである。[36]

これは純粋に平等主義的な分配的正義の構想であり、スタイナーはその帰結としてグローバルなベーシック・インカムのような制度を想定している。さまざまな論争を提起しているこの議論に関する検討は、本論文の範囲を超えるのでここでは行わない。[37]

スタイナーはグローバル基金の効果として、国際的な財の不平等の軽減、領土紛争の縮小、民族浄化のような暴力的ナショナリズムの抑止等を期待している。そして論文の最後に、あたかもオニールからの現実的有意性を疑う挑戦的な言葉に対抗するかのように、彼の構想が実現されれば「世界全体がほんのすこしだけ、国内的にも国際的にも、よりリベラルになるであろう。さて、これは実際に善いことではないだろうか」と書いている。

五　所有権と領土権——ナインとスタイナーの論争

我々は以下に、不偏的な正義の要求に基づくとされるスタイナーの領土の正義をめぐる議論（つまり、彼の国家主権論批判）を、その批判者の議論を通してさらに検討したい。最初に取り上げるのはカーラ・ナインの「領土のロック主義理論」である。[38] この論文においてナインは、ロック主義原理（Lockean principles）に基づく領土の正義論を展開している。ロック主義原理とは、自然状態における個人の私的所有権を正当化する原理であり、ナインによれば、領土権（territorial rights）に関する二種類のロック主義理論がある。その一つが、個人主義的な（individualistic）ロック主義理論であり、領土権を個人の所有権によって説明する。もう一つが、集合主義的（collectivist）なロック主義理論であり、個人ではなく国家に対するロック主義原理の適用によって領土権を説明する。ナインによれば、スタイナーは個人主義的理論の代表者であるが、この理論は支持しえない。彼女は、集合主義的理論こそが、整合的な領土権の説明を提供できるとしている。したがってナインの議論はスタイナー批判となる。

スタイナーとナインの論争の中心にあるのは、個人の所有権と国家の領土権の関係性である。ナインはこれらを明確に区別し、両者の非連続性を主張する。ナインによれば、前者は、ある特定の（土地のような）事物に関する、他の人びとの使用やアクセスを制御する権利を意味するのに対し、後者は、ある特定の領域内での正義を確立する権利、つまり、ある領域内で法を制定し施行する権利である統治権（jurisdictional right）を意味する。「国家の領土権は、国家と地理的な領域の関係性を記述している。それは、統治権の一種である——国家は、ある特定の領域内で、法を制定し、法によって裁き、法を施行する権利をもっている」。[39]

所有権と領土権の区別と関係性を説明するうえでナインは、アレン・ブキャナンの用語を利用する。「（1）統治権的権威（jurisdictional authority）（ある領域内で、法的ルールを制定し、裁定し、施行する権利）、（２）メタ統治権的権威（meta-jurisdictional authority）（統治権（地理的な統治権を含む）を、創造したり変更したりする権利）、そして（３）統治権の管轄内にいる個人や集団の所有権（property rights）」[40]。さて、この用語法に従うと、ロック主義原理そのものが否定されるようにみえる。なぜなら、個人の所有権が、国家の統治権に依存しているように理解されるからである。つまり、メタ統治権的権威が理論的にも時間的にも、所有権に先行することになる。

これに対しロック主義議論は、所有権の先行性を主張する。自然状態において各個人は所有権をもつ。そしてさらに各個人は、メタ統治権的権威も保持するとされる。社会契約によって国家のメタ統治権的権威が生まれ、そうして国家の統治権、つまり領土権が生まれるというのが、ロック主義議論となる。ナインによれば、ここで問題となるのが、国家の設立以降も、各個人はメタ統治権的権威を依然として保持しているのか否か、ということである。そしてスタイナーこそ、各個人はこの権威を保持しているという主張をする、個人主義的なロック主義理論の提唱者だとされる。なぜならスタイナーは、すべての国民に分離独立の権利があると主張しているからである。

ナインによればこのスタイナーの主張は支持し得ない。なぜなら、このような考え方は、「領土権に関する我々の現行の考え方、つまり、国境によって定められた地理的領域内において、国家は統治権の施行と決定を独占するという考え方」と両立しないからである。領土に関する個人の一方的な変更を認めるなら、「我々が知るところの領土権」は無効になってしまう[41]。スタイナーの議論にある問題性は、所有権と領土権の区別ができていない点に求められる。「もしもメキシコがアメリカ合衆国の中の不動産を買ったとしても、その土地は依然としてアメリカ合衆国の領土なのである。つまり、アメリカ合衆国の統治権の下にあるのだ。メキシコの領土に加わるわけではない」[42]。

ナインは個人主義的ではない、集合主義的ロック主義理論によって、領土権を説明できると主張している。これはスタイナー批判と直接かかわらないので、ごく簡単に説明しておこう。ナインによれば、個人ではなく、集合体としての国家が、ロック的原理を使って、ある一定の地理的領域に対する統治権の確立を正当化することができる。つまり、主体としての国家は、法の制定や実施によって、一定の地理的領域を改造することができるのであり、その改造を、自由

(liberty)、功績(desert)、効率性(efficiency)の原理によって正当化できる。つまり、国家の制度や行政は、そこにいる人の自由を保障し、その領域の価値を高め、その領域の効率的な利用を可能にする。少なくともこのような機能を、他の制度よりもうまく果たすかぎり、国家の領土権は正当化できる。(43)

こうしたナインの批判に対するスタイナーの応答は二種類に分けられる。(44) 第一に、ナインの批判は、スタイナーの個人主義的ロック主義が、「領土権に関する我々の現行の考え方」と一致しないという概念的な整合性に訴えるものにすぎない。もしかりに一致しないとしても、それは、スタイナーの主張が間違っているという、規範的な意味はもたない。第二に、「領土権に関する我々の現行の考え方」にしても、必ずしもナインがいうようにスタイナーの解釈と矛盾しない。例えば一国の領土内に、大使館のような治外法権の空間があるし、領土が売買されたという歴史的記録もある。さらに、封建制度の場合のように、所有権と統治権の区別が曖昧な事例は歴史上に存在する。スタイナーによれば、ナインのテーゼは結局、領土の統一性(territorial unity)の要求になる。そして領土の(物理的)統一性と、個人のメタ統治権の行使による分離独立は、必ずしも矛盾しない、とスタイナーは主張する。

こうしたスタイナーの応答に対するナインの再批判は次のようなものである。第二の批判に関しては、ナインは依然、所有権と領土権の概念的区別にこだわり、歴史的事例の解釈を争っている。しかしながらナインの要点は次の点に帰着する。つまり、領土の統一性の要求は、領土がその役割(例えば公共善の提供)を果たすために、十分な密集度と安定性をもつ必要があるという要求にほかならないのだ、という主張である。(45) 個人主義的なロック主義理論は、このような地域的密集性と安定性と矛盾するとナインは考える。(46) そして第一の批判に対してナインは、集合主義的に理解される領土権の規範的意義を訴えている。領土権の役目は領域内の正義の確立である。こうした領土権の役割は所有権の保護よりも広範なものである。そして、たとえ所有権の保全が国家の役目だとしても、国家は単なる個人が所有する以上の権力を権限としてもっている。こうした個人の所有権から導出できないような権威の必要性を、個人は合理的に把握できるし、そうした権威を国家に付与することもできる。国家がもつ領土権は個人の権利を超えたものであるが、個人の権利を可能にし、促進するという役割を果たすがゆえに、正当化できるのだ、とナインは主張する。(47)

スタイナーは、この論争よりも以前に、ナインのような公共善に訴える議論に疑義を呈していた。集合体としての公共善に基づいて、統治権を国家が行使しても、実際には公共善とされるものと異なる利害をもつ個人は存在するのであり、そうした人びとの権利は尊重されない。例えば、文化の保護のために移民を制限するような政策は、文化が多元化したこの時代において、公共善を促進するというよりは、ある種の文化集団の利益を、他の文化集団の犠牲において推進するものにほかならない(48)。さらにいえば、こうした領土権は、領土の外部にいる人びととの人権を適切に考慮していない。この文脈で再びスタイナーは、グローバル基金という彼の構想の正当性を論証している(49)。

六　ネイションという前提——ミラーとスタイナーの論争

次にデイヴィッド・ミラーによる批判を取り上げたい。ミラーの問いは、「義務論的リベラリズムは、領土権に関して整合的な説明をすることができるか」というものである(50)。これは再び、個人の所有権と国家の領土権の区別の問題となる。この二つの概念の関係性をめぐる、ロックとカント、そしてホッブズまで援用しながら展開される、ミラーとスタイナーの論争を詳述する余裕はない。ここでは、スタイナーが領土の正義をめぐる論争を提起した際に利用した、ロック解釈に論点を集中して、両者の議論を対照的に明確化したい。つまり、問題となるのは、ロック『統治二論』第二篇第一一七節の解釈である。すでに見てきたようにスタイナーは、ここでのロックの議論の不完全性を指摘していたが、ミラーはロックに対して解釈学的慈愛を発揮して、次のように解釈している。

自然状態から離脱する際に人びとが念頭においているのは、「所有権を平和で安全な仕方で享受すること」である。この目的のために社会契約を交わすとき、スタイナーが想定するような退出の権利を含む契約を人びとがするということは可能だが、他の人びとも同様に服するという条件で、設立される国家にそれよりも強いコミットメント、とりわけ所有権の制限に関するコミットメントをする方が有利だと、人びとが考える可能性がある。要するに、分離退出の権利を国民に与えるなら、国家の安定性を低下させるであろうし、国民に取引権を与えることによって、共通の防衛の負担といった公共善を損なう危険性を高めるであろう[51]。つまりミラーによれば、フリーライダー問題の発生が理論的な問題なのであり、ロックの国家論はこれに対する合理的な解決を示すものとして理解できる。

この解釈に対してスタイナーは、二つの点で反論をしている。第一に、ミラーが想定しているような永続的な離脱権利の放棄をする権利に論理的に対応する、離脱権利の放棄をしない権利を同時に保持する者が存在しうるのかが明確ではないし、そのような主体がいかにしてこの後者の権利を放棄することになりうるのか明確ではない。第二に、そのような放棄をしない利益を合理的に想定することも可能である。例えば国家設立後、時がたつにつれて、自分以外の人びとが生み出す社会的・政治的文化が、自分自身にとって敵対的なものになったことが明らかな場合を想定することができる[52]。

ロック解釈としてみた場合、ミラーの方に分があるように思える。ロック自身の政治理論において、その規範的根拠は自然法にあり、ロックにとって根本的な自然法とは、自分自身の保全と、自分自身の保全に反しない限りでの、人類全体の保全にできるかぎり努めることを命じるものである（TTG, II: 6）。そして所有権はこの根本的自然法の実現のために正当化されている（TTG, II: 26, 31）。そしてロックにとって政治権力の目的は、法の支配によるすべての個人の所有権の調整と維持という意味での、公共善の実現であった（TTG, II: 3）。もちろん、ロックの理論はキリスト教的な神の概念に依拠しており、もしもそのような規範的基盤が説得力を失うなら、ロック主義議論は、スタイナーの解釈に近づくであろう[53]。

ロック解釈を離れて、ロック主義理論としてみたとき、スタイナーの議論にも道理が認められる。スタイナーが述べる第二の論点は、現在の国際政治の慣行において、分離独立を承認する理由と重なる。つまり、ある国家の一部の集団が、深刻な人権侵害を受けていることが明らかな場合、その集団が集合的意志を表明するとき、分離独立を認める可能性が生まれる。他方、スタイナーの第一の論点が提起しているのは、ミラーの解釈では個人の同意の意味がなくなり、その結果領土の境界が曖昧になってしまうという理論的批判である。社会契約論の理論的構成において政治社会の境界は、契約という意志行為によって定まる。したがって意志主体による契約行為が無化されるなら、境界線は曖昧化する。

同様の問題はナインの集合主義的理論にもあてはまる。社会契約によって国家は、契約をした主体の意志を義務づける。もしも所有権と領土権が分離するなら、所有権の確立と結合によって確定していた境界線は、国家の成立とともに曖昧化してしまう。ミラーの場合でも、ナインの場合でも、それはあたかも、所有権をもった諸個人が社会契約によって国家を形成したとたん、世界は再度国家にとっての共有物となり、国家が領土権を互いに主張しあうようになったかのように論じていると理解できる。(54) その結果、領土をめぐる問題は、国家主権がむき出しの姿で対立する問題として現れることとなり、領土をめぐる正義の考察は振り出しに戻ってしまう。つまり、社会契約論と、その背後にある正義論がもつ政治理論上の規範的効力が、領土権の問題に関しては無効化されてしまうことになる。これは、個人の私的所有権を出発点とするロック主義政治理論が、領土の正義をめぐる議論においては、役に立たないことを意味する。したがって、このような理論的帰結を避けようとするスタイナーのロック解釈は、ロックの意図にそった歴史的再構成というよりも、ロックの理論の現代的可能性を追求するための哲学的再構成であるといえる。しかしながらこうした解釈は、歴史性を犠牲にするがゆえに、リアリティの欠如という誹りを受ける可能性を生んでしまう。

実際ロック自身の立場を確認するならば、彼は以下のように述べている。

世界の最初の頃は、……どこにおいても、労働が所有の権利を与えた。初めのうちは、人間は、彼らが必要とするものに対して自然が人間の手を借りることなく提供してくれるものにおおむね満足していた。しかし、後になると、(人口や家畜の増加が貨幣の使用と相俟って) 土地を不足させ、土地に何がしかの価値をもたらすことになった世界のある部分においては、いくつかの共同体 (community) がそれぞれの領土の境界を定め、また共同体の内部でも、法によってその社会の私的な個人の所有権 (property) を規制するようになり、その結果、労働と勤労とによって始まった所有権が、契約 (compact) と同意 (agreement) とによって確定されることになったのである。さらに、いくつかの国家 (state) や王国 (kingdom) のあいだで、他国が所有する土地への要求や権利を明白に、あるいは黙示的に否認する同盟が結ばれ、各国は、共通の同意 (consent) によって他国に対して本来的にもっていた自然の共有権への主張を放棄し（give up）、明示的な合意によって、地球のそれぞれの部分と区画とに対する所有権を確定することになった（TTG, II: 45）。

興味深いことは（加藤節が指摘しているように[55]）、この箇所はロックがstateという言葉を使った数少ない例の一つだという事実である。したがって、スタイナー的観点からみれば、領土権をめぐるロックの議論は、非ロック的であったといえるかもしれない。おそらくより正確には、国内政治と国際政治の次元を区別した仕方で、ロックは政治理論を展開していたと解釈できる。これを二重基準もしくは矛盾と解する必要はない。二つの次元を連結する仕方に、ロック的個性があると理解すべきであろう。問題の複雑性は、これは単に、ギリシアのポリス概念に究極的には由来するcivil society ないしは commonwealth の概念と、近代的な state の概念のあいだにある対立を指摘すれば済む問題ではない点にある。アリストテレスが城壁によってポリスは一つになるのではないと主張しているように[56]、規範的なポリス概念は人的・法的団体として構想されており、物理的領域性は本質的ではないとされている。そして注（54）で示したように、この点は近代の規範的なstate 概念において同様なのである。規範的政治理論における近代国家の概念において、この人的団体としての国家と、物理的領域としての国家の関係は、十分に明確化されないままであったのではないか。そしてこの関係性を明晰化しなければ、たとえポリス概念に由来する規範的な正義論を導入しても、領土の正義の問題は適切に論じることはできないはずである。スタイナーの試みは、国家を個人の総和に解消することで、この問題を解消しようとした試みと解釈することもできよう。もちろんこうした試みに対しては、結局のところ現実の問題を無視しているにすぎないのだ、という批判がなされるであろう。

七　おわりに

結局スタイナーの議論は、一貫性はあるが、政治的リアリティを欠くものにすぎないのだろうか。所有権と領土権の違いを認識しない彼がまちがっているとしたら、それは結局、原子論的な社会観へのヘーゲルの批判や、個人よりも国家の方がリアリティをもつとするバークの主張が、正しいということなのだろうか。スタイナーを批判する際ミラーは、スタイナーの議論がうまくいかないのは、そもそも確固とした領土権を擁護する気がスタイナーにはないからだと述べている。[57] スタイナーは、現実的な議論をそもそもする気がないのだろうか。

政治的リアリストから見れば、正義の原理であれ何であれ、領土権をめぐる一般的原理を求めるという試みそのものが、リアリティを欠くものに映るかもしれない。現実に日本が今直面している領土問題を考えてみれば、北方領土問題、竹島問題、尖閣列島問題、沖ノ鳥島問題は、それぞれ独自の歴史的文脈のなかでのみ、問題の認識そのものが可能なのであり、その解決の方策も、その文脈と当事者間の相互作用、とりわけ軍事力をはじめとする権力関係や、国際世論をはじめとする環境を考慮にいれなければならない。[58] つまり、妥協を本質とするような政治によってのみ、解決が望まれるといえる。しかしながら理論的にみた場合、こうした文脈化の果てにあるのは何であろうか。それは、究極的にいえば、政治的世界における行動規範ないしは礼儀（a code of honour）の記述に帰着してしまうのではないか。[59] そこに、規範性はあるだろうか。

あるいは古典的リアリストのように、国家を規範の基盤にすればよいのだろうか。リベラリズムは再び、ナショナリズムを必要とするのか。しかしながら、歴史研究や地域研究が教えてくれるのは、領土紛争においてナショナリズムを呼び起こすことは、うまい考えではないということである。[60] スタイナーは正しくも、ナショナリズムと領土は、特別な情念（passion）を呼び起こすと指摘している。[61] 曖昧な境界線を前にした二国は、特定の土地をめぐって囚人のジレンマ状況に陥っているかもしれない。そこにいったんナショナリズムが導入されたとき、囚人のジレンマはチキン・ゲームに転じる可能性が生まれる。つまり、ナショナリズムが国民に特別なコミットメントを惹起するようになると、互いに妥協の余地がなくなる。すると土地をめぐる対立が、（スタイナーが指摘するように）ゼロサム・ゲームであるなら、そこに帰結するのは戦争への訴えとなってしまう。そして再び歴史研究が教えるのが、武力による領土問題解決は、安定的な解決を生み出すことはまれだということである。

スタイナーは国家の絶対的な有用性を信じていない。正義論は個人の権利の擁護を要求し、我々はそのような擁護を義務づけられている。国家が、そのような義務を実効化するのに寄与してきた歴史があることを、スタイナーも認めている。ただ、それが完全に、もしくは大体において、正義に適う仕方でなされてきたかに関して、彼は懐疑的である。結局、国家は権利擁護のためにある手段にすぎない。それが役に立つかどうかは、偶然の、つまり経験的な問題である。国家に頼ることが、つまり、国家主権に依拠した領土権に訴えることが、リベラルな権利の擁護に役にたつかどうかは、いわば確率の問題となるといってよい。こうした確率は、われわれが今、どのような世界に生きているか、という偶有的な事実によって左右される。そしてわれわれの住む世界は、グローバル化をはじめとした種々の要因によって、劇的に変化している。こうした変化に敏感であることは、リアルな態度だといえよう。少なくともナショナリズムに依拠して我々の世界を理解するよりは、はるかにリアルな態度だといえる。もちろん、主権国家および主権国家システムにある、規範的なリアリティを無視することはできない。ただ、主権国家が幻想ではないのは、グローバル化が幻想ではないと同様である。規範的政治理論の役割の一つは、リアリティの程度を測るために必要な基準の構築という、理論的な作業（それは必然的に分業的なものになる）への貢献だといえよう。こうした貢献の作業のなかで、政治理論家は我々のリアリティ感覚に何らかの規範性を埋め込むことができるはずである。

＊　本稿は、政治思想学会第二一回（二〇一四年度）研究大会・シンポジウムⅠ「国家・主権・規範理論」で報告したペーパー（原題は「主権・正義・政治―規範的政治理論における国家概念」）を基にしている。討論者やフロアからの質問者、および当日親睦会をはじめとする様々な機会において会話を交わさせていただいた人々から、報告に関する貴重な批判や示唆をいただいた。ただ、筆者の怠慢のため、本稿を書く際にそれらを十分に生かせなかったことをお詫びしたい。こうした方々、とりわけ司会を務めていただいた上野成利会員と、討論者を引き受けていただいた寺島俊穂会員に、感謝を申し上げたい。

（1）マックス・ウェーバー『職業としての政治』脇圭平訳、岩波文庫、一九八〇年、九頁。

（2）David Held, *Democracy and the Global Order: From the Modern State to Cosmopolitan Governance*, Cambridge: Polity Press, 1995, passim, esp. 136f.（佐々木寛、遠藤誠治、小林誠、土井美徳、山田竜作訳『デモクラシーと世界秩序　地球市民の政治学』NTT出版、二〇〇二年）。

（3）Peter Singer, *One World: the Ethic of Globalization*, New Haven: Yale University Press, 2002, p. 8（山内友三郎、樫則章監訳『グローバリゼーションの倫理学』昭和堂、二〇〇五年、一〇頁）。

（4）Charles R. Beitz, *Political Theory and International Relations*, Princeton, NJ.: Princeton University Press, 1979（進藤榮一訳『国際秩序と正義』岩波書店、一九八九年）。

（5）Stanley Hoffmann, *Duties Beyond Borders: On the Limits and Possibilities of Ethical International Politics*, New York: Syracuse University Press, 1981, p. 155（最上敏樹訳『国境を超える義務―節度ある国際政治を求めて―』三省堂、一九八五年、一九七頁）。J・シュクラーの「恐怖のリベラリズム」に影響されたホフマンのリアリズムに関しては、スタンレー・ホフマン『国際政治論集』中本義彦訳、勁草書房、二〇一一年、第五章を参照。

（6）Cf. Williams A. Galston, Realism in Political Theory, in *European Journal of Political Theory*, vol. 9.（2010）. 井上彰、田村哲樹編『政治理論とは何か』風行社、二〇一四年、特に第二章「政治／政治的なるものの政治理論」（田村哲樹）も参照。

（7）ギャルストンによるリアリストのリストは、Bernard Williams, Stuart Hampshire, John Dunn, Glen Newey, Richard Bellamy, Geoffrey Hawthorne, Raymond Geuss, John Gray, William Connolly, Bonnie Honig, Chantal Mouffe, Mark Philp, Quentin Skinner, Judith Shklar, Jeremy Waldron, Stephen Elkin である。

（8）Cf. Raymond Geuss, *Philosophy and Real Politics*, Princeton, NJ: Princeton University Press, 2008, pp. 1-9.

（9）Cf. Mark Philp, Realism without Illusions, in *Political Theory*, vol. 40（5）（2012）, p. 630.

（10）ただし、このように理解すると、〈政治的なるもの〉は〈政治的なるもの〉によってのみ理解可能であるという循環論に陥る危険性がある。そうならないために、政治的リアリティは分析的にのみ理解することはできないのであって、総合的に理解するように努めねばならない。したがって、政治的リアリズムには言語遂行論に配慮した歴史的研究が不可欠となる。あるいは、政治的リアリズムの感覚は、優れた小説を書く作家に典型的に見出せるものだといえる。

（11）Peter Singer, Famine, Affluence, and Morality, in *Philosophy and Public Affairs*, vol. 1.（1972）, p. 213.

（12）Cf. David Miller, *National Responsibility and Global Justice*, Oxford: Oxford University Press, 2007, p. 233f.（富沢克他訳、『国

際正義とは何か』風行社、二〇一一年、二八三頁以下）。

（13）ミラーの文脈主義に関しては、岸見太一「政治理論は個別事実をどのようにふまえるべきか――D・ミラーの文脈主義的難民受け入れ論の批判的検討を出発点として」（『科学と政治思想　政治思想研究』第14号、二〇一四年に所収）、二四一頁以下を参照。

（14）つまり、規範の妥当性を特定の文脈に依存する直観を他の文脈での判断に、無媒介に適用することで、その妥当性に疑義を生んでいる点が問題となる。

（15）本論で実際に取り上げられる議論は、あくまでも「リアリスト的な」国家論である。いわゆる「政治理論のリアリスト」と呼ばれる人びと、たとえばゴイスの国家論は、ここでの検討対象ではない（これは単に、スタイナーとの論争に焦点を絞るという本論の選択によるものである）。したがって本論は、「政治理論におけるリアリズム」と呼ばれる論争を直接論じるものでもない。興味深いことに以下で取り上げられるミラーは、現実に即した政治理論の必要性を提唱している（例えば、David Miller, *Justice for Earthlings: Essays in Political Philosophy*, Cambridge: Cambridge University Press, 2013, を参照）が、いわゆる政治理論のリアリストには（注7を参照）、ミラーは含まれていない。

（16）Cf. Hillel Steiner, Individual Liberty, in *Proceedings of the Aristotelian Society* 75 (1975), pp. 33-50; Michael Taylor, *Community, Anarchy and Liberty*, Cambridge: Cambridge University Press, 1982, p. 142f. 森村進編『リバタリアニズム読本』勁草書房、二〇〇六年、一五六～一五七頁、井上彰「正義論としてのリバタリアニズム――ヒレル・スタイナーの権利論――」（日本法哲学会編『法思想史にとって近代とは何か　法哲学年報』有斐閣、二〇〇七年に所収）、二三〇～二四〇頁。

（17）Hillel Steiner, Libertarianism and the transnational migration of people, in Brian Barry and Robert E. Goodin eds., *Free Movement: Ethical Issues in the Transnational Migration of People and of Money*, Pennsylvania: The Pennsylvania University Press, 1992.

（18）Cf. John Locke, *Two Treatises of Government*, ed. by Peter Laslett, Cambridge: Cambridge University Press, 1988, II: 27（以下、TTGと表記し、第一篇か第二篇であるかどうかをローマ数字で、節番号をアラビア数字で表記する。翻訳は加藤節訳『統治二論』岩波文庫、二〇一〇年を使用し、必要に応じて訳を変更する）。リバタリアニズムにおける「ロック的但し書き」については、森村進『ロック所有権論の再生』有斐閣、一九九七年、第五章を参照。

（19）Cf. Steiner, op. cit., p. 92.

（20）自然状態から政治社会への移行において人が放棄する（give up）のは二つの権力だとされる。「何であれ、自分自身と人類の他の部分との保全のために適当だと考えることをなす権力を、自分自身と社会の他の成員との保全に必要とされる限りにおいて、社会が作った法によって規制されるべく放棄するであろう」。「第二に、彼は、処罰権力を全面的に放棄し、……自然の力を、社会の法が要求するに応じて、社会の執行権力を支援するために用いさせるのである」（TTG, II: 129, 130）。ただしロックは次のように述べている。「人は誰でも、最初にある政治的共同体（commonwealth）に自らを一体化させる（incorporate himself）とき、自分自身をそれに結びつける（unite）ことによって、彼が現にもっているか、あるいは将来もつことになる所有物（possessions）で、まだ他の統治体に帰属していないものをその共同体に付加し（annex）、提供する（submit）ことになるということにほかならない。……かつては自由であった自らの身体（person）をある政治的共同体に結びつける者は、その同じ行為によって、かつては自由であった自分の所有物をもその共同体に結合させる（unite）ことになり、その結果、身体と所有物との両者とも、その政治的共同体が存続するかぎり、その統治体（government）と統治権（dominion）とに服することになる」（TTG, II: 120）。したがって問題となるのは、「放棄」の概念と「付加」・「提供」の概念の区別である。スタイナーはこれらを厳密に異なるものとしていることになる。

（21）Cf. Jean Bodin, *Method for the Easy Comprehension of History*, trans. by Beatrice Reynolds, New York: W. W. Norton & Company, 1969, p. 178; Thomas Hobbes, *Leviathan*, ed. by Richard Tuck, Cambridge: Cambridge University Press, 1991, p. 127.

（22）ここでの領土分割禁止の議論は、主権者の行為に対する主権概念の制約として理解することができる。つまり主権国家は、国家権力の実際の行使者である主権者を拘束する。領土分割を禁止する議論は、モナルコマキの議論に見いだすことができる。「真の国王は、公共的国家（res publica）の監護人（curator）であるがゆえに、公共の財産の管理者であって、それらのものの『主人にして所有権者』ではない。したがって真の国王は、王国それ自身はもとより王国のドマニウム〔領土とドメェヌ〕をも譲渡したり浪費することはできない」（Stephanus Junius Brutus, *Vindiciae, Contra Tyrannos: or, Concerning the Legitimate Power of a Prince over the People, and of the People over a Prince*, ed. and trans. by Gerge Garnett, Cambridge: Cambridge University Press, 1994, p. 119（城戸由紀子訳『僭主に対するウィンディキアエ』東信堂、一九九八年、一四四頁）。同様の制約をロックは、最高権力である立法部に課している。Cf. TTG, II: 222.

（23）Cf. J. W. Gough, *John Locke's Political Philosophy*, 2nd edn, Oxford: The Clarendon Press, 1973, p. 42.

（24）ロックの国家主権論に関しては、Richard H. Cox, *Locke on War and Peace*, Oxford: The Clarendon Press, 1960, 特にpp. 107-111を参照。

（25）Cf. Bodin, op. cit., pp. 172-173.

（26）一ノ瀬正樹『人格知識論の生成　ジョン・ロックの瞬間』東京大学出版会、一九九七年、第十章、およびBrian Calvert, Locke on Punishment and the Death Penalty, in *Philosophy*, vol. 68. (1993); John A. Simmons, Locke on the Death Penalty, in *Philosophy*, vol. 69（1994）を参照。

（27）Cf. Steiner, op. cit., p. 93.

（28）Onora O'Neil, Commentary: Magic associations and imperfect people, in Barry and Goodin eds., op. cit., p. 116.

（29）Ibid., p. 118.

（30）Hillel Steiner, Liberalism and Nationalism, in *Analyse & Kritik*, 17（1995）. この論文はほぼ同じ内容で別のタイトルを付され、少なくともその他三つの媒体に載っている。Hillel Steiner, Territorial justice, in S. Caney, D. George and P. Jones eds. *National Rights, International Obligations*, Boulder, CO: Westview Press, 1996; Hillel Steiner, Territorial justice, in Percy B. Lehning ed. *Theories of Secession*, London: Routledge, 1998; Hillel Steiner, Territorial justice and global redistribution, in Gillian Brock and Harry Brighouse eds. *The Political Philosophy of Cosmopolitanism*, Cambridge: Cambridge University Press, 2005. 本論文では最後のものをテクストとして使用する。

（31）David Miller, Property and Territory: Locke, Kant, and Steiner, in *The Journal of Political Philosophy*, vol. 19, no. 1（2011）, p. 109; Hillel Steiner, Sharing Mother Nature's Gifts: A Reply to Quong and Miller, in *The Journal of Political Philosophy*, vol. 19, no. 1（2011）, p. 118, n. 17.

（32）自由論に基づくスタイナーの正義論に関する簡潔な説明として、山岡龍一「自由論の展開――リベラルな政治の構想のなかで」（川崎修編『岩波講座政治哲学6　政治哲学と現代』岩波書店、二〇一四年に所収）、二〇～二三頁を参照。

（33）Hillel Steiner, *An Essay on Rights*, Oxford: Blackwell Publishers, 1994, p. 39.

（34）Cf. Steiner, Territorial justice and global redistribution, p. 31. スタイナーによれば、リベラリズムには三つの規範的な主張がその中核に存在する。第一に、すべての個人が基底的な権利を有する。第二に、こうした基底的な権利はすべての人に同一のものである。第三に、道徳的権利には、いかなる利益の考慮があろうとも、他に凌駕されることはない絶対性がある。

（35）Cf. ibid., p. 33.

（36）Miller, *National Responsibility and Global Justice*, pp. 57-58（邦訳、七二～七三頁）。

（37）グローバルな分配的正義論における、スタイナーとポッゲ、ベイツの違いについては、Hillel Steiner, Just Taxation and

International Redistribution, in *NOMOS XLI: Global Justice*, eds. by Ian Shapiro and Lea Brilmayer, New York: New York University Press, 1999を参照

（38）Cara Nine, A Lockean Theory of Territory, in *Political Studies*, vol. 56（2008）.

（39）Ibid., p. 149.

（40）Allen Buchanan, Boundaries: What Liberalism Has to Say, in A. Buchanan and M. Moore eds. *States, Nations, and Borders: The Ethics of Making Boundaries*, Cambridge: Cambridge University Press, 2003, p. 233; Quoted in Nine, op. cit., p. 150.

（41）Cf. Nine, ibid., pp. 152-153.

（42）Ibid., pp. 149-150.

（43）ナインによれば、効率性の原理は、国家の統治権に対する制約の原理にもなりうる。領土を効率的に使用することは、いわば国家の義務であり、この機能が果たせないとき、その権利は相対化される。地球温暖化のような環境破壊によって領土を失う人びとが生まれた場合、利用されていない土地をもつ国家は、そのような人びとに土地を与えるべき義務を負うとナインは主張している。このような場合、土地は完全に領土として移譲されるのではなく、自治区のような限定的な統治権の移譲でよいと、ナインは考えている。Cf. ibid., pp. 163-164.

（44）Hillel Steiner, May Lockean Doughnuts Have Holes? The Geometry of Territorial Jurisdiction: A Response to Nine, in *Political Studies*, vol. 56（2008）.

（45）これは国際法における領土保全（territorial integrity）の原則に近いと理解できる。ロックの理論と領土保全原則の対立に関しては、Anna Stilz, Why do states have territorial rights? in *International Theory*, vol. 1（2009）, p. 194を参照。

（46）Cf. Cara Nine, Territory is Not Derived from Property: A Response to Steiner, in *Political Studies*, vol. 56（2008）, p. 960.

（47）Cf. ibid., p. 962.

（48）Cf. Hillel Steiner, Hard Borders, Compensation, and Classical Liberalism, in D. Miller and S. H. Hashmi eds. *Boundaries and Justice: Diverse Ethical Perspectives*, Princeton, NJ.: Princeton University Press, 2001, pp. 80-81.

（49）Cf. ibid., pp. 82-87.

（50）Miller, Property and Territory, p. 91.

（51）Cf. ibid., p. 103.

(52) Cf. Steiner, Sharing Mother Nature's Gifts, p. 120, n. 24. 道徳的行為者の権利という概念には、相反する選択肢の存在が不可欠である、というスタイナーの権利論については、Hillel Steiner, Working Rights, in Matthew H. Kramer, N. E. Simmonds, and Hillel Steiner, *A Debate Over Rights*, Oxford: Oxford University Press, 1998, esp. pp. 236-239を参照。国家のような第三者の介入によって、囚人のジレンマが解消できるという説に対する、スタイナーによる批判として、Hillel Steiner, Prisoner's Dilemma as an Insoluble Problem, in *Mind*, vol. 91 (1982), を参照。

(53) スタイナーがどれ程ロック主義者であるかという点に関しては、次の二点においてスタイナーはあきらかにロック的ではないといえる。第一に、スタイナーは、ロックが当然視していた財産の遺贈権を否定している（cf. Steiner, *An Essay on Rights*, pp. 250-258; TTG, II: 72, 73）。第二に、スタイナーは、個人が契約によって自らを奴隷化できると考えているが、これは絶対にロックが認めないことである（cf. Steiner, ibid., p. 231-232; TTG, II: 23）。

(54) こうした理解は、国家（state）が、自然的人格である統治者や、被統治者の団体と区別される、道徳的（法的）人格として理解されるという、近代の国家概念の確立と対応するように思える。近代主権国家の抽象性は、領土という国家の具体的側面を曖昧にしたといえる。Cf. Quentin Skinner, From the state of prices to the person of the state, in Q. Skinner, *Visions of Politics*, vol. II: *Renaissance Virtues*, Cambridge: Cambridge University 2002.

(55)『統治二論』、三五三頁、注（17）を参照。

(56) Cf. Aristotle, *Politics*, trans. by H. Rackham, Cambridge, Mass: Harvard University Press, 1944, 1276a.

(57) Cf. Miller, Property and Territory, p. 108.

(58) 例えば、高橋和夫『国際理解のために』放送大学教育振興会、二〇一三年や、金子利喜男『世界の領土・境界紛争と国際裁判』明石書店、二〇〇一年等を参照。国際法の観点からこの問題を扱ったものとして、トーマス・ショーエンバウム「日本とその近隣諸国との領土および海洋をめぐる紛争の解決に向けて――問題と機会――」、小松崎利明訳、（ヴィルヘルム・フォッセ、下川雅司編『「平和・安全・共生」の理念と政策提言にむけて』風行社、二〇一〇年に所収）、およびThomas J. Schoenbaum ed. *Peace in Northeast Asia: Resolving Japan's Territorial and Maritime Disputes with China, Korea and the Russian Federation*, Cheltenham: Edward Elgar, 2008.

(59) Cf. Philp, op. cit., p. 636.

(60) 高橋、前掲書、第9章を参照。

(61) Cf. Steiner, Territorial justice and global redistribution, p. 32; Anthony D. Smith, *National Identity*, Reno, Nevada: University of Nevada Press, 1991, pp. 22-23, 70（高柳先男訳『ナショナリズムの生命力』晶文社、一九九八年、五五、一二九～一三〇頁）。

東亜協同体論におけるマルクス主義の政治思想的位置

●——石井知章

はじめに

近代日本のアジア認識は、「アジア的」なものを肯定しアジアとの連帯のなかで共存、共栄する道（興亜論）と、「アジア的」なものをいったんは否定し、西欧文明の全面的な導入によって着実な近代化を推し進めようとする道（脱亜論）の二つの選択肢の狭間を揺れ動いてきた。これら二つの様相を、アジア主義という一つの言説空間で見れば、それは膨張主義または侵略主義とも、あるいは民族主義、国家主義、国民主義といったさまざまなナショナリズムとも、さらにはマルクス主義的な国際主義とも、完全には重なり合わないものの、しかしいずれにも少しずつ重なりあうという多義的存在であったことが分かる。いわば、「膨張主義が直接にアジア主義を生んだのではなく、膨張主義が国権論と民権論、または少し降って欧化と国粋という対立する風潮を生み出し、この双生児ともいうべき風潮の対立の中からアジア主義が生み出された」（竹内好[1]）のである。

強固なナショナリズム（富国強兵）によって近代化を推進していた明治時代以来、資本主義萌芽期の社会思想は、やがて一九三〇年代に入ると、マルクス主義の影響を受けつつ、少なからず変貌を遂げることとなる。すなわち、一九三〇年代のアジア社会論は、一九三〇年から四〇年代前半にかけて段階的に発展し、満州事変期には「五族協和論」として、次に日中戦争期には「東亜新秩序論」として、さらにアジア・太平洋戦争期には「大東亜共栄圏論」として、次々とその理論的変貌を遂げていくこととなった。アジアを侵略し、占領地域を拡大しつつある日本が、同時にアジア諸民族の解放・共生を唱えるという総力戦期の巨大な矛盾の中でアジア社会論が展開されたことが、一九三〇年代のきわめて大きな特質である(2)。

ここでは、二つの大戦を挟んで現代へと流れていったアジア主義のうち、「第三の道」＝社会民主主義的トランスナショナリズムとしてのマルクス主義の意味を問う。ここで議論の下敷きとなっているマルクス主義とは、昭和の戦時体制という全体主義的思想統制の下、「偽装」や「転向」を余儀なくされるという側面を持つとともに、当時の主流であったコミンテルンを中心とするマルクス・レーニン（スターリン）主義的民族解放闘争史観とは一線を画す「アジア派」と呼ばれた人々による、「生産様式としての帝国主義」を相対的に擁護する側面をもつという両義性を帯びていた。たしかに、マルクスには、「近代主義」的側面と、「反近代主義」的側面とが共存してはいるものの、前者は「アジア的」＝「前近代的」社会とのコンテクストにおいて現れると同時に、後者は西欧近代市民社会（「欲求の体系」）との関係性において典型的に表出するものであろう。ここでは、あからさまな侵略主義の形を取った大東亜共栄圏の成立前夜に、近衛内閣によって進められた東亜新秩序運動から新体制運動へと至る政治過程で、日本と中国の論壇において繰り広げられた東亜協同体論におけるマルクス主義の政治思想的位置をめぐり考察する。

一　戦時期日本の政治過程と東亜協同体論

世界の二大秩序のなかで繰り広げられたロシア革命と世界恐慌というエポックは、社会主義の勃興とともに世界資本主義の危機を露呈し、コミュニズム、ファシズム、修正資本主義という混沌とした政治思潮を生み出していた。世界恐慌に直面した列強は、ブロック経済圏の形成によって世界市場の再分割に乗りだしたが、それは当時、民族自決論にもとづく脱植民地化の動きと連動し、複雑化の様相をみせていた。盧溝橋事件（一九三七年）を経て、緊迫した日中関係と準戦時体制がいよいよもって日本国内での閉塞感を増大させ、翼賛か転向か、抵抗か批判かという二者選択に人々を駆り立てることとなる。こうしたなか、歴史は再びアジアへの回帰によって国策を変更し、アジアの解放、資本主義の修正を模索し始めていた(3)。とりわけ近衛文麿による「国民政府を対手にせず」の態度表明によって、日中戦争が長期化の様相を呈し始めるなか、革新左派の知識人たちを集めて提起されたのが東亜協同体論である。その運動を思想的に支えたのがマルクスの思想に多くを依拠する三木清、尾崎秀実であり、後藤隆之助、笠信太郎、平貞蔵、加田哲二、蝋山政道といった革新派によって構成された昭和研究会であった。それは西洋文明の全般的閉塞を近代そのものの行き詰まりとして解釈し、これをアジア的な論理と倫理で乗り超えようとした京都学派の「世界史の哲学」、「近代の超克」論の延長線上で展開されたといえる。そのなかでも論壇の中心にいた三木清は、「東亜思想の根拠」(一九三八年)において日中の衝突を解決し、両者の提携を実現するために双方のナショナリズムを超えていくべきことを提唱した。そこでは中国の近代化こそ「東亜協同体の形成にとっての前提」であり、日本の支配は列強の支配にとって代わるようなものであってはならず、その帝国主義的膨張を抑制するためにはまず資本主義の問題を解決しなければならないとされた。

「東亜協同体は単なる民族主義によって考えられ得ない故に、従来の全体主義が血と地というが如き非合理なものを強調していたのに対して一層合理的なものを基礎としなければならぬ。民族と民族とを超えて結ぶ原理は、一民族の内部において結合の原理として可能であるような内密のもの、秘儀的なものであることができず、公共的なもの、知性的なものでなければならぬ。また従来の全体主義は論理的に言っても全体が部分を抑圧し、個人の独自性とが認められないという欠陥を有しており、そして事実としてもそうであったのであるが、新しい全体主義においてはかような欠陥がなくならねばならぬ。[……]かくして一般的に要求される論理は、個体はどこまでも全体の内に包まれつつしかもどこまでも独立であるという新しい論理であり、この論理は全体主義における有機体説の新しい論理に対して正しい弁証法の論理と言うことができるであろう。東亜協同体の内部においては各々の民族が独自性を有しなければならぬ以上、従来の抽象的な世界主義が民族の固有性を否定したのに対してこれが自覚を強調して現れた現在の民族主義にも重要な意義があると言わなければならない」[4]。

この民族と民族による結合によって成り立つ「協」同体は、一つの「有機体」的全体の中に包摂されるような直接的な統一体（Einheit）としての「共」同体ではなく、むしろ各民族との共存を通じて、そこに参加する成員各自が対等の地位にあって自立的であることを保障する開かれた総体（Totalität）である。それは各成員の個性という独自の価値が民族を媒介にして擁護されているという意味で、カントやフィヒテの世界市民主義（コスモポリタニズム）とも繋がっている。それゆえにこの協同体は、前近代的な共同体（Gemeinshaft）とも近代的な利益社会（Gesellschaft）とも厳密に区別されるべき第三の道としての協同社会（Genossenschaft）を目指している[5]。三木を中心にまとめられた昭和研究会の『新日本の思想原理』に示されたように、「この文化は単にゲマインシャフト的でなく、またもとより単にゲゼルシャフト的でもなく、却ってゲマインシャフト的とゲゼルシャフト的との総合としての高次の文化[6]」である。いいかえれば、この協同主義とは「既に破綻の徴歴然たる近代主義を一層高い立場から超克し、自由主義、マルクス主義、全体主義の体系に優るもの[7]」であるべきなのである。しかも、この東亜協同体論に特徴的なのは、民族の固有性を基礎にしつつも、領域主義という制度的枠組のなかで企図された、日本を含む全ての構成国に対するナショナリズムの抑制であろう。「現在東亜協同体にしても日本民族のイニシアティブのもとに形成されるのである。しかしながらまたかように日本の指導によって成立する東亜協同体の中へ日本自身も入ってゆくのであり、その限り日本自身もこの協同体の原理に従わねばならぬという意味に於いては、その民族主義に制限が認められねばならぬことは当然である[8]」。つまり、ここでは日本のイニシアティブを相対的に肯定しつつも、リージョナリズム（領域主義）というインターナショナリズム（国際主義）の現実的下位概念を媒介にして、構成員のナショナリズムそのものがトランスナショナルなものとして肯定されるとともに制限（抑制）されている。それは現在の国連システムが、主権の一部を国連という国際システムの法的主体に委譲することによって、自らの主権が部分的に国連システムによって拘束されるのと相即的であり、その意味で今日においてなおも有意性に満ちている。たしかに、ここでは日本の「イニシアティブ」はそのまま肯定されてはいるが、あらゆる集団が集団として存立するための求心原理としてのリーダーシップは必要不可欠なのであり、そのこと自体はナショナリズムの肯定とは無縁というべきである。ただ問題は、それが健全なイニシアティブからは逸脱し、たとえば代行主義のような他の構成員の望まぬ支配権力＝排他的ナショナリズムをもたらしうる危険性をも内包していたという事実であろう。東亜協同体内部でのリーダーシップは、その民主的平等主義の原理からいっても、本来、日本だけがその役割を果たすべきであるとはいえない。この危うさはそもそも、三木が日本的原理を中心とした有機体論、つまりナチスにも取り入れられたこのファシズムの論理を完全には捨てきれていなかったことに示されている。たとえば彼が、皇民化政策と共に朝鮮総督府の施行した動員政策の一環である「内鮮一体」の実現を、「半島人の人的地位の向上」をもたらし、東亜協同体を構成するための「先決の前提」であるとみなしていたという事実にも、そうした有機体論の危険性を認めざるを得ない[9]。この意味で三木の協同主義の論理は、一方でそれまでのアジア主義にはなかったアジアとの普遍主義的連帯の可能性が提示されてはいるものの、他方でその根本原理の最もきわどい部分で、日本的文化原理の優位性を肯定してしまっている。

ただし、こうした三木による協同主義哲学の負の局面こそは、彼の思想が偽装（あるいは転向）マルクス主義と称される部分でもあったことに留意すべきであろう。その言説が当時の時代状況において唯一、トランスナショナルな領域主義から国際主義へと向けたアジア連帯への転回、あるいは巻き返しをもたらしうるという可能性を提示していたとすれば、当時の閉塞した社会、論壇状況における窮余の抵抗運動であったという見方がなおも可能である。なぜなら、高畠通敏が指摘したように、「圧倒的に編成化された政治権力の下ですべての抵抗勢力が解体させられるのを見るこの時代においては、［……］転向はあたりまえのことであり、むしろいかにして転向の外装の下、抵抗の姿勢を持続するかが、戦時下抵抗思想の一般的問題だった」といえるからである[10]。

一方、尾崎秀実は、「『東亜協同体』の理念とその成立の客観的基礎」（一九三九年）を発表し、『東亜協同体論』の理念が三七年以来の事変に対処すべき日本の根本方策の中に取り上げられ、事変解決の方向の不可欠な重点となったと主張した。それは本来、「八紘一宇」とも「東亜連盟論」（石原完爾）とも思想的に相通じるアジア主義の流れを汲むものであるとはいえ[11]、第一義的には「日支事変の進行過程の生んだ歴史的産物」であり、その発生は「必然的」で将来への「発展可能性」を有するものである[12]。尾崎によれば、事変の処理という問題を考える上での最大のポイントとは中国国内の民族問題であるが、しかし東亜協同体論とは日本が中国との紛争処理に手を焼いた結果生み出し、中国の民族を協力させるように「ごまかす」政策であると解釈すべきでなく、中国の民族の積極的な参加なしでは成り立ち得ない理念である。だが、目前に進められつつある戦争の目的は、国防にしても、日本経済に必要な独占的、特権的市場や資源の確保にしても、このことが「力によって要求されるのではなくして、さらに一段と将来の東亜再建のための必要に基づいて要求されねばならない[13]」し、そうすることによって「協同体の確立は必ずやその指導的構成員たる日本に対しても、他の構成員たる東亜の国々とともに、多大の利益をもたらすことにもなる[14]」とし、尾崎は三木同様に日本民族のイニシアティブを肯定した。だが、日中協力を基礎にした東亜新秩序の創造という日本の主張が欺騙にすぎぬとした国民政府側の批判を十分意識しつつも、尾崎はこうした中国における民族主義の昂揚を目前にした厳しい現実に対する断固した決意を持たない限り、一部でいわれるような事変処理のための「万能薬」のように扱われることなどありえず、その理念の持つ理想主義は「一個の現代の神話、夢たるに終わる」と警告した[15]。

ところで、ここで東亜協同体論の理念を支持しうるもう一つの見方として検討すべきなのが、マルクスのアジア的生産様式論における「専制政治」や「アジア的停滞」の克服へと繋がりうる論理であろう。すなわち尾崎の見るところ、「東亜協同体の存在理由ともいうべき一つとして東亜における生産力の増大が、半植民地的状態から自らを脱却せんと試みつつある民族の解放と福祉とにいかに多く貢献すべきかは特に強調されてよいわけであろう。これはまた日本にとっても同様であって日満支経済ブロック論の恣意を脱却せる経済的効果が『東亜協同体論』の埒内において実現することを意味するのである[16]」。つまり、ここで尾崎は、東亜協同体内部での先進国—後進国双方での生産の増大が、半植民地状態にある構成員の後進性を克服せしめ得ると見ているといえる。もちろん尾崎自身は、中国共産党第六回大会（二八年）の「半封建、半植民地」という規定を基本的に支持しつつ（『現代支那論』）、ソ連を中心とする民族解放闘争を支持すべくゾルゲ事件への関与を通し直接コミンテルンとも連携していたのであり、「半封建」規定を否定し、アジアの社会構成体を西欧と同じ世界史の発展段階には位置付けなかったいわゆる「アジア派」には属していない。たしかに、マルクスがインドの植民地支配において「人間精神を最も狭い限界にまで追いやる」専制政治の基礎となる伝統的村落共同体を「破壊」するとともに近代ブルジョア的生産様式を「再生」するという「二重の使命」（『イギリスのインド支配の将来の結果』一八五三年）をイギリスに見出したのとは異なり、ここでは半植民地状態であることから自ら脱却しようとするアジアの植民地の人々との連帯によって「民族の解放と福祉」をこの協同体の中で実現しようという強い意志が表れている。だが、だからといって尾崎は、インドに対してイギリスが果たしたような日本の指導的役割をまったく否定しているわけでもない。東亜協同体論とは、ブロック経済という一つの「封鎖的単位」ではなく、「単に世界的秩序一般に先行する地域的、人種的、文化的、経済的、共同防衛的なる結合」であり、その新たな「結合」の中で日本が「特殊的地位」を主張することは、尾崎にとっては「共同防衛の見地から」正しいことであった[17]。このことは尾崎の立場が、アジア的停滞の克服のためにイギリスの果たすべき役割にマルクスが期待を寄せたのと思想的距離としてそう遠くないことを示唆しているが、だからといって尾崎は、日本による帝国主義支配を手放しに肯定しているわけでもなく、むしろ三木による協同主義の理念が教唆するように「日本の独占的な排他主義であってはならない」とクギを刺すのを忘れていない[18]。いずれにせよ彼は、政治的＝実践的には「半封建、半植民地」をとるコミンテルンと同じ立場にありながらも、理論的にはアジア的「停滞」や「東洋的専制国家」の存在を認め、それらの克服を視野においていたのである[19]。

しかしながら、のちにゾルゲ事件での検挙後の思想披瀝によってはじめて明らかにされたように、尾崎にとって本来念頭にあったのは、何よりも日・中・ソの連繫という一種の社会主義的な「東亜新秩序」の構築であり、それをアジア主義の中心理念でもあるアジア諸民族の解放に結び付けるということであった[20]。そのことはまた、尾崎の畏友中西功が当時の政治情勢を同じ三国による東亜革命論に転化しようと企図していたことに繋がる内容でもあった[21]。したがって、「尾崎の場合はアジア諸国との連帯をプロレタリア的基礎の上に構想したところが国権主義的なアジア主義の主張と異なっていた[22]」とする小林弘二の指摘は、検挙前の論壇での言説との比較においては一見矛盾するようにも思えるが、尾崎の根本意想の理解としてはなおも正当なものであるといえる。たしかに、マルクスには、「近代主義」的側面と、「反近代主義」的側面とが共存してはいるものの、前者はアジア的＝前近代的社会とのコンテクストにおいて現れると同時に、後者は西欧近代市民社会（「欲求の体系」）との関係性において典型的に表出するものであろう。このように、東亜協同体論は、左右の政治勢力をともに吸収しつつ、東アジアにおける領域主義をマルクス主義的国際主義へ、つまり一国の枠組を超えたトランスナショナルなブルジョア民主主義革命をリージョナルな社会主義革命へと転化させうる論理的可能性を持ち合わせていたのである。(23)

二　中国から見た東亜協同体論

では、こうした三木清や尾崎秀実らによる東亜協同体論＝「偽装」（「転向」）マルクス主義というオブラートに包まれた第三の道、すなわち領域主義としての国際主義をめぐる言説は、最も重要なカウンターパートである中国ではいかに受け容れられ、またいかなる反発を招いたのであろうか。そのための前提作業として、ここではまず日本の提唱した東亜協同体論を「連帯される」側がどう見ていたのかという問題を問わなければならない。

李大釗は一九一九年、その論考「大亜細亜主義与新亜細亜主義」でアジア主義とは「中国を侵略する隠語」であるとして排斥する一方、アジアの諸民族の解放と平等な連合によるアジア大連邦の結成を説き、欧州連邦、アメリカ連邦と鼎立して世界連邦を構成すべきであると訴えた。孫文もまた一九二四年、「大アジア主義」と題された神戸での講演でアジアの被抑圧民族と連繋して覇道文化に対する王道文化の創出を提唱したが、その際に日本のアジア主義に言及して、「世界文化に対して西方の覇道の番犬になるか、はたまた、東方王道の干城となるのを欲するのか」と選択を迫ったのも、そのアジア主義に侵略的膨張主義の匂いを嗅ぎ取っていたからに他ならない。大隈重信内閣時代の「対華二十一か条の要求」や寺内正毅内閣の「西原借款」など、日中関係では日本帝国主義の侵略的行為が目立っていたが、こうした動きは孫文の見るところ「日本の軍人はかの帝国主義の野心を振るって、あの維新志士らの大志を忘れ、中国を最も抵抗力の少ない方向と見なし、そこへ侵略政策を展開しようとした。これが中国と日本の建国方針の根本的に相容れない点なのである」[24]。だが、孫文はその一方で、「列強からの不法の圧迫に対抗するために、中日両国民は真の理解の下で中国を救って、東亜の平和を確立し、それと同じに黄色人種の団結を強固にしなければならない」[25]ともしており、彼もまたアジア主義そのもののもつ根源的な内的矛盾とともに、侵略主義、拡張主義批判と日中間、延いてはアジア周辺国間の連繋、連帯という両義性のなかで自らの態度決定に逡巡していたといえる。

こうした日本の提唱する東亜協同体論に対する批判的な基本姿勢は、のちに蒋介石ら国民党の対日批判としても受け継がれていく。近衛首相がいわゆる「支那更正」と国交調整の声明を発表すると、蒋介石は三八年一二月、これに反論する演説を行なって「敵の諸陰謀の総和」であると批判した。東亜新秩序や東亜協同体論とは、「敵人の中国呑滅、東亜独占、延いては世界征服の夢想と陰謀の総告白であって、又我国家我民族滅亡に対する一切の計画内容の総暴露」[26]であり、「元来文字をもて遊び、巧言詭弁を弄し、煙幕を放送し、世人を禍害するのは敵人の慣用特技である」[27]。では、東亜協同体論もそれまでの膨張主義的、侵略主義的アジア主義にしばしばみられたような数多くの陰謀の一つであり、「煙幕の後にかくしもった野心」をたんに粉飾しているだけにすぎないのか。

蒋によれば、東亜協同体論によって「日『満』支不可分」及び「日『満』支互助連関の関係」を築くというのは、東亜新秩序論の際に主張された「経済一元化」、または「経済ブロック」などに比較すれば、たしかに「更に広義な、普遍的なかつ一歩進んだもの」である。だが、それは政治、経済、文化の各方面において全中国及び東北を併呑し、一個の「単一体」に併合しようとするものであり、日満支の関係は立体関係であっても平面関係ではなく、その意図は日本が「家長」であり、満洲と中国が「師弟」であるといっているだけである。それは中国を完全な独立国家として扱うことを約束しているかのような言辞を弄んでいるが、すでに三七年以降、中国大陸に次々と進攻しつつあった日本が、中国にとって対等な存在になど到底なり得べくもなく、「彼らの脳裏にある領土とは、正に彼らが支配する所の領土であり、資源と云うも亦彼らが自由になし得る所の資源を意味する」にすぎない[28]。日本がどんなに美辞麗句を弄したとしても、中国人がそれを素直に受け取れないことの理由には、過去において日本の中国においてなした罪悪に対して中国人がいかに深刻な、悪しき印象を受けているのかを理解していないことにある。「正直に云えば、中国人は日本人と云えば直ちにその特務機関と悪質の浪人を連想する。また阿片を販売しモルヒネを売り、人造阿片を製造し、ヘロインを売り娼妓・賭博遊びをし、武器を密輸入して土匪を援助し、ルンペンを養い、漢奸を製造して一切のわが秩序を乱しわが民徳を汚す独化匪化の陰謀を連想する」(29)。蔣介石の観察がどれだけ一般的中国人の意見を代表しているかはともかく、ここでとりわけ注目すべきなのは、当時多くの中国知識人による言説のなかで繰り返し使われたこの「漢奸」という言葉である。もちろん、ここで蔣介石が直接的に念頭においているのは、三八年に第二次近衛内閣の「東亜新秩序声明」と「近衛三原則声明」を受け入れていた汪兆銘（汪精衛）であったことはいうまでもない。このように蔣介石は、日本の提唱する東亜新秩序と東亜協同体論を全面的に否定しているとはいえ、孫文の王道思想に繋がる大アジア主義の理想を放棄したわけではけっしてない。だが、その一方で、蔣は孫文の大アジア主義に言及してそれを称揚するわけでもなく、逆にこの理想主義で閉塞した状況を乗り越えようとする積極的姿勢もみられない。

「我々の理想によれば、民族と民族間の平等親睦が、和平共存に達することは当然正しいことである。然し日本が要求する融和は、日本の所謂「日『満』支不可分」、「日『満』支の緊密な連繫」、「相互連環関係の樹立」等と対照して、日本が求むるものが何であるかを知らなければならない。更に『東亜協同体論』は『立体関係』であるという点からして、その『融和』とは、明らかにわが中国民衆の『消滅』或いは日本民族の中に『溶化』すること、これと『合併して一体となる』ということを要求することである」(30)。

このように、蔣介石の見るところ、日本は「共同防共」の名義を借りて中国の軍事を支配し、「経済ブロック」の方法で中国の資源を消滅させ、いまなお「東亜協同体」という手段で中国の政治や文化を統制し、その生存の消滅を企図しているにすぎない。だが、それはつまるところ、「『中日合併』であり、即ち中国の日本に対する全般的帰属であり、又『日本大陸帝国』の完成である。又日本は『東亜新秩序の建設』なる語調を以て陰謀掩蔽の煙幕として世人を愚人とし唯独り智ありとして一手を以て天下の耳目を掩い尽さんと考へている。これこそは日本帝国主義者の他国を滅ぼし、他の人民を亡ぼす新発明新方法である」[31]。つまり、それは言葉の上でいかに「融和」を説いたとしても、孫文が主張したような平等互恵の理想とは程遠いものだ、というのである。

日中戦争勃発以来、紛争の長期化を憂慮する日本政府と軍部は、中国側の抗日勢力をいかに分断させるかに腐心していたが、近衛内閣は「東亜新秩序の建設」という新たなアジア主義的方策によってその目的を達成しようと画策した。一九三八年一一月、第二次近衛声明として提出されたこの構想は、なによりも汪兆銘に対する「和平工作」としての側面をもっており、「日満支三国」の提携を実現するための善隣友好、共同防共、経済提携の三点を柱にしていた。こうしたなか、日本軍占領地の南京で傀儡政権樹立に取りかかっていた汪兆銘は一九三九年一〇月、「支那と東亜」と題する論考の中で東亜新秩序と東亜協同体論とに言及し、その内容はまだ十分に明らかでなく、内実の伴うものにはなっていないとしながらも、そこに彼は「侵略主義の排斥」と「共産主義の排斥」という二つのポイントを読み取り、基本姿勢として受け入れた[32]。

一方、中国共産党系の機関紙『新華日報』は一九三九年一月、「汪精衛に叛く」という社説を載せ、国共合作を経ているとはいえ依然として政敵である蒋介石の立場を擁護しつつ、「敵人の中国呑滅、東亜独占、延いては世界征服の夢想と陰謀の総告白であって、又我国家我民族滅亡に対する一切の計画内容の総暴露である」[33]という蒋の言葉をそのまま東亜新秩序批判として使った。「汪兆銘の国に叛き、彼が堕落して民族の逆賊たる地位に立ち到ったかについては、当然由来するものがある。彼は抗戦の当初より、妄りに自ら卑屈する民族失敗主義を充満して居り、彼の見極めたものは、敵の武力が我が国に比して強いこと、敵の目前の政治力経済力が我々に比して優勢を占めていることのみであって、其他の勝負を決定する素因、特に敵は正に消耗しつつあり、我軍は正に増強しつつありと云う素因は、棄て語らなかった」[34]。さらに延安にいた王明（陳紹禹）も、「近衛声明云う所の中日両国関係調整の基本政策の内容とは何であるか。即ち所謂『中日満三国は将来東亜新秩序を建設し、善隣友好、共同防共、経済提携』の三原則を以って中日談判の根拠としているのである。汪精衛は近衛のメガホンであり、響応する虫であるから、我々が近衛の狂妄を反駁せんとするならば、同時に亦完全に汪精衛通電の狂猛を駁斥しなければならぬ[35]」と論難する一方、先の蒋介石の演説については、「蒋委員長の反駁は義理正直にて意気雄壮である。蔣委員長のこの話は完全に正しい[36]」と高く評価している。

国共合作による抗日運動が展開されていたという国内事情もあるが、これら蔣介石をはじめとする国共両党による日本批判には、東亜協同体論に言及しつつも、それが提示される前段階で示された東亜新秩序という近衛内閣による「和平工作」とそれに追随した汪兆銘に対する批判という共通点がある。これに対して、香港『大公報』の記者であった江公懐は、東亜新秩序論という政策への批判から東亜協同体論の理論及びイデオロギー批判へと踏みこんだ。「日本製大亜細亜主義を論ず――侵略者と漢奸との理論の批判の一」と題された論考のなかで江は、日本の発動した侵略戦争で中国人の目にしている武器とは、けっして精神的なものでなく、「大砲、機関銃、軍艦、飛行機、爆弾、タンク等のみ」という軍事的なものであり、「実際の武力衝突の過程中に於いて、日本の統治階級と本国の漢奸の代弁人とは、正にその中に一個の系統ある侵略の野蛮行為弁護の理論――一種の人心を敗滅させるような観念上の武器――を形成し来たって、其の実質的武器の効力を増加しようとしている[37]」にすぎない。そこでは、「孫中山先生の提唱した所の大アジア主義は決して日本の一般人士の同意を得なかった。その然る所以は、日本の資本家層が黄色人種であり、アジア人種であるけれども、但し欧米白色資本家群と同様に利潤を追求する動物であったからである[38]」。このように江は、東亜協同体論によってナショナリズム抑制の論理を提唱しつつも、現実的選択においては強権的に朝鮮を併合し、その後も脱亜の道を辿ったのが他ならぬ日本であることを鋭く見抜いていた。

さらに江によれば、中国が資本主義の完全な発達段階に入れないのは、日本の資本主義が独占的に条件付けているからである。つまり、中国やインドなどのアジア諸国が欧米資本主義の桎梏より自己を解放すれば、その結果日本の資本からも解放し、日本資本主義は搾取の対象を失うがゆえに、中国国内の民族資本による自立した資本主義の発展は到底受け入れがたいことになる。「若し中国印度が日本資本家層の政治経済の統制下に在り、そして日本自身を欧米先進国の圧迫と削除より解放することが出来れば、日本資本主義層はこの場合に於いては東亜市場を独占することが出来ることとなり、これが日本資本家層の願っていることである。ただこのようであるのが、日本の有する日本製のアジア主義である[39]」。自己中心的な日本のアジア主義はたんに自らの権益を守るために存在しているにすぎず、だからこそ日本人に孫文の提唱するような公正なる大アジア主義を理解することはできないというのである。では、東亜協同体論とはいったいいかに理解されるべきなのか。江は三木清の「東亜思想の根拠」に言及しつつ、三木が自分の国の愛国主義を排斥しないまま孫文の三民主義における民族主義を排斥し、なおかつ自分の国の帝国主義を攻撃せずに欧米の帝国主義を攻撃するのみであることを批判したうえで、次のようにいう。

「彼は己が国の統治階級の眼前に横たわっている曇りを見ずに、他国の思想中の僅かな黒痣を見る。彼は所謂東亜共同体の建設を主張している。ただ彼は、この共同体中にあって、日本と中国とが全体性の立場を離れることなくして行動するの条件の下にあって、各自その独立性と自主性とを保持することが出来ると建議しているにすぎない。彼は又言う、東亜共同体の建設を指導するものは、応に共同的特殊の東方文化であるべきで、日本の武力征服主義であってはならないと。この議論はかのサーベルを握っている軍閥及びその露骨な代言人が発表する所の日『満』支関係は横面形式を採取すべきではなく、垂直形式をとるべきであるとの議論に比べて、非常に緩和している。但しそれもなお濃厚な騙性を具えたものである。軍隊が城下を略して日中の対等結合を談ずることは、全く一つの出鱈目な馬鹿げたことで、彼はただ一種の空談即ちかつての仏国ブルヂョア外交家ブリアンが提出したところの欧州連邦の計画と同性質の空談をなすことが出来るばかりである[40]」。

ここで東亜「協」同体が「共」同体と表記されているように、江公懐は三木の批判した一つの統一体としてのゲマインシャフトをそこにみているだけであり、その新機軸であった協同主義（ゲノッセンシャフト）の契機を理解していない。あるいは江は、その協同主義が無意識のうちに有機的な統一体へと導く虚偽意識を読み取っていたがゆえに、あえて意図的に「共同体」と呼んだのかもしれない。たしかにそれは、東亜新秩序論に比べれば垂直的支配―被支配関係をとっておらず、相互平等互恵という形式をもっているかのように見えるが、まさにここにこそ「騙性」が存在するというのである。しかるに、江の見るところ、アジアの国々はいずれも不均等な経済発展をとげているのであって、資本主義の高度に発達した日本がこれらの後進資本主義国とともに連帯して、横の平等な立場を東亜協同体の中で形成するとはとても考えにくい。「若し各国内部の階級関係体制を変ずることなく、資本主義国家がいづれかの資本主義国家と自己の利益を競争することをなおかつ必要とする、即ちなお且武力を以てこの目的を達成するの手段に出る必要があるならば、則ち如何なる国と国との間の自主平等的結合も、すべて一種の空論であり、一種宗教家的敬虔なる希望でしかない」[41]。したがって江は、三木清の東亜協同体論を「ブルジョア心理の学者の幻想」とし、それは早晩、「文化的支配」でなくたんに露骨な「武力征服」をもたらすだけであると結論付けたが[42]、こうした冷めた現実主義的見方には、東亜協同体論の虚構性をいち早く指摘していた尾崎秀実のそれにも通じるものがある。

こうした東亜協同体論に対する懐疑的な姿勢は、なにも日本に敵対的であった国民党重慶政府や共産党政府周辺の知識人に限って見られることではない。三八年末、汪兆銘とともに重慶（蒋介石政府）を離れていた陶希聖でさえ、四〇年には高宗武とともに汪兆銘との「和平工作」から脱落し、東亜協同体論に反対する姿勢を打ち出しているが、このことが示唆するように、汪兆銘を首班とする南京政府の周辺の親日的言説でさえけっして一枚岩ではなかった[43]。まさに尾崎が指摘したように、当時汪兆銘政権はもはや「民族運動のヘゲモニー」ならぬ「民族運動の逆流」に転落してしまったのであり[44]、自らが道義を有せぬ異端に成下っていることが側近中の側近にさえ明白となってしまったのである。陶によれば、アジア的生産様式論で名高い森谷克巳も、「東亜国際正義の確立、共同防共の達成、新文化の創造、経済結合の実現」を全面肯定し、「八紘一宇」を提唱し、新文化の創設を「日本の『肇国精神』の拡充」と断言するのをはばからない[45]。また室伏高信や原勝も、東亜協同体論による中国のナショナリズムの制約を期待するだけであって、その背後にある日本のナショナリズムについては何ら問うておらず、ここにあるのも日本を中心とした「八紘一宇」という膨張主義、侵略主義的アジア主義なのである。陶によれば、加田はナショナリズムを超えるべく日中ともに「別の出発点」である「『東亜新秩序』の理想」を追求すべきであるとし、他方、新明正道は「各自の民族主義を堅守すべき」としながらも、「支那の民族主義には、批判を加え、改修を加えるべきである」と主張した。

しかしながら、陶希聖の見るところ、東亜協同体論とは、「中日両国を一個の連鎖、一個の体系に編成せしめ、日本によって指導せしむるもの」であり、「就ち日本が華南を封鎖し、華中を控制し、華北を独占するを目前の階梯となし、以て竟には日支合併の目的を達せんとするものであって、正に過去の日韓合併と同工異曲のもの」なのである。したがって、それは中国の民族主義と共存両立することのできないものであり、東亜新秩序を受け入れるのは「中国の民族主義を以て仇敵となす」ことに他ならない[46]。かくして汪精衛（汪兆銘）は三九年一二月、「日支新関係調整要綱」を受け入れたが、それは陶にとってはこれより以後、汪派が正式に中国の民族主義と仇敵関係に入ったことを意味している。したがって、元来、親日的であった陶でさえ、「汪本人は日本側に向って、彼は『大アジア主義』の内容を解釈して、努めて『東亜協同体論』の内容と一致せんことを期すると声明した。此に到って万事終われりである[47]」と悲痛な最後通牒を渡さざるを得なかった。政治的諸政策や基本的理念の面で汪兆銘政権のそれに多くの分を認めて蔣介石の下を離れ、その政権の中枢を支えていたはずのこの知識人政治家は、精神的にはこの時点で完全に汪精衛から離反しており、それゆえ汪は完全に孤立していたのだといわざるを得ない。

しかしながら、蔣介石から王明、陶希聖に到るまで、東亜新秩序にせよ、東亜協同体論にせよ、孫文が「大アジア主義」講演のなかで示した王道原理に基づくアジアの連帯という理想主義を真剣に実現しようと欲するならば、近衛内閣の呼びかけは多かれ少なかれ、現実的な説得力を持っていたはずである。にもかかわらず、なぜ蔣介石らが東亜新秩序、東亜協同体論を受容しなかったのかといえば、ひとつには、日本の国力がほぼ限界に達していることを一方で見極めつつ、他方、南京大虐殺に見られるような日本軍の残虐行為によって人々に中途半端な妥協を許さない状況が生まれていたことが挙げられる。すなわち、それは民族的抵抗意識もほぼ全国に広がった結果、抗日の根拠地が着実に建設され、抵抗の長期化に耐えられる諸条件がすでに整っていたためであるといえる[48]。

三　抵抗思想としての東亜協同体論

三木清が東亜協同体論のなかで描いたアジアの連繋、連帯論という理想主義がとりわけ中国で受容が困難だったのは、中国国内の民族主義の動きを軽視し、現実的には日中戦争という侵略行為を継続しつつ、自らのナショナリズムを肯定したうえでしかトランスナショナルな領域主義を提唱できなかったところにある。こうした日本の（大）アジア主義の持つ侵略主義、拡張主義が先行するなかで、いかに理念型として完成度の高い三木の東亜協同体論が打ち出されたところで、現実的には何ら説得力をもたなかったのも、当時の状況においては不可避的結果であるように見える。だが、日本国内に眼を移した場合、この言説が治安維持法（一九二五年）の施行以来、言論状況の悪化の一途を辿った閉塞した思想情況を打破すべく打ち出された革新思想であるとともに、その政治経済的基盤が徐々に固められつつある全体主義的な翼賛体制への最後の抵抗として登場した対抗言説であったこともまた事実である。それはいわば、「思想的に不毛の時期ともいうべき日中戦争の期間において、唯一の思想的創造の試みとさえいえるもの」（橋川文三）であった。[49]

戦時期マルクス主義をアジア的生産様式論との問題関心で見れば、当時コミンテルンを中心とする民族解放闘争を軸としたマルクス・レーニン（スターリン）主義を正統派とすれば、（半）植民地におけるアジア的停滞の克服という可能性を先進資本主義との連繫に求めつつ、相対的に帝国主義の植民地支配を正当化したいわゆる「アジア派」マルクス主義者の立場は、原理的には明らかに異端であった。しかしながら、たとえば中国共産党第六回大会（二八年）の採択した「半封建・半植民地」というテーゼにせよ、「アジア的生産様式」を認めるか否かがブルジョア民主主義革命の必要性の有無を分岐させており、ここで民族解放統一戦線を支持したマルクス＝レーニン主義は暗黙のうちに、政権奪取直後に社会主義への移行を前提にしていたといえる。そのことは、たとえば毛沢東の新民主主義（四九年）から過渡期の総路線（五三年）への短期間での急旋回を見ても明らかである。

だが、それは市民社会の成熟を社会主義への移行の前提とする本来のマルクス主義の立場からいえば、逆にその移行にとってマイナスとなるアジア（封建）的な遺制を取り残したまま社会主義建設に突き進むことを意味した。ここにロシア経由の実践志向の強いマルクス・レーニン（スターリン）主義とドイツ経由の本来のマルクスに忠実な、純粋理論志向の強いマルクス主義との根源的岐路があった。この点に関連して小倉利丸は、平野義太郎のケースに言及しつつ、「それが一方で凶暴な資本の搾取の体制であると同時に、封建的な収奪からの解放という側面ももち、理念的には『市民社会』

の成立とみなされるから、この積極面を前面に据えれば『暗い資本主義』はいつでも『明るい資本主義』に転向可能なのである」[50]と述べ、講座派マルクス主義の「明暗の曖昧な癒着」を批判している。しかしながら、かつてマルクスがヴェラ・ザスーリチに宛てた手紙の中で披瀝していたように、後進国革命の展望は先進資本主義との密なる連繫の下で確保できる高度な生産力と物質的・社会的基礎と連動してのみ可能だったのであり、戦時期における「偽装」、「転向」マルクス主義はむしろ、マルクスに忠実な「解釈」をしていたにすぎない。したがってここでは、たとえそれが事実として「明暗の曖昧な癒着」であったとしても、ポストソ連崩壊という今日へと繫がる歴史的価値判断の問題としていえば、そもそもそれが「偽装」や「転向」であったのかという根源的な疑念すら涌いてこざるを得ない。つまり、「アジア的」なものを排除して「(半)封建的」なものを選択したということは、アジア的生産様式論に依拠するマジャールやウィットフォーゲル、あるいは森谷克巳、平野義太郎らの立場からすれば、コミンテルンを中心とする民族解放闘争史観がアジアに特殊な歴史的発展を世界史という名の西欧中心主義的普遍史の発展プロセス上に「恣意的に」載せることを意味したのである。戦後日本の歴史学発展のなかで、アジア的停滞やアジア的専制主義に関する議論は少なからずタブー扱いされ、たとえばスターリン、毛沢東、金日成といった「唯一の所有者」(マルクス)による社会主義体制下での独裁的(autocratic)支配に対する根源的批判をきわめて困難にしてしまった[51]。たしかに、成瀬治が指摘したように、「『東洋的専制主義』論と『停滞的社会』論を二本の柱とする十九世紀ヨーロッパ的なアジア認識によって裁断する結果、アジアの『近代化』をアジア諸民族の主体的な問題として内部から理解する目が曇らされてしまいかねなかった」[52]のは事実であろう。だが、このアジア的生産様式論を歴史認識の根底から排除した結果、逆に今度はプレハーノフがレーニンら社会主義者による権力奪取の思想を「時期尚早」とし、「潜在的に反動的なものであると烙印を押した」(ウィットフォーゲル)[53]あの根源的歴史の観点を、つまり帝国主義(資本主義の最高度の発展段階)からの「民族の解放」とはたんに専制主義への「民族の隷属」を招いただけなのかもしれないというもう一つの隠れた視点を、まったく欠落させてしまうことになったのである。

ただし、ここで最も深刻な問題とは、こうした帝国主義の正当化がたんに宗主国の経済システムに編入されることで植民地の生産様式が高度な資本主義的それの一部として連動することを意味するだけに止まらず、その背後にあった暴力装置の存在とその行使（軍事的侵略）をも正当化することにならざるを得なかったという事実である。したがって江公懐が、国内の階級関係を変えることなく資本主義国家間の競争を武力によって正当化するのであれば、「如何なる国と国との間の自主平等的結合も、すべて一種の空論である」と主張したのは、ここでもまったく正当なことであるという他はない。

当時の中国にあっては、おそらく汪兆銘を含めてですらこの東亜協同体論の「抵抗思想」としての側面を正当に評価することはできなかった。東亜協同体論が反体制としての抵抗力を「潜在的に」持ち得たことは、この理念の周囲に集まった進歩的勢力と連携することで日本国内での左右の力関係を転換させ、日中戦争を終息へ向かわせる可能性が皆無ではなかったことを示唆しているが、日本の左翼勢力が中国と連繋しつつ有効な反ファシズム戦線が組めなかったのと同様に、中国においてもそうした試みがまったくなかったことはこの際きちんと指摘されてしかるべきであろう。たしかに、汪兆銘は三木清の東亜協同体論よりも石原完爾（あるいは宮崎正義）の東亜連盟論（一九三八年）の影響の範囲にあり[54]、孫文の用いた王道概念をその中心に据えた東亜連盟論の論理を受容していたといえるかもしれない[55]。だが、汪兆銘はこの東亜協同体論の抵抗思想としてもつ側面に同調して日本との連繋を選択したというよりも、むしろ日本の唱える「日支親善」や「東亜新秩序」、「大アジア主義」などの呼びかけと穏健派に望みを託して、抗日戦線から脱落したという側面が強く[56]、つまり日本の提唱するアジア主義の持つ世界史的理念としてのモラーリッシュ・エネルギー（高山岩男）に賛同したというよりも、がんじがらめの日中間の政治状況に投降したというニュアンスが強いのである。

おわりに

尾崎が指摘したように、それまでのアジア主義の系譜と「東亜協同体論」が異なる点は、近代日本のアジアとの関係史においてはじめて「支那事変の具体的進行につれて支那における民族問題の意義に気づき、ひるがえって自国の再組織へ想い至った真剣さにある[57]」だろうし、ここにこそ旧来の（大）アジア主義の立場には見られなかった「謙虚さ」があることも事実である。だが、その現実の歴史的展開を振り返れば、まさに尾崎の予見したように事態は突き進み、結局この理想主義は「現代の神話、夢」として終焉を迎えたに過ぎない。この理念のもつ理想と現実との懸隔とは、「一度目は悲劇として、二度目はファルス（茶番）として」（マルクス）現実化するしかない歴史のアイロニーによってしか埋め合わせることのできない一つのアポリアなのかもしれない。

だが、戦時期マルクス主義のさらなる問題は、それがその直後の翼賛的総動員体制への着実な準備段階の一部として機能してしまったという事実にある。東亜協同体論とは仮にコミンテルン流の反近代主義的マルクス＝レーニン主義へは直接的に賛同しなくとも、その周辺で浮動していた社会民主主義者、自由主義者、進歩的ナショナリストらの勢力をいったんこの東亜協同体という中心原理へと集中させ、ブルジョア民主主義を育成しつつ、やがてそれを社会主義革命へと転じようとする一種の二段階革命論として機能させたという意味合いが強かった。日中戦争が泥沼化しつつある閉塞した状況で平貞蔵は、「三木君が協同体論を打ち出してくれたのでみんないくらかほっとした。［……］これならかなりの国粋主義的な考えを持っている者でも、ある程度社会主義的な考えを持っているものでさえ、この一点でうまく一致して行ける」と語っているが[58]、これはまさに尾崎や三木ら「偽装」マルクス主義者らが本来的に企図していたことに他ならない。なぜなら、マルクス主義が本来的に有している「近代主義」的側面とは、仮にマルクス＝レーニン主義の「反近代主義」とは現実政治の面で対立したとしても、アジア的生産様式を基礎においたマルクスその人の思想と照らし合わせれば、けっして矛盾するものではないからである。

いずれにせよ、この理念が当時の左翼だけでなく、その周辺にいた多くの進歩的知識人に対する反ファシズムとしての求心力をもったことだけは確かであろう。だが、当時の多様な政治勢力が東亜協同体論という言説空間の中心に近づけば近づくほど、逆にその反対側へと押し戻そうとする反作用としての政治力学が働いてしまい、結局マルクス主義者も自由主義者も誰も予期していなかった大東亜共栄圏へといきついてしまったという歴史的事実がここには横たわっている。ここでこの運動の方向転換となった契機が、近衛内閣の総辞職と東条内閣成立とともに本格化した南方への転進であったことはいうまでもない。それはまさに、「東亜協同体論が大東亜建設論へ展開する過程で、中国ナショナリズムへの視点を欠落させ、南進論と『大東亜戦争』を合理化する神話に転化していったとき、同時に、新体制は大政翼賛会に変容する過程で、自発的な下からの国民組織の視点を失い、国防国家、総動員、国体明徴を粉飾する精神運動に変質していった」（栗原彬）ことを意味しているのである。(59)

（1）竹内好編『現代日本思想体系9：アジア主義』（筑摩書房、一九六三年）、一三頁。
（2）石井知章・小林英夫・米谷匡史編著『一九三〇年代のアジア社会論――「東亜協同体」論をめぐる言説空間の諸相』（社会評論社、二〇一〇年）、とくに序論を参照。
（3）この周辺の事情については、米谷匡文「戦時期日本の社会思想」、『思想』（一九九七年一二月）を参照。
（4）『三木清全集15』（岩波書店、一九六七年）、三一九―二〇頁。
（5）ゲノッセンシャフト論としての東亜協同体論については、拙稿「1930年代のアジア社会論再考――ゲノッセンシャフト概念を手がかりとして」、『社会思想史研究』第三五号、二〇一一年九月を参照。
（6）『新日本の思想原理』（昭和研究会事務局、一九三九年）、一〇頁。
（7）「続日本の思想原理――協同主義の哲学的基礎」、『三木清全集17』（岩波書店、一九六八年）、五三五頁。
（8）前掲『新日本の思想原理』、一一―一二頁。
（9）崔真碩「朴致祐における暴力の予感」、『現代思想』二〇〇三年三月、一九三頁。
（10）高畠通敏「生産力理論――大河内一男、風早八十二」、『共同研究・転向』中（平凡社、一九六〇年）所収、二〇一頁。
（11）東亜協同体論と東亜連盟論との思想的交錯については、伊藤のぞみ「昭和研究会における東亜協同体論の形成」、岡本幸治編著『近代日本のアジア観』（ミネルヴァ書房、一九九八年）所収を参照。
（12）前掲『現代日本思想体系9：アジア主義』、三二四頁。
（13）同三二八頁。
（14）同。
（15）同三三〇頁。

(16) 同三三〇―一頁。
(17) 同三三二頁。
(18) 同。
(19) 尾崎の中国認識がアジア的停滞と専制政治の存在を念頭に置いていたことについては、山本秀夫「戦前日本の中国社会認識」、今井清一、藤井昇三編『尾崎秀実の中国研究』(アジア経済研究所、一九八三年)所収を参照。
(20) 「第九回司法警察官尋問調書」、小尾俊人編『現代史資料2』(みすず書房、一九六二年)所収を参照。
(21) 福本勝清編『中西功訊問調書――中国革命に捧げた情報活動』(亜紀書房、一九九六年)を参照。
(22) 小林弘二「尾崎秀実の中国論の継承について――尾崎秀実から竹内好へ」、今井清一、藤井昇三編『尾崎秀実の中国研究』(アジア経済研究所、一九八三年)、二一六頁。
(23) 中国革命の政治過程におけるブルジョア民主主義の位置づけについては、拙書『中国革命論のパラダイム転換――K・A・ウィットフォーゲルの「アジア的復古」をめぐり』(社会評論社、二〇一二年)を参照。
(24) 広東省社会科学院歴史研究室他編『孫中山全集5』(中華書局、一九八一年)、七二頁。または、趙軍『大アジア主義と中国』(亜紀書房、一九九七年)、二〇九頁を参照。
(25) 『孫中山全集11』、三一〇頁。
(26) 東亜研究所編『抗日政権の東亜新秩序論批判(復刻版)』(龍渓書房、一九九九年)、二頁。
(27) 同。
(28) 同七頁。
(29) 同一一頁。
(30) 同一二頁。
(31) 同一四頁。
(32) 汪兆銘「支那と東亜」、『中央公論』、一九三九年一〇月。
(33) 前掲『抗日政権の東亜新秩序論批判(復刻版)』、二頁。
(34) 同三四頁。
(35) 同四〇頁。

(36) 同四三頁。
(37) 同九八頁。
(38) 同一〇二頁。
(39) 同一〇三頁。
(40) 同一一一頁。
(41) 同一一四―五頁。
(42) 同一一五頁。
(43) 同一九七頁。また、劉傑『漢奸裁判――対日協力を襲った運命』(中公新書、二〇〇〇年)、八八頁以下を参照。
(44) 尾崎秀実「国民政府の新課題」、『尾崎秀実著作集3』(勁草書房、一九七九年)、一九二頁。
(45) 前掲『抗日政権の東亜新秩序論批判(復刻版)』、一二七頁。
(46) 同一三三頁。
(47) 同一三四頁。
(48) 宇野重昭「一九三〇年代における日中における親近感と相剋――『東亜新秩序』声明前後」、三輪公忠編『再考・太平洋戦争前夜』(創世記、一九八一年)、二四五頁。
(49) 橋川文三『近代日本政治思想史Ⅱ』(有斐閣、一九七〇年)、三五七頁。
(50) 池田浩士、天野恵一共編『転向と翼賛の思想史』(社会評論社、一九八九年)、一〇二頁。同様の観点から平野義太郎を含む講座派と大東亜共栄圏の問題を指摘したものとしては、杉山光信「日本社会科学の世界認識――講座派・大塚史学・宇野経済学をめぐって」、『岩波講座・社会科学の方法Ⅲ――日本社会科学の思想』(岩波書店、一九九三年)所収を参照。
(51) 拙書『K・A・ウィットフォーゲルの東洋的社会論』(社会評論社、二〇〇八年)を参照。
(52) 成瀬治『世界史の意識と理論』(岩波書店、一九七七年)、五二頁。
(53) K. A. Wittfogel, *Oriental Despotism: A Comparative Study of Total Power* (New Haven: Yale University Press, 1957), p. 391. 湯浅赳男訳『オリエンタル・デスポティズム』(新評論、一九九一年)、四八九頁。
(54) 前掲『近代日本政治思想史Ⅱ』、三六一頁。
(55) 米谷匡文「日中戦争期の天皇制――『東亜新秩序』論・新体制運動と天皇制」、『岩波講座・近代日本の文化史7 総力戦下の知と制度』(岩波書店、二〇〇二年)所収、二八一頁。

(56) 山口一郎『近代中国対日観の研究』(アジア経済研究所、一九六九年)、一三四頁。こうした「脱落」や「投降」という見方が「一面的」であるとして、汪兆銘の和平運動を孫文の大アジア主義の実現という視点から再評価する試みとしては、土屋光芳「王精衛の『和平運動』と『大亜洲主義』」、明治大学『政経論叢』、第六一巻二号、一九九二年一二月を参照。

(57) 前掲『アジア主義』、三三五頁。

(58) 利谷信義「『東亜新秩序』と『大アジア主義』の交錯――汪政権の成立とその思想的背景」、『仁井田陞博士追悼論文集3:日本とアジア』(勁草書房、一九七〇年)所収、一一七―八頁。

(59) 栗原彬「近衛文麿のパーソナリティと新体制」、『年報政治学――近衛新体制の研究』、(岩波書店、一九七二年)、二二六頁。

日本における政治教育・市民教育の現状と課題

●――小玉重夫

一　課題の設定

戦後の日本では長らく、冷戦期のイデオロギー対立が教育と政治の関係を色濃く規定してきた。そこでは、逆説的ではあるが、政治的対立が教育現場を規定することによって、教育現場が政治を扱うことに対する極度の警戒感、拒否反応をもたらしてきた。具体的には、一九五四年のいわゆる「教育二法」（教特法改正と、中立確保法制定）以降、本来政治教育を促進するために政治教育の中立性を定めた教育基本法第一四条（現行）二項の性格が教育を非政治化するための中立性へと転化し、学校で政治教育を行うことそれ自体を抑制させる効果をもたらしてきた。しかし、冷戦が終結した一九九〇年代以降、そうした状況が変化し、総務省や文部科学省が、政治教育や市民教育（以下、シティズンシップ教育とも表記する）を強化する方向での議論を始めている。その背景には、一九九〇年代以降の日本社会における政治的意味空間の再建へ向けて動き、あるいは、日本国憲法の改正手続きに関する国民投票法が投票年齢を一八歳と規定していることなどが深く関係しているように思われる。以上の歴史的なコンテクストをふまえて、本稿では、日本における政治教育・市民教育の現状を紹介すると共に、その思想史的な意味を、ハンナ・アレントやバーナード・クリックへの注目、再評価という動向とも関わらせながら、検討してみたい。

二　逆コース史観のアンラーニング

1　逆コース史観の背景

本稿が戦後の日本において政治的対立が教育現場を規定することによって、教育現場が政治を扱うことに対する極度の警戒感、拒否反応をもたらしてきたことをみるうえでの前提的認識として、私たちの戦後認識を規定してきた逆コース史観のとらえ直しを試みることが、この節での課題である。

まず逆コース史観の背景となった歴史的経緯を確認しておきたい。戦後改革の時期の一連の流れとしては、以下のような経緯があった。

一九四六年　第一次アメリカ教育使節団報告書、日本国憲法公布
一九四七年　教育基本法、学校教育法制定　新制小・中学校発足、日教組結成
一九四八年　教育委員会法（公選制教育委員会の設置）

これに対して、以上のような戦後改革の流れに修正を迫ったのが、以下に挙げるような冷戦構造の成立である。

一九四七年　トルーマン・ドクトリン。アメリカが、ギリシャとトルコの反共産主義勢力を支援することを宣言
一九四八年　南北朝鮮の成立
一九四九年　東西両ドイツの成立、中華人民共和国建国
一九五〇年　朝鮮戦争（～一九五三年）、マッカーシズム（アメリカ国内での反共攻撃）

この冷戦構造の成立を受けて、以下のような戦後改革の流れを修正する一連の動きが進行していく。これが、「逆コース」と呼ばれるものである。そしてそうした「逆コース」のなかで、日教組と政府の対立が激化していく。

一九五〇年　第二次アメリカ教育使節団「道徳教育は社会科のみでは達成できない」
一九五〇年　レッドパージ（日本共産党関係者の公職追放）
一九五一年　日教組は、一月に開いた中央委員会で「教え子を再び戦場に送るな、青年よ再び銃を取るな」というスローガンを採択
一九五二年　サンフランシスコ講和条約
一九五三年　京都　旭丘中学事件
一九五四年　教育二法「教育公務員特例法の一部を改正する法律」および「義務教育諸学校における教育の政治的中立の確保に関する臨時措置法」
一九五六年　教育委員会法廃止

以上のような歴史的経緯をふまえて、逆コース史観と呼ばれる歴史認識が形成されていく。

2　逆コース史観のイデオロギー

すでに別稿で詳細に論じたように、逆コース史観は、戦後改革を民主的な改革として位置づけ、朝鮮戦争を境にしてそうした一連の民主的な改革が止まり、その後、逆コースになっていくという歴史認識をさす（小玉　二〇一三a）。それが、進歩的な革新勢力vs反動的な保守勢力という対立図式を前提として教育の課題を論じる、戦後革新派教育学に固有の枠組みを形成してきた。しかしそのこと自体、冷戦期に固有のイデオロギー性を秘めていたのではないか。

そして、このような逆コース史観を支えていたのが、戦後日本に固有の冷戦期リベラリズムであった。この冷戦期リベラリズムの思想は、講座派マルクス主義の影響を強く受けた戦後の教育学研究の性格をも規定していくことになる。

冷戦期リベラリズムの特徴は、冷戦構造を背景としたイデオロギー性と、リベラルな装いを強くはらんだ脱政治性にあるといえる。このことは、冷戦期リベラリズムの影響を強く受けた冷戦期の教育学研究においてとりわけ顕著である。すなわち、冷戦期の教育学研究は、表面上は、政府・文部省を中心とした保守勢力と、教員組合運動や民間教育運動を中心とした革新勢力との間の激しい政治的対立の磁場において展開されてきたように見える。しかし、実態は、一九五〇年代末以降、いわゆる革新系の教育学のなかで、勝田守一に代表されるような教育的価値の中立性に依拠したリベラルな教育学が台頭し、それが教育学や教育実践の非政治化を促していった面があった。その際に、教育的価値の中立性を担保する理論的鍵として位置づけられたのが「子どもの発達」という視点であった。つまり、冷戦期教育学は一方におけるイデオロギー的対立と、他方における「子どもの発達」をかかげた教育的価値のリベラルな中立性・脱政治性という、二重の文脈のなかで展開してきたととらえることができる。この二重性の意味をどう考えたらいいのだろうか。

3　公儀と秘儀

レオ・シュトラウス（Strauss 1959）の「公儀」と「秘儀」という議論をふまえれば、公儀とは、社会に対して学問の正統性を主張するために、「あらゆる読者に容易に近づきうる」仕方で公然と述べられる教説であり、戦後教育学はそのような公儀として、リベラリズムと、非政治的な「子どもの発達」を掲げてきたととらえることができる。これに対して、秘儀とは、学問研究に従事する当事者内部で共有され、「非常に注意深いよく訓練の行き届いた読者」しか知ることのできない教説であり、戦後教育学はそのような意味での秘儀として、講座派マルクス主義に依拠した日本社会の政治的変革の構想を持っていたということができる。以上のように把握することによって、一方におけるイデオロギー的対立と、他方における教育的価値のリベラルな中立性・脱政治性という、冷戦期教育学の二重性を理解することが可能となる。

三　教育の脱政治化

1　冷戦と教育基本法

これまでの議論を整理すると、以下のようになる。すなわち、教育現場が政治を扱うことに対する極度の警戒感、拒否反応をもたらしてきた要因が、単なる政治的要因、冷戦構造下での教育現場に対する権力的統制のみにあったのではなく、むしろそうした権力的統制に対して批判的なリベラリズム、そしてそのリベラリズムの影響を受けた戦後の教育学の理論的枠組みそれ自体のなかにも内在していたという点である。この点をふまえたうえで、冷戦期における教育の脱政治化について確認しておくことにしたい。

まず、戦後に制定された教育基本法においては、政治教育の尊重がうたわれていた点、それが冷戦期において脱政治化していく点を確認する。

教育基本法一四条（旧八条）二項は「学校の政治的中立・超党派性」を守るために学校が特定の政党を支持又はこれに反対するための政治活動を禁じている。これはあくまでも、学校教育が特定の政党の宣伝活動に利用されることを防止するための規定であり、立法時においては、個々の教員が学校をはなれて「一公民として」政治活動を行うことを禁じたものではないと解されていた（一九四九年六月一一日、大臣官房総務課長通達）。ところが、冷戦対立の激化のなかで、より直接的に個々の教員の政治活動を統制しようとする行政の動きが強まっていく。そうした動きのなかで、一九五四年のいわゆる「教育二法」の制定（教特法改正と、中立確保法制定）がなされる（森田尚人 二〇〇九、藤田・貝塚 二〇一一）。これによって、公立学校の教員は、たとえ学校をはなれた場であっても国家公務員と同様の政治的行為禁止規定の適用を受けることとなった。

2　教育基本法一四条（旧八条）の空洞化

もともと同条二項は政治教育を促進しようという条文の趣旨を実現しようとする要請のもとで、それが党派活動にならないための一種の「バランスワーク」として規定されたものであった。ところが、冷戦対立から「教育二法」にいたる動きは、政治教育の中立性を定めた本条固有の問題を「教育の政治的中立性一般の問題へと拡大」することとなった（森田明 一九九三：四一二）。換言すれば、政治教育を促進するための中立性が、教育を非政治化するための中立性へと転化してしまったのである。その結果、二項は政治教育の「バランスワーク」としての役割にとどまらずに一人歩きし、学校で政治教育を行うことそれ自体を抑制させる効果を果たすことになった。これ以後、本条をめぐる実務と判例はもっぱら二項をめぐるものに限定されることとなり、一項の主権者としての政治的教養を尊重する趣旨はほとんど深められることなく凍結され、今日に至っている。

3　脆弱な福祉国家と政治的意味空間の解体

前述のような政治教育（および政治的なるもの）の空洞化は、冷戦期日本社会の構造とも機能的にリンクしている面があった。すなわち、社会民主主義ないしはリベラル左派的な志向性をもつ政権の政治的意思に強く主導された福祉国家政策が公教育拡充の中心的役割を果たしたアメリカやイギリスなどとは異なり、一九六〇年代の日本では、政府の政策意図には必ずしも沿わない形で、公教育の拡充がなされた。その際、政府の政策に代わって機能したのは、企業による新規学卒者の一括採用にもとづく学校と企業社会との結びつきのなかで、学校教育が企業でのトレイナビリティ（訓練可能性）と忠誠能力を養成し、また、企業戦士と受験戦士を支える家族がこの学校と企業との結合にリンクするという、家族、学校、企業社会のトライアングルの構図であった。

このように、イギリスやアメリカと異なる一九六〇年代の日本的特徴は、「政治的意味空間の解体」（佐々木 一九八六）による脆弱な福祉国家としておさえることができる。ただし、長州一二、持田栄一など、構造改革論の流れをくむ研究者や教育運動の一部には、欧米型の福祉国家と社会民主主義を実現しようという問題意識から、一九六〇年代の教育政策、特に教育投資論に積極的にコミットメントしようとする動きがあったが、冷戦下で野党と与党の位置が固定化されていた「五五年体制」で、そうした動きは結局主流にはならなかった。一九六〇年代に福祉国家的な政策が十分機能しなかったことは、戦後日本教育史における政治的意味空間未形成の一側面として反省的に総括されなければならない（以上についての詳細は、小玉 二〇〇二を参照）。

そして、こうした政治的意味空間の解体を理論的に支えたのが、冷戦期リベラリズムの影響を受けた戦後の教育学であった。

四　教育の再政治化と政治教育・市民教育

1　政治的意味空間の再構築とネオリベラルの意味転換

しかしこれにたいして、冷戦が終結した一九九〇年代以降、以上で見て来たような教育の脱政治化、政治的意味空間の解体という状況が変容し、教育の再政治化と呼ぶべき状況が招来することとなる。今日の日本における政治教育、市民教育の課題は、まさにそうした戦後史の転換という状況のものにおいてこそ、位置づけられるべきであると思われる。以下では、この点を明らかにしていきたい。

一九七〇年代から八〇年代にかけて、イギリス、アメリカをはじめ西欧諸国は福祉国家の正統性の危機を経験し、それへの対応として、一九八〇年代にサッチャー、レーガンらによる反福祉国家的政策が展開された。これに対して家族、学校、企業社会のトライアングルが福祉国家を代替した日本の場合、八〇年代までは問題が政治化するまえに社会レベルで処理されることによって、危機の政治的顕在化が抑制されてきた。だが日本でも一九九〇年代以降はトライアングルそれ自体の構造を改革しようという動きが顕在化していく。

このような動きは、戦後の日本における政治的意味空間の再構築と、政治の復権をもたらす可能性を開いた。以下ではその点を確認しておきたい。

福祉国家の再編とそれに伴う自由化、規制緩和は従来ともすれば、「政治の解体→市場の復権」というネオリベラルな構図のなかでとらえられることが多かった。しかし、九〇年代以降の自由化は、政治の解体ではなく、むしろ「政治」の復権とそれに伴う民主主義的シティズンシップの形成というパラドキシカルな課題を浮上させる。このシティズンシップの問題は、それが公教育をつくる担い手と公教育がつくる人間像の両方に関わるだけに、公教育の再編という九〇年代以降の文脈を考えるうえでも中心的問題を構成していくこととなる。

一九九〇年代以降の日本社会における政治の復権というべき状況は、教育に関わって二つの課題を浮上させる。第一は、脆弱な福祉国家を特徴とする日本の戦後民主主義において政治的意味空間が未形成であったために、成人期への移行を画するメルクマールとしてのシティズンシップという概念が根づいてこなかったという問題である。この問題は一八歳選挙権を含む成年年齢の引き下げ問題とも関わって、以後の教育改革における一つの論点を構成していく。第二はグローバルに日本を含む各国が共通して直面する課題で、福祉国家的なシティズンシップという概念をいかに組みかえるかという課題である。

つまり、一九九〇年代以降の日本社会における政治の復権というべき状況はネオリベラルの要素を内包させつつも、脆弱な福祉国家の再建（福祉国家の再定義）という課題と、ポスト福祉国家的状況のものでのシティズンシップの組み替え（ポスト福祉国家的政治）という課題という、いわばコンテクストを異にする二つの課題を同時に引き受けざるを得なくさせていると言うことができる（小玉二〇一三b）。

2 教育の再政治化と政治教育へ向けての動き

このような動向が、以下のような課題を浮上させる。

第一は、それまで形骸化してきた教育基本法第一四条の実質化という課題である。この課題の実現のために、イギ

衆議院議員総選挙年代別投票率の推移

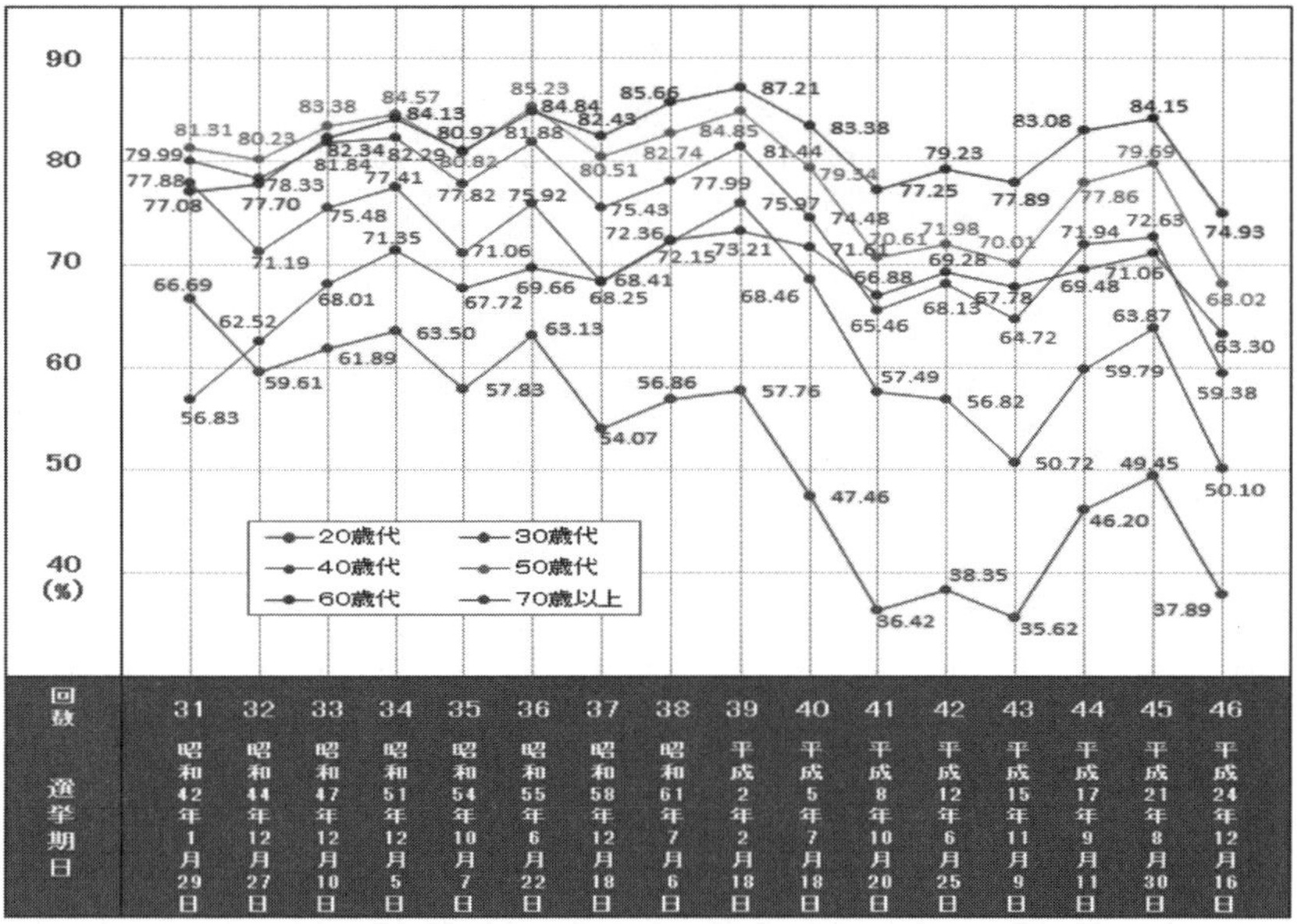

財団法人明るい選挙推進協会 HPより http://www.akaruisenkyo.or.jp/070various/071various/377

リスで一九九八年に政治学者バーナード・クリックらによって策定されたシティズンシップ教育の政策文書「クリック・レポート」（長沼・大久保 二〇一二）にならい、日本版クリック・レポートの必要性が認識され、後述するような総務省の研究会が組織される。

第二は政治観のとらえ直しという課題であり、端的に言えば、「政治を複数の主体の自由を前提に展開される高度な公的活動としてとらえる」、アレント＝クリック的政治観（佐々木 一九九九）が政治教育の前提として共有されていく（アレントと政治教育については、小玉 二〇一三cを参照）。

第三は、ポスト福祉国家段階における子どもから成人への移行を画するメルクマールとしてのシティズンシップの浮上である。ここに、ポスト福祉国家的政治と福祉国家の再定義という前述した二重の課題を同時に引き受けざるを得ない日本的文脈のもつジレンマが存在する。

上の図は、総選挙における年代別の投票率の推移を示したものである。この図に示されているように、二〇代の若者の投票率が非常に下がってきている。

このような投票率の低下を受けて、総務省は、筆者も参加し、佐々木毅氏が座長となった研究会において、若者の投票率の低下をにらみ、政治的なリテラシーの向上を学校教育でももっと積極的に図るべきだという提案を行った（総務省「常時啓発事業のあり方等研究会」最終報告書「社会に参加し、自ら考え、自ら判断する主権者を目指して――新たなステージ「主権者教育」へ」二〇一一年一二月）。この報告書は、いわば日本版クリック・レポートとでもいうべき性格を備えたものであり、以下のような提案をしている。

政府は、「新しい公共」の推進に取り組んでいるところである。「新しい公共」とは、市民、企業、政府等がそれぞれの役割をもって当事者として参加、協働し、支え合いと活気のある社会をつくることである。そのためには、何よりもそれを担い得る市民を育てることが重要である。これからの常時啓発は、まさにそうした市民を育てること、言葉を変えて言えばシティズンシップ教育の一翼を担うものでなければならない。（七頁）

同報告書ではさらに、「将来を担う子どもたちに対し、主権者としての自覚を促し、必要な知識と判断力、行動力の習熟を進める政治教育を充実させることは、早急に取り組むべき課題である」とし、特に学校での「政治的リテラシー」の教育を強化することを提言している。

そうした動向を受けて、文部科学省でも二〇一三年度から、「中・高校生の社会参画に係る実践力育成のための調査研究事業――未来の主権者育成プログラム」を開始し、いくつかの学校に予算措置を行って研究開発を進めている。そこでは、「中・高校生の社会参画意識を高め、主権者として自立するための基礎的な能力や態度を育成することを目指す」ことと、「地域の関係者等と連携し、総合的な学習の時間や特別活動、社会科・公民科、家庭科等の授業を活用して、地域の抱える具体的な課題の解決等に係る体験的・実践的な学習を行うためのプログラムを開発・発信する」ことが掲げられ、特に、「国政選挙や地方選挙と連動した模擬選挙の実施」が盛り込まれている。

3　政治的リテラシーと論争的問題の教育

これらクリック・レポートや総務省の報告書において重要視されているのは政治的リテラシーの教育である。そこで、次に、政治的リテラシーとは何かについて、イギリスでシティズンシップ教育の理論的基礎を築いたバーナード・クリックの議論によりながら検討したい（詳細は、小玉二〇一五を参照）。

バーナード・クリック（Bernard Crick, 1929-2008）はイギリスを代表する政治学者である（小玉二〇〇八）。ハンナ・アレントの影響を強くうけ、政治教育の重要性を早い段階から主張し続けてきた。クリックが政治教育を重要視する背景にあるのは、政治そのものを擁護しようとする視点である。そうした視点が端的に示されているのは、一九六二年に刊行された著書『政治の擁護』においてである（Crick 1962）。そこでクリックが強調するのは、政治とイデオロギーの違いである。すなわち、「政治的思考はイデオロギー的思考と対照をなす」といい、「政治はイデオロギーを供給できない。イデオロギーは政治の終末を意味する」と述べる（Crick 1962: 36＝1969: 49）。イデオロギーというのは、ある特定の考え方に基づいて社会を変革しようとする思想であり、これに対して、政治というのは、ある特定の考え方を主張するのではなく、多様な考え方や価値をいかに共存させ調停させるかに関わるものだというのが、クリックの政治観である。ここから、次のような政治の定義が述べられる。

政治は、不当な暴力を用いずに、分化した社会を支配する方法なのである。ということは、二重の意味を持つ。歴史的には、利益の相違と道徳的観点の差異とを多彩に含む社会がすくなくともいくつか存在する、ということであり、倫理的には、調停が強制よりも好まれるということである（Crick 1962: 114＝1969: 151）。

このように、クリックによれば、政治の本質は、対立の調停や異なる価値観の共存にある。よって、そのような異なる価値が対立している場合に、論争的問題での争点をいかに理解するかにこそ、政治的リテラシーの核心があるということになる。前述したクリック・レポートの全体の構成のなかで、その最終章に位置しているのが「論争的問題をどう教えるか」という節であるのは、まさにこの点と深く関わっている。この「論争的問題をどう教えるか」という点こそが、

政治的リテラシーの構造図

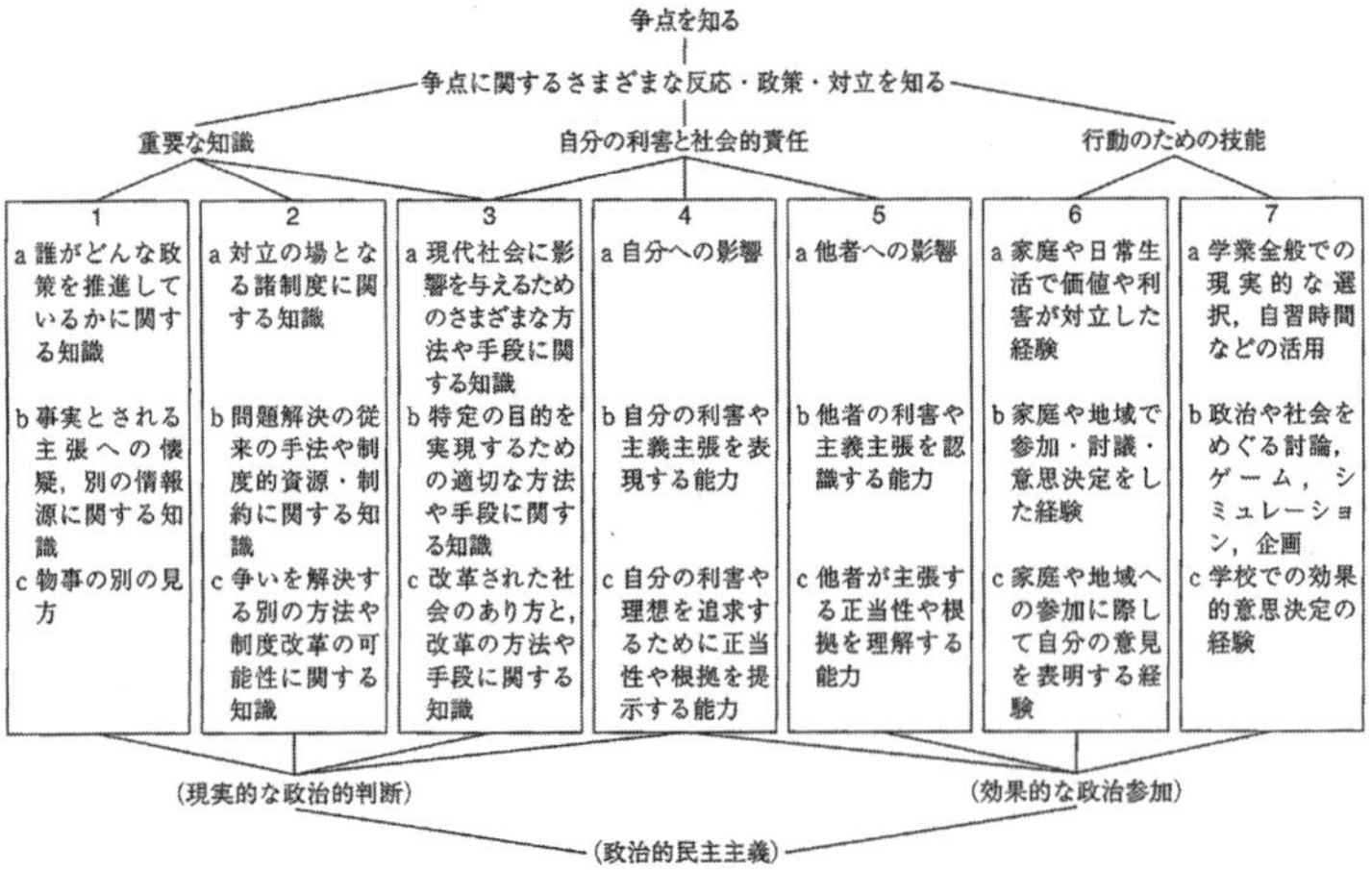

Crick, B., 2000 Essay on Citizenship, continuum（=2011 関口正司監訳『シティズンシップ教育論』法政大学出版局）

政治的リテラシーの教育において、中心をなしている。クリックは一九七〇年代に政治的リテラシーの構造図を理論化しているが、そこで扇のかなめに位置しているのが、「争点を知る」という点である。（Crick 2000: 71＝2011: 102、上の図を参照）。

この点は、すでに『政治の擁護』においても提起されていた点であるが、クリックの政治的リテラシーのとらえ方の特徴をつかむ上での鍵になるところなので、あらためて確認しておきたい。すなわちクリックによれば、「政治とは、相異なる利益の創造的調停である。利益を主に物質的なものとみなすか、精神的なものとみなすかは問わない。実際には、両者が混じり合っているのが普通である」という（Crick 2000: 36＝2011: 58）。

このようにクリックは、強制によらず調停によって多様な利害や価値観の共存を図るのが、政治の本質だという。そういう意味での政治がないと、社会は、強制に基づく支配の社会になってしまったり、あるいはイデオロギーに基づく唯一の価値観が支配する全体主義の社会になってしまったりする。そういう全体主義や強制が支配する社会に陥らないためにこそ、政治が社会に存在することが重要なのだとクリックは考える。政治的リテラシーとは、まさにそうした多様な利害や価値観の対立のなかにあって何が争点であるかを知ることである。したがって、政治的リテラシーが身についたと言えるのは、「主立った政治論争が何をめぐってなされ、それについて主立った論者たちがどう考え、論争がわれわれにどう影響するかを習得したときである。また、政治的リテラシーが身につくと、特定の争点をめぐって自分で何かをしようとするとき、効果的に、かつ他人の誠意や信条を尊重しながら事に当たるようにもなる」とクリックはいう（Crick 2000: 61 = 2011: 89）。

4　論争的問題の教育の実践例

日本でも、このクリックらの提起をふまえて、論争的問題の教育をシティズンシップ教育に導入する試みが広がりつつある。以下では、筆者が関わったいくつかの学校の実践を紹介したい。

まず、お茶の水女子大学附属小学校では、二〇〇八年度から二〇一〇年度に文部科学省から「小学校における『公共性』を育む『シティズンシップ教育』の内容・方法の研究開発」の研究指定をうけ、シティズンシップ教育のカリキュラム開発をおこなった。その成果を発展させて、同校の社会科は政治的リテラシーの育成を研究課題に掲げ、時事的・論争的な社会事象について、他者との差異や葛藤を重視し、価値判断と意思決定を行う授業研究に積極的に取り組んでいる（田中・村松 二〇一四a、田中・村松 二〇一四b、小玉 二〇一五）。

また、神奈川県の教育委員会では、二〇一一年から、すべての県立高校でシティズンシップ教育の推進に取り組み、そのなかで「政治参加教育の推進」が位置づけられている。たとえば、神奈川県で政治参加教育の研究指定を受けた県立湘南台高校では、「総合的な学習の時間」や「現代社会」の時間に政治参加教育を位置づけ、二〇一一年度から、生徒の政治参加意識を高める独自のプログラム「湘南台ハイスクール議会（模擬議会）」の開発と実践に取り組んでいる。そこでは、「任せる政治から引き受ける政治へ」をキーワードとして、前述のクリックの理論にもあった論争的な問題を、太陽光発電や消費税増税、TPPへの参加、瓦礫の処理といった、世の中で議論されている具体的な争点に即して、与野党に分かれて議論をし、採決するという試みがなされている（市川 二〇一二、川口 二〇一三）。

東京大学教育学部附属中等教育学校でも、社会科においてエネルギー問題や消費税問題など、社会で争点となっている事象を取り上げて考え、議論する授業を展開している。さらに、そうした政治的リテラシーの教育を社会科だけでなく、英語や国語、保健体育科、道徳の時間など、他の教科、時間にも広げて、教科横断的にシティズンシップ教育のカリキュラム開発を行う研究を進めている（小玉（編）二〇一四）。

五　むすびにかえて

1　リベラル派の隘路

重要なことは、以上のような日本版クリック・レポートの提言を含むシティズンシップ教育へ向けての動きが、ポスト五五年体制、ポスト冷戦という、戦後史の転換においてこそ、位置づけられるべきであるという点である。しかし、日本におけるリベラル派、あるいは護憲派的な状況認識は、このような事態に、必ずしも有効に対処し得ていないのではないか、という不安も若干残る。最後にその点をリベラル派の隘路として補足し、本稿を結んでいきたい。

たとえば、二〇一二年の滋賀県大津市でのいじめの事件や、大阪市での体罰の事件などを契機として、学校教育における教育委員会の役割の見直しが議論されている。特に、市民の直接選挙で選ばれた首長の権限との関係をどう考えるかが争点として浮上している。たとえば大阪市では、体罰事件が起こった高校の入試の中止を市長が主張したことが大きな議論になった。この論争で考えさせられる点は、そこに、「教育への政治介入を強調する保守派」対「教育の自律性を尊重するリベラル派」という典型的な戦後型の対立構図をみることができるという点である。「民主的な進歩勢力対反動的な保守勢力」という冷戦的枠組みが私たちの教育をめぐる思考様式を今なお強く規定していることを示す、一つの例である。

しかし、教育への民主主義的統制を重視する立場から、上記の対立構図を超えて、政治が教育に影響をおよぼす回路のあり方を模索していく、という議論の余地はないだろうか（小玉二〇一四）。

2 保守vs革新の対立構図を超えて

これはあくまでも一例であるが、政治が教育に関わろうとするとき、容易にそれが、政治介入を肯定する右派あるいは保守派と政治介入に反対する左派あるいはリベラル派という対立構図に還元されてしまう例は、特に近年、数多く存在する。逆コース史観を相対化し、冷戦的思考枠組みから脱却することによって、かかる対立構図の作られ方それ自体を問題化し、政治を、教育を構成する不可欠の条件として積極的に位置づけ直す道が開けてくるのではないだろうか。

〔文献リスト〕

市川雅人 二〇一二「湘南台高校のシチズンシップ教育の取り組み」『Voters』第六号、財団法人明るい選挙推進協会

川口英一 二〇一三「良き市民としての自己実現に向けたシチズンシップ教育の取組」『中等教育資料』第九三〇号、文部科学省

小玉重夫 二〇〇二「公教育の構造変容――自由化のパラドクスと『政治』の復権」日本教育社会学会『教育社会学研究』第七〇集、二一―三八頁

―― 二〇〇八「バーナード・クリックとイギリスのシティズンシップ教育」特定非営利活動法人 Rights ほか編『18歳が政治を変える!――ユース・デモクラシーとポリティカル・リテラシーの構築』現代人文社

―― 二〇一三a「政治――逆コース史観のアンラーニング」森田尚人・森田伸子編『教育思想史で読む現代教育』勁草書房、三七―五五頁

―― 二〇一三b『学力幻想』筑摩書房

―― 二〇一三c『難民と市民の間で――ハンナ・アレント『人間の条件』を読み直す』現代書館

―― 二〇一四「道徳とシティズンシップ教育の連携可能性」『Voters』第一九号、明るい選挙推進協会、二頁

―― 二〇一五「政治的リテラシーとシティズンシップ教育」日本シティズンシップ教育フォーラム編『シティズンシップ教育で創る学校の未来』東洋館出版社

小玉重夫(編) 二〇一四『シティズンシップ教育のカリキュラム開発』二〇一一―二〇一三年度日本学術振興会科学研究費補助金・

基盤研究A・「社会に生きる学力形成をめざしたカリキュラム・イノベーションの理論的・実践的研究」（課題番号:23243080）シティズンシップ教育グループ研究成果報告書
佐々木毅　一九八六『保守化と政治的意味空間』岩波書店
――　一九九九『政治学講義』東京大学出版会
田中智輝・村松灯　二〇一四a「政治的リテラシーの重層性――論争的問題を扱った授業を手がかりに」日本シティズンシップ教育フォーラム第一回シティズンシップ教育ミーティング第二セッション発表、三月一五日、立教大学
田中智輝・村松灯　二〇一四b「政治的リテラシーの重層性――J・ランシエールの「政治」と「ポリス」に着目して」日本教育学会第七三回大会テーマ型研究発表、九州大学、八月二三日
長沼豊・大久保正弘（編）二〇一二『社会を変える教育』キーステージ21
藤田祐介・貝塚茂樹　二〇一一『教育における「政治的中立」の誕生――「教育二法」成立過程の研究』ミネルヴァ書房
森田明　一九九三「政治教育」日本教育法学会編『教育法学辞典』学陽書房
森田尚人　二〇〇九「旭丘中学事件の歴史的検証（下）第二部　教育二法案をめぐる国会審議と「事件」の政治問題化」『教育学論集』第五一集、中央大学教育学研究会
Crick, B.　1962　*In Defence of Politics*, Weidenfeld and Nicolson（＝1969　前田康博訳『政治の弁証』岩波書店）
Crick, B.　2000　*Essays on Citizenship*, continuum（＝2011　関口正司監訳『シティズンシップ教育論』法政大学出版局）
Strauss, L.　1959　*What is Political Philosophy?*, The University of Chicago Press（＝1992　石崎嘉彦訳『政治哲学とは何か』昭和堂）

イングランドにおける政治教育・市民教育の現状と課題

●――蓮見二郎

はじめに

本稿の目的は、イングランドにおけるシティズンシップ教育をめぐる近年の議論を検討することを通じ、そこに内在する政治理論・政治思想的な課題を析出することにある。そのためにここでは、まず、日本でも周知のものとなった『学校におけるシティズンシップのための教育と民主主義の教育』(いわゆる『クリック・レポート』)[1]刊行前後までの時期に、その理論的基盤となった政治理論上の論争(第一節)を踏まえた上で、その論争がその後現在に至るまでどのような形で展開したかについて、アイデンティティの圏域(第二節)、公共性/公共哲学(第三節)、公私の分離と集団的異議申し立て(第四節)の三つの視座から明らかにする。その意味で、本稿を通じて目指すのは、イングランドのシティズンシップ教育に関して、ポスト・クリック・レポートの議論展開を政治理論の観点から追跡することである。さらには、我が国でも政治理論の方法論が自覚化されるようになったことを受け、この考察を通じた副次的効果として、シティズンシップ教育の議論が、現実の政策論議から政治理論を検討するという仕方で、政治理論研究に実践的なフィールドを提供することを示したい。

シティズンシップ教育に関する議論において、本稿のようにイングランドの事例を検討する必要があるのはなぜだろうか。この問いには、理論的な理由と実践的な理由との双方から回答することが可能である。理論的な理由としては、イングランドのシティズンシップ教育政策が、政治理論における議論を下敷きとして策定されたという事情を挙げることができる。これは単に、『クリック・レポート』が一部そうであるように、バーナード・クリック個人の政治理論が、イングランドのシティズンシップ教育の具体的な政策に反映されているというばかりではない。それに加えて、シティズンシップ教育のあり方をめぐるイングランドでの議論が、常にシティズンシップをめぐる政治理論を参照しながら行われてきたことをも含む。また、実践的な理由としては、日本においてもシティズンシップ教育を実践する学校や地域が増加している中で、イングランドにおいて提唱されてきたシティズンシップ教育の理論的枠組みが、日本の学校でも一つの規範的なモデルとして捉えられてきたからである。例えば、お茶の水女子大学附属小学校を含め[2]、日本におけるシティズンシップ教育実践でしばしば目標の一つとされる「政治（的）リテラシー（political literacy）」は、一九六〇年代末よりクリックらが用いてきた概念で、『クリック・レポート』の中でも一つの柱として用いられている。また、京都府八幡市の小中学校のようにシティズンシップ教育の目標を意識・知識・スキルの三つの次元から構成される立方体として把握する考え方には[3]、『クリック・レポート』の明らかな影響を見て取ることができる[4]。さらには、国の政策レベルでも、政治リテラシーを強調した総務省の選挙啓発などに関わる研究会の報告書において、『クリック・レポート』の内容が紹介されている[5]。

このような意味で、シティズンシップ教育を検討するにあたり、イングランドが日本にとって一つの範型と捉えられているにもかかわらず、日本の政治学における研究では、クリック以外の理論家がイングランドのシティズンシップ教育について何を論じているのか、『クリック・レポート』以後のイングランドにおけるシティズンシップ教育の議論動向はいかなる形で進行しているのかなどについて、これまで残念ながら十分には考察されてこなかった。確かに、ここ数年、シティズンシップ教育に関わるクリックの政治思想については精緻な研究が増えているものの[6]、現在のイングランドにおけるシティズンシップ教育の基盤となっている様々な政治理論へ、幅広く目配りが行われてはいない。特に、シティズンシップ教育に関する具体的な政策の発展や変化と、その基礎となっている論争についての政治理論研究は、まだこれからという段階にある。

一　クリック・レポート期までの理論的基盤——自由主義対市民的共和主義

保守党サッチャー政権の下では、一九八八年教育改革法とそれを具体化したナショナル・カリキュラムにより、シティズンシップは科目横断的テーマの一つに位置付けられていた。このシティズンシップが一つの教科として見なされるようになったのは、労働党のブレア政権に替わり、一九九八年の『クリック・レポート』における提言を受け、二〇〇二年より中等学校（一一～一六歳）の必修科目とされるようになってからのことである。こうした経緯から、『クリック・レポート』は、イングランドのシティズンシップ教育に基礎づけを与えた政策文書と見なされている。

『クリック・レポート』におけるシティズンシップ教育の目標は、「まさに……この国の政治文化を変革すること」までをも目指す「能動的シティズンシップ（active citizenship）」という、いわば「最大限」(7)のシティズンシップ概念に依拠したものであった。『クリック・レポート』では、この「能動的シティズンシップ」を涵養するための三つの「撚り糸（strands）」として、「社会的・道徳的責任」「共同体への参加」「政治リテラシー」を掲げた(8)。なお、このレポートの提言を受けて二〇〇〇年に策定されたシティズンシップのナショナル・カリキュラムでは、教育内容が「見識ある市民としての知識と理解」「調査・コミュニケーション能力の発達」「参加と責任ある行動のための技能の発達」の三点に再構成されている。

クリック自身は『クリック・レポート』を評して、多元主義とともに市民的共和主義に基づくものであると繰り返し述べている(9)。ここでの多元主義や市民的共和主義とは、どのような意味なのだろうか。それを理解するにあたっては、クリックが別の論文でポピュリズムを批判して述べる、以下の箇所が参考になる。

近代民主主義において、政治家は、もちろん、強い世論を無視しようとしてしまう危険に気を付けねばならない。しかし、政治家はまた、世論が長期的な公益や共通善（long term public interest or common good）に反していると思われる場合には、単に世論にへつらったり従ったりしようとしてしまう危険にも気を付けなければならない。相異なる利害や価値があるのは近代国家と複雑化した社会の特徴であり、それらの間での調停を図ることを企図し民主的に正統化された法や慣習を、民衆がポピュリスト的指導者（他の政治家であれ、伝道者であれ、マスコミの有力者であれ）に扇動されて破る場合に、民主的な政治家はそれに立ち上がり反論する勇気を持たなければならない。ペリクレスが民主主義を賞賛して言ったように、「自由の秘訣は勇気」なのである。[10]

つまり、多元主義とは、現実の問題として、人々の利害や価値が異なっていることを前提とするものである。クリックに言わせれば、これは近代国家や複雑化した社会の特徴を成す尊重すべき事実である。他方の市民的共和主義は、規範の問題として、「長期的な公益や共通善」を目指すものである。この部分に続けてクリックは、このような望ましい政治が行われ、市民の自由が確保されるために、市民は単に政治家や政治制度を監視するばかりではなく、勇気を持って参加し活動する必要のあることを強調し、「自由の代償は、エイブラハム・リンカーンが言ったような単なる『永遠の警戒（eternal vigilance）』ではなく、『永遠の活動（eternal activity）』である」[11]と説く。要するに、クリックにとっては、「長期的な公益や共通善」を目指して人々が能動的に活動することを市民的共和主義という概念で表現していることになる。この活動の方法について、クリックの『政治の弁証』以来の政治概念と重ね合わせてもう一歩具体的に表現するならば、「自由な市民どうしの公開の議論という政治的方法で、紛争を解決し政策を決定する活動」[12]という現実的な妥協を模索するものであり、公益や共通善という概念からイメージされるような超越論的なものでは必ずしもない点には注意を要する。[13]

『クリック・レポート』がこのような意味での市民的共和主義を基盤としているのは、当時の（そして現在でも依然として）議論の背景に、規範的なシティズンシップ概念に関する自由主義と市民的共和主義との間の論争があったことと関連している。[14]通常、ここでの自由主義とは、T・H・マーシャルが『シティズンシップと社会階級』で論じた公民権、参政権、社会権から成る、諸権利を基軸にシティズンシップを捉える立場として理解されている。また、市民的共和主義とは、市民の政治参加を責任あるいは義務として把握する、アリストテレス以来の伝統に基づくシティズンシップ概念であると理解されている。こうした理解からしても、『クリック・レポート』には、市民的共和主義の要素ばかりでなく、自由主義的な要素も含まれていることが了解可能である。[15]そもそもこの二つの立場は、必ずしも互いに全く相いれないものではなく、また、何よりクリック自身が、その政治の定義より、現実の政党政治上の様々な価値観の間で妥協・調停を目指す自由主義的な多元主義の立場を取っていたからである。

もちろん、クリックを含め、シティズンシップ教育が自由主義や共和主義といったような、何らかの規範的理念を教えるだけで十分だと考えている訳ではない。例えば、クリックにおける政治リテラシーは、政治に関する諸概念と結びついているべきだとされる。クリックは、異なる利害や価値の間で創造的妥協を行いうる「能動的シティズンシップ」を涵養するには、国民国家レベルの政治への参加だけではなく、地域社会の事柄に関する意思決定に参加する経験も必要であると考えたからこそ、国家レベルの政治に限定された狭義ではなく、地域社会への参加も含めた広義の政治リテラシーを『クリック・レポート』で求めたのであった。類似の立場は、エリザベス・フレーザーからも提示されている。フレーザーも、旧来型の公民教育のように自由や寛容などの政治的価値を教授することは必要ではあっても、それだけでは不十分だとする。むしろ、それら様々な価値観が衝突し敵対している具体的な政治実践の網の目に、子ども達が参加できるよう力を養う必要があると主張するのである。[16]

二　アイデンティティの圏域をめぐる議論

『クリック・レポート』当初では、必ずしも強調されていなかった[17]論点の一つに、シティズンシップ教育におけるアイデンティティの取扱いをめぐる問題がある。以下に述べるように、ポスト・クリック・レポートにおけるシティズンシップ教育論の最大の争点は、このアイデンティティをめぐる問題にあると言っても過言ではない。

1 アイデンティティと共同体の結束（community cohesion）

イギリスは、もともと、イングランド・スコットランド・ウェールズ・北アイルランドという四つのネイションを主とする連合国であり、また、旧植民地を抱え、ＥＵ加盟国であるという事情から、多くの移民を国内に抱える多文化社会である。さらに、二〇〇五年にロンドンで起きた同時多発テロ事件の実行犯が、自国生まれの自国民であったことを直接の契機として[18]、政府は多文化社会における市民の連帯をより強める必要性に迫られた。イングランド政府はまず、二〇〇六年に教育法を改正し、教育において文化的多様性への一層の配慮を求めた。これを受けて二〇〇七年に教育技能省は、『カリキュラム・レビュー：多様性とシティズンシップ』（いわゆる『アジェグボ・レポート』）を公刊し、共同体の結束を強めるべくシティズンシップ教育の「第四の撚り糸」として「アイデンティティと多様性：イギリスで共に暮らす（Identity and diversity: living together in the UK）」という項目を付け加えることを提言した[19]。これは、「もし多様性のための教育がより良き社会的結束に貢献することを期待するのであれば、それを強調し優先する必要がある」[20]と考えたためである。

ここで「多様性とアイデンティティ」として導入すべき、具体的な教育方針として挙げるのは、

ａ　民族・宗教・「人種」についての批判的思考

ｂ　政治問題と価値との明示的なつながり

ｃ　シティズンシップに関わる現代の諸問題についての考え方を明らかにする教授法として、現代史の利用[21]

の三点である。これに加えて具体的な主題として、ｄ イギリスが多くのネイションから成る国家であること、ｅ 移民問題、ｆ 英連邦と大英帝国の遺産、ｇ ＥＵ、ｈ 参政権の拡大、の五点について授業で取り上げるべきであるとしている。

この提言を受け同年に公表され、二〇〇八年より施行された新たな『ナショナル・カリキュラム』では、鍵概念として「民

主主義と正義」「権利と義務」に並び「アイデンティティと多様性：イギリスで共に暮らす（Identities and diversity: living together in the UK）」が主題に設定された[22]。アイデンティティを敢えて複数形で表記した点に、政府が『アジェグボ・レポート』の提言の趣旨をさらに推し進めたことが窺える。新カリキュラムの中身を具体的に見ると、次の四つの項目が含まれている。

a　アイデンティティは複雑かつ時と共に変化しうるもので、イギリスの市民とは何を意味するのかについての様々な理解によって、見識がもたらされることの評価。
b　イギリスにおける多様なネイション、地域、民族、宗教的文化・集団・共同体と、それらの関係についての探求。
c　イギリスと他のヨーロッパやより広い世界との相互関係についての考察。
d　共同体の結束と、時と共に共同体に変化をもたらす様々な力についての探求[23]。

これらの項目を見ても分かる通り、教育において特定のアイデンティティを強制するものではない。むしろ多様なアイデンティティとその生成や変動について、イギリスという国家に所属する一員として批判的な観点も含め様々な立場から考えること、そして、その多様性を認めていく寛容さを身に付けること、これらを主たる構成原理とするものである。政府のこうした動きに理論的基盤を提供したのが、教育学者のディナ・キワンである。彼女は『包摂的シティズンシップのための教育』において、シティズンシップを「道徳的概念」「法的概念」「参加概念」「アイデンティティに基づく概念」の四つの概念によって把握する[24]。四つ目のアイデンティティに基づくシティズンシップ概念に関連してキワンは、『クリック・レポート』が「少数派は、多数派と同様に、法令や習慣を身に付け尊重しなければならない[25]」とする点で、少数派を多数派の側に統合する「同化モデル」であると批判する[26]。その上で、誰もが包摂的な集合的問題解決に関与するよう、薄い「最小限」の共通善概念を擁護するアイリス・マリオン・ヤングの議論[27]を検討して、キワンは、「共有価値」自体に問題があるのではなく、それを決定する際の意思決定過程にこそ問題があると主張する。意思決定過程の欠陥を克服するために彼女が提唱するのが、「制度的多文化主義」の構想である。[28]これは、エイミー・ガットマンやチャールズ・テイラーの多文化主義論[29]を下敷きとして、公的制度が多様な文化について無視するのではなく、その違いを承認するという、公／私の新たなあり方を提唱するものである。制度的多文化主義に基づく「共有価値」は、相互に関与する継続的な過程を通じて、不断の見直しに晒されることとなる。国家と市民、公私の関係をこのように捉える理由としてキワンが挙げるのが、後でも触れる周縁化された人々に社会参加を促すための動機づけである。多様な背景を抱えた市民一人一人が積極的に参加するためには、それが自分たちの共同体だと認識できる状態でなければならない。ここに、政治参加という「実践」と市民としての「所属」とが、離れがたく結びついているという。イングランドにおいてこのことは、共同体・地方政府省による経験的調査[30]によっても裏付けられている。この調査では、例えば、ある地域の民族的多様性と地域の結束には正の相関があり、白人主体の低所得地域より多様な民族の住む低所得地域の方が地域の結束が強いこと（ゆえに、社会的結束を損なうのは多様性よりも所得であること）、地域社会の意思決定に影響力を持つという感覚は地域の結束に強い正の相関を持つこと、などの知見が得られている。

シティズンシップ教育において共同体の結束を強調するこうした傾向は、より広い政策的背景を有している。例えば、クリックとキワンが共に委員を務めた、移民の帰化要件を検討する「イギリスにおける暮らし」諮問委員会が、二〇〇三年に出した報告書『新参と古参』においても、「長いこと多文化社会であったところでは、新しい市民が能動的市民たることを身に付けるべきである」[31]としていた。そのための手段の一つとして、本報告書は、学校教育における「能動的シティズンシップ」のための教育と学習の必要性を提言している。[32]また、二〇〇七年に統合と結束に関する委員会が発行した『私たちが分かち合う未来』では、第一の目標を「分かち合う未来（shared future）」という概念で表現し、これと並べて「権利と義務の新しいモデル」「相互尊重とシヴィリティの新たな強調」「可視化された社会正義」を目指すとした。[33]さらに、翌年の調査報告書『シティズンシップ—私たちに共通の絆（ゴールドスミス・レポート）』は、単に市民としての法的地位や権利だけでなく、共に所属するという意識を高める方策を提言し、中でも教育の役割に再度言及している。[34]同年に地域社会・地方政府大臣が議会に提出した白書『共同体の支配—本物の人々、本物の力』では、地域社会の支配をより人々に身近な地域に権力移譲し、能動的市民に地域共同体を動かす政治的権限を与えることを提言している[35]。この白書は、既に政府が導入を決めていた「関与する義務」をさらに拡大することに加え、新たに「民主主義を促進する義務」をも求めるものである[36]。

これら一連の政策において、「共同体の結束」とは一体どのような意味なのであろうか。この概念の意味を政府として説明することを一つの目的に、子供・学校・家族省が二〇〇七年に、『共同体の結束を促進する義務についての手引き』を公表している。それによると、

> 共同体の結束で我々が意味するのは、全ての共同体が共通の理想像と所属意識を持つ社会、人々の出自や置かれた環境が多様であることが評価され価値があるとされる社会、全ての人が同じくらいの生活機会を得ることのできる社会、そして、職場で、学校で、より広い地域社会で堅固で積極的な関係が存在しその発展が続く社会に向かうことである[37]。

これに続けて、文中三つの強調箇所について、さらに説明が加えられている。「共通の理想像（common vision）」あるいは「分かち合う未来」とは、「近隣、都市、地域、国家の将来の理想像について明確に定義され、異なる個人や異なる共同体が広く共有する貢献意識」のこととされる。「所属意識（sense of belonging）」とは、第一に、特定の場で生活する場合の個人の権利と責任についての強い意識、すなわち、他者が何を望み、自分は反対に何を望みうるのかについて知っていること、第二に、諸機関が異なる利害を調停し現場で公平に行動することと、諸機関の役割と弁明が公の監視に晒されることへの強い信頼感、すなわち、政府諸機関の公平さと説明責任に関するものである。三つ目の「生活機会（life opportunities）」は、不平等な格差に立ち向かうことの重要性と、そうした社会変革が行われていることを可視化することとの二つの重要性を伴った、平等の重要性を強調したものである。なお、ここでの「共同体」とは、①学校、②学校の位置する地域社会、③イギリスとしての共同体、④グローバルな共同体、の四つのレベルで構成されるものとしてお

り[38]、実際には地域社会レベルの共同体を念頭に置いた文脈が比較的多いとは言え、地域共同体や国家共同体の意味でのみ用いられているのではない点は、巧みに定義されている。

こうした意味での「共同体の結束」にとって障害となっているものとして、この文書が具体的にあげるのは、移民問題、特定のグループが不公正に優遇されているとの不公平感を感じる人々が増えていること、自らの住む地位に誇りを持てない人が多いことの三点である[39]。本書でも、「共同体の結束」に関するこれらの障害を克服するために、学校の役割に期待を寄せている。学校の役割と言っても、単に教科の教育のみを念頭に置くのではなく、学校全体での取り組みや、地域社会に対する取り組みも含んでいる。そして、その中でも特に「アイデンティティと多様性：イギリスで共に暮らす」を謳う「第四の撚り糸」の挿入されたシティズンシップ教育については、殊更に教科名を挙げて取り上げている[40]。

なぜシティズンシップ教育にその役割を担わせるのかについて、イングランドのシティズンシップ教育に詳しい教育行政学者の清田夏代は、若者の排斥行為が民族的優越感から生じる差別なのではなく、自分たちのものが不当に奪われているという被害感情から生じていることを指摘しながら、「道徳的な非難に終始するならば、事態は悪化しても解決には向かわないだろう[41]」からであると説明する。これを前提としてキワンは、人種間で暴動に発展する程に不信感が高まる背景を探り、人種間という水平的関係のみならず垂直的関係における問題、すなわち、政府に対する市民の不信感が存在することを挙げる[42]。この種の問題は、社会心理学でいう「接触仮説」とも関連していよう。すなわち、異なる集団が接触し合うことは、常に良好な関係が集団間にもたらされるわけでもなければ、常に集団間の不和がもたらされるわけでもなく、通常、ある条件がそろった時に良好な関係が生まれやすいという関係にある。その条件として挙げられるのが、平等な地位、共通の目標、集団間の協力関係、権力者・法・習慣などによる支援であるという[43]。したがって、多様性を前提としながら「共同体の結束」を実現するには、同時にこうした条件を整備する必要性がある。シティズンシップ教育は、この条件整備の一環として捉えることができる。

このように、共同体内における様々なアイデンティティを承認し、地域で周縁化された人々をも意思決定の機会に能動的に参加させることを通じて、テロや暴動の温床となった共同体内部での結束の欠如を乗り越える、そのような課題を『クリック・レポート』以後のシティズンシップ教育は担うよう期待されているのである。

2 「イギリスらしさ（Britishness）」

教育社会学者のジョン・ベックによると、二〇世紀前半から一九八〇年代までの教育においては、いわゆる「隠れたカリキュラム」として、イギリス人としての共有アイデンティティが目標となっていた。[44] 近年になって、このナショナル・アイデンティティの問題は、「イギリスらしさ（Britishness）」という概念で議論されるようになってきている。その一つの契機は、二〇〇六年に当時蔵相のゴードン・ブラウンが行った演説[45]である。ブラウンの演説によると、イギリス人は「団結され共有された目的の感覚」を持つべきであり、イギリス国民党（British Nationalist Party: BNP）のような極右勢力が人種分断の象徴としているイギリス国旗を奪い返し、寛容と包摂を表現するものとみなすべきであると言う。そのための一つの方策として、アメリカやフランスに倣い、ナショナル・アイデンティティを祝う日を設け、国旗を掲げることをブラウンは提案した。このように表現された「イギリスらしさ」が、多文化社会において人々を結束させる「我々の市民的アイデンティティ」であると、ブラウンは表明したのであった。さらに、キャメロンを首相とする保守党・自由民主党連立政権になってからは、労働党時代の「共同体の結束」という概念に代え、「ナショナルな結束（national cohesion）」の概念が多用されるようになっている。[46] このような流れの中で「イギリスらしさ」が国民的な論争へと発展した政治的・社会的背景として、テロや移民の問題に加えて、スコットランドを中心としたイギリス内部における他のネイションのイングランドからの分離独立の動きがあることを見逃すことはできない。実際、アンドリュー・ギャンブルと元政治学者で労働党議員のトニー・ライトとが挙げる背景は、帝国と福祉という二つの面でのイングランド／イギリスの衰退である。[47]

『クリック・レポート』においても、アイデンティティの多様性の問題との関連で「ナショナル・アイデンティティ」の用語が用いられてはいるが、[48] 多元主義社会における共通のシティズンシップの創出が目的であるとしたシティズンシップ教育において、殊更に強調すべき問題とはしていなかった。むしろ、キワンによると、意識的にこの問題は避けたという事情すらある。[49] なお、『アジェグボ・レポート』は、「我々の協議の間中ずっと、『イギリスらしさ』を定義することについて、この語がもたらしうる不和について、この語が他者を排除するのにいかに利用可能かについて、懸念が表明された」ことを明らかにしている。[50]

そもそもクリックは、「従順な市民／臣民（good citizen/subject）」でなく「能動的市民（active citizen）」だと強調していた。つまり、愛国心や「イギリスらしさ」の名の下に、政府には従順な国民を育成しようとする誘因がしばしば働くことを警戒していたのである。[51] クリックは、「イギリスをまとめるにあたって、イギリスらしさについてのキャンペーンは不要であり、必要なのは良い統治だけである」[52] とまで断じて、「イギリスらしさ」の概念そのものを強く否定する。そもそも、「イギリスらしさ」などというものは、哲学的（学問的）にも、政治的に（現実の政党政治において）も、定義のしようがないとした上で、クリックはパレク卿の次の文章を引用する。

文化的に多様性のある社会において、ナショナル・キャラクターの概念は問題があるが、ナショナル・アイデンティティの概念はそうではない。移民にナショナル・アイデンティティを共有するよう求めることはできるが、ナショナル・キャラクターを共有することは求められない。エスニックなナショナリズムは二つのものを同化させるが、シビックなナショナリズムはそれらを違ったままにするのである。[53]

クリックがこれを引用するのは、「おそらく、我々の主たる共有価値は、全体として、他者の価値を尊重することであり続けてきた」[54] という、価値多元主義を前提としているからに他ならない。

こうした議論の背景として、金田耕一は、ナショナルな同化主義（あるいはリベラル・ナショナリズム）と、リベラルな統合主義（あるいは憲法パトリオティズム）との対立があると指摘している。[55] ところが、一見、前者に見える「イギリスらしさ」の提案は、実際に政治指導者から提案されている内容を精査すると、必ずしもそうことが単純ではないことが明らかになる。例えば、トニー・ブレアが首相時代にイギリス人として共有する「本質的価値」と呼んだものは、「民主主義、法の支配、寛容、万人への平等な扱い、この国の尊重とその共有遺産の尊重の信念」[56]であり、首相就任前のゴードン・ブラウンの場合には「自由、責任、公正についての『進歩的』な理念」[57]であった。このブラウンの発言を受けて、当時野党であったデイビッド・キャメロンの唱えた「多元的愛国心（multiple patriotism）」も「言論の自由、法の支配の尊重、公正と寛容」[58]などを中身としていた。前述の報告書『新参と古参』においても、イギリス人とは「法、選挙で選ばれた議会と民主的政治機構、相互寛容の伝統的価値を尊重し、平等な権利と相互の関心を尊重すること」であると定義し、「イギリスらしさ」については定義する必要も再定義する必要もないとしていた。[59]「イギリスらしさ」を含め、イギリスのナショナル・アイデンティティとして政党から提案されていたものは、実のところ、比較的「薄い」ものであったことが分かる。

しかしながら、現在の保守党・自由民主党連立政権においては、この薄い「イギリスらしさ」から若干の逸脱が見られる。例えば、キャメロン首相は、二〇一一年に、「我々はキリスト教国であり、そう述べることを恐れるべきでない」と述べて、物議を醸している。[60]他の宗教や無宗教者を否定するものではないと補足しつつも、「聖書が今日のイギリスを形作る一連の価値や道徳を与えることに寄与した」とする。こうした見解は、保守派の教育学者ジェイムズ・アーサーなどにも支持されている。アーサーは、そもそも普遍主義的な「能動的シティズンシップ」の概念は、キリスト教における奉仕精神や神の前の平等の影響があるにも関わらず、クリックを含めイングランドにおけるこれまでのシティズンシップ教育論は、キリスト教の伝統と役割を不当に無視してきたと主張する。[61]もっとも、キャメロンの挙げた「一連の価値や道徳」の例は「寛容」であり、これがキリスト教の要求するものであると述べている点で出自の問題はあっても、具体的な価値や徳目のレベルで特定の宗教の信者にのみしか受け入れられないものを提案した訳ではない。

付言するならば、イングランドにおいても、アメリカや日本と同様に、愛国心かコスモポリタンかの論争が行われている。例えば、教育哲学者のマイケル・ハンドは、愛国心が市民的義務への動機付けや幸福感をもたらすことを評価する一方で、「国を愛することは、市民としての市民的・政治的判断を阻害する」[62]として、愛国心の教育に否定的である。また、教育哲学者のペニー・エンスリンも、ヌスバウムの議論[63]に示唆を受けて、ローカル、ナショナル、リージョナル、グローバルの領域を同心円的に把握する、コスモポリタンかつ愛国主義の立場からシティズンシップ教育論を展開している。(64)

三　公共性／公共哲学をめぐる議論

近年のシティズンシップ教育における議論のもう一つの大きな争点として、公共性の問題あるいは公共哲学をめぐる議論が存在している。これは、シティズンシップ教育論における市民的共和主義の再解釈という観点からと、イングランドの政策論争における個人と社会との関係に関する観点との二つの別々の観点から把握することが可能である。

1　市民的共和主義の再解釈

近年になって、シティズンシップ教育の理論的前提の一つとされてきた市民的共和主義に対する理解が、市民的共和主義に関する政治理論研究の進展と相まって、深まってきている。これまでは、権利を重視する自由主義と、義務や責任を強調する共和主義との単純な二分法が用いられることが多かったのに対して、例えば、教育学者のイアン・デービスは、これらをイデオロギー的な左右と単純にレッテル貼りすることを諌めている。(65)

イングランドのシティズンシップ教育論において、近年、市民的共和主義の理解を精力的に深めたのは、教育学者のアンドリュー・ピーターソンである。ピーターソンは『市民的共和主義と市民教育』(66)において、ポーコック、スキナーらの政治思想史における議論や、ペティット、メイナーらの現代政治理論における議論を参照しながら、ここ四〇年来の市民的共和主義の再解釈について検討し、「支配の不在としての自由」という独特の自由観が市民的共和主義の理論の核心にあることを指摘する。ピーターソンは、そうした市民的共和主義思想の源流を、アリストテレスの本質主義的な議論と、キケロの道具主義的な議論との二つの潮流から把握を試みることで、共和主義の「一本化や統一」を拒む。(67)ピーターソンは、自身が市民的共和主義の核心にあると考える四つの論点、市民的義務、共通善、市民的徳性、熟議民主主義に関する議論に、この二つの潮流がどのような差異をもたらすかを検討した上で、市民的共和主義の必然的な帰結であるシティズンシップ教育においても、そうした差異が不可避的に現れると主張する。

このピーターソンの市民的共和主義理解は、明らかにクェンティン・スキナーやフィリップ・ペッティットの影響を受けている。例えば、ペティットは、フランス=プロイセン的な「主権者の自己支配としての政治参加の自由」に基づく共和主義に対比させて、地中海=大西洋的な「恣意的支配の不在としての自由」概念を採る共和主義を擁護する。[68]このような自由の哲学としての共和主義は、ペティットによると、私的権力と公的権力との双方による恣意的支配に抗するものである。すなわち、ペティットの共和主義は、自国政府という公的権力による恣意的支配を抑制するという意味で立憲民主主義の伝統に沿ったものであり、また、企業や宗教組織に加え他国の政府といった私的権力による恣意的支配を抑制するという意味で社会民主主義の伝統にも沿ったものである。このペティットの共和主義論は、スペイン社会労働党のホセ・ルイス・ロドリゲス・サパテロ首相が実現に取り組んでおり、この左派政権が共和主義を採択した事情を理解するには、共和主義の社会民主主義的側面に着目することで初めて可能になる。

以上のような自由概念とそれに基づく共和主義理解は、クリックの立場とも共鳴している。サンデルなどの共同体主義者による自己支配としての自由論を斥けるペティットの立場は、クリック的な「能動的シティズンシップ」の概念と一見相容れないように思えるかもしれない。しかし、クリックも、スキナーによる共和主義的な自由解釈を引きながら、チャーチスト運動や労働運動が、単に干渉からの自由を求めていたのではなく、公共善や一般的利益のために必要に応じて活動する自由を求めていたものであったことを指摘していた。[69]このクリックの指摘は、社会主義やフェミニズムがペティット流の共和主義の落とし子であるという主張と、ぴったりと合致しているのである。[70]

こうした自由の哲学としての市民的共和主義という理解は、自由主義と共和主義を二項対立的に捉えることの多かったシティズンシップ教育論の文脈では、極めて新鮮な解釈を提示するものである。ジョン・ベックが指摘するように、現代においては、多国籍企業や、巨大過ぎて潰せない金融市場、環境に無関心な消費文化などによって、国家こそが私的権力によって力を剥奪されているのだとしたら、[71]市民は公的権力と私的権力との双方について警戒心を怠ることができなかろう。ここでは、公共哲学として、自由と公共性と能動的シティズンシップとの関係をいかに捉えていくかという問題が問われていると言える。

2 「大きな社会（Big Society）」と「能動的シティズンシップ」

二〇一〇年のイギリス総選挙にあたり、キャメロンの率いる保守党は、マニフェストに「大きな社会（Big Society）」というスローガンを選んだ。この「大きな社会」は、労働党から連想される「大きな政府（big state）」に対置されたもので、自律、自由、責任、地域主義（localism）の概念に裏打ちされたものである。キャメロン自身の言葉では、「政府の抑圧（dead hand of the state）」に替えて「活力に満ちた自発的な市民的能動性（dynamic and voluntary civic activism）」[72]に基づく政治を行うというものである。

保守党は、総選挙で勝利した直後、自由民主党との連立政権を樹立し、そのわずか数日後に政府として「大きな社会を建設する」という文書を発表している。[73]この文書によれば、「大きな社会」とは、市民・地域共同体・地方政府に権限・情報・責任を付与することであり、ここでの社会とは「家族、人々のネットワーク、近隣、地域共同体」のことであるという。より具体的には、1 地域共同体の権限を強化すること、2 地域共同体において人々が能動的に役割を果たすことを奨励すること、3 中央から地方政府へ権限を移転すること、4 協同組合、相互会社、慈善事業、社会起業を支援すること、5 政府の情報を公開することの五つの政策パッケージから成っている。この「大きな社会」の建設は、特定の省庁の業務ではなく、政府の全省庁の責任だとする点で、まさに初期キャメロン政権を特徴付ける包括的スローガンとなっている。さらに、二〇一一年の演説においても、キャメロンはこれらの理念の筆頭として市民の「責任」を挙げており、そのために、地方政府への権限移譲、公共サービスの柔軟性強化、慈善事業やボランティア活動の促進などの政策を取り挙げている。これら諸政策を後押しするために、銀行などの休眠口座を活用した「大きな社会銀行（Big Society Bank）」（大きな社会投資会社Big Society Capital）の設立を提案している。[74]

もともと遡れば、サッチャー政権時代の外務大臣ダグラス・ハードが「能動的シティズンシップ」の概念で主張していたのは、まさに、この「大きな社会」で提案されているような市民のあり方であった。つまり、労働党的な国家による福祉に替えて、「地域主義（localism）と自発的参加に対する保守党の革新的関与」による市民の相互扶助による福祉を提唱するものである。[75]ここでの議論は、平石耕が指摘するように、「能動的シティズンシップ」に関するD・G・グリーンの新自由主義的な構想とクリックに代表される多元主義的な構想との対立が、下敷きとなっている。[76]労働党にとっても「能動的シティズンシップ」は、サッチャーの新保守主義からの旧来型の福祉国家批判に応答した「第三の道」の一環であったことを考えると、この議論は我々に既視感を感じさせるものである。

この「大きな社会」概念は、シティズンシップ教育のあり方にどのような影響を及ぼしているのであろうか。これは、カリキュラム政策全体とシティズンシップ教育の内容という二つの面から捉えることができる。第一にカリキュラム面で、政府は、中央政府の役割を縮小することと関連して、各学校独自の権限を強化すると同時に、ナショナル・カリキュラム上の必修科目を英語・数学・理科といったいわゆるコア科目に限定することとした。このため、シティズンシップ教育は必修科目から選択科目に移行することとなった。第二に、「大きな社会」概念を反映させたシティズンシップ教育が提案され始めている。例えば、民間団体であるシティズンシップ財団のドン・ロウを中心としたグループは、次の四点を挙げている。一つ目は、政治システム、法制度、経済、市民社会についての知識と理解、二つ目に、地域社会の活動に関与し、これらの活動によって世の中が変わることを知る、三つ目に、建設的に参加するための技能と性向、四つ目に、ボランティアや公私の事業のあり方、その改善の仕方、その協働の仕方について気付くこと、である。ロウらは、労働党時代からシティズンシップ教育を実践家の立場で支えてきた人物だけに、キャメロン流の「大きな社会」とは次の二点で若干のニュアンスの相違が窺える。第一に、キャメロンは市民の責任を強調するが、ロウらはそれをあまり強調していない。第二に、保守党にとっての市民の責任とは、主に地域レベルでのボランティア・慈善事業・社会起業など社会経済的領域であるが、ロウらにとっては国政レベルへの参加をも含めたものである。こうした違いに、ロウらが『クリック・レポート』以来のシティズンシップ教育の理念を、「大きな社会」アジェンダの中にいかに位置付けるかで苦心した跡が読み取れる。換言すれば、ここでもシティズンシップ教育をめぐり、「大きな社会」という公共哲学への保革の相乗りが見られるのである。

四　公私の分離と集団的異議申し立てをめぐる議論

既に取り上げたアイデンティティの議論とも関連して、それら以外の幾つかの集団からの異議申し立てに関わる問題が、近年のイングランドのシティズンシップ教育をめぐるもう一つの論争の的となっている。

そのような集団の一つとして取り上げられるのは、社会経済的に恵まれない階層である。教育学者のキャロライン・メイソンは、市民が公共善に貢献する活動に着目しながらも、「市民的関与（civic engagement）」にのみ注目することには批判を投げ掛ける[77]。なぜなら、公共善への貢献は「市民的（civic）」な公的領域の内部でのみ行われるものとは限らないからである。特に、社会経済的に恵まれない地域に住む子ども達は、人々に否定的なイメージを持たれていたり、会費や交通費を支払えなかったりするために、正式なボランティア団体に加入する機会を失っている。しかしながら、そのことは社会経済的に恵まれない地域に住む子ども達が、より私的な領域で何らかの公共善に貢献していないことを必ずしも意味していない。むしろ、家庭内や近隣などの領域では、そうした子ども達も積極的に他者のための活動を行っていることがある。このことから、実際に、社会経済的に恵まれない子供たちは、自らを「市民」と捉える傾向が少ない、すなわち、市民として周縁化され、疎外されていると指摘されている[78]。

また、現代の情報化社会における子どもや若者についても、新たな集団として捉える動きがある。というのも、近年、日本でも頻繁に指摘されるように、情報化社会において、子どもや若者の非公式の経路を通じた政治参加の仕方に、大きな変化が現れてきているからである。例えば、パソコン、スマートフォン、携帯電話などを利用した、電子メール、ソーシャル・ネットワーキング・サイト、ブログ等による情報提供や意見表明がその最たる例である。公式の政治参加に加わらない若者であっても、非公式あるいはより私的なチャンネルを用いて、政治や公共の事柄に対して影響を与えたり、貢献したりする事例がこれまでの社会よりも格段に増えている。これを踏まえて、社会学者のブライアン・ローダーは、若者が単に政治に無関心になっているのではなく、公式の政治過程から文化的に「強制退去」させられているのだとの見方を示している。(79)

第三に、フェミニストからも、シティズンシップ教育に関わる公私分離について批判がある。例えば、教育社会学者のマデリン・アーノットは、シティズンシップ教育施行令が、「差別」「人権」「平等な機会」などの概念を用いているものの、ジェンダーに関わる問題に特定した記述には欠ける点を批判する。その思想的背景としてアーノットは、ネオ・ローマ型市民的共和主義の理論が、家族や労働市場などの制度に固有な自由と抑圧の問題についてほとんど何も言及していないとスキナーが指摘している点、古代ギリシャにおいて、自由が公的・政治的領域における自由を想定していたとハンナ・アーレントが論じている点、フェミニズムの視点からそうした公私の分離をキャロル・ペイトマンが批判した点などを挙げる。(80)これらの理論を背景として、アーノットは、イングランドのシティズンシップ教育の目標とされる「能動的シティズンシップ」についても、シティズンシップ概念そのものの持つ男性優位（masculinity）と女性の従属を自明視した観念であるとして、「女性の主体性（female agency）」の確立を主張するのである。

これらの集団からの異議申し立てを受けて、シティズンシップ教育の議論においても、「シティズンシップ」概念そのものの捉え直しが始まっている。そのうちの一つとして、例えば教育哲学者のテレンス・マクロフリンは、政治哲学者ジョン・トマジの議論を用いながら、シティズンシップ教育は公的価値と私的価値との橋渡し（interface）であるべきだと論じる。(81)つまり、シティズンシップ教育を単に公的価値を教授するものとしてのみ捉えるのでなく、それに加えて私的価値との接点をも探るべきことを主張するものである。これまで述べてきた通り「能動的シティズンシップ」の概念も様々な解釈の余地があることを考慮すれば、ここでの議論は、一つの主権国家内部といえども単一の「シティズンシップ」概念で理解することの難しさを示唆していると言えよう。社会経済的に恵まれない地域の子ども達、情報化社会での若者、女性などの政治参加のあり方を踏まえた場合、「能動的シティズンシップ」は、こうした人々の「活動」を動機づけるものでなければならない。そのためには、「シティズンシップ」概念が公的領域のみならずこれまでは私的とされていた領域も踏まえた理念として、再定義される必要があるとの議論である。もちろんこうした立場には、私的領域を含むのに敢えて「シティズンシップ」の概念を用いる必要があるのかとの強力な批判もまた考えられよう。[82]

おわりに

ポスト・クリック・レポートにおけるシティズンシップ教育論は、『クリック・レポート』が刊行された当時のシティズンシップ教育そのものの是非という議論から一歩先に進んで、その内容を精査する方向へと関心の比重が移行している。それでもなお、政治理論に関連する議論を概観する限り、「シティズンシップ」とは何かという根本的な問いこそが、未だに最大の課題となっていることが明らかになった。ウィル・キムリッカによれば、伝統的なシティズンシップ教育に対しては、保守的な宗教集団からの自由主義批判と、少数派集団からの主権国家批判との二つの批判がありうる。[83]イングランドの文脈に特化して見た場合には、一つはアイデンティティの圏域が地域社会、主権国家、それよりも広い領域を前提としたものなのか、二つ目に市民的共和主義や「能動的シティズンシップ」「大きな社会」といった公共性あるいは公共哲学に関わる概念の解釈、三つ目に社会で周縁化された人々が能動的に政治参加するための動機づけ、などが大きな争点となっていた。

興味深いことに、「能動的シティズンシップ」の概念にしろ、市民的共和主義の理念にしろ、保守の側からも、革新の側からも、左右どちらからも解釈が可能なものであった。その帰結として、抽象的なレベルでのイデオロギー対立は、足場が宙に浮いた議論を招きやすくなっている。例えば、リベラル・ナショナリズムと憲法パトリオティズムとの論争は、既に述べたように、イングランドのシティズンシップ教育をめぐる政策の動きを見る限り、多元的社会においては極めて近接したものにならざるをえない。そもそも、ナショナリズムと普遍的原理は必ずしも二律背反ではない。[84]その証拠に、よく言われるように、フランスは「自由・平等・友愛」という普遍的原理をナショナルなアイデンティティの中に取り込んでいる。また、教育哲学者のグラハム・ハイドンは、文化や信仰が多元的な社会においてシティズンシップ教育の目標としうる「徳」はどのようなものかと問うている。ハイドンは、意識的にせよ、無意識のうちにせよ、ある伝統から徳目を引き出すのではなく、他ではなく特定の徳こそが社会一般が繁栄するために不可欠であるという形で正当化しなければならないと主張する。(85)もちろんこれは、共同体主義などではなく、自由主義的多元主義の立場である。実際、ブラウンらの言った「イギリスらしさ」も、そうした一般的な価値に基づくものではあった。しかし、そのような一般的価値に基づくナショナル・アイデンティティは、イギリスとかイングランドとかといった特定のネイションや主権国家のみに当てはまるものでは無くなってしまう可能性がある。(86)包摂の範囲を広げれば広げるほど、「薄い」価値に留まり、ナショナルなアイデンティティとは言い難い、普遍主義的なものに近づくのである。このような訳で、シティズンシップ教育のような具体的な政策を単に横目で見るだけではなく、政策文書の分析を通して、そこへ深く分け入ってその政治理論上の含意を引き出すことで、抽象的なレベルの議論だけでは見えてこない別の視点や対立する論争の中での現実的な妥協点を得られる可能性がある。政治理論研究において、政治家の言説(87)に加え政策文書を題材とすることの利点は、ここにある。

以上の議論を前提とした場合、シティズンシップ教育にはどのような含意があるだろうか。それは、シティズンシップ教育を特定の価値やイデオロギーに誘導するものではなく、むしろこうした論争を子どもや市民に晒し、人々の様々な意見を調停するようなものとなる。それがおそらく、クリックが求めたものでもあろう。この観点から評価した場合、現在のイングランドのシティズンシップ教育もまだ改善の余地が多くあるとの指摘がなされている。例えば、オスラーは、イングランドのシティズンシップ教育が、帝国主義の負の遺産について子どもたちに必ずしも伝えていないことなどを理由に、一方的なものであることを難じている。(88)

そうした一方向的な教育を教育学者のマーク・パイクは「告白アプローチ」と呼ぶ。(89)これは、イングランドの宗教教育が、一九六〇年代までキリスト教の信仰を強化することを目標としていたことに由来する表現である。しかし、イングランドにおいては宗教教育においても、キリスト教という特定の信仰を強要するという方針から、宗教という現象の理解を中心とした「現象学的アプローチ」に次第に取って代わっていったという。この意味で、シティズンシップ教育は現在においても民主主義を理解させるだけの教育ではなく、民主主義のための教育であるという点で「告白アプローチ」になってしまっているとパイクは言う。

いずれにしても、イングランドにおいては、シティズンシップ教育を行う以上、社会の多元性を前提としたシティズンシップ教育を構想する以外に他の方途をとることは極めて難しい。かつての植民地を抱え、EU加盟国であり、既に無視しえない数の移民が国内に定着しているという現実からすると、社会の多元性を前提としないという選択肢は取りえない。特定の理念に基づくシティズンシップ教育が現実味を帯びている日本社会は、おそらく、それだけまだ多様な人々への配慮が少なくとも、秩序立った社会を構成できる環境にある、というだけなのかもしれない。

教育学者のイアン・デービスは、シティズンシップ教育をめぐる問いには大きく二つあり、「シティズンシップとは何か」と「シティズンシップはどう教授・学習・評価できるか」であると言う[90]。このうち、政治学で研究する我々にとっては、「シティズンシップとは何か」についてより精緻で、かつ現代社会において説得力を持つ理論的蓄積を高めることこそが、何より必要である。そして、教育のあり方としては、そうした論争の正しい回答を子どもたちに与えるのではなしに、様々な価値の間でいかにして創造的な妥協を図るのかこそが、何より問われているのではなかろうか。そうした論争にいかに子どもたちを引き入れるかが、そのための第一歩である[91]。

（1）Qualification and Curriculum Authority（QCA）, *Education for Citizenship and the Teaching of Democracy in Schools*, Final Report of the Advisory Group on Citizenship, 22 September 1998, London: QCA（長沼豊・大久保正弘編、B・クリック他著『社会を変える教育Citizenship Education ～英国のシティズンシップ教育とクリック・レポートから～』鈴木崇弘・由井一成訳、キーステージ21、二〇一二年）.
（2）岡田泰孝「『市民』研究ノートⅣ　政治的リテラシーの涵養を目指す『市民』の学習」、『研究紀要』（お茶の水女子大学附属小学校二〇一一年、二五―三四頁。
（3）八幡市教育委員会「研究の概要（平成二〇～二一年度文部科学省研究開発学校指定）」京都府八幡市教育委員会（リーフレット）、二〇〇九年。

（4）QCA, ibid., p. 45.

（5）総務省常時啓発事業のあり方等研究会「常時啓発事業のあり方等研究会 最終報告書 社会に参加し、自ら考え、自ら判断する主権者を目指して～新たなステージ『主権者教育』～」二〇一一年一二月、四・一六―一七頁。

（6）邦訳に、B・クリック『シティズンシップ教育論―政治哲学と市民』関口正司監訳、法政大学出版局、二〇一一年。B・クリック『デモクラシー』添谷育志訳、岩波書店、二〇〇四年、特に第七章「デモクラシーにふさわしいシティズンシップ」。また、クリックのシティズンシップやシティズンシップ教育に関わる政治思想に関する研究として、例えば、池亨「『政治』の擁護者 バーナード・クリックの政治理論―シティズンシップ教育論との関連において―」二〇〇四年政治思想学会報告、二〇〇四年五月三〇日（東北大学）、平石耕「現代英国における『能動的シティズンシップ』の理念―D・G・グリーンとB・クリックとを中心として―」、『政治思想研究』第九号、二〇〇九年、二九四―三二五頁、石田雅樹「ハンナ・アーレントにおける『政治』と『教育』―シティズンシップ教育の可能性と不可能性―」、『宮城教育大学紀要』第四七巻、二〇一二年、関口正司「バーナード・クリックの政治哲学とシティズンシップ教育論」、『政治研究』（九州大学）、第六〇号、二〇一三年、四一―七一頁、西村邦行「教員養成の中の政治学：シティズンシップ教育論を手掛かりに」、『北海道教育大学紀要 人文科学・社会科学編』第六四巻第二号、八五―九六頁。なお、拙稿「英国のシティズンシップ教育：経緯・現状・課題」、『政治研究』（九州大学）第五五号、二〇〇八年、特に八一―八六頁においても、本稿で取り上げた議論を一部紹介している。

（7）T. H. McLaughlin, 'Citizenship, diversity and education: A philosophical perspective,' *Journal of Moral Education*, 21 (3), pp. 236-238.

（8）QCA, ibid., secs. 1.8, 6.2 & 6.7. これらが〝撚り糸〟と表現されているのは、相互に絡み合っているからである。

（9）B. Crick, *Democracy: A Very Short Introduction*, Oxford: Oxford University Press, 2002, p. 114. Crick, *Essays on Citizenship*, 2000, London: Continuum, p. 120（クリック『シティズンシップ教育論』、一六九頁）.

（10）B. Crick, 'Democracy,' J. Arthur, I. Davies and C. Hahn, *The SAGE Handbook of Education for Citizenship and Democracy*, London: Sage, 2008, p. 18.

（11）Crick, 'Democracy,' p. 18.

（12）Crick, *Essays on Citizenship*, p. 194（クリック『シティズンシップ教育論』、二七五頁）. 原文はイタリック。訳文は替えている。

（13）クリックが共通善に対しこのように慎重な見方を取っている点については、関口、前掲論文、五六―六二頁に詳しい。

(14) 代表的なものに、シティズンシップ論として、D. Heater, *What Is Citizenship*, Cambridge: Polity Press, 1999、シティズンシップ教育論としてJ. Arthur and I. Davies, 'Editors' introduction,' J. Arthur and I. Davies (eds.), *Citizenship Education*, vol. 1, London: Sage, 2008, p. xxvii。また、クリック自身のものとして、例えば、Crick, *Essays on Citizenship*, pp. 97-8（クリック『シティズンシップ教育論』、一三八頁）。

(15) A. Lockyer, 'Introduction and review,' A. Lockyer, B. Crick and J. Annette (eds.), *Education for Democratic Citizenship: Issues of Theory and Practice*, Aldershot: Ashgate, 2003, p. 2.

(16) E. Frazer, 'Citizenship education: Anti-political culture and political education in Britain,' A. Lockyer, B. Crick and J. Annette (eds.), *Education for Democratic Citizenship: Issues of Theory and Practice*, Aldershot: Ashgate, 2003, p. 75.

(17) QCA, ibid., secs. 3.13-3.19 and 11.1にあるように全く触れられていない訳でない。また、多様性についてsec. 6.11 and pp. 44-45, 77-78。

(18) 二〇〇一年以降、ブラッドフォード、バーンレイ、オールドハムなどで人種間暴動が起きていたことも、この火種となっている。D. Kiwan, *Education for Inclusive Citizenship*, Abingdon: Routledge, 2008, p. 114.

(19) Department for Education and Skills (DfES), *Curriculum Review: Diversity and Citizenship*, Nottingham: DfES Publication, 2007, pp. 89-97.

(20) DfES, ibid., p. 99.

(21) DfES, ibid., p. 97.

(22) Qualification and Curriculum Authority (QCA) and Department for Children, Schools and Families (DfCSF), *The National Curriculum: Statutory Requirements for Key Stage 3 and 4*, London: DfCSF and QCA, 2007.

(23) QCA and DfCSF, ibid., pp. 29 and 43.

(24) Kiwan, ibid.

(25) QCA, *Education for Citizenship and the Teaching of Democracy in Schools*, sec. 3.16.

(26) Kiwan, ibid. p. 86.『クリック・レポート』は、多数派についても少数派を理解し寛容に接することを求め、それにより「共通のシティズンシップ」を涵養することを目指すものであり、キワンのこの批判は強意に過ぎるように思われる。なお、『クリック・レポート』は、自由主義対市民的共和主義の論争の中で生まれた、いわば普遍主義的なシティズンシップを意図的にせよ非意図的にせよ前提とするものであったが、クリック自身もその後の社会的・学問的動向の変化を受け、後年には『アジェグボ・レポート』に見られる多様性やアイデンティティの強調を受容している。See, B. Crick, 'Forward,' D. Kiwan, *Education for Inclusive Citizenship*, Abingdon: Routledge, 2008, p. xiii. B. Crick, 'Do we really need Britannia?,' A. Gamble and T. Wright（eds.), *Britishness: Perspectives on the British Question*, Chichester: Wiley-Blackwell, pp. 153-154.

（27）I. M. Young, *Inclusion and Democracy*, Oxford: Oxford University Press, 2000, pp. 40-44 and 110.

（28）Kiwan, ibid., pp. 108-11.

（29）A. Gutmann, 'Introduction,' A. Gutmann（ed.), *Multiculturalism: Examining Politics of Recognition*, Princeton: Princeton University Press, 1995, pp. 3-24. C. Taylor, 'The politics of recognition,' A. Gutmann（ed.), ibid., pp. 25-73.

（30）J. Laurence and A. Heath, *Predictors of Community Cohesion: Multi-level Modelling of the 2005 Citizenship Survey*, London: Department for Communities and Local Government, 2008, pp. 39-40.

（31）Home Office, *The New and the Old: The Report of the "Life in the United Kingdom" Advisory Group*, Croydon: Home Office Social Policy Unit, 2003, sec. 2.3, also see sec. 2.5.

（32）Home Office, ibid., sec. 3.2.

（33）Commission on Integration and Cohesion（CIC), *Our Shared Future*, Wetherby: CIC, 2007, p. 7.

（34）Lord Goldsmith, *Citizenship Our Common Bond, Citizenship Review*, 2008, Ch. 5 and pp. 89-90.

（35）Secretary of State for Communities and Local Government（CLG), *Communities in Control: Real People, Real Power*, Norwich: The Statutory Office（TSO), 2008.

（36）Secretary of State for CLG, ibid., pp. 24-26.

（37）Department for Children, Schools and Families（DfCSF), *Guidance on the Duty to Promote Community Cohesion*, Nottingham: DfCSF Publications, 2007, p. 3. 傍点は、原文でゴシックの箇所。

（38）DfCSF, ibid., p. 5.

（39）DfCSF, ibid., p. 5.

（40）DfCSF, ibid., p. 8.

（41）清田夏代「共生のための教育―民主主義の再建を課題とするシティズンシップ教育―」、『人間関係研究』第一二号、二〇一三年、一一頁。

（42）Kiwan, ibid., p. 114.

（43）J. A. Banks, 'Diversity and citizenship education in global times,' J. Arthur, I. Davies and C. Hahn（eds.）, *The SAGE Handbook of Education for Citizenship and Diversity*, London: Sage, 2008, p. 66.

（44）J. Beck, 'A brief history of citizenship education in England and Wales,' J. Arthur and H. Cremin（eds.）, *Debates in Citizenship Education*, Abingdon: Routledge, 2012, pp. 4-5.

（45）BBC, 'Brown promotes Britishness,' BBC News, 14 January 2006, retrieved on 3 February 2007 from the WWW: http://news.bbc.co.uk/1/hi/uk_politics/4611682.stm

（46）A. Osler, 'Education policy, human rights, citizenship and cohesion,' R. Brooks, M. McCormack and K. Bhopal（eds.）, *Contemporary Debates in the Sociology of Education*, Basingstoke: Palgrave Macmillan, 2013, pp. 50-51.

（47）A. Gamble and T. Wright, 'Introduction: The Britishness question,' A. Gamble and T. Wright（eds.）, *Britishness: Perspectives on the British Question*, Chichester: Wiley-Blackwell, p. 2.

（48）注17を参照。

（49）Kiwan, ibid., p. 100.

（50）DfES, *Curriculum Review*, p. 8.

（51）「近代民主主義の政治的・法的機関の規模を考えると、まさに能動的市民よりも従順な市民を求めているように思われる」（Crick, *Democracy*, p. 113）。

（52）Crick, 'Do we really need Britannia?,' p. 157, also see, pp. 152-153.

（53）B. Parekh, *A New Politics of Identity*, Basingstoke: Palgrave Macmillan, 2008, p. 284（quoted in Crick, 'Do we really need Britannia?,' ibid.）.

（54）Crick, 'Do we really need Britannia?,' p. 153.

（55）金田耕一「グローバリゼーションとナショナル・アイデンティティ—多文化主義社会におけるシティズンシップ—」、『経済科学研究所 紀要』（日本大学）第三七号、二〇〇七年、四六—四七頁。

（56）T. Blair, 'Our nation's future: Multiculturalism and integration,' Speech given at 10 Downing Street, 8 December 2006, retrieved on 10 June 2011 from the WWW: http://webarchive.nationalarchives.gov.uk/+/http://www.number10.gov.uk/Page10563

(57) BBC, 'Brown speech promotes Britishness,' BBC News, 14 January 2006, retrieved on 3 February 2007 from the WWW: http://news.bbc.co.uk/1/hi/uk_politics/4611682.stm

(58) BBC, 'Cameron speaks out on patriotism,' BBC News, 27 January 2006, retrieved on 3 February 2007 from the WWW: http://news.bbc.co.uk/1/hi/uk_politics/4650144.stm

(59) Home Office, ibid., sec. 2.7.

(60) BBC, 'David Cameron says the UK is a Christian country,' BBC News, 16 December 2011, retrieved on 30 April 2014 from the WWW: http://www.bbc.co.uk/news/uk-politics-16224394

(61) J. Arthur, 'Christianity, citizenship and democracy,' J. Arthur, I. Davies and C. Hahn.（eds.）, *The Sage Handbook of Education for Citizenship and Democracy*, London: Sage, 2008, pp. 305-313.

(62) M. Hand, 'Should we promote patriotism in schools?,' *Political Studies*, 59（2）, 2011, p. 341.

(63) M. C. Nussbaum, *For Love of Country?: Debating the Limits of Patriotism*, Boston: Beacon Press, 1996.

(64) P. Enslin, 'Education for global citizenship: The cosmopolitan and the patriotic', Citizenship Education International Conference funded by KAKENHI（A）（Ikeno Norio）, 30 March 2014, Campus Innovation Centre, Tokyo.

(65) I. Davies, 'Perspectives on citizenship education,' J. Arthur and H. Cremin（eds.）, *Debates in Citizenship Education*, Abingdon: Routledge, 2012, p. 33.

(66) A. Peterson, *Civic Republicanism and Civic Education: The Education of Citizens*, Basingstoke: Palgrave Macmillan, 2011.

(67) Peterson, ibid., p. 145.

(68) P. Pettit, *Republicanism: A Theory of Freedom and Government*, Oxford: Oxford University Press, 1997. J. L. Martí and P. Pettit, *A Political Philosophy in Public Life: Civic Republicanism in Zapatero's Spain*, Princeton: Princeton University Press, 2010.

(69) Crick, *Democracy*, p. 113.

(70) Martí and Pettit, ibid., pp. 46-48.

(71) Beck, ibid., p. 12.

(72) D. Cameron, 'The Big Society,' The Hugo Young Memorial Lecture, 10 November 2009 (quoted in D. Rowe et al, *School Leaders, Community Cohesion and the Big Society: Perspective Report*, Reading: CfBT (Centre for British Teachers) Education Trust, p. 4).

(73) Cabinet Office, 'Building the Big Society,' Cabinet Office, 18 May 2010, retrieved on 15 April 2014 from the WWW: https://www.gov.uk/government/publications/building-the-big-society

(74) D. Cameron, 'PM's speech on Big Society,' Cabinet Office, delivered on 14 February 2011, published on 14 February 2011, retrieved on 15 April 2014 from the WWW: https://www.gov.uk/government/speeches/pms-speech-on-big-society

(75) D. Hurd, 'Citizenship in the Tory democracy,' *The New Statesman*, 115 (2979), 29 April 1988, p. 14.

(76) 平石、前掲論文、二九六—二九八頁。

(77) C. Mason, 'The civic engagement of young people living in areas of socio-economic disadvantage,' J. Arthur and H. Cremin (eds.), *Debates in Citizenship Education*, Abingdon: Routledge, 2012, pp. 80-91.

(78) R. Lister, N. Smith, S. Middleton and L. Cox, 'Young people talk about citizenship: Empirical perspectives on theoretical and political debates,' *Citizenship Studies*, 7 (2), 2003, pp. 241.

(79) B. Loader, 'Young people in the digital age: Disaffected or displaced?,' B. Loader, (ed.), *Young Citizens in the Digital Age: Political Engagement, Young People and the New Media*, Abingdon: Routledge, 2007, pp. 1-19.

(80) M. Arnot, 'Citizenship education and gender,' A. Lockyer, B. Crick and J. Annette (eds.), *Education for Democratic Citizenship: Issues of Theory and Practice*, Aldershot: Ashgate, 2003, pp. 108-110.

(81) T. H. MacLaughlin, 'Teaching controversial issues in citizenship education,' A. Lockyer, B. Crick and J. Annette (eds.), *Education for Democratic Citizenship: Issues of Theory and Practice*, Aldershot: Ashgate, 2003, pp. 156-8.

(82) こうした事情から、キワンやオスラーを含め、シティズンシップ教育を論ずるにあたり、「人権(human rights)」の概念を多用する論者も存在する。

(83) W. Kymlicka, 'Two dilemmas of citizenship education in pluralist societies,' A. Lockyer, B. Crick and J. Annette (eds.), *Education for Democratic Citizenship: Issues of Theory and Practice*, Aldershot: Ashgate, 2003, pp. 47-63.

(84) Osler, ibid., p. 39.

（85）G. Hydon, 'Aims in citizenship education: responsibility, identity, inclusion,' A. Lockyer, B. Crick and J. Annette（eds.）, *Education for Democratic Citizenship: Issues of Theory and Practice*, Aldershot: Ashgate, 2003, p. 85.

（86）Gamble and Wright, ibid., pp. 4-5.

（87）岡﨑晴輝「現実政治と政治理論」井上彰・田村哲樹編『政治理論とは何か』風行社、二〇一四年、九九―一一五頁。

（88）Osler, ibid., p. 47.

（89）M. A. Pike, 'Values, ethics and citizenship education,' J. Arthur and H. Cremin（eds.）, *Debates in Citizenship Education*, Abingdon: Routledge, 2012, p. 183.

（90）Davies, ibid., p. 32.

（91）例えば、教育社会学者のジョン・ベックは、次のように述べている。

生徒が、政治問題とは何か、政治問題はなぜしばしば論争的なのかを理解し、可能な限りそうした論争に、学校や地域社会から、国レベルやグローバルなレベルまでの全てのレベルにおいて、能動的に参加することができるようさせることに注力するのが、より好ましいのかもしれない。（Beck, ibid., p. 13）

ある政治史の出発
——B・G・ニーブーアのローマ王政論

熊谷英人

はじめに

それは、事件だった。対仏戦争における破滅的敗戦から四年が経った、一八一〇年、場所はベルリン大学内講堂において、事件は起きた。学生のみならず、官僚や学者もつめかけた講堂は満員だった。講壇に立った男は、ひときわ大きい瞳が印象的だった。やおら訥々と講義をはじめる。題目は、「ローマ史講義」である。

> 私は、ローマ史について語ることを引き受けた。古代の闇夜——後世の疑わしい伝承の微光ゆえに、研究に集中したとしても、ローマ以前の古イタリアの主要部分のうちの幾ばくかさえも弁別することが困難な時期——から出発する。我々は、事物が幾世紀もの長期間にわたって生成し、また、衰亡してゆくのを眺める。そうしたもの全てが、墓と瓦礫に沈みこみ、かつてとほとんど同じくらいの闇に覆われる。そうした時代にまで下ってゆくつもりである。（RG I, 1）

帰宅後、かれは講義の成功を確信し、興奮していた。「わたし自身、かつて携わったいかなる学問的な仕事よりも、〔講義に〕

満足していると言わねばなりません。聴講者からの賞賛もそうした満足の一因になっているのかもしれません」(AF II, 164)。

彼の名は、バルトルド・ゲオルク・ニーブーア(一七七六～一八三一)、ほんの数か月前まではプロイセンの国家官僚として、行政の第一線に立っていた人物である。財政を専門とした。ドイツ(神聖ローマ帝国)とデンマークの国境地帯ホルシュタインの生まれで、キール大学在学をふくむ知的遍歴を経て、コペンハーゲンの官衙に勤務、その後、プロイセン改革派の領袖シュタイン男爵に財政手腕を買われ、引きぬかれることとなる。つまり、その前半生は、およそ学問的経歴とは無縁だった。キールでの就学期間はみじかく、専門に特化した研究をおこなったわけでもなかった。当然、学位ももっていない。行財政に関する知識も、独学と実務で取得したものだという。実務世界の軋轢に疲れはてたニーブーアは、国王に休職および大学でのローマ史講座担当を希望して許可されるのであるが、家族や友人をのぞいて、少なからずの同僚は、彼が古代史に関心をもっていることすら知らなかったようだ。講義初日につめかけた聴衆の大部分の関心事も、容易に想像できる。休職中とはいえ、現役官僚によるローマ史講義という物珍しさに釣られたのだろう。

しかし、興味本位であつまった聴衆の期待はよい意味で裏切られる。ニーブーアの方法が、それまでの歴史叙述とはおよそ異なる、革新的なものだったからである。史料批判である。従来のローマ史叙述の多くが、古典史料を切り貼りしたり、好みのままに批評したりしていたのに対して、ニーブーアはさまざまな手法をもちいて古典史料の史実性を徹底的に吟味し、そのうえで慎重にローマ史という巨大な建築物を組みあげていったのである。もちろん、古典史料の史実性に疑義を呈する古事学者や批評家は、すでに存在した。だが、史料批判を体系的に動員し、歴史叙述を構築したのは、ニーブーアをもって嚆矢とする。「[伝承から]作り話を切り離し、嘘を取り払うことは、批判家Kritikerにも十分できることかもしれない」。「しかし、歴史家Historikerは建設的なものPositivesを必要とするのだ。歴史家たる者、少なくとも蓋然性をもって、事物の関連を、より信憑性の高い叙述を発見せねばならない」(RG I, X)。講義をもとにした大著『ローマ史』(一八一一～三二年)は、専門的な古代史研究の分野のみならず、史学史の古典となった。彼は生きる伝説となった。現在においても、「近代歴史学の祖」の桂冠は彼のものである。(1)

一方、ニーブーアのローマ史論は、過去の探求それ自体を目的としたものではなかった。実はこの点はあまり注目されることがない。だが、マキアヴェッリやモンテスキューを挙げるまでもなく、ローマ史論は古代から十八世紀にいたるまで、そして現代においてさえも、つねに政治学的探究の主題でありつづけてきたのではなかったか。政治学者たちは、複雑精妙な国制の構造、その成立と崩壊の劇に魅せられたのである。ニーブーアもそのひとりだった。みずからのローマ史論が歴史研究であると同時に政治学的探究であることを、隠そうともしなかった。「筆者の政治的立場は、王政復古期・名誉革命期における忠実なオールド・ホイッグである」(AA, 530)。彼は、自身を「実務家」Geschäftsmann、あるいは「統治者」Staatsmann と規定した。歴史研究は、「統治者」の余技などではなく、むしろ、「日常経験からは感じ取れない全ての事柄については、ルーチン・ワークを超えた職務経験をもつ実務家の視点と知識」(AA, 520) が欠かせないのである。彼は「近代歴史学」の方法的基礎である史料批判の大成者である一方、古典古代以来の史論的伝統(政治的歴史叙述)の正嫡としての意識をもちつづけた(2)。

本稿の主題は、以上のようなニーブーアのローマ史論を政治学的作品として分析することにある。とりわけ、ここでは『ローマ史』の重要論点のひとつ、王政期解釈に焦点を当てる。従来のローマ史論は王政期を共和政期の序章として、二次的にあつかう傾向があった。それに対して、ニーブーアは王政期を共和政政治史にとって不可欠の基礎とみて、そこにローマ史全体の解釈の秘密をさぐったのである。したがって、まずは、(一)現在にいたるまでに彼の作品がいかに理解されてきたかを踏まえたうえで、ニーブーアの政治観・問題関心・方法を解き明かし、(二)王政期の権力・社会構造の把握へとすすみ、最終的に、(三)身分闘争と王政論との関連を、重要人物となる第六代王セルウィウス・トゥッリウスを軸に分析してゆく。

一　方法と関心

1　伝説のみなもとへ

ニーブーアほど、名のみ高く、読まれること乏しき歴史家もめずらしい。ニーブーアの名を載せぬ史学史の通史は考えられない。にもかかわらず、現状では、作品の大部分が入手不可能となってしまっている。(3) なぜか。三つの要因が考えられる。

まず、その難解さである。ニーブーアの手になる史的散文、とりわけ、『ローマ史』のドイツ語文体は当時の水準からして、異常といってよかった。「あらゆる命題および思想について、決定的で良心にもとづいた確信を読者に伝える」(RG^2 II. X) ため、意識的に用いられた重戦車的文体は、読者を萎縮させた。「公衆の趣味にそって自分を曲げることはできないし、しようとも思いません。だから、公衆にとって私は親しみづらい存在でしょう」。「まさしくトゥキュディデスがほとんど誰にとっても、親しみづらい作家であるのと同じようなものです」(AF II, 288)。

以上の難解さに輪をかけたのが、第二点、考証への異常なこだわりにほかならない。ニーブーアは徹底した史的考証を、注ではなく本文で繰り広げた。それまでの文章の流れは巨大な分量の考証によってしばしば中断――数十頁におよぶこともある――されたのに加えて、彼は読者に対して、キケロなどの古典史料に関する知識を当然の前提として要求し、史料についての解説をほとんど行わなかった。いくら古典教育が普及していたとはいえ、その要求はあきらかに度を越していた。

最後に、主著が未完に終わったことが大きい。難解な文体、膨大な考証、さらには考証の不備への不安から、ニーブーアは著書の改訂・改版に余念がなく、研究時間の大半をそこに割くこととなった。そのため、『ローマ史』は未完に終わらざるをえなかった。生前公刊された部分は第一次サムニウム戦争からラテン戦争あたりまで、没後公刊された第三巻を加えても、せいぜい第一次ポエニ戦争勃発にとどくにすぎない。つまり、ローマ史の本領たる共和政中・後期――ポエニ戦争・対外拡張・内乱期――にはたどりつけなかったのである。

ニーブーアは、安易な接近を峻拒する。膨大な考証と注釈の山から、ローマ史論の主旋律を聴きとり、そこに託された政治学的議論を理解するのは、容易ではない。そのためにはまず、ニーブーアの作品を一旦、伝統的なローマ史論の文脈に置きなおし、さらには彼の国家・政治・統治のイメージを探らねばならないだろう。

2　ふたつの「国制」

ニーブーアのローマ史論の主題は、「国制」Verfassung/Constitution であった。本人がそのように語っている。「歴史における諸々の出来事は、国制あるいは基本法を、国民の気質Ethos der Nation として前提としている」(RG I, X)。それゆえ、「国制」論こそ、歴史叙述における、もっとも重要な論点でなければならないだろう。「国制と法律の知識を欠いては、なおのこと、もっとも興味ぶかい諸国家のすばらしい歴史も不十分で理解しがたいものにとどまってしまう」(AA, 518)。

ところで、こうした「国制」の問題、つまり政体論は、ローマ史論の伝統的な主題とされた。古代ローマの共和政を、多元的な政治参加を確保して、模範的な安定性を達成した「混合政体」と解釈し、そこにローマ隆盛の奥義を見ようとする議論は、古代のギリシア人史家ポリュビオスにまでさかのぼってみられるが、ルネサンス期のイタリアでも大流行し、その後は政治学的議論の定番となった。殊に、十八世紀の英国で流行った。両国の制度、すなわち、ローマの執政官・元老院・民会と、近世英国の国王・貴族院・庶民院は重なりあう、同時代人にはそのように思われた。また、十八世紀に流行した「習俗」論──国制自体を存立させる文化的基礎をめぐる議論──の観点もローマ史解釈にもちこまれることとなった(4)。

しかし、こうした流行の議論をニーブーアに期待すると、肩すかしをくらう羽目になる。公職の権限配分や抑制均衡のメカニズムをめぐる政体論や、「習俗」論に割かれる分量は、膨大な作品中、ほんのわずかにすぎない。ニーブーアがみずからの作品の主題を「国制」に据えていることを鑑みれば、一見、奇妙である。

それでは、ここでの「国制」とは何を意味するのか。ニーブーアによれば、「国制」概念には二種類あるという(NS, 469-70)。狭義の「国制」概念は、通常の政体、すなわち、統治機構の仕組みを指す。一方で、広義の「国制」概念は、統治機構の外部の社会構造——「諸関係」Verhältnisseとよばれる——もふくめた、政治社会全体のありようを意味するのである。ここには、「国家内のあらゆる微細な圏域の諸形式、同様に裁判所や行政官庁の諸形式、さらには国家に対する市民の諸権利・諸関係」までも含まれる。広義の「国制」のうち、狭義の「国制」（統治機構）に含まれない部分は、「行政」Verwaltung/ Administrationと総称される。

ニーブーアが関心を寄せたのは、広義の「国制」の方だった。すなわち、統治機構のみならず、統治機構が立脚する基礎としての社会構造、さらには両者の相互作用に、彼は着目した。逆に、彼は狭義の「国制」に関心をもたなかった。それゆえ、三月前期の自由主義運動——議会開設運動——に対しても冷淡だった。「国民代表制だけでは何もならない」のであり、「誰が立法するかということなどより、自由と立法権の境界を意見と慣習によっていかに線引きするか」（AF II. 675）、換言すれば、統治と社会構造がいかに機能的で持続的な循環を保てるかという問題の方が、はるかに重要だからである。伝統的な政体論では、こうした「行政」を含めた広義の「国制」のメカニズムを把握することはできない。

ここから、広義の「国制」、すなわち「政治社会」全体を好んで「生命体」Lebenに例える癖も理解できよう。

政治社会bürgerliche Gesellschaftが契約や最高権力の委任によって成立したことはかつてないし、また、そのように生成することはありえない。アリストテレスは正しいことを云った。曰く、政治社会は個人に先んずる、身体が四肢に先んずるように、と。四肢は個別に母胎内で形成されるのではない、生命全体が、全体として生成するのである。政治社会は有機的な生命体organisches Lebenそのものであり、個々の部分は全体によって規定されるのである。人間は自然本性によって、国家へと規定されている。国家の理念は、神的理念にほかならない。国家は、神によって規律された制度であり、必然的に人間の本質に属している。結婚や父子関係とおなじである。（GRZ I, 214）

およそ全ての「生命体」がそうであるように、国家にも「健康」Gesundheitと「病気」Krankheitの状態がある。あらゆる権力が一人に集中し、各人の「自由」が蹂躙される国家は「病気」であり、これを「暴政」Tyranneiという。「人間の生命はつねにいくらか不完全なものであり、最高の健康体さえも死の萌芽をふくんでいるし、しばしば病に冒される」。「同じように、あらゆる人間の国家制度も不完全性と一体である。同一の形式があるときは健康を、あるときは病をうながす。健康体と病体との間には多くの中間段階があるように、国制の状態にもさまざまな中間段階がある。身体の状態がもはや健康的な生命をまったく生み出せないようなとき、病は生死の境 Krisis をさまよっている。そうした病体こそ、暴政にほかならない」（GRZ I, 215）。

これに対して、国家が「健康」であるためには、各人の「自由」Freiheit の確保が欠かせない（GVN, 16-7）。ニーブーアは「自由」を理論的に定義することをしない。彼のいう「自由」とは、おおよそ、権力的統制をうけない一定の活動領域――「所有権」が中核をなす――の保証を意味する。「国制によって保証される自由とは、統治権の濫用への抵抗にほかならない」。したがって、近代憲法の基本権条項があれば、ただちに「自由」が保証されるわけではない。成文憲法とは無縁な古代や近世の国家にも「自由」は存在したからだ。また、統治機構内の権限配分よりも、「行政」も含めた「国制」全体のありようこそが、「自由」の質を左右する。「自由は〔狭義の〕国制よりも、むしろ行政に依存する」（NS, 468）という命題は、その簡潔な表現といってよい。

さらにニーブーアにとって、各人の「自由」は国家という「生命体」の健全な維持発展に不可欠ではあっても、目的ではありえなかった。ニーブーアは、ルソーや初期フィヒテの社会契約論を蛇蝎のごとく嫌悪したのであって、各人の権利保障を国家目的とする、いわば権利の政治学ともいうべき論法は、終生、縁遠いものにとどまらざるをえなかった（GRZ I, 213-4）。むしろ、統治の目的は、「生命体」の健全な発展自体にこそある。「統治の目的と義務」は、「相互に権利を尊重するように臣民を強制すること、犯罪の防止と処罰、徳の振興、国民の道徳的な力と性格の発展、悪徳の撃退、国家独立の維持、対外的な威信の保持、自由の尊重」（GVN, 17）にある。

つまり、ニーブーアの国家とは、アリストテレス的な意味の「政治社会」、人性に根ざした「自然」な秩序であった。「政治社会は、人間の自由な選択や設立によるものではない」という意味で、国家は「神」の設立に拠るといってもよい。あるいは、バークのように、国家を世代ごとに継承されゆく「財産」といってもよい。「実務家」を自認するニーブーアにとっては、国家の正統性を云々して秩序紊乱の因をなすよりも、国家という「財産」をいかに管理運用し、「健康」な状態に保ってゆくかという問題のほうが、はるかに重要と思われた（GVN, 17, 19）。「著者〔ニーブーア〕はアリストテレス学派である。政治は古代的な意味で技藝 Kunst であり、一般的規則にもとづくものでは決してない。そう確信している」（AA, 526）[5]。「統治」への志向といってよい。

3 「統治」という仕事

ニーブーアは終生、「実務家」Geschäftsmann としての矜持をもちつづけた。この「実務家」という語は、しばしば「統治者」Staatsmann とも言い換えられる。「統治」Regieren を職務とする者の意である。

無論、「統治」とは多義的な語にはちがいない。彼は「統治」を、「法律」Gesetz の制定――「大きな政治社会のために立法すること」（GVN, 18）――と同視する。簡潔な定義ではあるが、古今の歴史に精通したニーブーアにとって、もっとも適切な定義と思われたのだろう。事実、ローマ史論においても、個々の「法律」の制定が歴史発展の画期とみなすのである。また、彼の学問的出発点も、古代ローマの農地法研究であった[6]。

「法律」の制定が「統治」の本義であるとしても、ニーブーアは、「政治社会の状態」のあらゆる局面を「法律」で規制すべきなどとは考えない。フランス革命政権に典型的な「法律」による極度の束縛は、唾棄すべき代物だった。「思うままに制限無く命令できる権力こそ、専制 Despotismus の特徴である」（GVN, 17）。個人と社会集団の「自由」が保証されねば、「生命体」としての国家も衰弱しようというものだ。なにより、人間精神が「後見」の状態から「成年状態」Mündigkeit へとむかってゆくのは、望ましいことである（GRZ I, 53-5, 214-6, NS, 519）。「人間は現世において成年状態になるべきであり、現世の生は高次の成年状態への準備にほかならない」。それゆえ、「行政における自由」Verwaltungsfreyheit が尊重されるべきなのである（NS, 470）[7]。「国富増大への配慮については、政府は〔市民の〕健全な洞察と活動を信頼すべきである。こうした洞察や活動は、善き統治のもとにある自由が必ず発展させるものなのである」（GVN, 17）。

とりわけ、「統治」の最大の出番は、個々の社会集団間の軋轢が激化した瞬間におとずれる。つまり、社会集団の間にはおのずから強弱が生じ、ややもすれば、軋轢の結果、特定の社会集団による不当な抑圧が生じかねない。社会集団間の競合と共生が崩れる事態は、避けねばならない。国家という「生命体」全体を脅かすからである。そのときには政府が出撃して、公益に害をなす抑圧的な社会集団を撃滅せねばならないのだ。貴族による直轄地拡大のための囲い込み運動などは、好例である。[8] こうした場合には、政府は「行政」や「財政」を補助手段としつつ、「法律」によって社会構造に介入せねばならない。[9]

したがって、「法律」の制定、すなわち統治にたずさわる「実務家」(「統治者」)は、まずなによりも、自国の社会構造の現状と改善に関する専門知識をそなえた人間でなければならないということになる。「立法者には、国家官僚としての知識と経験が必須である」(GVN, 18)。ニーブーアの人物評の基準は、「行政」知識の有無だった。[10] 好意的に評価されたのは、たいてい、専門官僚的人物であり、対して、カリエールが『外交談判法』で描ききったような老練な外交官肌の人物は嫌われたのである。彼自身、圧倒的な専門知識にもかかわらず、協調性に欠け、同僚からは忌避され、人間関係に異常に潔癖だった。専門知識にもとづき、社会構造にその都度、合理的な処方箋を出せる人間こそが、「統治者」にふさわしいとされた。

だが、こうした「統治者」がつねに見つかるわけではない。それどころか、しばしば到来し、かつ危機的なのが、社会構造内の矛盾の是正機能をはたすべき「統治」へのアクセスが、特定の社会集団によって寡占される状態にほかならない。特定の社会集団が政権を掌握し、その利害にかなった「法律」のみを制定しつづける状況は純粋な「暴政」にちがいないのであり、状況が悪化すれば、政治システム全体の瓦解を招きかねない。これを回避するためには、政権担当能力をもちうる社会集団に対して、統治活動へのアクセスを開いてゆくしかないのだ。ここでのアクセスも、官僚としての登用、公職者への選出などの多様な手段を意味しており、必ずしも議会制度のみが意図されているわけではない。[11] ニーブーアにとっては、「法律」の制定による社会構造への介入、あるいは政治参加の拡大が前面に躍り出てくるのであり、狭義の統治機構への関心はどうしても後退せざるをえない。

こうした統治観は、彼の政治学史解釈とも連動している。ニーブーアはモンテスキューとバークを賞賛した。「私の作品中にみられる政治的判断の原則で、モンテスキューとバークに見出されないものは、ひとつとしてない」（RG² I. XXXII）。そして、マキアヴェッリを意識した（AA. 502, 509, 516, 519, 526, RG I, 8-9, 12）。彼らはいずれも、統治機構の仕組みよりも、統治活動と社会構造の相互作用を主たる関心事とした点で、共通している。[12] マキアヴェッリは国家を、公職の権限配分などの「統治機構」ordini と、「習俗」costume に分節したうえで、前者の円滑な機能が後者の質に依存することを強調した。つまり、「統治機構」の仕組みが変わらずとも、「習俗」が「腐敗」すれば、政体は麻痺してしまう。だから、「法律」legge の制定によって、「腐敗」を防がねばならない（『リウィウス論』I. 18）。また、モンテスキューは社会学の祖と解釈されることもあるように、統治機構が社会構造と連動し、一体となって秩序を形成する様を『法の精神』において論証した。バークの『フランス革命についての省察』の記述の大半は、革命政権の政策と社会構造がいかに矛盾していたか、を論じている。

ニーブーアはこうした問題関心を継承する。無論、彼は、マキアヴェッリのように「国制」が一方的に「腐敗」に突き進むものだとは考えなかった。モンテスキューが描き出したように、統治機構と社会構造の相互作用は複雑な回路をたどる場合が少なくないからである。だからこそ、この相互作用は静態的にではなく、運動として、「変化」の相のもとに理解されねばならない。歴史叙述の出番である。「歴史家は、運動と変化、発展、停滞、そして衰亡を叙述する」（AA. 518）。さらに以下の一文は、ニーブーアの歴史研究における関心を示して、あますところがない。

千変万化で変転常ない内的状態について、その像がいつでも生彩をおびて現前するように、古代史を解明しようと筆者はつねに努力してきた。それは、わたし好みの仕事であり、内面的な充実の源泉であった。自由な国家の国制はしばしば、不変であるかのように見える。諸権力の配分や公職者の選出方法について、なにも変わらなかったかのように見える。しかし、水面下の試みや、民族の精神における気づかざる変化が、こちらの部分で権力を減らし、あちらの部分で権力を増やすのである。また、他の場合には、主権を担う一部分がかつて追求した目的と、そのために利用した手段が、年月の経過にともない――〔狭義の〕国制は変わっていないにもかかわらず――それとは対立する主権の一部分によって用いられるようになる。こうした事態は、解きがたい謎にみえる。それゆえ、各権力機関が利用できる影響力Einfluß の手段を研究考量することが、とりわけ重要となる。こうした影響力の手段こそ、個人的な恩顧関係、党派精神、伝来の偏見、時代の精神とともに、自由な国家の統治を規定するのだ。(AA, 529)

統治機構が「行政」を介して社会構造に食い込み、かつ、社会構造の側からも統治機構に対して権力的作用をおよぼす。この相互作用のパターンに彼は関心をよせた。

しかし、なぜ、ローマなのか。当時ドイツで流行したギリシアではなく、ニーブーアはあくまでローマにこだわった。この問いに答えるには、彼のローマ史論の世界にわけいってゆくよりほかに術はない。

二　ローマ王政論

1　問題としての王政期

ローマ史論の伝統において、王政期はながらく不遇な位置にあった。少なくとも、政治学的議論にかぎるならば、王政期には二次的な関心しか向けられなかったといってよい[13]。王政期は共和政期の序章として簡単に触れられるのが常だった。十八世紀当時のローマ史通史の王政論は、古典史料の切り貼り的な記述に終始した。

こうした事情にも原因があった。史料の不足である。共和政期に比べて、王政期は圧倒的に史料面で不利であった。しかも、主たる史料であるリウィウスとディオニュシオスの叙述にしても、前者は簡潔、後者は逆に物語的脚色が一目瞭然なのである。古代ローマ最初の歴史家ファビウス・ピクトルにとってさえ、王政期ははるか往昔に属した。ましてや、帝政初期に活動したリウィウスやディオニュシオスが、王政期について断片的あるいは物語的伝承に偏したとしても無理はない。さらに、十七世紀後半から十八世紀前半にかけて、王政期に関する叙述は、伝承の史実性を批判する懐疑主義の攻勢——古事学の系譜に属する文人ボフォールの『ローマ史最初の五世紀の不確実性』（一七三八年）が代表例——にさらされ、王政期の歴史叙述はますます困難になった。

リウィウス『ローマ史』第一巻は、王政期に関する、もっとも基本的な伝承を含む。このアウグストゥス時代の歴史家にとって、王政期は共和政史の序章を意味した。そこでは概して、王たち個人の物語が描かれる。建国以来、六人の王——ロムルス、ヌマ、トゥッルス、アンクス、タルクィニウス古王、セルウィウス——のもとで順次、ローマは支配圏を拡大し、国制を整備していった。サビーニ族との通婚、ヌマによる宗教制度設立、母市アルバ・ロンガの破壊と吸収、周辺領域の征服、干拓などの土木事業、セルウィウスの国制改革などである。ところが、簒奪者タルクィニウス傲慢王の徒党によって国政は壟断され、市民は隷従の境涯におちる。そして、ついにはブルートゥスを指導者とする市民団が不満を爆発させ、ついには共和政樹立にいたる。以上が基本的な筋である。

こうした筋書と比較するとき、ニーブーアの叙述は異彩をはなつ[14]。まず、王個人の逸話や武勲譚の類を一切、排除した点である。彼は伝承の闇に包まれた王政期を論じる際、ホメロスにも比肩すべき諸王の叙事詩の存在を推定し、それを基準として後世に伝えられた伝承の史実性を確定する方法をとった（RG^2 I, 267-90）[15]。また、王政期を未熟な段階とみなす通説に対しても、当時の大土木事業を例にとり、むしろ、王政期ローマは周辺諸国の盟主として、強国の地位にあったと反論する（VRG I, 139-41）。

だが、特筆すべきは、ニーブーアがここでも王政期の「国制」の解明に全力をそそいだ点であろう。その際、単にローマの乏しい史料のみに依拠するのではなく、ひろくギリシアやオリエントの国制を考察することとなった。すなわち、ニーブーアはローマを超え、古代国家の原型を探求していったのである。

では、そもそも、近代国家と区別される古代国家の特質とはなにか。まず、構成原理が根本的に異なっている。つまり、近代国家が第一義的には領域秩序であるのに対して、古代国家の構成単位は「社団」Gesellschaft/Association なのである（RG^2 I, 339ff., VRG I, 121-2）。

> あらゆる近代国家は領域によって、分割され、統治されている。あらゆる都市は地区や村落へと区分けされている。代議制国家における代表制は、領域性に基づく。〔中略〕しかし、古代人は以下のように考えた。土地は国家の基体 Substrat にすぎない、国家は諸個人から構成される、社団が個人と国家との関係を多様なかたちで形成するのだ、と。それゆえ、国家は複数の社団に分割される。個々の社団はさらに、複数の家族から構成される。こうした社団は自前の集会、相続その他の諸権利、裁判所、とりわけ祭祀を有した。特定の社団に属する者は、帰属権を子供に相続させる。また、国家の領土内にいようが、外にいようが、つねにこの社団に属するとされた。一方、出生を通じて社団に属さない者が社団に加入できるのは、例外的な場合——社団が加入を承認した場合——にかぎられた。無論、国家は、ある人物の加入を認めることができた。そこでは、古代人が市民にのみ認めたあらゆる権利——土地所有権の取得、裁判をうける権利など——を行使することができた。にもかかわらず、特定の社団に加入しない限りは単なる居住民にすぎず、公職を担うことも、投票することもできなかったのである。（VRG I, 159-60）

古代国家においては、こうした「社団」が幾重にも重層的な入子構造をなしている。しかも、これら「社団」は相互に連動し、全体としては堅固極まる社会構造を形成するのである。「我々の国家がすでに当初から集合体 Agglomerat であるのに対して、古代国家は最初から統一体 Einheit とみなされた」（VRA, 26）。

ニーブーアは「社団」が血縁原理ではなく、あくまで「法律」による人工的な制度である点を強調した（RG^2 I, 345ff., VRG I, 159-62）。国家を構成する「社団」に血縁原理を読み込むことで家産国家を弁証する議論を、彼は退ける。例えば、「氏族」Geschlecht は本質的に祭祀共同体であり、血縁集団たる「家族」Familie とは区別される。「氏族結束の紐帯は宗教的・政治的なものである。彼らは祭日に共同で犠牲を捧げるのである」（VRA, 34）。

さらに、古代国家は、「立法者」Gesetzgeber によって設計された、「法律」による人工的かつ幾何学的装置の観を呈している（RG^2 I, 354ff., VRA, 26-7, 32-4）。

古代世界の国制を再構成する鍵は、数の組み合わせにある。つまり、古代の諸民族は特定の数にしたがって全体を分割していたのだ。要するに、さまざまな諸民族においては、通例、三か四が基本数であり、この基本数が主権者たる市民団に関係していた。〔中略〕したがって、ここになにか神秘的なもの、秘儀的なものを求めるならば、馬鹿げたことだ。それは単に、国家を統一体とみなす、古代人に本来的かつ決定的な見方の反映にすぎないからだ。その統一体の中では、個々の家族が存在し、発展する。家族の中では対称性Symmetrieの感情が、生得的なごとく、支配的となる。この対称性の力はかの法制度の維持に資するのである。（VRA, 27）

ここでは、古代国家が、「社団」を構成単位とする重層的な人工的装置として解釈されている。「これほど確固たる数の組み合わせがみられるところでは、何らかの計画が基礎になっていることを確信できる」。「ここには立法者の規律が明らかである」。逆に言えば、政治社会が「法律」に基づいた秩序である以上、「法律」の改廃によって、いくらでも機構を組み替えることができるということとなろう。

ニーブーアにとって古代国家は特殊な事例ではなく、政治社会の原型を意味した。つまり、古代国家の構造がそのまま、中世や近世の都市国家――とりわけルネサンス期イタリア――にも共通するものとして適用されるのである。したがって、古代ギリシアやオリエントは無論のこと、中世ドイツや近世イタリアまでもが、ローマ史論のために総動員されることとなろう。このようにニーブーアは、ローマから出発し、古代全体を経由し、国家の普遍的範型へとたどりつく。この傾向は、年を経るごとに顕著になっていった。[16] 広域・領域秩序としての性格をつよめた近代国家も、実は古代国家の拡大あるいは連合型なのであって、個人ではなく、あくまで「社団」や「身分」Standが政治秩序の単位である点はかわらない。[17] その意味では、古代国家と近代国家は外的形式の面では異なっていても、「政治社会」としての本質を共有しているのである。

2 王政の権力構造——Oligarchie

ニーブーアは政体論の面でも、「アリストテレス学派」であった。つまり、アリストテレスと同じように、彼は政体概念——「貴族制」Aristokratie・「寡頭制」Oligarchie・「民主制」Demokratie——を後世のように統治機構（狭義の「国制」）ではなく、政治社会（広義の「国制」）内の「要素」Element、あるいは傾向性を指す概念としてもちいたのである（RG^2 I, 450, III, 660, VRA, 130）。ある国家が「貴族制」（優秀者支配）なのか、「寡頭制」（少数支配）なのか、「民主制」（多数支配）なのかは、統治機構と社会構造との相互作用によって、はじめて決定される。だから、「貴族制」と「寡頭制」の境界はしばしば曖昧であり、ひとつの政治社会内に「寡頭制」と「民主制」両方が併存することもありうる。

ニーブーアによれば、ローマを含む古代国家は、共通の統治機構をそなえていた。すなわち、民会・元老院・公職者（政務官・王）の三極構造である（VRA, 115-6）。それは、古代ギリシアから近世イタリアまで共通した枠組みにほかならない。「古代欧州のあらゆる民族においては例外なく、三様の統治権力が登場した。氏族（＝市民団）・元老院・王である」。このうち、政治エリートの集団である元老院こそが「統治」の担い手であり、政務の執行機関たる公職者を監督する、さらに市民団の意向を表明する民会が、「統治」に最終的な正統性を付与することとなろう。

しかし、問題は、こうした個々の統治機構相互の関係である。それは単に権限配分をめぐる議論にとどまらない。すでにみたように、重要なのは統治機構の仕組みではなく、統治機構と社会構造との相互作用だからである。社会構造が様々な要因によって変動するならば、たとえ権限配分がかわらずとも、統治のありようは変容するにちがいない。

ローマ王政期の社会構造は、およそアンクス王の治世までは、古代国家の範型におさまっていた（RG^2 I, 317-83, VRG I, 159ff.）。市民団の最小構成単位たる「社団」は、すでにみたように、祭祀共同体たる「氏族」gens/Geschlechtである。さらに、同系の複数の氏族から、これも同様に中間的な祭祀共同体たる「クリア」curiaが構成される。そして、複数のクリアから、「部族」tribus/Stammは成る。この部族は単一で国家を形成することができる。ひとつの部族しか存在しない国家もあったし、複数から成る国家もあった。ローマは三つの部族——Ramnes, Tities, Luceres——から構成された。すでにみたように、古代では、以上の氏族・クリア・部族の三集団の間には「立法者」によって、幾何学的配分が維持された。例えば、ローマには、三つの部族、三〇のクリア、三〇〇の氏族が存在した。市民団とは、全氏族の構成員の総和だった。そして、ニーブーアは、この市民団を「パトリキ」patricii/Patricier とよんだ。

こうした社会構造は、統治機構に忠実に反映された。王政期ローマの「統治」機関たる元老院は三〇〇名であったが、これは丁度、氏族の総数に対応する数であるがゆえに、その利害の直接的な「代表機関」Repräsentationとして解釈される。また、民会は最終決定機関ではあるものの、投票単位は個人ではなく、あくまでクリアなのであり〔クリア民会〕、したがって、そこで表明される意思は氏族のそれだった。しかも、個々の氏族は、「庇護者」patronus として、不完全市民たる「庇護民」clientes を支配下に置く——征服や亡命、奴隷への自由付与などから生じた——ことによって、統治機構の外側で隠然たる「影響力」Einfluß を行使することができた。要するに、ローマ王政は、「氏族」を中心とする重層的な権力構造によって規定されていたのである。

こうした氏族中心の枠組みに対して、王権は微妙な緊張関係に立たざるをえない。たしかに、王権は外交権・統帥権・裁判権・元老院および民会召集権など、後世の執政官を上回る強大な権限をもっていた。だが、王権はあくまで「公職者」にすぎず、社会構造から遊離した存在であることを許されなかった（VRA, 174-7, 183-4)。「王は絶対ではなく、その隣には元老院と人民〔民会〕がいた」(VRA, 115)。

〔ローマの〕王権は終身の公職であり、ギリシア人〔の王権〕における世襲的な尊厳のすべてを有した。国家全体の頂点だった。氏族が氏族長decurio を頂点として全体を形成し、氏族長たちがさらに〔クリア内では〕クリア長curio を中心点とし、クリア長たちは部族長tribunus celerum に従属した。つまり、こうしてつねにピラミッド状に上昇し、王が全体の頂点に君臨する。〔中略〕元老院は市民団同様、王権から独立しており、〔権力の〕源泉を王権とは別に有した。(VRA, 175-176)

「中間王」制度――王が没した時には有力元老院議員が交代で統治する――や、元老院とクリア民会双方の合意による国王選出など、制度的に王権は拘束された（VRA, 183-6）。とりわけ、「統治」の枢要たる立法権を、王はもたなかった（VRA, 176-7）。王に与えられるのは提案権のみであり、元老院とクリア民会の「拒否権」が厳然として存在したのである。「国制」の基礎が氏族である以上、王権といえども、その意向を無視することはできない。タルクィニウス古王が移住民から「部族」の新設を計ったとき、パトリキの領袖、大神官ナエウィウスによって阻まれたように（VRG I, 142-3）。「王権は、公選の公職者にすぎなかった。アメリカでは大統領が四年任期で選出されるのと同様である」（VRA, 86）。

したがって、ニーブーアは、ローマ王政期政治史を、氏族と部族の権力力学の歴史として読み直す（VRA, 124-5, 130-2）。建国時は単一部族だったローマは、サビーニ族を吸収することで、ふたつの部族から成る「二重国家」Doppelstaat となり、その後の征服事業によって、第三の部族が追加される。この氏族国家は均質な政治社会ではなく、部族間では格づけや権限をめぐる軋轢が絶えない。とりわけ、初期部族たるRamnesとTitiesは「優越部族」gentes majoresと自称し、追加部族たるLuceresを「劣等部族」gentes minoresとして、差別した（VRA, 80-1）。そして、パトリキは総体として庇護民から搾取した。

それは、純然たる「寡頭制」Oligarchie の構造にちがいなかった。氏族を単位とする政治社会は強固であり、新参者を拒んだ。ニーブーアによれば、この時期のローマは、市民団と隷農（ヘイロータイ）の二極構造からなるスパルタと同じ状態だったという（RG² I, 537ff.）。しかし、こうした「寡頭制」は本質的に脆弱であった。「閉鎖的で、途絶えた氏族を補充しないあらゆる貴族制は絶滅する。同等性原理に固執する場合、非常に急速に減少する。したがって、それは抑圧的で嫌悪される寡頭制と化すにちがいないのだ」（RG² I, 441）。傍目には強固にみえたスパルタが、いかに脆く、惨めな終焉をむかえたことか。

スパルタ人は自己補充せず、血統を温存しなかったので数が激減した。そのため、レウクトラの戦いののち、支配は瞬時に崩壊し、国家の存立は一部のラコニア人の誠実によってのみ救われねばならないという有様だった。しかし、この事態もスパルタ人の良心を目覚めさせることはなかった。周辺地域の大部分は宿敵と合体し、スパルタ人自身が広域な都市の中で、不和で敵対的な集団のもとで個別に拡散して生活せねばならなかった。戦時には傭兵を雇い、異国の君主たちから補助金を乞わねばならなくなった。こうした事態も、彼らの目を開かせることはなかった。そうして、スパルタは没落後の一世紀間、無力で、軽蔑され、傲慢に病躯をひきずっていった。(RG2 I, 538)

おそらく、パトリキ中心の社会構造が維持されていたならば、ローマも同様の破局をむかえたことだろう。「というのも、あらゆる寡頭制は嫉妬深く、抑圧的で、公正と賢慮に無感覚だからである」(ebd.)。だが、ニーブーアにとって、ローマはスパルタではなかった。

それでは、なぜ、ローマだったのか。氏族中心の閉鎖的な権力構造に縛られていたローマが、なぜ、「不自然さ」を脱し、「生命体」として発展できたのか。そこにこそ、ローマの、「国制」の、さらには政治学の秘密が隠されているはずである。

3　プレプスの興隆——Demokratie

王政期ローマやスパルタを筆頭に、古代の政治社会は基本的に「寡頭制」に有利に作用した。しかし、既成勢力に対して、参加の拡大をもとめる傾向、すなわち「民主制」Demokratieもまた存在した。政治社会においては、「混合に抵抗し、自己を閉鎖しようとする集団Gesellschaftと、自己拡張を試み、清新な諸力を手に入れようとする自由人の集団との併存という事態がきまってみられるのである」(VRA, 39)。市民団——ローマではパトリキ——が、「寡頭制」を代表する勢力だった。こうした市民団の秩序、つまりは氏族社会に、割り込みをはかったのが、「自治勢力」Gemeindeにほかならない[18]。

「自治勢力」は、奴隷・外国人・庇護民——自由人ではあるが従属的——とは明確に区別された。というのも、彼らはまず自由人であり、ある程度の「市民的権利」bürgerliche Rechteを享受できたし、独自の組織をそなえ、金力と軍事力も有し、国家の防衛にも貢献したからである。だが、市民団に対して、しばしば通婚や通商面で差別を蒙った。とりわけ、彼らは統治活動から除外されていた（RG^2 I, 446-7）。

ニーブーアは、こうした「自治勢力」の存在は、古代国家のみならず、中世・近世の都市国家にも普遍的な現象だったとする（RG^2 I, 447-8,VRA, 36-9, VRG I, 165-8）。「自治勢力の名称は、ギリシアではデーモス、ローマではプレプス、中・近世イタリアではコムーネであり、さらに英国のコモンズも同じ意味である。そうした自治勢力は、閉鎖的な主権的市民団が存在する、あらゆる国に形成されることとなった」（VRA, 38）。「自治勢力」の性格や実力は千差万別だが、氏族社会を基盤とする市民団、すなわち「寡頭制」勢力に対抗した点で共通していたのである。

ローマにおける「自治勢力」は、「プレプス」pleb[e]s/Plebejer といった（RG^2 I, 452ff. VRA, 64-6, VRG I, 173）。ニーブーアはその起源を、主に周辺諸民族の征服や移住に帰している。ニーブーアは、プレプスを自営農民の集団と解釈した。彼らだけが唯一、「土地所有権」Eigenthum の主体たりえた。公有地の「占有」Besitz のみを認められたパトリキ、さらにはその恩恵にすがる庇護民とは決定的に異なる点である。それゆえ、土地所有という独自の権力基盤をもつがゆえに、プレプスは「自由」Freiheit の担い手でありえた。「民主制的な国制は以下の場合にかぎり、静穏かつ適切に継続できる。すなわち、市民の多数が農民と牧童から構成される場合である。彼らは、古き慣習に従順で、屈強な肉体と誠実な感覚をもち、清貧と適度な豊かさをそなえ、一攫千金とは無縁な人々である。彼らにとって、軍役が遊びでないのと同様、民会における権利行使は清い義務なのである」（AA, 539）。プレプスは、大土地貴族、中小の自営農民、零細農民からなる集団、すなわち、アリストテレス的な意味で理想的な「中間身分」であった。この点、プレプスは、土地所有ではなく、同業者組合（ツンフト）を権力基盤とした中世ドイツや近世イタリア都市の「自治勢力」とは区別される。

「パトリキ」・「プレプス」は、従来のローマ史論ではそれぞれ、「貴族」・「平民」と翻訳され、同一視されてきた。だが、ニーブーアはくりかえし、この伝統的な見方の問題点を指摘する（VRA, 42-3）。彼によれば、パトリキは「貴族」などではなく、本来的には正式な市民団を意味するのであり、対して、プレプスは「平民」とは異なり、政治参加をはじめとする諸権利においてパトリキに劣後するものの、指導層となる被征服地出身の貴族をはじめとする多様な階層を包摂した集団であった。プレプスは「パトリキの人口を凌駕し、ローマの主力を構成し、とくに戦時に動員された。近親婚のみをくりかえす氏族の血統が絶えるほど、彼らは増大したのだ」（VRG I, 168）。

このように、プレプスは十分な政権担当能力を有していた。だが、統治活動から遠ざけられたままだった。プレプスを「第四部族として導入するのが自然な成り行きではあったろう。だが、ローマ人にとって、それは気に食わなかった。国制は閉じており、この秩序は自明な、動かしがたいものに思われた」（VRG I, 134）。また、公有地の占有、庇護民との関係、通婚、借財その他の面で、パトリキは「影響力」、すなわち、権力を行使できた。ニーブーアによれば、ラテン語で「市民団」を意味する「ポプルス」populus は、本来、パトリキだけを含む概念だった。プレプスは市民団外的存在として、当初、「ポプルス」の枠から排除されたのである（VRA, 40-2, 60-1, VRG I, 170-1）。当然、プレプスの不満は募らざるをえない。

両者は対立した。氏族中心の社会構造の維持に固執するパトリキと、完全対等の市民権をもとめるプレプス。「寡頭制」と「民主制」の対立だった。結果、国家防衛の面では協力しあうものの、両者の関係はつねに緊張し、軋轢を生んだ。

両者の闘争は不均衡なものであった。というのも、拡大し成長する一方の勢力に対して、閉鎖的で消滅しかかっている勢力が対立したからである。一見して強力な偶然の利点や破局がうまく活用されるという事態によっては、氏族勢力が自治勢力に勝利をおさめることもあった。そうした氏族勢力の勝利は最悪だった。つねに彼らは堕落していったからである。ニュルンベルクが体験したように、彼らの無制約の権力のもと、国家は政治的かつ道徳的に没落した。争いが和解と均衡によって無事に決着した場合、幸福な時代があとにはつづいた。貴族制が若返りをつづけることに腐心していたならば、そうした時代は長続きしたであろう。一方、貴族制が寡頭制に退化する場合、活力ある生命に対して無力となった。しばしば、闘争は激化した。硬直した傲慢が、生成するもの、あるいは生成したものの権利を認めようとしない場合である。本来は自己抑制すべきであればあるほど、彼らはますます要求を高くした。対して、氏族勢力がしばしば、ほとんど抵抗なしに譲歩することもあった。（RG^2 I, 449-50）

ニーブーアがローマ史のどこに着目したかが、よくわかる。つまり、彼にとってのローマ史とは、「寡頭制」的集団（パトリキ）への対抗勢力、「民主制」的勢力たるプレプスによる政権割り込み物語を意味したのである。それゆえ、プレプスは、無知蒙昧な「下層民」・「平民」ではなく、十分な政権担当能力を備えた集団でなければならなかった。パトリキとプレプスというふたつの自律的集団の軋轢は、最悪の場合、軍事力による実力闘争にいたる可能性もあった。二大集団による実力闘争は、政治システム、つまり「国制」そのものの崩壊を招いたにちがいない。ローマは様々な要因によって、破局を回避し、統合を達成することができた。しかも、ニーブーアによれば、身分闘争の確たる起源は、王政期にこそ求められるべきだという。

三　セルウィウス・トゥッリウス――「立法者」の問題

1　何者なのか

ニーブーアのローマ王政論中、卓越した位置を占める人物がいる。第六代王セルウィウス・トゥッリウスである。無論、ここでもニーブーアは、セルウィウスの個人的な逸話や英雄譚には関心がない。彼の関心事は、やはり、「国制」に向けられる。伝承中のセルウィウスも、「国制」の改革者として登場する。

そもそも、セルウィウスとは何者だったのか。出自からして、彼は異色の王だった。他の王たちが富裕な自由人出身であったのに対して、奴隷出身だったからである。タルクィニウス古王は、彼の才幹に魅せられ、重用し、ついには女婿として迎え、やがて、アンクス王の遺児によってタルクィニウスが殺害されると、親族の懇請によって、セルウィウスは王位を継承することとなる。当初、その権力は、元老院への諮問および民会の承認、すなわち、正統性を欠くものだった。だが、彼は有能な王だった。卓越した統治手腕によってたちまち民心を掌握、ついには王位継承の事後承認を民会から得ることに成功するのである。しかし、その後、悲劇が待っていた。王権簒奪をもくろむルキウス・タルクィニウス——後の傲慢王——の一味によって、セルウィウスは弑逆されてしまうのである。

この王に帰される国制の二大改革こそ、「地区トリブス」Localtribus の設置と、「ケントゥリア制」centuria の設立にほかならない。両改革は密接に連関している。

地区トリブスの設置によって、ローマははじめて整理された領域秩序を有することとなった。ローマ市内および周辺の農村地帯をいくつかの地区トリブス——総数については諸説あるが、最大で三十五——に区分し、市民を居住地の地区トリブスに登録させたのである。さらに、この地区トリブスを単位として戸口調査 census を実施することで、総人口と財産を把握し、徴兵の便に供したといわれている。

そして、以上を踏まえて実施されたのが、ケントゥリア制である。戸口調査によって査定された財産額を基準に、セルウィウスは市民団を等級化したうえで、各人をそれぞれのケントゥリアという「社団」（総数一九三）に所属させたのである。今後、市民は自分の所属ケントゥリアの等級に応じて、徴兵に応じる義務を負う。最富裕層は騎士として、富裕層は重装歩兵として、中産層は軽装歩兵として、無産市民は予備兵力として。こうして、ローマはギリシアで主流だった重装歩兵戦術を採用するにいたった。また、同時にケントゥリアは民会の単位としても機能し、全ケントゥリアがマルスの野につどう民会——ケントゥリア民会——は公職者の選挙や立法の権限を有した。

以上が、伝承の描くセルウィウス像の概略である（Liv. I. 39-48）。セルウィウスは古典作家たちによっても、賢君として評価された（I. 48）。国制改革についても、キケロの『国家論』は、不安定な単純政体から、より安定的な混合政体への移行の試みとして評価した（Cic. Rep. II. 21-3）。とりわけ、ギリシア人弁論術教師ハルカリナッソス出身のディオニュシオスは『ローマ古代史』において、もっとも充実した議論を展開している。(19)

彼のセルウィウス解釈の前提として、そのパトリキ・プレプス観を論じねばならない。ディオニュシオスを含め、古代ギリシアの歴史叙述を一貫しているのが、政治社会にはふたつの党派、すなわち、寡頭派（貴族・富裕者）と民主派（下層民）が存在するという見方である。前者は政治参加の財産制限に固執し、後者は政治参加の開放や土地再分配をもとめ、両派の対立の激化が最終的には「内乱」στάσις、そして「革命」μεταβολή πολίτειων にゆきつくとされた。こうした見方は、ギリシア作家たちに共通のトポスといってよかった。ケルキュラ内乱をめぐる、トゥキュディデスの陰惨な叙述が思い起こされるべきである（Thu. III. 70-84）。そして、ディオニュシオスは、「パトリキ」πατρικίοι を寡頭派（貴族・富裕者）、「プレプス」δημοτικοί を民主派（下層民）にあてはめて理解した。[20]

まず、ディオニュシオスは、セルウィウスは民主派的指導者として描きだす（Dion. IV. 40）。セルウィウスは何よりもまず、パトリキの牙城たる元老院の諮問を経ずして王位にのぼった人物だったのだから。また、彼はプレプスの歓心を得ようとした。実際のところ、借財の帳消し、債務奴隷の禁止、パトリキによる公有地の違法占有の処罰などは、典型的な民主派指導者の政策を思わせる（IV. 9-10）。また、王位簒奪をもくろむルキウス・タルクィニウスが、セルウィウスのプレプス優遇政策に憤るパトリキを引き具して、王位世襲を根拠に禅譲を迫った折にも、セルウィウスは「権力」ἀρχή の正統性があくまで、プレプスが優位を占める民会にあること、自分の王位継承が正式な手続きから多少なりとも逸脱していたとしても、民会の事後承認を得ているのだから、王権は正統であることを力説したうえで、ふたたび民会を召集し、王権の正統性を確認させるのである（IV. 31-6）。

だが、肝心の国制改革は、こうした民主派的な姿勢と奇妙な矛盾をみせる。というのも、セルウィウスの国制は、貴族・富裕層に優越と影響力を与えるように設計されていたからである（IV. 20）。細部の異同を措くならば、ディオニュシオスに限らず、伝承は国制改革の寡頭制的性格について一致している。最高の意思決定機関たるケントゥリア民会の投票単位は、個人ではなくケントゥリアであり、富裕層のケントゥリアは票数の点で圧倒的に優遇され、上位のケントゥリアが一致した案件は、中産・無産層のケントゥリアによる議決を待つまでもなく、可決された。ディオニュシオスはこうした仕組みを政治的賢慮として評価しているし、彼自身、下層民を嫌った。やはり、ここには分裂がある。はたして、セルウィウスはデマゴーグなのか、隠れ寡頭派なのか。答えは見いだせない。

この分裂の原因が、寡頭派と民主派の対立というギリシア的図式にあることは否定できない。両派は政治手法・財産・政策のいずれの点でも対極とされた。和解の余地はなかった。したがって、セルウィウスにおける民主派的指導者像と、国制改革の寡頭制的性格との矛盾は残らざるをえないのだ。これはディオニュシオス自身の問題をこえている。おそらく、セルウィウスをめぐる二つの対立的な伝承系列――民主的解釈と寡頭的解釈――が古代において存在したのだろう。
ニーブーアはこうした議論に満足できなかった。彼はセルウィウスの国制改革を、その後のローマ史全体を規定する決定的瞬間とみる。

2 「立法者」と「混合」

セルウィウス像の硬直と分裂は、背後のパトリキ・プレブス解釈の帰結だった。すなわち、ディオニュシオスをはじめとする古典作家たちは、パトリキとプレブスの対立を、そのまま寡頭派と民主派、あるいは貴族・富裕層と下層民のギリシア的対抗関係として理解した。対して、ニーブーアによれば、パトリキは氏族制にもとづく閉鎖的な市民団を、プレブスは市民団の外部に形成された自営農民の「自治勢力」である。後者は、デマゴーグに煽動される「下層民」ではなく、政治エリート（貴族・大土地所有者）によって統率され、中小農民や無産層までも含む多様な集団だった。政権担当能力において、劣らなかった。「寡頭制」によって政治参加を阻まれつつも、人口と軍事力の点で、パトリキを凌駕した。

とするならば、王権とプレブスの関係もずいぶん様変わりしてこよう。すでにみてきたように、「国制」の権力関係は、氏族社会によって牛耳られていた。元老院やクリア民会といった正規の統治機構、あるいは庇護民に対する支配という非公式の「影響力」に対して、王権が自律性を保つのは、容易なことではなかった。そこで王たちは「寡頭制に対する防壁を自治勢力に見いだし」、機会に応じて保護したのである（AA, 66, RG² I, 455,VRA, 184）。とりわけ、王権は統帥権を最大の権力基盤としたがゆえに、「プレブスが軍事力の最重要部分を形成すること」、「将来の希望はすべてプレブスにかかっていること」を逸早く理解することができた。権力の力学がここにはある。

そして、セルウィウスの国制改革は、王権の親プレブス政策の頂点をなすものだった。その目的は「一方では自治勢力に完結した国制を付与し、他方では自治勢力が全体と結合するための形式を発明する」（VRG I, 173）ことにある。
部族制・クリア制が地区トリブス制の導入にともない廃止されたという通説に反して、ニーブーアは両者の併存を認める。つまり、セルウィウスは旧来の氏族社会をそのままに残す一方、地区トリブスによって、周辺の農村地帯に権力基盤を有しつつも、それまではまったく「国制」の外部にとどまっていたプレブスを「国制」に取り込んだとされるのである（VRA, 86-8, VRG I, 175-6）。閉鎖的な氏族制社会に対して、地区トリブス制はプレブスの拡大可能性を当初から予定するものだった。「地区トリブスの精神は動的 dynamisch であり、クリア制のそれは原子論的 atomisch である」（VRA, 88）。

また、ニーブーアの王政期解釈によれば、ケントゥリア制の寡頭制的性格も、セルウィウスの親プレブスの姿勢と矛盾しない（VRA, 101-3, VRG I, 176-9, 184-5）。プレブスが下層民ではなく、エリートから無産層までを包含する社会集団ならば、まずはそこから政治エリートを抽出する必要がある。ニーブーアによれば、戸口調査の財産査定額にもとづく等級化とは、まさしくこの抽出機能を意味したのである。つまり、ケントゥリア制の眼目とは、財産という、氏族社会に縛られない普遍的基準をもって、パトリキとプレブスの双方から「統治」を担うにふさわしい人材を選抜し、ケントゥリア民会を通じて「統治」に導きいれることであった。しかも、騎士階級は、パトリキとプレブス双方から選抜された貴族によって占められる。古代と近代との区別なく、ニーブーアは「寡頭制」的な集団を嫌う一方で、一定の基準によって選抜された政治エリート、すなわち、優秀者支配として「貴族制」の必要性を認めていた[21]。そして、財産は有用な——ただし、唯一絶対ではない——選別基準たりえた。加えて、ニーブーアは、「セルウィウスの国制」が、パトリキとプレブスの双方から一名ずつ任命される執政官制の導入および王政廃止さえも含んでいたと推測する（RG^{2} I, 476ff., VRG I, 186）。

ニーブーアは明らかにセルウィウスに肩入れしている。それも無理はない。なぜなら、セルウィウスは、「国制」の維持発展の奥義をよく理解したのだから。「国制」が「生命体」であるならば、新陳代謝は欠かせない。歴史的条件の変化に応じて、以前は「国制」の周縁にあった社会集団が強大化するのは、事物の自然ななりゆきにちがいない。時勢をみきわめたうえで、そうした集団を「国制」に取り入れ、統治機構へと接続すること。こうした「混合」Vermischung こそ、「国制」に活力をあたえ、発展をうながすのだ。

寡頭制を構成する人びとの有する、統治への世襲権利は、彼らの祖先が享受した範囲内で妥当したにすぎない。人口・意義・力の点で、彼らが祖先よりも弱体化するほど、その権利もまた減少していったのである。彼らのもとで消滅したものは、新たな生命が生成したところへと移っていった。彼らが社団をそのまま保持しようとするなら、補充によって、新鮮かつ満員の状態に社団を維持せねばならなかった。彼らの圏域から独立して、新しく繁栄する勢力に対して、彼らは権利をもたなかった。〔中略〕

この〔新たな〕生命の活力を窒息させることは、殺人に等しい。摂理に対する殺人と憤激である。完全無欠の生命体は最高の多様性を吹きこむ。同じように、根本的に多様な要素がそれぞれ固有のあり方にしたがって、生命体の中心に併存し、統合され、全体を形成する。そうした国家こそ、もっとも卓越した国家なのである。（RG^2 I, 539）

また、ローマ国家は本質的に「混合」に適していた。「ローマは本質的に混合国民である。古代では多くの民族が混合したが、ローマほど根っからの例はほかにない。それは多様な諸力の全体への統合だった」（VRA, 43）。

ニーブーアは、こうした「混合」を、「原理」Princip への回帰とよぶ（GRZ I, 56 , VRG I, S. 188）。モンテスキューの名が挙げられるものの、「原理」への不断の回帰というイメージは、むしろマキアヴェッリの論法にちかい。というのも、ニーブーアの云う「原理」とは、モンテスキューの政体論における「原理」――「名誉」・「徳」・「恐怖」――とは関係がないからである。一方のマキアヴェッリは、ヴィルトゥの発動による「習俗」の「刷新」を、社会構造の変動にともなう統治機構の機能不全をふせぐ決め手とした（『リウィウス論』III. 1）。ニーブーアはさらに一歩すすんで、異質な要素を統治活動に導きいれることによって「国制」の活性化、すなわち「原理」への回帰をみるのである。「無論、個別部分の変化は免れないが、全体の精神が本来的に国民に根ざしている限り、信じられぬほど長期間にわたり維持されうるのである」。そして、この「原理」への回帰――「真の運動」――を担うのは、マキアヴェッリの場合と同様、「統治者」（「立法者」）にほかならない。「ソロンやリュクルゴスのように立法者を自任した」セルウィウスは、プレプスの「庇護者」

として、彼らの勢力を動員することで、氏族社会の硬直を打破しようとしたのだ（VRG I, 186）。

こうしてみれば、ニーブーアがセルウィウスの国制改革に王政期論のクライマックスを見た意味がよくわかってくる。無論、セルウィウスも完全無欠ではありえない。いかにプレプスの統治参与を認めたとしても、パトリキの氏族社会は温存された。その牙城たる元老院からプレプスは排除されたままであったし、ケントゥリア民会の立法・公職者任免権も、元老院とクリア民会によって大幅に制限された（VRG I, 185ff.）。それでも、セルウィウスはプレプスを「国制」にとりこむことで、決定的な一歩を踏み出したのである。

3　なぜ、ローマなのか——ある政治史の出発

ここでふたたび、最初の問いにもどらねばならない。なぜ、ローマだったのか。

ニーブーアは「国制」が両極に偏ることを警戒した。すでにみたように、「寡頭制」的傾向への忌避はすでにみた。一方でニーブーアは、政治参加の過度の開放、すなわち過剰な「民主制」的傾向も警戒するのである。彼は終生一貫して、フランス革命の強固な反対者でありつづけた。最悪の「暴政」の場合をのぞいて、「革命」の正統性をみとめなかった。「暴政の場合のほか、つまり、より高次の段階に到達しうるというだけの場合、完全性への漠たる前進——これはたいてい、軽率な運動にうながされた、より多くの福祉への前進にすぎない——のために既存の国制を攻撃・転覆することはけっして正当化されえない。これは完全に不正であり、神の設立による権力を誤認している。それゆえ、英国に対するアメリカ諸州の叛乱は、決定的に違法なのである」。「革命」は単に統治機構の改変ではなく、社会構造自体の転覆、癒しがたい混沌をもたらすからである。「フランス革命において最悪なのは、国家が無秩序にゆだねられ、権威が存在しなくなったことである。国民は国家であることをやめてしまった」（GRZ I, 215-6）。

最悪の事態である「革命」の原因は、社会構造の内にひそんでいる。ニーブーアによれば、統治機構と社会構造を包摂する広義の「国制」のうちに矛盾と無理が生じ、それが亢進すると、「革命」にいたるというのである。社会構造において有力な社会集団が統治参与を拒まれる場合が最たる例といってよい。とりわけ、社会構造が大きな変動に見舞わ

れるとき、危機は深刻化する。逆に、中世のように「形式」と「伝承」が支配する社会では、革命は起こりにくい。十八世紀――「運動」Bewegung の時代――のように、政治・経済・社会の構造が根本的に変化する場合にこそ、旧来の支配集団と新興勢力の対立、すなわち、「寡頭制」と「民主制」の対立はことのほか激化するのであり、実際、フランス革命はその帰結だというのが、ニーブーアの診断だった（GRZ I, 56-8, 81-2)。したがって、彼の根づよい「寡頭制」忌避は、革命という秩序崩壊への危機意識に根ざしたものであったのだ。

ここに、ニーブーアがローマ史に着目した理由がある。「活力ある貴族制と自治勢力との結合」による「もっとも公正で有益な国制」だけが、革命を回避できる（RG^2 I, 450)。それは「貴族制」と「民主制」との「均衡」Gleichgewicht、アリストテレス云うところの「ポリテイア」Politie にほかならない[22]。だから、彼は「諸身分を解体し、過激な民主制の因となる平等を導入した」、アテナイの「立法者」クレイステネスを批判するのである（RG2 I, 540)。対して、ローマは「ポリテイア」を見事に達成した稀有の例だった。

ローマ史においては、生命力が民族のうちに宿るかぎり、絶えざる新陳代謝がみられた。当初は同盟者にすぎなかった者たちが〔国制に〕取り入れられ、地区トリブス毎に組織されたプレブスを形成した。ローマ国制は、つねに活力があり、停滞することなき漸進的形成である。ローマ人は絶えず、みずからを若返らせ、新たなものにする。第一次ポエニ戦争頃までのローマは、つねにみずからの原理に立ちかえる――モンテスキューはこれを国家の生命における唯一の真なる運動とよんだ――唯一の国家だった。したがって、生命体はますます立派で力をみなぎらせていったのである。この後、生成する要素がすこしずつ妨害され、押しのけられるようになった。生命力は減退し、衰亡が準備された。（VRG I, 188)

ここでは「衰亡」の事実さえも、ローマ史をより意義深いものにするだろう。ローマにおいては、繁栄と没落の双方が、同一の原因に拠っていたからである。

無論、古代と近代では歴史的条件が大きく異なるため、ローマの事例を直接、同時代に当てはめることはできない。だが、歴史的条件は変わろうとも、「生命体」の漸進的発展には共通のパターンが存在するはずだ。ニーブーアはそう考える。同時代にも、ローマと比すべき唯一の例外は存在した。英国である。さらに、今後、理想的な発展をむかえる可能性がある国家として、プロイセンを挙げている（GRZ I, 57, 59）。

ニーブーアにとって、ローマ史論とは、真の意味で後世に託すべき教訓だった。「国制」を有機的発展にみちびき、「衰亡」をすこしでも遅らせるためには、「国制」の奥義に精通した人材が欠かせない。ニーブーア云うところの、「立法者」「統治者」「実務家」がそれである。その職務とは、「生成する諸関係を認識し、国家の状態をそうした変化に準備する」（GRZ I, 118）ことにほかならない。

> 我々自身とおなじように、あらゆる自由な国制も、生命Lebenが尽きれば、死に至る。〔中略〕しかし、国家は人間に対して、以下の点で優れている。つまり、国家は、より一層広域にわたる人びとを最高の自由へと高めることで、自分自身の生命を何度も若返らせ、新鮮な活力をもって、ふたたび生きなおすことができるのである。眠りがおとずれぬように、たとえ外的形式が変化したとしても、本来的に卓越した要素が維持されるように、あるいは復活するように気を配り、そうした若返りに備えること。これこそが自由な国家の創設者および統治者の課題にほかならないのだ。彼らが課題解決の力量を欠くならば、衰亡は避けられない。（RG III, 627-8）

ニーブーアは自治的な「行政」や自由な経済活動の重要性を指摘する一方、政治秩序のおおきな枠組みの設計は、あくまでも、少数の選良たる「立法者」が担うべきだと考えた。憲法制定議会の招集を愚策中の愚策とした理由も、ここにある（GVN, 14-5, NS, 520-1）。「統治者」を自認するニーブーアが、「国制」の奥義を、ローマの優れた「立法者」たち――セルウィウス、リキニウス、グラックス兄弟――の事績を通じて、未来の「統治者」たちに伝える。「統治」について、「統治者」が、「統治者」にむけて記したローマ史論は、真の意味での政治史といってよかった。

こうして、ローマ史における身分闘争という主題は、古代をはるかに超えた普遍性をもつものとして現れてくる。一方、共和革命は暴走しがちな王権を、パトリキにとって統御しやすい執政官制に置き換えたという意味で、パトリキ支配の徹底化にすぎなかった。実際、プレプスの地位は「セルウィウスの国制」から大幅に後退することとなるのである。それでも、プレプスは諦めなかった。セルウィウスの改革は彼らにとって、いわば、立ちかえるべき栄光の過去となろう。かつてない苦境に陥りながらも、彼らは一歩一歩、すすんでゆく。もはや王権に頼ることはできない。だから、新たな公職を創り、「法律」を足掛かりにしてゆくほかない。それでも、前にすすんでゆくしかない。膨大な史料と考証の渦に巻き込まれながら、ニーブーアは彼らの足跡を、ひとつひとつ、その歩みをみずから確かめるように明らかにしてゆく。それは、ある政治史の出発の瞬間にちがいなかった。

ニーブーアの原典からの引用は、本文中に以下の略号で示した。原語の表記が現代ドイツ語表記と異なる場合、前者を優先した。

AA: *Agrarabhandlung „Geschichte der römischen Ackergesetze und Kolonien"* in: A. Heuß, *B. G. Niebuhrs wissenschaftliche Anfänge*, Göttingen, 1981.
AF: D. Gerhard, W. Norvin（Hg.）, *Die Briefe B. G. Niebuhrs*, 2 Bde, Berlin, 1926-9.
GZR: M. Niebuhr（Hg.）, *Geschichte des Zeitalters der Revolution*, 2 Bde, Hamburg, 1845.
GVN: ders.（Hg.）, *Grundzüge für eine Verfassung Niederlands*, Berlin, 1852.
NS: ders.（Hg.）, *Nachgelassene Schriften nichtphilologischen Inhalts*, Hamburg, 1842.
RG: *Römische Geschichte*, 3 Bde, Berlin, 1811-32.
RG^{2}: ebd. 2. Aufl. 2 Bde, Berlin, 1827-30.
VRA: M. Isler（Hg.）, *Vorträge über römische Alterthümer*, Berlin, 1858.
VRG: ders.（Hg.）, *Vorträge über römische Geschichte*, 3 Bde, Berlin, 1846-8.

（1）十九世紀の政治史家レオポルト・フォン・ランケにも、ニーブーアの『ローマ史』は、「最大の影響を与えた」という。また、「古典精神の息吹を感ずるニーブーアの叙述から、私は近代史についても歴史家がありうるはずだという確信を懐くようになった」

とのことである（林健太郎訳『ランケ自伝』岩波文庫、一九九六年、四五、八一頁、訳文は改めた）。

（2）『ローマ史』の初版と第二版とでは、基本的な筋や評価は変化しないが、考証の面で多くの改訂がみられる。本稿は発展史的方法をとらず、『ローマ史』のほかに参考となる講義類が豊富に揃っているという理由から、完成期の思想を再構成した。また、紙幅の関係上、同時代の政治思想との関連についての考察は最小限にとどめた。

先行研究には伝記研究をのぞくと、学説史的研究と史学思想研究の流れがある。

前者はA. Momigliano, A. Heuß, K. Christなど、主にローマ史研究者によるもので、ニーブーアのローマ史論を学説史上に位置づけることを目的とする。特にA. Heuß, *B. G. Niebuhrs wissenschaftliche Anfänge*, Göttingen, 1981は、ニーブーアの学問的出発点である農地法研究を中心に思考過程を綿密に跡づけている。付録として翻刻された「コペンハーゲン草稿」も貴重であり、ローマ史研究者としてのニーブーアを浮き彫りにしている。

後者の最新かつ最高の研究成果は、G. Walther, *Niebuhrs Forschung*, Frankfurt am Main, 1993である。Waltherはあらゆる関連史料の渉猟によって、史学史のみならず、伝記・政治思想の微細な論点まで論及し、従来のニーブーア史学思想研究を一新した。しかし、一方で全体像が拡散し、やや総花的な印象を受ける。

その他の個別論点に関する論文は、その都度言及する。

主題との関連上、本稿では伝記的側面にはあまり触れる余裕がないが、伝記的事実については、標準的なB. C. Witte, *Der Preußische Tacitus*, Düsseldorf, 1979を参考にした。

（3）その後の歴史学においても、ニーブーアのローマ史論の内容面での影響は、シュヴェーグラーなどの例外をのぞけば、わずかなものにすぎなかった。Waltherによれば、ニーブーアは名声の多くを、内容よりもむしろ史料批判という方法に負っていたという（Walther, *Niebuhrs Forschung*, S. 573-86）。

（4）十八世紀ローマ史論の文脈については、さしあたりI. Mcdaniel, *Adam Ferguson in the Scottish Enlightenment*, Cambridge, 2013, pp. 119-26、犬塚元『デイヴィッド・ヒュームの政治学』東京大学出版会、二〇〇四年、第一章、M. Raskolnikoff, *Histoire romaine et critique historique dans l'Europe des Lumières*, Strasbourg, 1992を参照せよ。

（5）Walther, *Niebuhrs Forschung*, S. 191-7は、アリストテレス認識論の受容を指摘する。

（6）農地法問題では、Heuß, *B. G. Niebuhrs wissenschaftliche Anfänge*が卓越している。

（7）官僚としてのニーブーアは、都市行政組織、オランダ憲法などの構想に携わったが、いずれにおいても「行政における自由」

を尊重した（GVN, 10ff., 19, NS, 519-24）。また、重農主義的な経済思想が、この傾向を促進した（Walther, *Niebuhrs Forschung*, Kap. III-2）。

英国国制に関しても、治安判事制度などの自治的「行政」を特に高く評価した（NS, 462-4）。H-Ch. Kraus, *Die verfassungspolitischen Ideen B. G. Niebuhrs*. in: *Festschrift für Kurt Kluxen zum 85. Geburtstag*, Schöningh, 1996は、ニーブーアの政治思想に関するほぼ唯一の研究であるが、基本的な国家観・統治観を踏まえず、適切な識別力を有さない。

（8）Ch. Degn, *Der junge B. G. Niebuhr als Sozialkritiker*. in: *Festschrift für Karl Dietrich Erdmann*, Neumünster, 1980は、デンマーク時代の農民解放への関与を明らかにする。

（9）彼が社会構造を「諸関係」と表現するとき、モンテスキューによる「法律」loi の定義（「事物の本性に由来する必然的な諸関係」『法の精神』I. 1）が当然、想起されるべきである。

（10）『革命時代史講義』の随所に、同時代人に対する直截な人物評を見ることができる。

（11）ニーブーアの護民官・議会論については稿を改めたい。

（12）Walther, *Niebuhrs Forschung*, S. 198-200, 274-80は、微細な論点に気を取られて、この基本的な点を見誤った。マキアヴェッリの重要性にも気づかない。なお、これらの思想家の解釈に際しては、Q. Skinner, M. Viroli (ed.), *Machiavelli and Republicanism*, Cambridge, 1993、佐々木毅『マキアヴェッリの政治思想』岩波書店、一九七〇年、福田有弘「共和主義」（福田有広・谷口将紀編『デモクラシーの政治学』東京大学出版会、二〇〇二年所収）、川出良枝『貴族の徳・商業の精神』東京大学出版会、一九九六年を参照した。

（13）一方、古事学者は十五世紀以来、ローマの起源について論争してきた（H. J. Erasmus, *The Origins of Rome in Historiography from Petrarch and Perizonius*, Assen, 1962）。

（14）王政期に限らず、Walther, *Niebuhrs Forschung*, Kap. IV は、方法論も含め、『ローマ史』（初版）の内容を丁寧にまとめている。

（15）このいわゆる「歌謡」calmina 理論については、A. Momigliano, *Perizonius, Niebuhr and the Character of Early Roman Tradition*. in: ders., *Essays in Ancient and Modern Historiography*, Oxford, 1977が詳しい。

（16）Walther, *Niebuhrs Forschung*, S. 512-9はイタリアでの調査を契機とした、歴史主義的傾向の減退と、普遍モデル志向への「転換」を強調する。だが、ニーブーアは当初からローマ史研究の鍵を古代インドに求め（A. Momigliano, *G. C. Lewis, Niebuhr e la critica delle fonti*. in: ders., *Contributo all storia degli studi classici*, Roma, 1955）、歴史研究と政治学研究の一体性を強調していたので、直ちに「転換」と評価できるかは疑問である。

(17) 前註7で指摘した諸々の構想においても、一貫して「社団」が秩序の単位とされている。

(18) 通例、「自治体」や「社団」と翻訳されるGemeinde概念ではあるが、ニーブーアは一貫して、「閉鎖的な支配集団（古代ローマの場合にはパトリキ）に対抗し、自治を可能とする程度に組織された政治勢力」といった意味で用いている。このため一般的な訳語とはいえないが、「自治勢力」と訳した。

(19) E. Gabba, *Dionysios and the History of Archaic Rome*, Berkeley, 1991を参照した。

(20) 古代ギリシアにおける「内乱」および「革命」理解についてはさしあたり、A. Lintott, *Violence, civil strife and revolution in the classical city 750-330 BC*, London, 1982, M. I. Finley, *Revolution in antiquity*. in: R. I. Porter (ed.), *Revolution in history*, Cambridge, 1986を参照せよ。

(21)「貴族制」観については、Walther, *Niebuhrs Forschung*, S. 275ff. が詳しい。

(22) ここにみられるように、ニーブーアはアリストテレスに忠実に、混合政体をあくまで「ポリテイア」、すなわち寡頭政と民主政の中間体として把握する。君主政・貴族政・民主政の混合というポリュビオス的混合政体論には――そのローマ国制論への高評価にもかかわらず（AA, 518）――与しない。

H・ラスキの見た一九三〇年代アメリカのニューディール
――「マルクス主義者」によるリーダーシップ論

大井赤亥

一　はじめに

ヨーロッパの政治思想家にとって、アメリカは長らく、ヨーロッパとは異質でありながら、同時にヨーロッパで失われた理念や目的を実現しうる政治実践の場でもあった。たとえばトクヴィルはアメリカにデモクラシーの将来を見出し、アレントはフランス革命と対比させたアメリカ革命における政治実践を高く評価した。アメリカはとりわけ、ダイナミックな政治の実践が大きな影響力を持つ政治社会、いわば「政治的なもの」の実践の場所であり続けたといえる(1)。

そのようなアメリカ認識は、二〇世紀のイギリスの政治思想家、H・ラスキにおいても同様であった。一九一六年にハーバード大学講師に着任してその学究生活を開始したラスキにとって、アメリカ合衆国は常に「第二の故郷」であった。とりわけ、ヨーロッパにおけるナチス興隆を見た一九三〇年代以降、ラスキはアメリカのニューディールに希望を見いだし、それによってデモクラシーへの希望をつなぐことができた。ラスキの親友K・マーティンが述べるように、「ヨーロッパにおいてハロルドがデモクラシーにほとんど絶望した民主主義者であったとしても、アメリカにおいて彼は、デモクラシーが奇跡を行いえると依然として信じている民主主義者であった(2)」。その意味でラスキもまた、ヨーロッパに失望した政治理論家が、自身の夢をアメリカの実験に託すというパターンを踏襲しているといえる。

しかしながら、そのアメリカにおける戦後のラスキ評価は、冷戦構造の影響を最も色濃く反映したものであった。これまでのラスキ研究に最も決定的な影響を与えてきたアメリカの政治学者H・ディーンによる『ハロルド・ラスキの政治思想（*The Political Ideas of Harold J. Laski*）』（一九五五年）では、一九三〇年代にマルクス主義を受容して以降、「彼〔ラスキ〕の分析では、あらゆる点において、政治は独立変数として実質的には消滅してしまっている」(3)とされてきた。

また冷戦後に刊行されたG・D・ベスト『ハロルド・ラスキとアメリカのリベラリズム（*Harold Laski and American Liberalism*）』（二〇〇四年）は、ラスキのアメリカでの交遊関係の地理的および人脈的偏りを指摘し、東海岸のユダヤ系リベラル派知識人のみと交流したラスキは、ニューディール期の政治観察においてもそれを攻撃する保守派の勢力を過大視したとするものであった。

総じてアメリカでのラスキの記憶のされ方は、大西洋の向こうから社会主義の福音を伝播させる「マルクス主義者ラスキ」としてのそれが主流であったといえよう。しかしながら、ラスキのアメリカ論、とりわけ一九三〇年代のニューディールに対するラスキの着目を考察するとき、そのような「マルクス主義者ラスキ」にとって「政治」やリーダーシップという概念がいかに大きな意味を持ち、その潜在的力に期待が寄せられていたかを窺うことができる。

本論に先立ち、ここで「政治」という言葉について、一応の定義を与えておきたい。本稿において「政治」とは、民主的な基盤に依拠した政治運動や政治家が、国家機構の活用を通じて、経済的影響力の強固なネットワークを統御、変容させていく試みとして用いることにしたい。そして、そのように定義された「政治」において、民主政治における下からの運動的圧力と、それをひき起こし、受けとめ、現実の政策へと転化していく政治家のリーダーシップは、「政治の自律性」を証明するための重要な資源として位置づけられることになる。

一九三〇年代アメリカは、ラスキにとって、そのような「政治」の復権の可能性が試された舞台であったということができよう。以下、本稿では、ラスキによる一九三〇年代アメリカ政治分析を考察することで、「マルクス主義者ラスキ」による「政治」への期待を見いだすとともに、その思想的変遷のなかに、「政治」に対する過信でも絶望でもない、適切な希望の抱き方を示す一つのモデルを掬い出してみたい。

二　第一次ニューディール（一九三三〜一九三五年）

1　ラスキの一九二〇年代アメリカ認識

一九一六年に講師として赴任後、ハーバード時代のラスキは、その学問的生産性と行動力で人々を魅了し、ボストンの法曹サークルを中心に多くの知識人と親交を結ぶことになった。(4) しかし、一九一九年のボストン警官ストライキが生じると、ラスキは警官たちの集会に参加してストライキ支持を公言、この言動はハーバード大学の教授陣や同窓生から大きな批判を招き、ラスキ自身も「赤嫌悪（Red Scare）」の渦中に巻き込まれることになる。当時のハーバード大学は、第一次大戦で高揚した愛国心の風潮が残り、比較的保守的な空気が支配していた時期であった。(5) 自身の言動をめぐる大学からの「異端審問（inquisiton）」（ラスキ）に耐えられなくなったラスキは、W・リップマンやG・ウォーラスを通じてLSEにポストを見つけ、一九二〇年にイギリスへ帰国する。

ラスキのアメリカ時代は、学者としてのラスキの修業時代にあたるものであり、ラスキに複雑かつ持続的な刻印を残した。第一に、アメリカのリベラルな学者や知識人との生涯にわたる親交関係の構築であり、O・W・ホームズ、L・ブランダイス、F・フランクフルター、リップマン、H・クローリーなど、「同地で得た友とその強い親交は、六年間のラスキのアメリカ生活の最も大きな結果であった」(6) といえよう。このようなアメリカ東海岸の知識人とラスキとの思想的接点は、経済政策や労働政策ではなく、むしろ言論の自由や社会規範における反権威主義といった「市民的リバタリアン的側面（civil libertarian face）」での意気投合を媒介としたものであった。(7) ラスキは、多元性の擁護や反権威主義を貫くホームズのような法曹知識人に対して、「理想に燃える若者が年長の偉大な人に対して抱く英雄崇拝の気持を持っていた」(8) という。

このようなアメリカの有力者との人脈形成は、一九二〇年のイギリス帰国後もラスキとアメリカとの関係を長く規定した。ラスキは生涯にわたって『ニュー・リパブリック（*New Repubic*）』を中心にアメリカの論壇誌に頻繁に寄稿し、フランクフルターによれば、一九二〇年以後も二年に一回はアメリカに渡航し、講演活動や有力者との面会を行っていたという(9)。

アメリカ体験がその後のラスキに残した第二の刻印は、第一のそれとは対照的に、生涯変わらぬ社会主義者としてのアイデンティティである。ラスキは後年、ハーバード時代に遭遇した警官ストライキに触れ、「私はそこで、ヨーロッパにおけるよりはるかに公然と、資本と労働の対決の重要性を見た(10)」とし、それを「私の人生において最も根本的な体験」であったと述べている。またストライキに対して加えられた暴力的鎮圧は、国家の資本主義的性格を強く印象づけるものであり、その後のラスキの国家認識を大きく規定した。R・フランケルは、「端的にいって、ラスキ自身の判断によって、アメリカ経験は彼を、社会主義志向の急進主義者から確固とした社会主義者へ変貌させた(11)」としている。

このような経験を反映しつつ、一九二〇年代のアメリカに対するラスキの認識は、極めて否定的なものであった。この時期のラスキのアメリカ認識は「利己主義的なビジネス文明」としてのそれであり、ラスキはアメリカ人を、ビジネスに専心して公共意識や政治的関心を忘却した存在として捉えている(12)。またこのような否定的アメリカ観は、同時代のアメリカ政治の閉塞とも重なっていた。ラスキは長期化する共和党政権に対して軽蔑を抱いていたが、同時に二大政党の政治的同質性も深く認識し、民主党にも強い不満を持っていた。ラスキは、一九二四年の大統領選に際し、民主党の党内抗争の果てに消去法で選出された妥協候補J・W・デイヴィスに強い幻滅を示し(13)、一九二八年の大統領選挙では、アイルランド系カトリック教徒で進歩的とされたA・スミスに対しても全く期待を抱いていなかった。

このようなラスキの立場は、一九三二年にF・ルーズヴェルトが大統領に当選しても変わらなかった。ルーズヴェルト当選直後、ラスキはホームズに対し、「フーヴァーが負けたのにほっとしていますが、ルーズヴェルトの勝利に感激する気分にもなれません(14)」と書き送っている。ラスキはルーズヴェルト当選を歓迎しながらも、その利点はフーヴァー時代の終焉をもたらした一点に尽きるとし、またその当選も可能な限り社会党の大統領候補N・トマスとの接戦の末にそうなることを望んでいた。

ルーズヴェルト当選直後、ラスキはアメリカの雑誌論文において、当選大統領ルーズヴェルトに対する懐疑的な態度を堅持し、過度な期待を抑制しながら両義的な評価を表明している。[15] そのような態度の背後には、アメリカにおける「政治」の力に対するラスキの悲観があったといえよう。アメリカ資本主義の強固さや自由放任のイデオロギーを踏まえれば、「一二年間の共和党施政のゆゆしき習慣と伝統を覆すことは……その本質において革命である」。[16] そしてラスキは、ルーズヴェルトがその革命に取り組むための十分な行政権限や強い政治的意志を備えているのか、慎重に見極めていたといえよう。

以下、ニューディール研究の通例にならい、ニューディールをその第一次（一九三三〜一九三五年）と第二次（一九三五〜一九三八年）に区分し、それぞれの時期におけるラスキのアメリカ政治認識の変遷を考察していきたい。

2　第一次ニューディールの「百日間」

一九三三年三月、第一期目の就任式に挑んだルーズヴェルトは、その就任演説で「恐れなければならないのはただ恐れのみである」と宣言し、直面する危機を乗り越える唯一の方法として、交戦時に認められるのと同等の強く広範な行政権を要求し、その強大な権力をてこに改革を進めようとした。強力な権力を備えた、ある意味で独裁的な指導者によって経済混乱に終止符を打ってほしいという声はアメリカの有権者のなかに強く存在した願望でもあった。ルーズヴェルトの妻エレノアは、大統領就任式を回想して、「フランクリンの就任演説が、戦時下の大統領に与えられている特別権限の行使が必要とされるかもしれないというくだりに来ると、一番大きな拍手がわいた」[17] としている。

ルーズヴェルトはこのような国民世論を背景に、大統領就任後の「百日間」（一九三三年三月〜五月）で数多くの法律を通過させる。就任直後のルーズヴェルトは、まず緊急銀行法によって全銀行を閉鎖させて取り付け騒ぎを収束させるとともに、ラジオ演説を通じて直接国民に銀行預金の安全を訴えつつ、政府の監督と援助の下に健全な銀行から取引を再開させた。このようなラジオ演説は「炉辺談話（fireside chat）」と呼ばれ、ルーズヴェルトの重要な政治手法の一つとなる。

また、ニューディールの中核を担う農業調整法（ＡＡＡ）と全国産業復興法（ＮＩＲＡ）はいずれも、生産制限と価格支持および高賃金を通して購買力を付与し、それによって経済回復を図るという共通の性格を持つものであった。その他にもルーズヴェルトは、失業対策と地域開発、電力供給を兼ねたテネシー河流域開発公社法（TVA）、青年失業者を募集して自然資源の保全作業に従事させる民間資源保存団（CCC）など、多くの斬新で意欲的な復興計画を短期間のうちに矢継ぎ早に実行し、ニューディールを加速させていく。

一九三〇年代初頭のラスキは、労働党政権の分裂を招いたイギリス政治危機、ドイツでのナチスの台頭などに直面し、ヨーロッパ世界の展望について大変悲観的になっていた時期であった。そこにおいてニューディールの力強い躍動は、ラスキにとって、アメリカへの関心を再活性化させるとともに、「政治」への期待を甦らせるものであった。

ラスキによれば、ルーズヴェルトが一九三三年に引き継いだアメリカは、失業者と社会不安のアメリカであり、人々は「彼らが暮らす社会制度の善意（*bona fides*）に対する信頼を失っていた」[18]。しかし、ニューディールの試みにより、アメリカでは、少なくとも大恐慌以降の危機を克服するために、国家が主導権をとり、「国民には常に何かが行なわれている」という実感があったという。そしてルーズヴェルトは、まさにその信頼と期待のために、政治体制に対するアメリカ国民の忠誠心や帰属心を回帰させ、「既存体制の秩序に対する人々の信頼を維持させることができた」[19]。ニューディールの「百日間」をへて、ルーズヴェルトに対するラスキの評価は劇的に好転していく。

3　ニューディールをめぐる運動的要素

ニューディールは元来、一連の「政策」であると同時に、自らその実現圧力を生み出す「運動」でもあった。一九三三年七月、ルーズヴェルトは、全国復興庁（NRA）の長官に陸軍軍人のH・ジョンソンを任命。ジョンソンは即座に、ニューディールを大規模な大衆運動にまで発展させるべきだとルーズヴェルトに進言した。直情径行なジョンソンは、ワシントンの官僚や財界を毒舌で攻撃しながら、陸軍の飛行機を徴用してアメリカ全土にわたる大規模な国民運動、「青鷲運動（Blue Eagle）」を繰り広げる。

ジョンソンは、不況克服のための政治運動への国民参加を呼びかけ、「われわれは職分を果たす（We Do Our Part）」

と銘記された「青鷲」の標章を全国復興局の呼びかけに対する応諾のシンボルとして広く頒布。青鷲の標章は、工場や商店のショーウィンドーへの掲示や個々の製品への刻印を通して、アメリカ国民の生活に入りこんでいった。またジョンソンは、大衆集会、街頭宣伝、ブラスバンドの行進など、ありとあらゆるアピール手段を総動員して民衆の支持を喚起し、「運動の心理学」を作り上げていった[20]。

このような青鷲運動の政治手法は、同時期に興隆したナチスのプロパガンダと酷似しているという批判を左右両翼から受けながらも、確実に国民の生活に浸透。一九三三年九月にはニューヨークで大規模な青鷲パレードが開催され、その運動は最高潮に達した。一九三四年の中間選挙では、民主党ニューディール派が大勝し、国民の支持が確認される結果となった。

しかし、ニューディールがもたらした政治運動の機運は、じきにニューディールの専売特許を離れ、むしろニューディールを批判する対抗運動をも覚醒させ、アメリカ政治はそのダイナミックな運動的局面を迎えることになる。

ニューディールに対する「右」からの批判運動としては、一九三四年、民主共和を横断した保守派の重鎮政治家たちが、北部財界の資金的支援を受けて結成した「アメリカ自由連盟（American Liberty League）」があり、「ルーズヴェルト独裁反対」と「自由企業の擁護」を主張した。またイデオロギー的な批判としては、元ウォール街の金融家のR・デニスが率いるアメリカ・ファシスト党が、「白人プロテスタントのアメリカ」を黒人やユダヤ人から守ると主張してニューディールを攻撃した。

しかし、ルーズヴェルトにとってより深刻な脅威は、アメリカ特有の反知性主義に依拠しながら伝統的ポピュリズムに訴えた、ニューディールに対するいわば「左」からの批判運動であった。このような対抗運動としては、カリフォルニア州を中心にデマゴーグ的色彩の強い大胆な老齢年金計画を掲げたF・タウンゼントの「老人の十字軍」運動、中西部での人民党運動（Populist）の記憶に訴えながら、ラジオ説教を武器に侮辱的言辞でルーズヴェルトを攻撃したC・コグリン神父の「社会正義全国同盟」、そしてルイジアナ州を中心に大企業批判と貧民救済で民衆の支持を得ながらルーズヴェルトを脅かしたH・ロングの運動などがあった。

とりわけルーズヴェルトを脅かしたのは、ロングであった。ルイジアナ州知事として恩顧政治を実践したロングは、一九三二年に上院議員として国政へ進出、大企業を攻撃するポピュリスト的手法で「富の共有運動（Share Our Wealth）」を組織し、ルーズヴェルト批判を明確に打ち出すことによって一九三六年の大統領選への立候補を模索するようになる。かりにロングを中心にしてタウンゼント、コグリンの三者が提携すれば、それはルーズヴェルト再選を阻止する第三の有望な候補者となると見られてきた。

これらの左右の反ニューディール運動に対して、ルーズヴェルトは、更なる「左旋回」を鮮明にした第二次ニューディールによって応え、国民的支持を背景に「右」からの批判をはねのけつつ、「左」からの対抗運動の要求を巧みに取り込み、運動の圧力を吸収包摂していくことになる。

4 ソ連の実験とニューディールの実験

一九三〇年代初頭のラスキは、ナチスが台頭するヨーロッパ情勢に極めて悲観を強めていただけに、ニューディールの力強い躍動は、ラスキにとってアメリカへの関心を再活性化させるとともに、「政治」への期待を甦らせるものであった。ラスキは一九三四年の論考「ルーズヴェルトの実験（"The Roosevelt Experiment"）」において、ルーズヴェルトを、「ある本質的な社会的目的のために、先進資本主義社会において、意図的かつ体系的に、国家権力をその社会の基本的前提を統御するために利用しようとする最初の政治家」、「国家の政治的権力を用いて、経済政策の全領域にわたり、重要な所得の再配分を敢行しようとする最初の政治家」であると位置づけ、強い期待を表明。「ルーズヴェルト大統領は、実際、彼自身の社会実験に適合するよう、アメリカ資本主義にその形態変容を要求する試みを行っている」[21]と述べている。

その上でラスキは、ニューディールの試みを同時代のソ連共産主義と比肩する二〇世紀の社会実験と捉え、両者を並列的なプロジェクトとして捉えている。[22]「私には、希望を託せるようなことが実行されているのは、世界の中でルーズヴェルトとロシアの二カ国だけのように思われます」[23]。一九三〇年代のラスキにとって、ニューディールは、ソ連の実験と並んで、資本主義からの解放という共通の目的を目指す二つの方法であり、その意味で、ニューディールは共産主義と並んで「新しい信仰（new faith）」なのであった[24]。

それと同時にラスキは、ニューディールに独自の意義とそれに固有の困難をも指摘している。ラスキによれば、資本主義からの解放運動を貫徹する上で、ロシア革命という方法は、残忍かつ野蛮で、そして疑いもなく実効的であった。これに対してルーズヴェルトが試みる方法は合憲的なものであり、あるいはそれゆえ、社会を資本主義原理から解放させる実効的効果は未知数であった。ラスキはいう。「ルーズヴェルトの試みを評価する際に重要なことは、彼が提示した目的だけではなく、この目的達成を導く精神と気質である」。ルーズヴェルトは、ロシア革命と同じ目的を追求しながら、ロシア革命とは別の方法を模索している、すなわち「彼は同意による革命（revolution by consent）を試みている[25]」のである。

しかしながら、第一次ニューディールの一連の政策をへて、それまでニューディールを静観ないし部分的には積極的に関与することもあった経済界、司法、議会は、徐々に抵抗の度合いを強め、ニューディールは試練を迎える。ラスキは、ニューディールが待ち受けるジレンマを次のように表現している。「ビジネスマンや資産家は、ルーズヴェルトの政策が彼らにも見返りや繁栄をもたらすことが証明されない限り、大統領の政策に同意を提供しないであろう。しかし、大統領がビジネスマンや資産家の支持や同意を獲得しないかぎり、繁栄は彼らを報いはしないであろう。これこそ現政権が直面しているジレンマである[26]」。

三　第二次ニューディール（一九三五〜一九三八年）

1　第二次ニューディールの「左旋回」

一九三五年の夏以降、ルーズヴェルトは巧みに政権の統一を維持しながら、第二次ニューディールの「百日間」に乗り出していく。第二次ニューディールは、ロングなどポピュリスト的な格差是正要求を吸収するために労働者や大衆の要求をくみ取るメッセージを強く発し、労働長官のF・パーキンスの表現を借りれば、政権の姿勢をそれまでよりも明確に「中道寄りやや左」に旋回させることとなった。

第二次ニューディールでは、事業促進局などを通じて引き続き失業対策が継続されるとともに、全国労働関係法（ワグナー法）によって労働者の最低賃金や団結権が強化され、労働者側への援助が明確化された。しかし、第二次ニューディールの目玉は何より、年金、失業保険、身体障害者に対する生活扶助などを定めた社会保障法であり、この全国的な整備の発表は、ドイツやイギリスに先立つものでさえあった。

このような社会保障制度の確立を踏まえ、一九三八年の年次教書で、ルーズヴェルトは次のように述べている。「政府はついに自国民の福祉に責任を持つようになった。もし私的な協力の努力をしても、働く意欲のある人々に職を与えられない場合には、その人たちの困難は自分の責任ではないのであるから、彼らは政府に援助を求める権利がある。そしてその政府が政府の名にふさわしい政府ならば、適切な応答を与えなければならない」。

元来、一九一〇年代に革新主義を進めたのはセオドア・ルーズヴェルトの共和党であり、経済に対する国家介入政策は民主、共和両党に存在していた。しかし一九三〇年代のニューディールに至り、アメリカにおける国家介入政策は「リベラル」という言葉で括り直され、ルーズヴェルトは実像以上にそれを民主党の専売特許として打ち出したといえる。ルーズヴェルトは、社会政策における二大政党の差異を強調し、「近代史上、アメリカの二大政党が今日ほど対照的な立場にたち、きわだった相違を示したことはない」と述べている。

一九三五年以降の第二次ニューディールの「左旋回」は、ニューディールをめぐる賛否をさらに先鋭化させ、世論を大きく二分し、政治の流動化と運動的要素を高揚させた。そしてルーズヴェルトは、その巧みな政治感覚によって、このような流動的状況における対立軸を整理し、自身に有利なように演出して国民の前に提示した。同時代のリップマンは、ルーズヴェルトによる「左旋回」を、保守派に対しては政権が全国産業復興法（NIRA）の違憲判決（一九三五年五月）からの立ち直りを示し、ロングらポピュリストに対してはそのルーズヴェルト批判を無効化させるものであり、「FDR一流の策動」であると捉えている。「ルーズヴェルトは驚くほど自信に満ちており、その政治的洞察力は薄気味悪いほど的確です」[27]（リップマン）。一九三六年の大統領選挙は、このような情勢のなかで行われた。

2　ルーズヴェルト二選とラスキとの親交

一九三六年の大統領選は、明確にニューディールの是非をめぐり争われることになる。ルーズヴェルトは、実際以上に実業界や共和党との敵対関係を演出し、自身が労働者と農民の代弁者であるという構図を浮き上がらせた。大統領選の最中、ルーズヴェルトは有名なマディソン広場演説で、独占資本を「経済的王党派」、「わが内部の敵」と決めつけ、それらに果敢に立ち向かう自らの姿を鮮明に印象づけている。「今日、ビジネス界は私への憎悪だけで団結しており、わが国の歴史上、一人の候補にこれほど包囲網が形成されたことはない。彼らは私への憎悪において完全に一致している――私は彼らの憎悪を歓迎し、その憎しみを受けて今ここに立ちあがる」。

一九三六年大統領選挙におけるキャンペーンは、ルーズヴェルトの政治的才覚がいかんなく発揮された好例であり、ルーズヴェルトは共和党のA・ランドンをかつてない圧倒的大差で破り二選を果たした。この選挙におけるルーズヴェルトの支持基盤は旧来の民主党支持層を大きく拡大させたものであり、これ以降、労働者、失業者、女性、移民、黒人および東部のリベラル知識人層などが民主党の固定的な支持基盤、いわゆる「ルーズヴェルト連合（Roosevelt Coalition）」を形成し、その後のアメリカ政治を大きく規定していくことになる。

この大統領選の直前、ラスキの親友でルーズヴェルトの「ブレイン・トラスト」の一人であったフランクフルターが、ヨーロッパの政治情勢についての助言者に相応しい人物として、ラスキをルーズヴェルトに紹介している[28]。ラスキとルーズヴェルトは一九三五年四月、ホワイトハウスで初めて面会、両者はすぐに互いの思想的および性格的な相性の良さを確信し、それ以降、書簡のやり取りやラスキ訪米の際の表敬訪問を通じて、両者は密接な個人的関係を構築していくことになる。

第二次ニューディール期以降、ラスキは、フランクフルターと並んで、ルーズヴェルトの非公式の政治アドヴァイザーの位置にいたといっても過言ではない。とりわけ、全国産業復興法（NIRA）に対する最高裁の違憲判決など、ルーズヴェルトが窮地に陥るたびに、ラスキは大統領を励まし、事態打開のための政治的戦略について助言し、アメリカにおけるニューディールの前進がヨーロッパに社会主義をもたらす影響の大きさを力説する役割を担った。

このような個人的関係を通して、ラスキはニューディールへの全幅の支持を表明するとともに、むしろルーズヴェルトに影響を与えてニューディールを方向付けていこうとさえするようになる。(29) 他方、ルーズヴェルトとフランクフルターはラスキの急進的社会主義に対してしばしば反対の意を示したが、彼らとラスキの書簡が示すところでは、「しかし、ルーズヴェルトはラスキを敬愛しており、フランクフルターはラスキを愛していた」(30)。ラスキがルーズヴェルトの意思決定にどれだけ実質的な影響を与えたのかは不明だが、ルーズヴェルトの返信はたいてい暖かく感謝に満ちたものであった。

しかしながら、ラスキとルーズヴェルトとの関係の親密化にともない、ラスキの影響力は実情以上に過大視されつつ、アメリカの保守派からの批判を招くことにもなった。元来、アメリカのマルクス主義者の著作が教条的であったため、むしろイギリス人ラスキの著作がそれに代替し、「彼は合衆国で、アメリカ国内のマルクス主義者の誰よりもはるかに強い影響力をもった(31)」人物であった。共和党の保守派にとって、このイギリス労働党のブレーンは大西洋の向こうからやってくる「不吉な知らせの鳥」であり、アメリカの民主党に対して社会主義的政策と政治戦術を伝承するフィクサーとして映るようになっていった。彼らにとってラスキは、ブランダイスやフランクフルターといったユダヤ系知識人と同様、典型的な「都市型インテリ左翼ユダヤ人」を代表するような人物であり、ラスキは保守派のメディアからしばしばニューディールを陰であやつる「ジューディール（Jew Deal）」と攻撃されることとなった(32)。

3　ニューディールへの攻撃

一九三三年以降のルーズヴェルトの施政は、かつてないほど強化された大統領権限と、それを支持する国民人気という基盤に支えられたものであったといえる。しかし他方、アメリカの政治制度は元来、行政権の突出を許さない三権分立、連邦権力の肥大化を規制する州権力など、多元的な権力抑制原理を含むものであった。行政権を積極的に行使するルーズヴェルトのリーダーシップは、このような対抗的制約の度重なる挑戦を受けながら、政治のダイナミズムを生み出していった。

第一にニューディール批判の声を挙げたのは、経済界であった。大恐慌に直面した経済界は、それが経済の自律的メカニズムによって克服できないと悟ると、当初は政府の景気回復策を期待したが、景気が持ち直し始めると、転じてニューディールによる経済規制を企業活動の桎梏と捉えるようになった。もちろん、ニューディールの主要立法に対するビジネス界の関与はニューディール史研究において大きな論争点の一つであり、北部の企業家たちがニューディール立法を部分的に容認あるいは推進したという見方も可能である。しかし少なくともラスキの同時代認識は、経済界はニューディールを「しのびよる社会主義（Creeping Socialism）」として排撃する抵抗勢力であるとするものであった。

事実、第一次ニューディール期には、ルーズヴェルトの進める経済改革は「ケレンスキー型の社会主義的経済政策」であるという批判が、定義もあいまいなまま流布し、ニューディールの危険性を印象づける心理的影響を残した。またニューディールは、強力な行政権を発動する指導者により、広範な政治運動の基盤の上に遂行されたという点において、同時代のドイツやイタリアで進行していたファシズムの一種であるという批判も盛んに論じられた。

ニューディール批判の第二は、司法である。連邦最高裁判所は、当初リベラル派と保守派がほぼ拮抗し、非常時対策としてニューディール政策を静観していた。しかし一九三五年以降、中間派の判事が保守派に合流しはじめ、最高裁判事の全員一致でニューディール政策の中心である全国産業復興法（ＮＩＲＡ）に、次いで農業調整法（ＡＡＡ）に違憲判決が出され、ニューディールに対する切り崩しを図るようになった。最高裁判決の根拠は、行政部の権限の肥大化が三権分立原則を逸脱しているという点、および連邦政府の権力肥大が州政府の権限を侵蝕しているという点にあった。

ラスキはこのような最高裁判所の法理を「ビジネスマンの哲学」を反映したものと捉え、最高裁のアメリカ憲法解釈に潜むイデオロギー性を強く指摘している。アメリカでは、大統領による経済政策は裁判所の見解によって制限されており、その裁判所の見解は財産権を死活的利益とする一階級の影響力によって決定されている。「立憲制度の枠内で、政治力の経済力への従属についての、これ以上顕著な例はない(33)」。ラスキは、アメリカにおける最高裁判所の階級的役割をイギリスにおける上院のそれと同等視している。

ニューディールに立ちはだかる第三の障壁は、議会である。ラスキによれば、「反大統領的であることがアメリカ議会の本能的なそして生まれつきの傾向」であり、「議会の歴史、とりわけ上院のそれは、ある視点からすれば、大統領を傀儡化させようとする不断の試みであると要約することができよう[34]」としている。

このような議会と大統領との制度的対立は、一九二〇年代の共和党政権期にはそれほど表面化しなかった。ハーディング、クーリッジ、フーヴァーは、行政権の肥大化を自制するという建前の下、その行使には極めて抑制的であり、共和党政権期は「大統領の側の意識的な権力放棄の時代であった[35]」からである。しかしながら、「自身の職権についてのフランクリン・ルーズヴェルトの解釈は、極めて積極的である。外交であれ内政であれ、議会が審議を強いられる課題はことごとく、大統領が審議を要求した課題である[36]」。そして、大統領と意見の違いを見いだしたときほど議会が活躍する時はなく、したがって大統領にとって、「議会は彼の施政の信用を傷つけるためにのみ存在するものである事を確信してよい[37]」のである。

ラスキは、ニューディールに対して加えられる様々な制約、攻撃、対抗運動といった趨勢のうちに、アメリカ社会における政治と経済の拮抗関係、民主的基盤に基づく行政権の行使とそれに反発する強固な経済構造とが織りなすダイナミズムを見てとっている。

4 ルーズヴェルト三選

一九三九年、ラスキは七カ月間にわたるアメリカ長期滞在を行い、その感想を『ニュー・リパブリック』誌に二回にわたり掲載。アメリカでは、ソ連と同様に、経済危機や自然災害など個人の責任を越えた苦難が生じた時、必ず政府という保障が存在するという感覚が醸成されているという[38]。「ニューディールは、その限界が何であれ、路頭にあふれる人々に、国家とは、よかれ悪しかれ、その活動が彼らの人生を変えることができる肯定的な道具（positive instrument）であると実感させることに成功してきた[39]」。

またラスキは、同年、ルーズヴェルトの演説集に序文を寄せ、「連邦政府は……アメリカ史に前例のないほど、大衆の物質的福利厚生に対して、巨大な責任を負うように迫られて」おり、ニューディールがその要求に応えることによって、「とりわけ労働者階級のあいだにおいて……国家の実感（sense of the state）が醸成された[40]」と述べている。

しかしながら、アメリカではワシントン以来、大統領任期は二期八年が慣例化しており、ルーズヴェルトにとって三選出馬はデリケートな問題であった。ここにおいてアメリカの政局の推移を決定づけたのは、一九三九年九月、ドイツのポーランド侵攻によって勃発した第二次世界大戦であったといえよう。ルーズヴェルトは当初は伝統的モンロー主義の立場からヨーロッパ情勢を中立的に静観していたが、「すべてのアメリカ人がその考えにおいても中立であることを期待するものではない」とする談話を発表し、連合国側の勝利を求めるというメッセージは明確であった。

自らの三選出馬については慎重に世論の動向や党内情勢を見極めていたルーズヴェルトだが、一九四〇年夏のフランス降伏などヨーロッパ戦線の危機的状況をうけ、結局、リンカンの格言「川の途中で馬を乗りかえるな」という世論に押される形で、一九四〇年の大統領選挙に三選出馬。アメリカの知識人はおおむねこの決断に好意的であり、ラスキも、二期八年という慣行はワシントンに固有の偶然的事情にすぎないとして、ルーズヴェルト三選出馬を支持している。

一九四〇年の大統領選の争点は、これまでのニューディールに対する一大審判である以上に、ナチスのヨーロッパ席巻を前に、第二次大戦の連合国指導者としてのルーズヴェルトに対する信任投票であったといえる。共和党の有力議員は「ルーズヴェルトはウェンデル・ウィルキーを相手にしていない、アドルフ・ヒトラーが相手なのだ」と漏らし、ラスキもまたルーズヴェルト大統領に三選をもたらした立役者は、ヒトラーであり、またムッソリーニであると見ていた。ルーズヴェルトがウィルキーを破り三選を果たすと、ラスキはアメリカからの新聞を「飢えるように読み」、ルーズヴェルトに熱い祝意を送っている[41]。ラスキは、三選によってようやく、ニューディールで進められた労働者保護や社会保障が「アメリカの国民的伝統の一部[42]」として確立されたとし、またフランクフルターには、ファシズムが席巻する世界においで、ホワイトハウスにルーズヴェルトがいることは、「恐ろしい砂漠のなかのオアシス」であると祝意を述べている。

四　『アメリカの大統領制（American Presidency）』（一九四〇年）

1　『アメリカの大統領制』の方法論

一九四〇年の大統領選の最中、ラスキはインディアナ大学での出張講義を基に『アメリカの大統領制（*American Presidency*）』を出版する。同書の主旋律は、民主的基盤に依拠しながら拡大されていく大統領権限に着目し、その大胆な権力行使を正当化するものであった。同書はそのタイムリーな出版時期から、学術論文の体裁を纏ったルーズヴェルトへの援護射撃といえるものであり、事実、ラスキはルーズヴェルトへの私信で次のように述べている。「いわゆる教授たちが言うところの適切な『客観性』を保たせたつもりですが、内容はあなたの敵対者たちをひどく激怒させるでしょう。学術的な装いの下で時事的な本を書くことほど面白いことはありません(43)」。同書は、アメリカの読者層に広く受け入れられ、アメリカにおけるラスキの著作のなかでは最も販売部数の多いものとなった(44)。

『アメリカの大統領制』は、ラスキによる政治家論やリーダーシップ論が存分に展開されている点に特徴がある。元来、ラスキの歴史叙述や社会認識には、大別して三つの方法論的特徴があったといえる。第一にマルクス主義的な下部構造重視論で、生産関係や階級関係などから現象を捉えるこの視点は、唯物史観を受容したとされる一九三〇年代の著作、とりわけ『国家――理論と実際（*The State in Theory and Practice*）』（一九三五年）や『ヨーロッパ自由主義の発達（*The Rise of European Liberalism*）』（一九三六年）などに明瞭に示されている。

第二に文化や伝統、宗教、メディア、人種、国民性などの人類学的考察から社会の権力構造を分析する、いわば上部構造からの視点であり、この分析視角は戦後の大著『アメリカのデモクラシー（*American Democracy*）』（一九四八年）に代表されるといえよう。

そして第三に、偉大な思想家や卓越した政治家個人の意志や決断力、リーダーシップなど属人的要素への着目であり、ここにおいて、一九四〇年の『アメリカの大統領制』は、ラスキの政治認識における属人的要素への着目が最も明瞭に浮き上がっている著作といえる。一九三〇年代以降はマルクス主義を受容したとされるラスキだが、その後も、歴史において「偉大な個人」が果す類まれなリーダーシップや現状変革能力への着眼は常に留保されており、そのような属人的要素への関心は、ラスキにおいては下部構造重視論と矛盾なく並存していたといえる。

ラスキのアメリカ論における属人的要素への着目は、いうまでもなくルーズヴェルトのパーソナリティやリーダーシップの分析として現れる。ラスキはルーズヴェルトを、「いかなる角度から見ても、第一次大戦後の世界の最も重要な政治家」とし、そのパーソナリティを精査することは、民主的な政府が孕むダイナミズムについての洞察、さらには「リーダーシップとは何か、それが政治システムを利用して国家を有意義なものにする可能性、経済権力と政治権力との相互作用、設定された目的に対する正しい手段の選択という問題、顕著な世論を喚起する政治的能力などの問題についての洞察を与えてくれる[45]」と述べている。

一九三〇年代のラスキは、一方において下部構造を重視するマルクス主義の社会認識に最も接近しながら、他方において、アメリカ政治分析においては政治家ルーズヴェルトのパーソナリティに着目し、そのリーダーシップが現実を変革していく事実を、下部構造とは別の領域において捉えていたのである。

2 ルーズヴェルトの思想

ラスキは、ルーズヴェルトの思想や政治的理念は決して「社会主義者（socialist）」ではなく、「言葉の肯定的な意味でリベラルである」とする。そして、そのようなルーズヴェルトのリベラリズムとは、「自分では統御できない巨大な経済的運命に抗う市井の人々に対する、貴族的な同情」と、「合衆国が安寧を維持するためには、時代が急速に変化する時は、それに対する制度も急速に順応しなければならないという彼の信念」から成り立っているという[46]。

事実、ルーズヴェルトは、一九三二年大統領選に際し、文明を一本の老木に例えながら、「ラディカルは『切り倒せ』といい、コンサヴァティブは『手を触れるな』というが、リベラルは中間をとって、『古い幹と新しい枝を育てるために剪定しよう』という」[47]と述べている。ルーズヴェルトには、フロンティア消滅後のアメリカの変化を捉える時代認識と、連邦政府の機能をそれに対応させていく順応力があったといえよう。

しかし、ルーズヴェルトには体系的な思想や主義があったわけではなく、ニューディールもそのような哲学や信念とは無縁であった。事実、ルーズヴェルト政権の労働長官であったパーキンスは、ルーズヴェルトがある新聞記者から自身の政治哲学を問われ、ぶっきらぼうに、「哲学ですか。私はキリスト教徒で、民主党員（Democrat）です。それだけだな」と答えた逸話を紹介している。[48]

このように、ルーズヴェルトには原理的な主義というものはなく、政局と政策の双方において「日和見主義者（opportunist）としての貴族」（R・ホフスタッター）とでもいうべきものであった。しかしこのような折衷主義的性格こそ、ルーズヴェルトに、状況に応じた臨機応変な政権対応を可能にさせ、その政治的統合力と強いリーダーシップを可能にさせる政治的資源であった。ラスキはルーズヴェルトの折衷的で実験的な性格を肯定的に捉え、次のように述べる。「彼は命令し、説得し、懐柔し、警告し、脅迫する。状況の複雑さに応じた彼の巧みな対応は多様である。しかしその多様さは、人間の内面の不安定さからに由来するものではなく、困難で海図のない大海を航行する巨大な船をつかさどるキャプテンの必要性から来るものである」[49]。

また、ルーズヴェルトの発想に学問的根拠がなかったことは、J・M・ケインズと面会した際に、ルーズヴェルトが経済学の基本事項をほとんど知らないことにケインズが驚いたという逸話でもよく知られている。ホフスタッターによれば、ルーズヴェルトの経済的知識は聞きかじり程度で、「一度、関税問題に関する選挙演説原稿の準備中、二つの全く対立する考え方が出された際、ローズヴェルトは気軽に、『両方をつき混ぜ』たらよかろうといってモーレイに二の句をつげさせなかった」[50]という。ルーズヴェルトの思考スタイルは、徹頭徹尾、実験的、実際的、そして印象本位であった。

しかし、ニューディールを牽引したのは、まさにそのような即興的で実験的なルーズヴェルトのパーソナリティであり、ホフスタッターが述べるように、「ニューディールの奥底にあったものは、哲学ではなく気質（temperament）であった」[51]。そしてそのような実験的気質が、先入観にとらわれず、ドグマを排し、試行錯誤の中からプラグマティックに方針を打ち立て、アメリカ経済の活性化のためなら何でも斬新に実験してみる、問題解決的思考方式を可能にしたといえる。[52] その意味で、ニューディールとは「偉大な即興」（リップマン）であった。

3 ルーズヴェルトのリーダーシップ

大規模な経済改革を遂行するにあたり、政治家のリーダーシップは、政治運動による下からの圧力とともに、「政治の自律性」を根拠づける重要な要因であった。ではルーズヴェルトの政治的リーダーシップにはどのような特徴があっただろうか。

ルーズヴェルトの政治手法で特筆すべき第一は、様々に異なる立場や傾向を持った人材を一〇年以上にわたりまとめあげてきた、その統率力である。ルーズヴェルトを支えた「ブレイン・トラスト」は、もしルーズヴェルトがいなければばらばらに分散していたような多様な個人や集団からなっていたが、ルーズヴェルトは巧みな政治手腕でこれらの人々を繋ぎあわせた。

かつて一九三〇年代の初頭、リップマンは、ルーズヴェルトが多様な集団に八方美人を貫くことは不可能なので、ルーズヴェルトの支持者は遅かれ早かれ失望を味わうだろうと踏んでいた。[53] しかし事実は、ルーズヴェルトは、相互に異なる多様な政治勢力をニューディールの目的の下に結びつける、扇の要の役割を通したのであり、それはひとえに「ルーズヴェルトの特別な個人的性格」によるものであった。[54]

ルーズヴェルトの政治手法の特徴の第二は、自身に対する反対勢力をわかりやすく刺激的な言葉で定義し、自らがそのような巨大な反対勢力に果敢に挑んでいるという印象を国民に強く印象づける、敵対関係の巧みな演出である。それは、「ビジネス界は一致して私を憎んでおり、私はその憎悪ゆえにますます力強く立ち上がる」と宣言した、一九三六年大統領選における有名なマディソン広場演説にも示されている。このような政治戦術によって、一九三六年の大統領選では、ルーズヴェルトは民主共和両党の対立図式になって以来未曾有の大勝利を収めることになった。

しかし同時に、ルーズヴェルトによる政敵批判は、その苛烈で刺激的な言辞とは裏腹に、どこか茶目っ気があり、演説の調子は全体として陽気であった。また経済界やウォール街を批判する際も、「溺れているのを助けてもらったのに帽子が流されたと救助者に怒る老人」、「医者を呪うことしか知らない退院したばかりの患者」などと、わかりやすくユーモアのある例えを忘れなかった。ルーズヴェルトの対人関係におけるその調子がまた、単に相手を批判するだけでなく、批判のなかにも人間味を醸し出し、聴衆を楽しませ、いつのまにか政敵それ自体をも懐柔していく、ルーズヴェルトの政治的手腕であったといえよう。

ルーズヴェルトの政治手法の第三の特徴は、自身に味方する世論を喚起し、政治運動を盛り上げる手腕の巧みさであった。ラスキによれば、大統領の権力をとりまく多元的制約の中で、大統領が依拠しえる最大の政治的資源は国民世論であり、それは大統領が自身のために動員しえる最も重要な政治的遺産であった(55)。国民は大統領に統合の象徴と政治的リーダーシップを求め、逆に大統領は権力分立による政治的均衡のなかで直接に国民世論に支持調達を求める。そして、就任直後からラジオを通じた「炉辺談義」によって大衆の生活のなかに入り込んだルーズヴェルトは、政治の課題と民衆生活とを結びつけ、国民世論を自らの政治的な「切り札(trump)」として味方につけるという点において巧みであった(56)。自分に有利な世論を喚起し、それを作り上げていくルーズヴェルトの手腕は、ニューディールを単に一連の「政策」とするだけでなく、持続的なキャンペーンを通じた「運動」へと展開させる動因となっていく。

このようなラスキのルーズヴェルト評価は、多くの場合、ラスキによる「理想の政治家像」の詳述でもあったといえる。ラスキにとって理想的な大統領像とは、有権者との親近性と異質性の双方をあわせ持つ存在、すなわち、「彼は民衆との接点を決して失ってはならず」、「彼は普通の民衆の胸のなかに漠然とある渇望を、はっきりと表現してやるようでなければならない」が、それと同時に、「彼は決して民衆に支配されてはならない(57)」ような人物であった。それはまさに、R・ピールが述べるような「意見は衆と同じく、人間は衆と異なる人間」、W・バジョットが述べるような「凡庸な意見を持った非凡な人物(uncommon man of common opinions)」であった。

そしてルーズヴェルトこそ、大衆デモクラシーの時代におけるある種の理想的なリーダーシップ像を体現する存在であったといえる。ルーズヴェルトという稀代の政治家のリーダーシップに導かれながら、大衆的基盤に依拠したニューディールという「運動」が、アメリカの巨大な経済的規定力を打破しえるかどうかこそ、ラスキが着目した一九三〇年代アメリカ政治のダイナミズムであった。

五　戦後ラスキのニューディール評価

ヨーロッパ戦線での戦況の推移につれ、連合国支援の姿勢を明瞭にしつつ参戦の口実を窺っていたルーズヴェルトは、一九四一年の真珠湾攻撃を契機に公然と参戦。一九四四年、第二次大戦の長期化を受け、ルーズヴェルトはほぼ無風で四選される。しかし、この時すでにルーズヴェルトの体力の衰えは明らかであり、一九四五年二月のヤルタ会談に出席した後、ルーズヴェルトは同年四月に死去する。

戦後、ラスキは『アメリカのデモクラシー』（一九四八年）、『新しい社会における労働組合（*Trade Unions in the New Society*）』（一九五〇年）などの著作でニューディールへの最終的評価を下している。ニューディールはその後のアメリカ新左翼史学の立場から、「資本主義体制を救済するための国家権力と独占資本との結合」として批判されることになるが、それは同時に、まさにその結合によって国家機構と資本主義の双方の性格変容を招くものでもあった。そしてラスキのニューディール評価も、この点に関わるものであった。

ラスキは、ニューディールの肯定的遺産として、第一にそれがもたらしたアメリカ国家の性格変容を挙げる。ニューディールは、一九二〇年代末から徐々に拡大しつつあった国家機構を失業救済のための道具へと転化し、それによってアメリカ国家の性格変容を招いた。このような国家機構の性格変容、すなわち福祉国家化は、失業者や労働者、黒人層など「忘れられた人々（forgotten people）」に「国家の感覚（the sense of state）」を実感させ、彼らを体制の疎外者から体制の受益者へと包摂し、体制への信頼回復と国民統合を可能にするものであった。

第二に、ニューディールを通した連邦政府の機能拡大と大統領の権力増加は、それによって資本主義にも一定の体質改善をもたらしたといえる。景気回復や市場動向に対する連邦政府の影響が自明視され、銀行に対する政府規制も強化された。農民の利益保証や労働者保護、社会防衛の必要も政府の任務であるという意識が一般化した。これは、民主的正統性を持つ政治による、行政や国家機構を通じた、資本主義の経済原理に対する一定の抑制、制御といえるであろう。

しかし、ラスキは、ニューディールの限界もまた指摘している。第一に、ニューディールとは結局、失業や貧困の「撲滅」ではなく「緩和」を目指したものであり、「社会福祉国家の限定版のようなもの」[58]にすぎないものでもあった。ラスキはルーズヴェルトが行った社会政策を「T・H・グリーンやホブハウスが、根本的に考慮すべき原則と考えたような、自由主義的立法を示すいくつかの例」と同等視し、一九三〇年代のニューディール政治を、「一九〇六年から一九一四年にかけてのイギリスにおける自由党政府を連想させるようなもの」[59]ともしている。[60]

ニューディールの第二の限界は、それがまさにルーズヴェルトの属人的要素によって推進された事実の裏返しとして、ルーズヴェルト死後、それがまとまった政治勢力としては著しく弱体化した点であった。ルーズヴェルトは、自分の下に集まる雑多な人々に共通点を見つけだし、結果的にアメリカにおける最広義のリベラル勢力を政治的に統合することができた。しかし、ニューディールの持続的展開は「ルーズヴェルトの特別な個人的性格」[61]に大きく依存し、それゆえ、結果的にルーズヴェルトの死後急速に分散していく。もちろん、ルーズヴェルト死後も、妻のエレノアやH・ウォレス、P・モーレイといった政治家や著名人が、ニューディールを継承しようと努めた。しかしながらこれらの勢力は政治的実権においては脆弱であり、広範に統合された政治勢力として権力の中枢を担うということはもはやなかった。[62]

戦後のラスキは、南部民主党員と共和党との間の事実上の同盟によってルーズヴェルトの政治は消滅し、アメリカ政治は一九三三年以前の風景に戻りつつあるとしている。[63] 一九三〇年代のニューディールは、結果的にルーズヴェルトの個人的運命とその道程をともにしていたのであった。

六　結論

以上を踏まえながら、最後に、ラスキのニューディール論の意味を再考しておきたい。冒頭に触れたように、戦後のラスキ解釈を規定してきたディーンによれば、「マルクス主義的信仰への帰依」を示した一九三〇年代以降のラスキにおいては、その経済決定論の主張によってもはや現実の正確な認識は不可能になり、「政治は独立変数として実質的には消滅してしまっている(64)」とされてきた。しかし、ラスキのニューディール論を考察することは、一九三〇年代のラスキを通俗図式的なマルクス主義者と位置づけるこのような解釈の一面性、イデオロギー性を最も如実に暴露することになるであろう。ラスキのアメリカ論ほど、リーダーシップと政治運動が強固な経済構造を改変する可能性に対するラスキの期待、すなわちラスキにおける「政治」の契機が前景化される主題はないからである。

たしかに一九三〇年代のラスキは、政治に対する経済的権力の強い影響力を誰よりも深く認識し強調もしていた。しかし同時に、そのような経済的権力の重視は、はたして民主的な圧力が既存の立憲的制度の活用を通じて経済構造を打破する力を持ちえているのかという、強い同時代的な関心の裏返しであったといえる。さらにいえば、政治的現実を規定する経済構造に対するラスキの悲観主義的なまでの強調は、逆説的にも、それを覆い返すリーダーシップと民主政治の圧力、すなわち「政治の自律性」を探究するための準備作業に他ならなかったとさえいえよう。

そのような視点からラスキのニューディール論を見るとき、政治に関する経済決定論的発想ほどラスキと無縁なものはなく、したがって、マルクス主義を受容して以降、ラスキにおいて「政治」への視点は消滅してしまったという切り捨て方ほど、ラスキの政治学が孕む思想的豊饒さを捨象してしまう解釈はないといえる。ラスキによる一九三〇年代アメリカ政治論は、資本主義社会において「政治」が規定されている構造的条件を認識しつつ、他方で「政治」がそれ独自のダイナミズムによって経済構造に影響を与える、その自律性に対する着眼であった。ニューディールを追うラスキの視点は、何よりも「独立変数としての政治」に向けられているのであり、その意味でラスキは「政治の自律性」を誰よりも強く希求した論者であったといえる。

一九三〇年代のアメリカを舞台にラスキが探究した「政治の自律性」は、第二次大戦期のイギリスにおいて、「民主的な政治圧力が行政権力を通じて下部構造を変革しえるか」という「同意革命論」の試みへとつながることになる。一九三〇年代から四〇年代にかけてのラスキの思想変遷は、換言すれば、「この問いの答えが『イエス』であることを切望し」[65]（R・ミリバンド）、「この問いに対し、肯定型で（in the affirmative）応えようと模索し続けた」[66]（P・ラム）軌跡であったといえる。「マルクス主義者ラスキ」によるリーダーシップへの期待は、ラスキについての新たな像を提示するとともに、「政治」への過信と絶望との双方を拒否し、「政治」に対する適切な希望の持ち方を定位する上で、一つの重要な選択肢を示すものといえよう。

※本稿の内容に関し、匿名の二人の査読者から、とりわけニューディール史研究の最新動向について、丁寧かつ貴重なコメントを頂いた。記して感謝したい。

（1）森政稔「現代アメリカと『政治的なもの』の危機」、『現代思想』第三〇巻第一二号、二〇〇二年、二一四―七頁。

（2）K. Martin, *Harold Laski: A Biographical Memoir*, Victor Gollancz, 1953, p. 93（山田文雄訳『ハロルド・ラスキ―一社会主義者の歩み』、社会思想研究会出版部、一九五五年、一二七頁）.

（3）H. A. Deane, *The Political Ideas of Harold J. Laski*, Columbia University Press, 1955, p. 192（野村博訳『ハロルド・ラスキの政治思想』、法律文化社、一九七七年、一九三頁）.

（4）ラスキは、一九一九年には、『ニュー・リパブリック』の同僚たちとともに、LSEをモデルとした研究教育機関の必要性に共鳴し、ニューヨークのニュー・スクール（New School for Social Research）の設立にも尽力し、創立初期の非常勤講師（lectuerer）として講義を行っている（*New School Bulletin*, Vol. vii, No. 36, May 8, 1950）。

（5）ハーバード時代のラスキの教え子であった、歴史学者のC・ブリントンは、一九六四年に次のように回想している。「一九一九年当時のハーバード大学は、今日〔一九六四年〕のそれに比べれば非常に保守的な場所で、ラスキには少なからぬ支持者や応援団がいたが、しかしどんな意見調査をしてみても、少なくとも六対四の比率でラスキに分が悪かったであろう」（Letter from C. Brinton to L. Winship, 5 February, 1964）。

（6）K. Martin, *Harold Laski: A Biographical Memoir*, Victor Gollancz, 1953, p. 44（山田文雄訳『ハロルド・ラスキ―一社会主義者の歩み』、社会思想研究会出版部、一九五五年、五六頁）.

（7）I. Kramnick & B. Sheerman, *Harold Laski: A Life on the Left*, The Penguin Press, 1993, p. 125.

（8）K. Martin, *Harold Laski: A Biographical Memoir*, Victor Gollancz, 1953, p. 44（山田文雄訳『ハロルド・ラスキ――一社会主義者の歩み』、社会思想研究会出版部、一九五五年、五六頁）.

（9）BBC, 'Justice Felix Frankfurter's Contribution to The BBC's Harold Laski Programme', 15 November, 1961, p. 4.

（10）H. J. Laski et al. *I Believe: The Personal Philosophies of Twenty-Three Eminent Men and Women of Our Time*, George Allen & Unwin, 1940, p. 166.

（11）R. Frankel, *Observing America: The Commentary of British Visitors to the United States, 1890-1950*, The University of Wisconsin Press, 2007, p. 135.

（12）H. J. Laski, 'American Scene', in *New Republic*, 18 January, 1928.

（13）G. D. Best, *Harold Laski and American Liberalism*, Transaction Publishers, 2004, p. 40.

（14）Letter from H. J. Laski to O. W. Holmes, 12 November, 1932, *Holmes-Laski Letters: The Correspondence of Mr. Justice Holmes and Harold J. Laski 1916-1935*, Vol II, Harvard University Press, 1953, p. 1416.

（15）H. J. Laski, "What Will Mr. Roosevelt Mean to Europe", in *Labour Magazine*, Vol. 11, No. 8, 1932.

（16）H. J. Laski, "President Roosevelt and Foreign Opinion", in *The Yale Review*, Vol. XXII, 1933, p. 712.

（17）A. M. Schlesinger Jr, *The Age of Roosevelt: The Coming of the New Deal*, The Riberside Press, 1960, p. 1（佐々木専三郎訳『ローズヴェルトの時代 II――ニューディール登場』、論争社、一九六三年、三頁）.

（18）H. J. Laski, "The Roosevelt Experiment", in *The Atlantic Monthly*, Vol. 153, No. 2, February, 1934, p. 144.

（19）*Ibid*, p. 149.

（20）A. M. Schlesinger Jr. *The Age of Roosevelt: The Coming of the New Deal*, The Riberside Press, 1960, p. 114（佐々木専三郎訳『ローズヴェルトの時代 II――ニューディール登場』、論争社、一九六三年、九六頁）.

（21）H. J. Laski, "The Roosevelt Experiment", in *The Atlantic Monthly*, Vol. 153, No. 2, February, 1934, p. 143.

（22）*Ibid*, p. 144. ニューディールとソ連の実験を並列視するラスキの意図は、米ソ両国が二つの異なった地点から出発しながらも、二つの体制が根本的に異質なものではないと示すことによって、ニューディールを「社会主義のアメリカ」へ至るための体系的改革として位置づけるとともに、他方でスターリン体制の政治的自由化、民主化を促すという側面があったともいえる。

(23) Letter from H. J. Laski to O. W. Holmes, 28 January, 1934, *Holmes-Laski Letters: The Correspondence of Mr. Justice Holmes and Harold J. Laski 1916-1935*, Vol II, Harvard University Press, 1953, p. 1466.

(24) H. J. Laski, "The Roosevelt Experiment", in *The Atlantic Monthly*, Vol. 153, No. 2, February 1934, p. 150. ちなみに、R・ソルトウは、ラスキのアメリカ認識について次の傾向を指摘している。「イギリスに関するラスキの見解が時に過度に絶望的になりがちだったのに対し、アメリカに対する見解は過度に楽観的になる傾向があった」(R. H. Soltau, "Professor Laski and Political Science", in *The Political Quarterly*, Vol. XXI, No. 3, July-September, 1950, p. 309)。

(25) *Ibid*, p. 144.

(26) *Ibid*, p. 149.

(27) R. Steel, *Walter Lippman and the American Century*, An Atlantic Monthly Press Book, 1980, p. 311(浅野輔訳『現代史の目撃者:リップマンとアメリカの世紀(下巻)』、TBSブリタニカ、一九八二年、三七頁). リップマンやJ・デューイなどアメリカ知識人によるニューディール評価については、井上弘貴「ニューディールの挑戦、ニューディールへの挑戦―リベラリズムの転機と合衆国の知識人たち」、『政治思想研究』第一二号、二〇一二年を参照。

(28) I. Kramnick & B. Sheerman, *Harold Laski: A Life on the Left*, The Penguin Press, 1993, p. 398.

(29) M. Newman, *Harold Laski: A Political Biography*, The Macmillan Press, 1993, p. 181.

(30) M. Freedman annot, *Roosevelt and Frankfurter: Their Correspondence 1928-1945*, An Atlantic Monthly Press Book, 1967, p. 23.

(31) A. M. Schlesinger Jr, *The Age of Roosevelt: The Politics of Upheaval*, The Riberside Press, 1960, pp. 173-4(佐々木専三郎訳『ローズヴェルトの時代 Ⅲ―大変動期の政治』、論争社、一九六三年、一六〇頁).

(32) I. Kramnick & B. Sheerman, *Harold Laski: A Life on the Left*, The Penguin Press, 1993, p. 395.

(33) H. J. Laski, *The Rise of European Liberalism*, Allen & Unwin, 1936, p. 251(石上良平訳『ヨーロッパ自由主義の発達』、岩波書店、一九五一年、二五七頁).

(34) H. J. Laski, *American Presidency*, Grosset & Dunlap, 1940, p. 130(尾住秀雄訳『アメリカの大統領』、汎洋社、一九四一年、一六七頁).

(35) *Ibid*, p. 137(前掲書、一七五頁).

(36) *Ibid*, p. 140（前掲書、一七八頁）.
(37) *Ibid*, p. 119（前掲書、一五二頁）.
(38) H. J. Laski, "America Revisited: I", in *The New Republic*, July 12, 1939, p. 267.
(39) *Ibid*, p. 268.
(40) H. J. Laski, "The Public Papers and Address of Franklin D. Roosevelt", in *The University of Chicago Law Review*, 1938, p. 32.
(41) Letter from H. J. Laski to F. D. Roosevelt, 26 August, 1940, The Franklin D. Roosevelt Presidential Library, New York.
(42) H. J. Laski, "The Democratic Convention", in *The New Statesman and Nation*, 27 July, 1940, p. 81.
(43) Letter from H. J. Laski to F. D. Roosevelt, 19 August, 1939, The Franklin D. Roosevelt Presidential Library, New York.
(44) G. D. Best, *Harold Laski and American Liberalism*, Transaction Publishers, 2005, p. 110.
(45) H. J. Laski, "America", in *The New Statesman and Nation*, 25 June, 1938, p. 1090.
(46) H. J. Laski, "The Public Papers and Address of Franklin D. Roosevelt", in *The University of Chicago Law Review*, 1938, p. 24.
(47) William Safire, *The New Language of Politics: An Anecdotal Dictionary of Catchwords, Slogans, and Political Usage*, Random House, New York, 1968, p. 232.
(48) F. Parkins, *The Roosevelt I knew*, The Viking Press, 1946, p. 330.
(49) H. J. Laski, "The Public Papers and Addresses of Franklin D. Roosevelt", in *The University of Chicago Law Review*, Vol. 6, No. 1, December, 1938, p. 25.
(50) R. Hofstadter, *The American Political Tradition*, Vintage Books, 1948, p. 328（田口富久治・泉昌一訳『アメリカの政治的伝統Ⅱ—その形成者たち』、岩波書店、二〇〇八年、二二〇頁）.
(51) *Ibid*, p. 315（前掲書、二〇四頁）.
(52) 同時に、H・ジンは、ルーズヴェルトが「プラグマティスト」であったにもかかわらず、マルクス主義的な発想や言辞は決して自身の政策指針として受け入れなかったことを指摘している（H. Zinn, "Introduction", in *New Deal Thought*, Bobbes-Merrill Company, 1966, p. xxviii）。
(53) R. Steel, *Walter Lippman and the American Century*, An Atlantic Monthly Press Book, 1980, p. 291（浅野輔訳『現代史の目撃者：リップマンとアメリカの世紀（下巻）』、TBSブリタニカ、一九八二年、一三頁）.

（54）H. J. Laski, "The American Political Scene", in *The Nation*, 23 November, 1946, p. 582.

（55）H. J. Laski, *American Presidency*, Grosset & Dunlap, 1940, pp. 150-3（尾住秀雄訳『アメリカの大統領』、汎洋社、一九四一年、一九一—五頁）.

（56）H. J. Laski, "The Democratic Convention", in *The New Statesman and Nation*, July 27, 1940, p. 81. このようなリーダーシップへのラスキの関心は、同時代のアメリカの評論家クローリーの主張と重なるものであった。クローリーもまた、大統領権力は三権の中で唯一、政策の方向性を示すものであり、したがって大統領権力は議会や裁判所に対して優越的な地位を占めるべきだと考えていた。ラスキの親友マーティンは次のように述べている。「今日ラスキの著書『アメリカの大統領制』に眼を向けるならば、そして特にフランクリン・ルーズヴェルトやニューディールの分析に眼を向けるならば、その中にクローリーの強く主張する声、『リーダーシップ、リーダーシップ』という声を聞くことができるだろう」（K. Martin, *Harold Laski: A Biographical Memoir*, Victor Gollancz, 1953, p. 34）。

（57）H. J. Laski, "The Public Papers and Address of Franklin D. Roosevelt", in *The University of Chicago Law Review*, 1938, p. 28.

（58）H. J. Laski, *American Democracy*, The Viking Press, 1948, p. 69（東宮隆訳『アメリカ・デモクラシー（1）』、みすず書房、一九五二年、一三四頁）.

（59）H. J. Laski, *Reflections on The Revolution of Our Time*, Allen & Unwin, 1943, p. 134（笠原美子訳『現代革命の考察』、みすず書房、一九五三年、一八七頁）.

（60）ニューディールが体制基盤として確立されたことに対する批判的解釈として、一九六〇年代以降、革新主義からニューディールまでを「国家資本主義」の形成期とみる新左翼のアメリカ史観が加わることになる。この立場によれば、ニューディールは政治的配慮の濃い「民主化」の側面と、経済的領域における企業資本主義の保護と温存ないしは実質的な資本力の補強という二重の性格を有しており、それらが体制の存続を図るために「国家資本主義」を形成したとされる。ラスキもまたニューディールのそのような二面性を部分的に捉えてはいるが、とはいえ、著述の全体のバランスからすればニューディールの肯定点により多くの比重がおかれており、その意味でラスキのニューディール評価は、一九六〇年代以降の新左翼史学によるニューディール批判とは同一視できないものである。

（61）H. J. Laski, "The American Political Scene", in *The Nation*, 23 November, 1946, p. 582.

（62）同時に、ルーズヴェルト死後のニューディール勢力の分散化は、一九三〇年代になされたニューディールの諸改革がいわば「リベラル・コンセンサス」として、民主共和の境界を越えて戦後のアメリカ政治に埋め込まれたことの裏返しであるということもできる。ルーズヴェルト死後、アイゼンハワー政権を中心とする一九五〇年代の共和党政権が、政府による福祉政策が共産主義に対する最大の防護壁となるという理由から、企業への課税や規制、労働者保護、「粗野な個人主義（rugged individualism）」の否定などの点において、むしろニューディールの課題を引き継ぎ、ある程度達成させたという見解について、Jennifer A. Delton, *Rethinking the 1950s: how anticommunism and the Cold War made American liberal*(Cambridge University Press, 2013)を参照。

(63) H. J. Laski, *American Democracy*, The Viking Press, 1948, p. 735（東宮隆訳『アメリカ・デモクラシー（1）』、みすず書房、一九五二年、一八一頁）.

(64) H. A. Deane, *The Political Ideas of Harold J. Laski*, Columbia University Press, 1955, p. 192（野村博訳『ハロルド・ラスキの政治思想』、法律文化社、一九七七年、一九三頁）.

(65) R. Miliband, "Harold Laski: An Exemplary Public Intellectual", in *New Left Review*, 200, 1993.

(66) P. Lamb, *Harold Laski: Problems of Democracy, the Sovereign State, and International Society*, Palgrave Macmillan, 2004, p. 38.

＊英語文献からの引用に際しては、邦訳のあるものはそれを参照しつつ、適宜訳語等を変更してある。

〔政治思想学会研究奨励賞受賞論文〕

カントが世界共和国を退けたのはなぜか

──『永遠平和のために』と植民地支配批判

愛甲雄一

一　はじめに(1)

本稿の目的は、イマヌエル・カント(一七二四―一八〇四)がその有名な著作『永遠平和のために』(一七九五年九月、以下『永遠平和』と略記)の中で、法を強制することが可能な「世界共和国 Weltrepublik という積極的理念」ではなく、なぜ法の強制が認められない「消極的代用物」の「諸民族国家連合 Völkerbund」を未来の世界秩序モデルとして選択したのか(ZF. 8. 357)、その理由を示すことにある。(2) 以下の議論で筆者は、次のような理由を主張したい。すなわち、『永遠平和』執筆直前の一七九三年から九五年前半にかけて、カントは植民地支配への厳しい批判者となり、それが原因となって、諸民族(国家)(3)の独立性・平等性を前提にする連合体を新たに支持するようになった、との理由である。

『永遠平和』以前のカントにおいては、各民族国家に法を強制し得る世界共和国の樹立が、人類の目指すべき世界平和の構想として提唱されていた。言い換えれば、この時点でのカントは、各民族の独立性や各国の「主権」の維持を明示的には擁護していなかったのである。ところが、『永遠平和』の執筆を機に、彼は、外部から各民族国家に法が強制されることを容認しない「国家主義」的な立場へと移行していく。その帰結として、同書以降のカントは、世界共和国ではなく、各民族国家による主権の保持を前提とする諸民族国家連合の形成を──たとえそれがこれまでの議論との齟齬や、論理上の矛盾をもたらすことになったとしても――唱えるようになったのである。

なぜこうした変化が、この時期のカントには起きたのか。その理由を本稿では、カントの人種論をめぐってなされている次のような議論と関連づけて説明する。すなわち、非ヨーロッパ人種を劣等な存在と見なす見解をカントは長らく採り続けてきたが、『永遠平和』の執筆を前にした一七九〇年代初期（おそらくは一七九二年以降）を境に、そのような人種観はもはや採らなくなった、との議論である。[4] この指摘は、非ヨーロッパ地域に対する植民地支配への批判が『永遠平和』以降のカントにおいて初めて現われたことを、主要な論拠にしている。そして、その植民地支配批判が新たに展開された箇所が、やはり『永遠平和』以降になって初めて現われた「世界公民法 Weltbürgerrecht」[5] をめぐる議論の中であった。注目すべきは、その法が命ずる「世界公民」の権利が、実のところ、各民族国家の主権によって大幅な制約を課せられている、という事実である。たとえば、外国人の入国を認めるかどうかの許認可権限は、そこでの議論においては、一方的に当該国家に委ねられている。本稿では、こうした点こそまさに、カントが世界共和国を退けた理由と密接に関連していた、と主張したい。人種の階層的な見方を放棄し植民地支配への新たな批判者となったカントにとって、各国の主権は、その植民地支配に対抗するための重要な手段となるものであった。だからこそ、『永遠平和』以降の彼は、人類が目指すべき世界秩序のモデルとして、主権の存在を認める諸民族国家連合に支持を与えたのである。[6]

管見の限りでは、カントがなぜ諸民族国家連合を『永遠平和』で選択したのかについて、同様の説明を試みたものは見当たらない。とりわけ日本では、カントの人種論や植民地支配批判論が注目されることは少なく、[7] したがってこうした観点からの試みは、ほとんど想起すらされていないのではないか。本稿は、こうした現状に一石を投じることもひとつの目的にしている。

以下の議論は、次のような順番で進められる。まず、『永遠平和』に見られるカントの世界秩序構想にはいかなる解釈上の問題が含まれ、先行研究がそれに関しどのような理解を示してきたのかを、簡単にまとめておきたい。そのうえで、カントが諸民族国家連合の形成を支持した理由について既存の解釈に代わる、本稿の新しい解釈を示すことにする。そこでのポイントは、カントが獲得した植民地支配への批判者という新しい立場こそが、彼をして諸民族国家連合という世界秩序モデルの支持に向かわせる契機になった、との理由を明らかにすることである。最後に、本稿で示した議論の概略、ならびにそれが今後のカント政治思想研究に持つ意義を簡単に述べて、結論に代えたい。

二 『永遠平和』をめぐるエニグマ——なぜ諸民族国家連合なのか、をめぐって

『永遠平和』の第二確定条項において、強制力を備えた世界共和国の設立ではなく、個々の民族国家が「公法やその下での強制に服従する必要はない」諸民族国家連合の構築こそを望ましい、とカントが主張したことは（ZF, 8, 356）、これまで幾多の研究者たちの頭を悩ませてきた。もとより、世界政府の是非をめぐり今日まで延々と繰り返されてきた議論を想起するなら、そのような諸民族国家連合の提唱も、ひとつの選択肢としては十分あり得るものではある。ところが、そのような主張をするカントの根拠が必ずしも明確でなく、また議論の首尾一貫性という面でも、疑わしい部分が少なくない。だからこそ、その主張の妥当性やカントの真意をめぐって、後世の研究者たちの間で——のみならず、フィヒテなど同時代人たちの間でも——多くの批判や解釈が行なわれてきたのである。

こうした混乱や論争が引き起こされてきた理由は、概ね以下の二点に起因すると言ってよい。第一に、諸民族国家連合の形成を支持するカントの立場、あるいはその説明が、彼の政治理論や哲学理論全体に見られる主張との間で整合性をつけにくい、という問題である。第二に、『永遠平和』で退けられた法を強制する力を備えた世界共和国が、他の作品中で、カント自身によって提唱されている、という事実である。

第一の問題は、『永遠平和』で展開されているいわゆる「国内類推」に準じた議論の中に、その典型的事例を見出すことができる。カントによれば、諸個人も諸民族も自然状態では「互いに隣り合っていることを通じて既に害し合っている」という戦争状態にあり、どちらの場合も、法の下で個々の権利が保障された公民的体制に入ることを他に要求できる（ZF, 8, 354）。ところが、カントは、自然状態下にある諸個人は自然法に基づき公民的体制 bürgerliche Verfassung に入ることを要求できるが、民族（国家）の場合は国際法によってそのようなことは必ずしも命ぜられないとして、こ

の個人間と民族間のアナロジーを途中で放棄してしまうのである。結局、各民族は法の強制下に入る必要はなく（ZF, 8, 355-6）、その諸民族間の関係もまた「公民的体制に類似した体制」（強調は筆者）でよい、とされる（ZF, 8, 354）。これはいったい、いかなる理由から正当化され得る結論なのであろうか。

カントが示す第一の理由は、各民族が法の強制される公民的体制に入るということは、全民族が融合し単一の民族として一国家を形成することと同義であり、それは複数民族の存在を前提にした国際法の理念に矛盾する、ということである（ZF, 8, 354）。第二に、各々の民族国家は既に国内に法的体制を確立しているため、さらに拡大された法的体制の下にもはや入ることはできない、という（ZF, 8, 355-6）。こうした理由の説得力をめぐっては、これまでも多くの論者が疑問を呈してきた。しかし、そこに見られる明らかな事実は、カントにとって各民族の存続およびその民族によって形成される国家の独立性が、世界秩序を論じる場合の不動の前提条件だということである。この点は、国家を「道徳的人格 moralische Person」と見なし他国との接合・併合を禁じた『永遠平和』の第二予備条項（ZF, 8, 344）、さらには、たとえ内戦状態に陥っている場合でもその社会が完全に二分していない限り、武力による干渉は許されないとした第五予備条項の議論とも一致する（ZF, 8, 346）。

ただ、この民族国家の独立性／人格性を前提とするカントの議論は、彼の倫理・政治理論の全体から見れば明らかに収まりがよくない。周知の通り、カントの理論は、「コスモポリタニズム」と呼ばれる伝統――あらゆる個人に同等の道徳的価値を認め、その価値性は、人種・ジェンダー・国籍・民族・文化・宗教・政治的信条などを基に構成されるすべての社会集団よりも優先する、と考える伝統――に属す、その最も枢要な理論のひとつとして普通は位置づけられる。[8]よって、カントがその意味での「コスモポリタン」であるなら、民族国家を「道徳的人格」と呼ぶことは、論理的にはあり得ない。というのも、かつてチャールズ・ベイツが論じたように、「カント的」なコスモポリタニズムの立場からすれば、個人と世界との間に位置する団体／集団は、せいぜい経験的な考慮に基づいて――その消滅が構成員の福祉に負の影響を与えかねない、などの理由に基づいて――その存続が一応の便宜として容認される、というだけに過ぎないからである。[9]もちろん、こうした考慮がカントにも働いていたと見なすことは、十分に可能であろう。統治範囲が広がれば広がるほど法は重みを失い、「魂のない専制政治」や無政府状態がもたらされるとして、諸民族国家の融解した普遍的君主制Universalmonarchieを退けたカントの議論には、そうした彼の経験的考慮も確かに窺える（ZF, 8, 367）。しかし、『理論と実践』（一七九三年）でも主張されているように、カントの批判哲学は、経験から出発しない理性的理念の実践性を主張するところに大きな特徴を持つはずのものである（GPT, 8, 273-313）。とするなら、各民族国家の「道徳的人格」という位置づけがこの経験的な考慮に基づくものであった場合に、そうした批判哲学の理論的な前提との齟齬は、否定できないことになろう。「一般論としてin thesi正しい」世界共和国という「積極的理念」を退け、「具体論」での「消極的代替物」である諸民族国家連合を彼が選択したことも（ZF, 8, 357）、やはり経験的考慮を優先させた議論として、同様にカント理論の中ではうまく説明し得ない。

第二に、『永遠平和』のカントが下したその選択は、彼が世界共和国の設立を同書以外の著作で唱えていたことによっても、理解しにくいものにさせられてきた[10]。その代表的な事例が、一七八四年に発刊された『世界公民的見地における普遍史の理念』（以下『普遍史の理念』と略記）での議論である。そこでは「国内類推」のロジックが最後まで貫徹され、諸国家もまた、自らの野蛮な自由を放棄し、「統一された権力と統一された意志の法に則った決断」を実行する組織――Völkerbund（『永遠平和』で後にカントが諸民族国家連合を表わしたときのものと同一の用語）――を形成すべきことが説かれている（IGA, 8, 24）。「公的な国家的安全保障である世界公民的状態」に人類を導くのはその権力／意志であるがゆえに、人類が辿るべき「最後の歩み」として、その「国家間の結合したものStaatenverbindung」の実現が必要だ、と論じられているのである（IGA, 8, 26）。時代は下り、一七九二年の後半から翌年前半にかけて執筆された『理論と実践』においても、強制法を執行できる「普遍的な国際国家allgemeiner Völkerstaat」を唱えるほぼ同様の議論を見出すことができる（GPT, 8, 312-3）。「国内類推」のロジックにやはり則ったカントは、継続する国家間の戦争状態への対抗手段としては、「各々の国家が服従せざるを得ない権力を伴う、公法に基づいた国際法」以外にはない、と指摘している（GPT, 8, 312）。したがって、諸国家が戦争と征服の繰り返しといった災厄から抜け出るためには「共同で取り決められた国際法に従う連邦Föderationという法的状態」へと向かわざるを得ない、と結論づけられるのである（GPT, 8, 311）。

このように、『理論と実践』執筆時までのカントは、各国に法を強制できる世界共和国の構想を退けてはいなかった。確かに、それまでも彼は、その実現が困難であることを認めてはいる。しかし、その望ましい世界秩序モデルが「何らかの国家権力の獲得を目指すものではない」(ZF, 8, 356)とまで言明されることは、『永遠平和』(一七九五年九月)の執筆以前には見られなかったことなのである。一方、『永遠平和』以降になると、カントの議論は、諸民族国家連合の支持という立場で一貫する。(11)『人倫の形而上学』(一七九七年)で設立が唱えられる諸民族国家連合Völkerbundも、各国の内部に介入することを目的とするものではなく、「主権的権力souveräne Gewalt」を持つものでもない(MS, 6, 344)。それは、同等の者が協力し合う団体Genossenschaftないし同盟関係Föderalitätに過ぎず、いつでも解消可能なものとされ(MS, 6, 344)、しかも、この結合——「常設国家間会議permanenter Staatencongreß」——は、アメリカ連邦のような単一の憲法に基づく永久の結合でもない、とされる(MS, 6, 350-1)。要するに、『理論と実践』を執筆した後の一七九三年後半から『永遠平和』執筆の一七九五年前半にかけて、カントは、自らの支持する世界秩序のモデルを明らかに変更したのである。(12)

以上のような錯綜した事情が絡む中で、カントが『永遠平和』において諸民族国家連合を支持したことは、それをどう理解/解釈すればよいのかという問いを、論者たちに突き付けてきた。そこでの議論は、概ね次のふたつのアプローチからなされてきた、と言ってよい。ひとつは、そのような選択をした『永遠平和』のカントは果たして正しかったのか、と問うものである。もうひとつは、以上のような混乱や矛盾を含むカントの世界秩序構想は、なぜそのような形態を採るに至ったのか、を説明しようとする試みである。

ひとつ目の議論はさらに、そのカントの結論を肯定的に評するか否かによって二種に分けられる。そのうち、それに肯定的な評価を与える議論にも二種類があり、その第一は、国際関係論における「現実主義」的な観点から、カントの判断を高く評価するものである。そうした解釈の代表的事例として、たとえばケネス・ウォルツの古典的なカント論が挙げられよう。ウォルツによれば、カントはその自由主義的信条にもかかわらず、人間の持つ悪の側面、戦争廃止の困難さを十分に認識しており、そのひとつの帰結が、世界共和国の設立は不可能だとする彼の判断であった。(13)他方で、同じようにカントが世界共和国を退けた点を評価しながら、その理由はより積極的な彼の理想の追求に基づく、と見なす解釈もある。かつて最上敏樹は、脱国家的で脱中央集権的な世界秩序を理想と見なす彼自身の立場から、そうした構想の先駆的人物として世界共和国を退けたカントを高く評価した[14]。インゲボルグ・マウスもまた、世界共和国設立の試みがいずれホッブズ的な自然状態に終わる点をカントはよく理解していたとして、諸民族国家連合に対する彼の支持を前向きにとらえている[15]。

それとは逆に、世界共和国を退けたカントの世界秩序構想を批判した議論も少なくない。その場合、諸民族国家連合という選択が論理的一貫性に欠けるものであること、少なくとも現代の文脈では説得力を持ち得ないことなどに加えて、世界共和国か諸民族国家連合か、という二者択一でカントが議論したことを批判の槍玉に挙げるものが目立つ。実際には、その両者の中間に第三の選択肢があったはずなのに、というわけだ。戦争の廃止には平和の維持という目的に特化された、しかしあらゆる国家からの軍事的挑戦にも対抗し得る軍事力を備えた「超最少ultra-minimal」な世界政府が必要だ、と論じたトマス・カーソンのカント論は、この種の批判に分類できよう[16]。ただ、本分類に属す『永遠平和』批判では、ユルゲン・ハーバーマスに代表される次のような主張がより主流だと言える。すなわち、今日のEUの事例やグローバル・ガヴァナンスの進展を念頭に、各国がある程度の独立性は保持しながら脱国境的な対処の必要な問題では主権を一部放棄し、各種地域機構や改革された国連とともに重層的な法の支配が実行される世界モデルこそ、実はカントが主張すべきだったはずのものだ、と主張する議論である[17]。

以上のような第一のアプローチは、基本的には現代の視点から『永遠平和』の世界秩序構想をどう評価できるか、に関心を注いだものと言える。一方、第二のアプローチではそのような現代的な関心から距離が置かれ、むしろカント政治理論の内在的な理解、より具体的に言えば、一見矛盾するカントの世界秩序構想の背後にあったカント自身の発想を浮き彫りにすることに努力が傾注されている。ハワード・ウィリアムスによる解釈は、こうした議論の典型である。ウィリアムスによれば、世界共和国という最終目標が近い将来には実現し得ないことを、カントはよく承知していた。そこで、政治的慎慮から実現可能性のより高い諸民族国家連合の設立をまずは推奨し、そこから世界共和国へと徐々に近づいていくことを彼は期待した、というのである[18]。ゲオルク・カファラーの場合、その解釈は、暴力を認めないというカントの道徳哲学から出発している。世界共和国の設立には各国に主権の放棄を強いる戦争がおそらく必要になるが、それはカントにおいて、けっして容認され得る選択肢ではない。そこで、平和的方法を通じて実現できる諸民族国家連合をまずは設立してから、将来的に各国が自発的に主権を放棄するプランをカントは思い描いた、というわけだ[19]。似たような解釈は、パウリーネ・クラインゲルトによっても展開されている。世界共和国に参加するよう国家に強いることは、その自決権の侵害を通じて国内にいる諸個人の権利を侵害することになるため、それをカントは支持しない。よって、彼は、各国が主権の保持を認めた諸民族国家連合を形成した後に、いずれ自発的に世界共和国の形成に同意するだろうことを期待した、というのである[20]。

こうした第二のアプローチに含まれる議論はいずれも、カントがなぜ「消極的代用物」に過ぎない諸民族国家連合を『永遠平和』で擁護したのかについて、彼固有の論理を炙り出そうとした試みだと言える。そのカントの選択が今日の世界平和の実現などにいかなる教訓を持つのか、といった現代的関心はさしあたり脇に置かれており、以上の二点において、それは第一のものよりも、本稿の問題意識と共通するところを含む。しかしながら、ここでの筆者の主張は、以上の諸解釈とは根本的に異なっている。というのも、ウィリアムス、カファラー、クラインゲルトの解釈はどれも概ね、『永遠平和』でのカントの矛盾／混乱した議論は実のところ、必ずしも矛盾／混乱していない、と主張するところにその主眼が置かれているようだからである。それに対し、本稿は、カントの議論には矛盾や混乱があることはそのまま認め、むしろそれこそを、彼の真意を探る場合の前提に据えるべきだ、と主張したい。

注目すべきは、諸民族国家連合を好ましいとするカントの主張は『永遠平和』以降になって初めて行なわれた、という事実である。この変化こそ、カント自身が与える様々な説明にもかかわらず、同書の世界秩序構想に抜き難い論理上の矛盾や混乱を生み出す原因となったものだ。では、なぜカントはそうした変更を行なったのか。それは、『永遠平和』執筆前の彼が、植民地支配ならびに非ヨーロッパ人種に対する見解を大きく変化させたことに関わっている。この変化が、植民地支配を容認しない議論、各民族国家の独立や内政不干渉権を擁護する議論、そしてそのコロラリーとしての諸民族国家連合を支持する議論を同書においてカントに行なわせる主な要因となったのだ。その結果、ある種の刷新がカントの政治理論には生まれたが、他方で、幾つかの解き難い論理的不整合や、現代の視点から見ると物足りない点をも、その中に同時に抱え込むことになってしまったのである。

三　カントの人種観と植民地支配批判

以下ではまず、『永遠平和』の執筆に至るまでのカントが非ヨーロッパ人種にいかなる見解を抱いていたのかについて、説明することにしたい。この時期のカントは植民地支配に関する発言をほとんど残していないが、しかし、その支配を彼が当時は（おそらく）積極的に容認していた様子が、このサーベイからは垣間見えることであろう。そのうえで、『永遠平和』以降のカントが世界公民法という新しい概念の導入と同時に植民地支配を厳しく批判するようになっていったさまを、推測されるその変化の理由とともに、示すことにする。最後に、植民地支配に対抗する防波堤としての国境の管理権限、さらには、各民族の独立性や内政不干渉権をカントが積極的に擁護するようになっていた点——これこそ、彼が「消極的代用物」に過ぎない諸民族国家連合を好ましい世界秩序モデルとして支持するようになった原因のひとつ——を、やはり『永遠平和』以降の著作から明らかにしていく。

1　『永遠平和』以前のカントの非ヨーロッパ人種観

カントの人種をめぐる議論を目にした読者が一様に驚かされるのは、その中に、今日では非ヨーロッパ人種に対する「人種差別主義 racism」、あるいは「白人至上主義 white supremacism」と呼ばざるを得ないような内容が多々含まれている点であろう。

そうしたカントの姿勢は彼のキャリア初期から既に顕著であり、たとえば一七五九年以前のものと思われる自然地理学講義の中で、カントは、白人以外の存在を劣等な存在に位置づけた以下のような見解を示している。「人類は、白人種においてその最も完全な状態にある。黄色のインド人は既により劣った才能しか持たない。ニグロはそれよりもはるかに低く、最も低いところにいるのはアメリカ先住民の一部である」(PG, 9, 316)[21]。黒人について言及した『美と崇高の感情にかんする観察』(一七六四年)の以下のような言葉からも、同様の見解が読み取れる。「アフリカのニグロは本性上、愚かさ以上の感情を持っていない」(BGSE, 2, 253)。「要するに、こいつは頭から足まで実に黒かったのであり、これは彼の言ったことが愚かであったことの明白な証明となる」(BGSE, 2, 255)。

カントは、一七七五年にその初版が発刊された『さまざまな人種について』(改訂版は一七七七年)の中で、初めて本格的に人種を論じている。その目的は、博物学で有名なビュッフォンの議論に依拠して「類」概念ならびに「人種」概念を規定し、そのうえで、肌の色に基づく人類の四分類——白人種族・ニグロ種族・フン種族・ヒンズー種族——を確立することであった。と同時に、人類の多元的発生論ではなく一元的発生論の立場に立ち、多様な人種がいかに生じてきたのかを説明することも、ここでのカントのねらいである。一見したところ、そこでの姿勢はもっぱら「科学的」であり、またあらゆる人種を「人類同胞」に据える一元的発生論を奉じているため、この時点でのカントは既にかつての人種観を改めていたようにも見える。しかし、一元的発生論の支持と人種観に特定の相関関係はなく[22]、実際、改訂版で初めて付け加えられた本論文の議論からは、人種間の階層的な理解が形を変えて存続していた様子が窺える。その増補部分では、既に消滅した人類の「根幹種族Stammgattung」に最も近い姿が「旧世界の緯度三一度から五二度の地帯」に居住する「ブルネット色をした白人」だと主張され、そのより近接的な変種が北部ヨーロッパに住む白い肌・赤みがかった髪・青い目を持つ「高ブロンド人種」だとも論じられている(RM, 2, 440-1)[23]。他の人種はすべて、この現在の白人に類似した「根幹種族」から派生したと見なされており、よってこうした議論の中に、人類をその優劣に応じて階層的にとらえる見方が相変わらず存続していたと見なしても、大きく誤っているとは言えまい。

いわゆる批判期に入ってからも、非ヨーロッパ人種に向けられたカントの理解は大きく変化をしていない。たとえば『純粋理性批判』発表(一七八一年五月)後の冬学期(一七八一/八二年)に行われた人間学講義ノートにおいては、依然として白人種を頂点に、ヒンズー種族・ニグロ種族・アメリカ種族と続く階層的理解が繰り返されている(VW, 25. 2, 1187-8)。同様のことは、一七八〇年代に書かれたと目される、内容的にその人間学講義ノートと多くの点で重なる遺稿からも確認される。そこでの記述を幾つかここに記せば、アメリカ種族は「何らの文化も身に付けていない」。ニグロ人種は「奴隷の文化を体得しており」、「自分自身では行動できない」「子ども」である。インド種族は「芸術の文化を身に付けているが、科学や啓蒙の文化は身に付けておらず」、「強制のみを知っており、権利や自由を理解していない」。それに対し、白人種族は「欲望と情念における自然のあらゆる衝動、あらゆる能力、文化と文明化に対するあらゆる素質を持ち、支配にも服従にも長けて」いて、つまり「彼らこそ、常に完全性に向かって進歩していく唯一の種族である」(KNA, 15. 2, 877-8)。

確かに、一七八五年一一月に発表された『人種の概念の規定』では、各人種を階層的にとらえる議論はさほど目立たない。「根幹種族」の議論は本論文においても行なわれているが、その肌の色を私たちはもはや知り得ず、白人の特徴もまた、その「根幹種族」に見られた始原的特徴のひとつが発展したものに過ぎない、と主張されている(BBM, 8, 106)。ところが、ほぼ同時期のヘルダー著『人類史の哲学考』(全四部、一七八四―九一年)第二部に対する書評の中では、皮膚の色に基づく人種の分類を批判するヘルダーに対し、カントは、ヘルダーが全人種を同等に評価するという誤った判断を行なおうとしている、と攻撃しているのである。それに対するカントの立場は「アメリカ種族とニグロ種族が知能の点で、人類における他の集団よりも劣った人種」だと証明できる立場であり、「生まれながらの違いというものを受け入れた」立場だとも位置づけられている(RHI, 8, 62)。本書評でのカントの言い方はヘルダーに対する皮肉にあふれており、その真意ははっきりしないところもあるが、しかし、こうした主張からすると、この時点でのカントは依然として各人種を階層的に見る見方を固持していたと言えそうである。そして同様の人種理解は、『人種の概念の規定』論文を激しく批判したゲオルク・フォルスターへの反論『哲学における目的論的原理の使用について』(一七八八年)の中で、よりはっきりと繰り返されることになる。

カントによれば、インド人や黒人の子孫に「定住しての土地耕作や手仕事に向いた種が生じたことは、一度としてなかった」。かつて奴隷であった黒人は自由になると一切「労働」を行なわなくなり、強制により可能であった以前の軽い手仕事すらも、彼らは放棄してしまう(GPP, 8, 174)。先住アメリカ種族も重労働に向いておらず、そもそも労働には無関心で、文化的な能力も有していない。だからカントは「われわれが人種の違いとして挙げたすべての種の下の、最も下層を占めているのがニグロ種族」であり、さらに「そのニグロよりもずっと下に位置しているのが先住アメリカ種族だ」と述べるのである（GPP, 8, 176）。ここに見られる本質主義的な人種観は、実は肌の色といった人種の「特質」がその土地の気候や社会環境の影響を受けると主張したフォルスターの議論を受けて、カントがその反論として展開しているものである。つまりカントは、すべての人種は同じ「根幹種族」から発展したという意味で人類の同胞であるが、しかし、一度肌の色を典型とする人種性が確立してしまうと、その後は気質などに変化が起こることはない、と論じているのである。

ここで留意すべきは、この時期にカントの論争相手となったヘルダーおよびフォルスターが、いずれも各民族や各人種の文化に対しより平等主義的ないしは相対主義的な立場に立っていた、という事実である。彼らは、各民族・各人種には環境などに応じた固有の文化発展の型というものがあり、その結果生まれた文化がヨーロッパの視点からはどれほど奇妙なもの・非人道的なものに見えたとしても、それだけを理由に無暗にそれを断罪してはならない、と主張していた。しかもヘルダーやフォルスターは、ヨーロッパが必ずしも道徳的に優れているわけではないとして、非ヨーロッパ地域の植民地化にも反対している。[24] このような議論と比較した場合、カントの立場が当時の文脈でも「ヨーロッパ（白人）中心主義」的であったことは、否めないであろう。そして、むしろこれまでに挙げてきた彼の言葉から示唆されるのは、ヨーロッパによる植民地支配もまた、当時のカントは世界の「文明化」の方法として積極的に容認していたのではないか、との強い疑いである。[25]

『普遍史の理念』（一七八四年）における次のような言葉は、そのような疑いを多少なりとも裏付ける。「われわれの大陸［ヨーロッパ大陸］――それはいつの日かおそらく他のすべての大陸に法を与えるだろう」（IGA, 8, 29）。同様の可能性は、先に挙げた『人類の哲学考』第二部の書評において、タヒチの住民の幸福な生き方を尊重すべきだとするヘルダーに対し、カントが反論している記述からも窺える。カントによれば、このようなヘルダーの主張は「タヒチの幸福な住民が文明国民による訪問を一度も受けず、数千世紀もの間を通じて静謐な怠惰の中で生活するよう定められていた場合に、それならばなぜ彼らは存在しているのかとの問いに……満足のいく回答を与え得る」ものである（RHI, 8, 65）。つまり、ここでのカントは、反語的な言い方で、西洋人の訪問を受けないままタヒチの住民が非文明的な状態であり続けたならば、果たして彼らに存在する価値などあったのか、と主張しているわけである。確かにカントは、一七七六年から七八年の間に書かれたらしい遺稿の中で、イングランドによるアメリカでの過酷な植民地統治を非難してもいる（KNA, 15, 2, 630）。しかし、その想定される執筆時期――アメリカ独立革命の初期――から考えても、それがアメリカ先住民への統治に対する批判だったとは見なしにくい。それは、あくまでアメリカに植民した白人たちに対するイギリス統治に向けられた批判であった、と解すべきであろう。

以上のように、批判期が開始されて以降も、カントは非ヨーロッパ人種を劣等な存在と見なす見解を保持していた。そしてこの点は、一七九一―九二年の冬学期に行なわれた人間学講義においても、まったく違いが見られない。そこでも「白人種は最も優秀」だという見解が繰り返され、他人種との混血は、その優秀な白人種の衰退に繋がるため望ましくない、との主張も行なわれている[26]。さらに、一七九二年における自然地理学講義の遺稿でも、黒人種を本質的に劣等ととらえる記載が含まれているという[27]。要するに、少なくとも一七九〇年代初頭に至るまでのカントは、白人を頂点に据えた人種の階層的な理解を維持し続けていたのである。それは、実際のカントの意見はさて置き、明らかに「文明化」を旗頭とした植民地支配の正当化にも繋がっていくものであった。

ところが、この点が大きく変化するのが、『永遠平和』以降のカントである。

2 『永遠平和』以降の植民地支配批判とその背景

『永遠平和』以降のカントは、その人種論においてそれまでとは異なる見解を示すようになっていた。以前には繰り返し見られた人種の階層的理解が、一七九〇年代の半ば以降、彼の作品からはまったく見られなくなるのである[28]。そもそも人種という人類の区分カテゴリー自体が、この時期以降のカントにおいてはもはや重要ではなくなっていた可能性すら否定できない。この点を象徴的に表わすのが、草稿では人類を分割する要素として人種・言語・宗教の三つが挙げられていたにもかかわらず、実際に出版された『永遠平和』の中では、そのうちの人種だけが削除された、という事実である[29]。また『実用的見地における人間学』（一七九八年、以下『人間学』と略記）においても、「人種の性格」についての記述が第二部「人間学的な性格論」の中に含まれるものの、それは、他の節——個人の性格・男女の性格・国民の性格・人類の性格——に比して、著しく短いものに留められている。しかも、冒頭で他の著者による関連本が一冊紹介された後は、そのほとんどが、同一人種内の人間に多様な性格が現われるのはなぜか、との問題に費やされているだけなのである（APH, 7, 370-1）[30]。

そして——これこそ本稿が強調したい点であるが——この人種論をめぐる一七九〇年代半ばの変化とともに、『永遠平和』で展開されるカントの世界秩序モデルにも、同時にふたつの注目すべき変化が生じている。そのひとつが、既に説明したように、『永遠平和』以降のカントは法の強制権力を持つ世界共和国モデルをもはや支持しなくなった、という変化である。さらにもうひとつが、永遠平和の理念にしたがって人類が樹立すべきとされた法的体制の中に、世界公民法の体制が新たに含まれるようになった、という変化である。『人倫の形而上学』（一七九七年）では同様の変化が引き継がれている点を確認できるが、しかし、『永遠平和』を挟んでその前に著わされた『理論と実践』（一七九三年）の中では、世界公民法という概念はまったく登場していない。つまりこの点においても、『理論と実践』を執筆した後の一七九三年後半から『永遠平和』を執筆した九五年前半の間に、カントの議論は大きな変化を見せたわけである。

国内に居住する国民同士の関係を法の支配下に置く国内法の体制、さらには国家間の関係を同様に法によって統括する国際法の体制に加えて、所属国家を異にする諸個人同士およびその外国との関係を統轄する世界公民法の体制が新たに加えられたことは、単にカントの政治理論についてのみならず、明らかに政治理論史上の大きな刷新であった[31]。国内法および国際法の体制のみでは自国以外の場所にいる個人は無法かつ無権利状態に置かれかねず、したがっていわゆるグローバル化の進んだ現在、このカントの卓見が注目を集めてきたのも、けっして不思議なこととは言えまい。ただ、このような関心の高まりにもかかわらず、全体として見れば、次のような事実には必ずしも十分な注意が払われてこなかったと思われる。すなわち、世界公民法にまつわるカントの説明には、植民地支配に対する批判が多く含まれている、という事実である。

世界公民法に関するカントの説明は『永遠平和』および『人倫の形而上学』に見られるのみで、しかも、その両作品においても、実に短く触れられるだけのものに過ぎない。にもかかわらず、見逃してはならないことに、そのわずかな説明の多くが、ヨーロッパ人たちが非ヨーロッパ地域で行なってきた植民地支配への激しい攻撃で占められているのである。たとえば、世界公民法の導入を掲げた『永遠平和』の第三確定条項の中で、カントは、以下のような指摘を行なっている。「我々の大陸にある文明的な諸国家、特に商業に携わる諸国家……が他の土地や民族を訪問（彼らにとって訪問は征服と同一のものである）する際に示す不正ぶりは、恐るべき段階にまで及んでいる。アメリカやニグロの諸国、香料諸島、喜望峰などが発見されたとき、彼らにとってそれらは誰にも属していない土地であった。というのも、彼らはその住人達を無に等しい存在と考えたからなのだ」(ZF, 8, 358)。商業目的を口実に現地民への圧迫や戦争を引き起こし、飢餓・反乱・裏切りその他の「人類を苦しめるあらゆる悪の嘆き」をもたらしたヒンドゥスタンでのイギリス支配については、言わば名指しでその非人道性が批判されている（ZF, 8, 358-9）。しかも、カントから見れば、砂糖諸島での「最も残酷でかつ最も巧妙に考え出された奴隷制」を含むこれらの暴力的な植民地支配は、ヨーロッパにとっていかなる利益ももたらしてはいないものであった。にもかかわらず、これら一切のことを行なってきたのは、カントの揶揄を込めた言い方によると「敬虔さについて多くの空騒ぎをし、水のように不正を飲みながら、正統信仰においては選ばれし者と見られることを欲する列強諸国」に他ならなかったのである（ZF, 8, 359）。

『人倫の形而上学』のカントになると、以上のような『永遠平和』での人道的および経済的観点からの批判に加えて、ヨーロッパによるそれまでの植民地支配を正当化してきた論理にまで批判が及んでいる。ひとつは、土地所有という観念が欠けている（あるいは、ヨーロッパ人とは異なる所有観念を持つ）先住民を相手とした場合に、外国人が彼らの居住／活動場所を無主の土地として占有することが果たして許されるのか、との問題をめぐってである。周知の通り、ヨーロッパによる植民地化は、しばしば現地民における所有観念の欠如を悪用する形で進められてきた。ところが、『人倫の形而上学』でのカントは、たとえ表面上は「契約」を結ぶ形態をとったとしても、そのような不正の上に成り立つ占有行為はけっして許されない、と主張したのである（MS, 6, 353）。しかも彼は、ホッテントット族やツングース族、アメリカ先住民といった、広大な荒野で遊牧や狩猟を行なう非農耕民に対しても、そうした活動を行なう土地の占有権を彼らに承認している（MS, 6, 353）。これはつまり、それまでヨーロッパが行なってきた植民地支配の正当性をカントが否定したことを意味するとともに、非ヨーロッパ民族の異質な生活形態や文化を彼が尊重していたことを意味するものでもある。したがって、これはその帰結とも言えるが、「文明化」という大義を掲げて非ヨーロッパ地域を支配する行為にも、カントの批判は向けられることになる。キリスト教の導入などによって「野蛮な人民を開化すること」、「堕落した人間を自分たちの土地から除去すること」、「堕落した人間やその子孫を矯正すること」は、「一見したところよい意図のもくろみ」と受け取られるかもしれない。しかし、カントによれば、「そのために用いられる手段の不正という汚点が洗い清められはしないのである」（MS, 6, 353）。ここでのカントは、その手段のみを批判の対象としており、ゆえに、西洋文明を基準にした「文明化」という目的自体は依然として認められていたとも言える。その意味で、この時点での彼もけっして「ヨーロッパ中心主義」を脱していたわけではなかったのだが、しかし、「白人の責務」論があからさまに承認されているわけでもなかった点は、やはり留意されるべき点だと言えよう。

以上のように、カントの非ヨーロッパ人種（民族）に対する見解、ないしヨーロッパの植民地支配に対する見解には、『永遠平和』執筆前の一七九三年から九五年前半にかけて、ほとんど正反対と言ってよいほどの違いが生じていたのである。では、なぜこの時期のカントにこのような変化が起きたのだろうか。管見の限りでは、その原因を直接的に根拠づけるような証拠はまったく見当たらない。したがって以下に挙げる二つの理由も、厳密にはあくまでも推測の域を出ないものである。[32]

その変化の時期からすぐに想像されるのは、隣国フランスで始まった革命の影響であろう。よく知られているように、カントはこの革命の推移に並々ならぬ関心を寄せ、革命派に対する彼の共感もまた、「恐怖政治」の時代を通じて変化はなかったと伝えられている。[33]「自由・平等・友愛」という理念に強く動かされたことが、カントをして、非ヨーロッパ人種や植民地支配下に置かれた人びとに対するそれまでの見解を改めさせたのかもしれない。ただ、だとすればこの変化は革命発生直後の一七九〇年代初頭に起きていてもおかしくはなく、時期の点で、ややずれが大き過ぎるとも言える。したがって、おそらくフランス革命との関連でよりその因果関係が注目されるのは、この革命をひとつの引き金に一七九一年に発生した仏植民地サン・ドマング島での黒人奴隷による蜂起——後の一八〇四年に世界初の黒人共和国ハイチの独立に繋がった蜂起——であろう。[34] この蜂起をきっかけにフランス本国でも黒人奴隷制廃止の動きが高まっていき、一七九四年には山岳派統治下の国民公会において、その廃止決議が実際に行なわれている。[35] 革命の進展に日々強い関心を抱いていたカントが、こうしたフランスでの奴隷制廃止の動き・黒人自身による植民地支配への反抗を知って、彼の人種観・植民地支配観に修正を迫られた可能性は十分にある。この出来事は、植民地支配の過酷さをカントに知らしめたのみならず、それまでの彼が思っていたほどには、非ヨーロッパ人が無能でも非主体的でもないことを教えたのではなかったか。

第二に、上述のこととも関連するが、一八世紀末頃にはヨーロッパの植民地保有国で奴隷制および奴隷貿易廃止運動が盛んになっていったことが、カントの変化を促した可能性もある。一七九二年にはヨーロッパで初めてデンマークが奴隷貿易を違法化しており、「人間知や世界知の拡大に適した場所」（APH, 7, 121）であるカントのケーニヒスベルクでも、こうした話は広く伝わっていたことだろう。とくにイギリスでは一七八〇年代頃から奴隷制・奴隷貿易廃止運動が活発となり、九〇年代初頭と言えば、ウィリアム・ウォルバーフォースが議会内で奴隷制廃止法案を提出し続けていた時期でもある。カントはかつてジョゼフ・グリーンなどのイギリス商人と親しくしていた経験もあり、こうしたイギリス内の動きに敏感だったことも十分に考えられる。さらにイギリス絡みで付け加えるならば、経済面から奴隷制の時代遅れを指摘し、それと並んで植民地支配の過酷さも批判したアダム・スミスの『諸国民の富』（一七七六年）の影響も、ここでの可能性として挙げることができる。[36] 同書がカントに影響を与えた時期や度合いは確定的とは言えないが、一七九〇年代初頭からその半ばにかけては、それまでドイツではほとんど無視されてきたこのスミスの書が一躍注目を浴びるようになった時期でもあった。[37] カントもまた、一七九三年の秋から九四年にかけて行なわれた人倫の形而上学に関する講義で『諸国民の富』に言及している（MSV, 27. 2.1, 606）。[38] イギリスでの奴隷制・奴隷貿易廃止運動との相乗効果で、同書の奴隷制や植民地支配に関する記述がカントの人種観や植民地支配観を揺さぶったのかもしれない。

ともあれ、カントの非ヨーロッパ人種観や植民地支配に対する考え方は、『永遠平和』の執筆を前に大きく変化をしたのである。

3 世界共和国から諸民族国家連合の擁護者へ

以上のように、『永遠平和』や『人倫の形而上学』のカントは、非ヨーロッパ人種を劣等な存在と見なす見解をもはや採らなくなり、それと時を同じくして、植民地支配に対する激しい批判者ともなっていた。そして、まさにその変化と軌を一にして、一七九〇年代半ば以後のカントは、民族（国家）の「道徳的人格」性を主張する議論を行なうようになっていったわけだ。これは、「積極的理念」の世界共和国ではなく、その「消極的代用物」に過ぎない諸民族国家連合を彼が選択した理由を推し量るうえで、実に注目すべきポイントである。

繰り返しになるが、民族（国家）の「道徳的人格」性、ないし各民族国家の独立性や内政不干渉権を激しく唱えるような議論は、『理論と実践』以前の著作では見出すことができないものであった。さらにカントと言えば、個人の道徳的価値を最重視する「コスモポリタニズム」の伝統に連なる者として、今日ではその名前がつとに挙げられる人物である。だからこそ、カントのこの新たな「国家主義」のために、多くの研究者が混乱させられてきたわけだ。しかし、この時点でのカントが植民地支配への批判者になっていた点を考慮するなら、『永遠平和』以降のカントがそのような「国家主義」に転じた事実は、もはやさほど奇妙なものには映らない。各民族国家に独立の権利や内政不干渉の権利を認めることは、他民族による植民地支配を不当なものとする法的な対抗権限として、この時のカントには自覚されていただろうからである。この点は、カントが『永遠平和』で初めて導入した世界公民法の体制で保護される権利内容の中に、強力な根拠を見出し得る。

今日、カントが世界公民法の権利として論じるその内容を知った多くの者は、その権利があまりにも限定的であることに、少なくとも一瞬の驚きを禁じ得ないであろう。この権利はあくまでも個人が外国を「訪問する権利

Besuchsrecht」に過ぎず、しかも、現地の人びとと交流を試みるために必要な権利ということでしかない。要するに、それは「他国の地に到来したという理由によって敵対的に扱われることはない、という異邦人の権利」以上のものではないのである（ZF, 8, 358）。重要なことは、この権利が「しばらくの間は同居人として扱われる」という「客人の権利Gastrecht」（ZF, 8, 358）、あるいは、その外国の地に「定住する権利Recht der Ansiedelung」（MS, 6, 353）とは明確に区別されている、という事実である。居住や定住のようなことがそもそも可能であるためには、現地の人びとと「特別な好意ある契約」を結ぶ必要がある、とカントは主張している（ZF, 8, 358; MS, 6, 353）。それどころか、当該外国人の生命に危険が及ばないとの条件付きであるなら、訪問を受けた側は、その人物を退去させることも可能だ、とまで言われているのである（ZF, 8, 358）。結局のところ、誰を自分たちの国に訪問者として受け入れるかの判断、すなわち入国管理権限は、あくまで訪問をされる側――その国家や民族――に委ねられている。訪れた側は言わばその相手側の好意や慈悲にすがるしかない、ということであって、したがってこのカントの世界公民法の議論が今日、難民や移民の人権というものを守ろうとする立場から見た場合にはひどく不十分なものに映るだろうことは、無理からぬことと言える[39]。

しかしながら、国家による国境の管理権限――あるいは「国家主権」――に対してあまりにも譲歩し過ぎだと思われるこのカントの議論も、非ヨーロッパ地域を植民地化し続けてきたヨーロッパへの歯止めとなることが意図されていたのだ、と解釈するなら、十分に納得のいくものとなろう[40]。そこで示されている議論は、現地との間に正当な合意もないまま外国を「訪問する権利」以上のことを行なうものとして、まさに植民地化という行為を不法だと見なすものだからである。加えて、これまでのヨーロッパ人たちによる振る舞いから判断するなら、カントの議論は、現地民ないしその国家がヨーロッパからの植民者・支配者たちを追放してしまうことすら正当化するものとなっている。この点は、カントが当時の中国、さらには日本の採用していたいわゆる「鎖国」政策を『永遠平和』における世界公民法の議論の中で高く評価していたことによって、はっきりと裏書きされる。これら二国が外国人の入国を厳しくコントロール／制限していたこと、日本に至っては、ヨーロッパ人として唯一来航の許されていたオランダ人をほとんど捕虜同様に扱い、日本人と交流させる機会すら持てなくさせていたことを、ヨーロッパ人によるそれまでの行ないを踏まえたうえでの「思慮深い」政策であったとして、ここでのカントは称賛しているのである（ZF, 8, 359）。

　このような意図を込めて世界公民法の概念が導入されたのだということになれば、『永遠平和』のカントが、民族間に上下関係や支配関係が含まれないことを前提とした「国際法 Völkerrecht」（ZF, 8, 354; 355-6; 356; MS, 6, 343-4）を強調した意図も、理解できるものとなる。なぜなら、そうした国際法こそ、他民族による植民地支配というものをはっきりと否定し、各民族国家の独立性や主権を徹底的に保護する法となるからである。ここで注意を促しておけば、『永遠平和』以前に公刊された作品でも、国際法についての議論の中で、カントが民族の融合を望ましくないと主張することはあった（GPT, 8, 311-3）。ところが、強制法の支配下に入ることをその国際法は各民族国家に命じ得ない、とする『永遠平和』のような議論は（ZF, 8, 357）、それまではついぞ存在しなかったのである。おそらくカントは、植民地支配に対して批判的になるに伴い、そのような強制法の支配下に入ることを命ずる国際法は、たとえ民族ごとの分離を前提にしているとしても、植民地化という行為を正当化しかねない、との危惧を抱いたのではあるまいか。だからこそ、『永遠平和』のカントは、国際法という法的状態を支える国家間の契約について、次のように説明しているのである。「この契約は、他の諸国に対して一緒に、そしてお互いに平和を維持するという意図においてのみ諸国家を結び付けるものであって、他国を獲得するためのものではけっしてない」（ZF, 8, 383、傍点は筆者）。

　こうして国際法は、今やカントにおいては、植民地支配の禁止という意味合いをも含む法としてとらえ返される。『人倫の形而上学』においても、その国際法の下では懲罰戦争があってはならない——その戦争は、諸国家間に上位者と服従者の関係を含むことになるから——のはもちろんのこと、被征服者が征服者の民族に統合される、あるいは征服者の民族の奴隷とされる「征服戦争」もまたあってはならない、と明確に主張されるようになる（MS, 6, 347）。要するに、国際法の目的は、あくまでも各国が各国自身のものを維持することのみに、厳しく限定されるのである。戦争が行なわれ、その勝敗が決した場合でも、敗戦国の国家が植民地になることやその民族がまして奴隷になることは、カントにとってはもはや絶対にあってはならないこととされる（MS, 6, 348）。

　世界公民法や国際法に関する記述以外の箇所でも、非ヨーロッパ民族のことを念頭に置いて各民族国家の独立性や内政不干渉権を主張したと思われる議論が、『永遠平和』には散りばめられている。たとえば、「独立した国家では（大国であるか小国であるかにかかわらず）、他国により相続・交換・売買・贈与を通じて獲得されるということがあってはならない」と宣言する第二予備条項では、国家が別の国家に併合されるという考え方が、ヨーロッパを除く「他の大陸ではまったく知られていなかった」と皮肉を込めて表現されている（ZF, 8, 344）。この言葉は、額面通りに受け取るならば、ヨーロッパ内でのみそうした併合が行なわれてきたことへのカントの批判、と解すべきであろう。しかし、今やそれは、「併合」を知らない非ヨーロッパに対し、ヨーロッパだけが無法にもそれを行なってきた、とカントが批判しているようにも受け取れる。

　同様のことは、ある国家が専制的な体制を有していたとしても、その政体を放棄するよう外国が当該国に要求することは許されない、と論じられている箇所にも当てはまる。これもひとまずのところ、単に内政不干渉の原則を示した発言、あるいは、当時のフランス革命に絡むヨーロッパ列強の干渉戦争を想定しての発言、と見なし得よう。しかし、そうした解釈をした場合には、なぜそこで、その種の要求は「他国によってすぐに呑み込まれてしまうという危険が続く限り」許されない、という条件文がわざわざ挿入されているのか、理解し難いことになる（ZF, 8, 373、傍点は筆者）。しかも、ここでのカントは、専制的な体制を「外敵に対してはより強力な」体制と表現し、それが国防上は容認できる体制であることを仄めかしてもいるのである。しかし、この一見理解のし難いカントの発言も、当該箇所はヨーロッパによって「すぐに呑み込まれてしまう」非ヨーロッパ地域の植民地化に対する禁止の文言でもあった、という風に考えれば、さほど不思議なものではない。確かに、非ヨーロッパ地域には、専制的な体制は多い。しかし、それを理由にその地域への介入をヨーロッパが正当化することはできないし、またその専制を保つことは、非ヨーロッパ民族が植民地化に抗するうえでも有効なはずである——ここでのカントは、そうしたメッセージを送っている、とも解釈できるからである。

　このように、『永遠平和』というテクストでは、絶対的平和を実現するためのプログラムを示す、という言わば表向きの目的の裏で、カントにおいて新たに獲得された植民地支配批判という立場、そしてそれと密接に関連した各民族国家の「道徳的人格」性を擁護するという主張が、深く刻み込まれるようになっていた。とすれば、彼が「世界共和国という積極的理念」ではなく、なぜその「消極的代用物」に過ぎない諸民族国家連合を選択したのか、その重要な理由のひとつは、もはや明らかであろう。カントにとって、法を強制する力を備えた世界共和国は、たとえ理念としては正しくとも、もはや容認できるものではなくなっていた。それは、民族間に支配と従属の関係を持ち込みかねず、ヨーロッパによる非ヨーロッパの植民地支配を容認あるいは正当化する世界秩序構想と彼には映ったのである。それゆえに、カントは、諸民族国家連合こそを、好ましい世界秩序モデルとして新たに掲げるようになったわけだ。それは植民地支配から各民族を保護するという目的を含む、すべての民族国家の独立と主権の保持、および各国間の内政不干渉を柱とした法的体制だったからである。

確かにこのカントの新しい立場は、それまでの彼が主張してきたこととは齟齬があり、その点では首尾一貫性を欠いていたと言わねばなるまい。また、諸民族国家連合という選択を正当化するカントの『永遠平和』における説明は、よく言っても明らかに舌足らずであり、その意味では誤解や混乱を生むものでもあった。ここには、よく言われるような、カントが既に晩年に至っていたがゆえの精神的能力の減退が関係していたのかもしれない。しかし、いずれにしても、植民地支配という非ヨーロッパ民族に加えられたその不正への批判をひとつの引き金に、彼の政治理論は大きく変化したのである。これを、その不正に対するカントの憤りの大きさゆえの帰結だったと考えるのは、この『永遠平和』の著者に対する筆者の過剰な評価であろうか。

四　おわりに

望ましい世界秩序モデルとして『永遠平和』でのカントがなぜ「積極的理念」の世界共和国ではなく、その「消極的代用物」に過ぎない諸民族国家連合を選択したのか——本稿の主題は、カント研究者たちの頭を長らく悩ませてきたこの問いに対し、解を与えることであった。それに際して本稿が着目したのは、『永遠平和』執筆前——おそらくは一七九三年から九五年前半にかけて——のカントが、それまでの非ヨーロッパ人種や植民地支配に対する自身の考え方を大きく変化させていたことである。この変化以降、その時期以前の彼が繰り返し述べてきた非ヨーロッパ人種の劣等性に関する指摘は、少なくとも公には示されなくなっていく。と同時に、ヨーロッパが行なってきた植民地支配、およびその支配を正当化するイデオロギーに対して、それ以降のカントは激しい批判者となったのである。

この新たに獲得された立場を重要な転換点として、カントは、各民族国家の独立権や内政不干渉権、すなわち主権を、植民地化に対抗するための防波堤としてはっきりと擁護するようになっていく。『永遠平和』のカントが初めて論じた世界公民法の概念もまた、まさにこの新しい関心に強く影響されて導入されたものであった。そしてこの変化は、同時に、彼の世界秩序構想にもある重要な変化を引き起こす。それまでのカントは、各民族国家に法を強制できる世界共和国こそを、望ましい世界秩序のモデルだと主張していた。しかしそれは、新しい彼にとって、かえって植民地支配を容認し正当化しかねない危険なモデルと映るようになる。植民地支配という不正を防ぎ、それを正当化する根拠を剥ぎ取っていくためには、むしろ各民族国家の「道徳的人格」性を擁護していかねばならない。それを主要な理由にカントが『永遠平和』以降に主張するようになったのが、諸国家が独立したままで結び付く諸民族国家連合の世界秩序モデルだったのである。

以上のような本稿の主張は、その正否はさて置き、今後のカント政治理論・政治思想研究に新たな課題を投げかけているのではあるまいか。『永遠平和』を含むカントの政治的著作が脚光を浴び始めてから既に久しく、今やカントの政治理論や政治思想については、批判哲学との関係なども含め、かなりの研究が蓄積されてきている。しかし、一般的に言うなら、そうした研究の多くは『永遠平和』の第一確定条項ならびに第二確定条項で論じられた内容にその関心の大半を寄せるものだったと言ってよい。過去二十年強の間に一世を風靡してきた「民主主義の平和」論や、EU・国連といった超国家機構に関連させてのカントへの言及などが、その典型である。しかし、本稿の議論によって、これまで相対的に軽い扱いしかされてこなかった世界公民法をめぐる議論の中にも、カント政治理論を理解するための重要なカギが隠されている、ということが示されたのではないだろうか。しかも、合わせてそれは、少なくとも日本のカント研究者たちの間ではまだ十分な注意の払われていないカントの人種論・植民地支配批判論の重要性をも、示唆することができたと思われる。

したがって、今後のカント政治理論・政治思想をめぐる研究——とくに日本におけるそれ——では、本稿の主張がどこまで正しいものであるかの検証も伴いつつ、こうしたあまり注目のされてこなかった側面にも十分な関心の払われることが、強く望まれるのである。

（1）カントからの引用は基本的にアカデミー版カント全集（*Kant's gesammelte Schriften*, herausgegeben von der Königlich Preußischen（Deutsches, Berlin-Brandenburg）Academie der Wissenschaften, Georg Reimer（Walter de Gruyter）, 1900-）に拠るものとし、以下に示す略号の後に、その巻数および頁数を本文中の括弧内に示す。対応する邦訳が『カント全集』（岩波書店、一九九九―二〇〇六年、全二二巻・別巻一巻）内にある場合はその訳文を適宜参考にさせていただいたが、本稿の訳文はすべて筆者自身のものである。
APH: Anthropologie in pragmatischer Hinsicht; BBM: Bestimmung des Begriffs einer Menschenrace; BGSE: Beobachtungen über das Gefühl des Schönen und Erhabenen; GTP: Über den Gemeinspruch: Das mag in der Theorie richtig sein, taugt aber nicht für die Praxis; GPP: Über den Gebraucht teleologischer Principien in der Philosophie; IGA: Idee zu einer allgemeinen Geschichte in weltbürgerlicher Absicht; KNA: Kant's handschriftlicher Nachlaß. Anthropologie; MAM: Muthmaßlicher Anfang der Menschengeschichte; MS: Die Metaphysik der Sitten; MSV: Metaphysik der Sitten Vigilantius; NW: Nachschrift zu Christian Gottlieb Mielckes Littauisch-deutschem und deutsch-littauischem Wörterbuch; PG: Physische Geographie; RGV: Die Religion innerhalb der Grenzen der bloßen Vernunft; RHI: Recensionen von J. G. Herders Ideen zur Philosophie der Geschichte der Menschheit; RM: Von den verschiedenen Racen der Menschen; VW: Die Vorlesung des Wintersemesters 1781/82 [?] aufgrund der Nachschriften, Menschenkunde, Petersburg; VZF: Vorarbeiten zu Zum ewigen Frieden; ZF: Zum ewigen Frieden. Ein philosophischer Entwurf.
（2）後に本文中でも一部を記すように、カントが特定の世界秩序モデルを示す際に用いた原語には統一性がなく、その相互関係も明確とは言い難い。そこで本稿ではこうした用語上の混乱を避けるため、原語にかかわらず、法が強制的に執行される世界秩序モデルを「世界共和国」、そうでないものを「諸民族国家連合」と表記する（原文からの引用の場合を除く）。

なお後者のVölkerbundには通常「国家連合」や「国際連盟」といった訳語が充てられるが、次注に示す理由により、本稿では「諸民族国家連合」という訳語を採用した。

（3）カントにおいては、「国家Staat」という概念は依然として古典古代のポリスや共和国に由来する政治的な人的団体を表わすものとして用いられている。したがってそれは、政治社会の人的団体を示すVolk/Nationという単語――これらは一定のエスニック性を含めて用いられる場合（民族）もあれば、そうでない場合（国民）もある（なおカントはVolkとNationも区別して使っていない）――と必ずしも区別して用いられてはいない。この点は、FZ, 8, 344; MS, 6, 311などで行なわれている各概念の説明からも、明らかである。

よって以下では、民族と国家という言葉はほぼ同義の、一定のエスニック性を備えた政治的な人的団体を表わしているものとして理解されたい。「諸民族国家連合」のように、ときとして「民族国家」という言葉も用いることがあるが、それが意味するところもほぼ同じである。したがって「諸民族国家連合」は「諸民族連合」や「諸国家連合」と表現してもよかったかもしれないが、ただカントのVölkerbundは、あくまでエスニック性を備えた――言語と宗教によって区分される（ZF, 8, 367）――各民族が、独立した国家（社会）を形成した状態で、相互に結び付いているものである。したがって、「民族」および「国家」という言葉の双方を用いることがVölkerbundの何たるかを最もイメージしやすくなると考え、「諸民族国家連合」という言葉を本稿では採用することにした。

（4）Pauline Kleingeld, Kant's Second Thoughts on Race, in *The Philosophical Quarterly*, Vol. 57, No. 229（2007）, pp. 573-592; Kleingeld, *Kant and Cosmopolitanism: The Philosophical Ideal of World Citizenship*, Cambridge University Press, 2012, pp. 92-123. ちなみに、カントの人種観の変遷に関するこのような議論を展開したクラインゲルトも、別稿において、カントがなぜ世界共和国ではなく諸民族国家連合を支持したのか、という本稿と同じ問いに取り組んでいる（*Kant and Cosmopolitanism*, pp. 44-58）。しかし、そこでの彼女は、諸民族国家連合というカントの選択が彼の人種観の変遷と有意な関係がある、という本稿のような議論は展開していない（彼女が示す説明の概要は、後に本文中で簡単に触れる）。したがって、本稿はカントの人種論をめぐるクラインゲルトの議論に依拠しつつも、さらにそれをカントの世界秩序構想をめぐる問題の解釈に適用した点に、ひとつのオリジナリティがある、と言えるだろう。

（5）本稿では、Weltbürgerrechtに一貫して「世界公民法」との訳語を充てる。注3でも示したように、カントのいう「国家」

には、古典古代に由来する人的団体としての意味が強く含まれている。したがって、カントが用いるBürgerという単語はWeltbürgerrecht のそれも含め、依然として公的な政治社会に生きる「公民」としての意味あいを強く帯びている、というのがその理由である。ただ、後に本文中でも触れるように、カントの言う世界公民法の権利主体としては、しばしば経済活動に携わる「私人」が想定されている。その意味では、「公民」もまた完全に適切な訳語とは必ずしも言えない。

(6) もちろん、カントがこの時期に諸民族国家連合を支持する立場へと転じた理由が、この植民地支配に対する批判意識の高まりだけを原因とするものではないだろう点は、認めざるを得ない。とりわけ、革命フランスに対するヨーロッパ列強の干渉戦争が一七九二年の夏以降に本格化していったことを契機に、カントが各民族国家の独立性や主権の存在を重視するようになっていった可能性は、その点を直接的に根拠づける証拠は乏しいとは言え、否定し難いところがある。

ただし、そうしたフランス革命をめぐる動きとの関連性は、一七九五年四月に締結されたバーゼル条約に対するカントの不信が『永遠平和』の執筆に向かわせた、という著名な議論などとともに、つとに指摘されてきた事柄である。本稿の主眼は、むしろこれまで指摘されてこなかったカントの植民地支配批判とその世界秩序構想との関連性を浮き彫りにしようとするところにあり、したがって、彼が諸民族国家連合の支持という立場に転じた理由についての説明は、もっぱらこの観点からのものとなる。しかし、そのことは、上述のような他の理由があり得ることを、排除するものではない。

(7) ただ牧野英二は近年、カントの植民地主義批判に着目した議論を展開している。Eiji Makino, Weltbürgertum und die Kritik an der postkolonialen Vernunft,『法政大学文学部紀要』第六二号、二〇一一年、一七―三〇頁、などを参照のこと。

(8) カントをこうした意味での「コスモポリタニズム」の伝統に位置づけている議論は枚挙に暇がないが、ここではさしあたり、Garrett Wallace Brown and David Held (ed.), *The Cosmopolitan Reader*, Polity, 2010に掲載されている編者のイントロダクション(pp. 1-2, 15-16)を挙げておく。

(9) Charles R. Beitz, *Political Theory and International Relations*, Princeton University Press, 1979(進藤榮一訳『国際秩序と正義』、岩波書店、一九八九年)。

(10) カントの諸作品からは世界共和国の擁護と諸民族国家連合の擁護という議論をどちらも見出すことができる、との指摘は、Andrew Hurrell, Kant and the Kantian Paradigm in International Relations, in *Review of International Studies*, Vol. 16, No. 3 (1990), pp. 189-194; 千葉眞『連邦主義とコスモポリタニズム――思想・運動・制度構想』、風行社、二〇一四年、六六―六九頁、などを見よ。

(11) 一七九八年発刊の『実用的見地における人間学』においては、人類の最終目標として、「自分たち自身で制定された法の下でお互いに強制し合うことを通じ、世界公民的社会weltbürgerliche Gesellschaftにおいて常に解体の脅威に曝されながらも基本的には進歩していく連合Coalition」の設立ということが、さらりと謳われている(APH, 7, 331)。Coalitionという用語は他の政治的著作には見当たらないため、それがいかなる世界秩序を指しているのか、やや解釈が難しい。が、「常に解体の脅威に曝されながらも基本的には進歩していく」というその暫定性は、『永遠平和』や『人倫の形而上学』で描き出される諸民族国家連合の姿と共通するところがある。したがって、このCoalitionは、諸民族国家連合を意味するものと基本的には考えられる。

(12) ただし、既に本文中でも述べた普遍的君主制に対する批判をカントは遅くとも一七九〇年代初頭には行なっており、この結論については検討の余地が残る。『永遠平和』での普遍的君主制批判は、その根本において、諸民族がひとつの民族に融合されてしまうことへのカントの恐怖から来ていた。民族間の区別がなくなれば戦争も起こらなくなるが、健全な意味での競争も起こらなくなるため、それが自由の喪失や専制政治、文化の停滞を招きかねない、というわけである。だがカントによれば、「言語および宗教の相違」により人類を分離させている「自然」のお蔭で、世界は単一民族化の事態から免れている(ZF, 8, 367)。注目すべきことに、こうした議論の一部は、一七八六年の『人間の歴史の臆測的始元』で既に行なわれていた(MAM, 8, 120-1)。そして、後に『永遠平和』で見られるのとほぼ同様の批判が、Universalmonarchieという単語とともに、『たんなる理性の限界内の宗教』(一七九三年)の註の中で為されている。「諸国家の早過ぎる融合」を防ぐものとして言語と宗教の相違が挙げられるのも、同書でのことである(RGV, 6, 34; 123)。

一般に『永遠平和』におけるカントの普遍的君主制批判は、同書の中で彼が世界共和国を退けた理由を説明するものととらえられてきた(たとえば、千葉『連邦主義とコスモポリタニズム』、六八頁、など)。実際、『永遠平和』の記述には、普遍的君主制と同様に、世界共和国もまたあらゆる民族がひとつの民族に融合した政体だと解釈できる余地がある。とすれば、カントが既に民族の融合に反対する議論を展開していた事実を踏まえた場合、彼が法を強制し得る世界共和国の設立という構想を放棄したのは一七九〇年代初頭か、あるいはそれ以前、ということになろう。しかし他方で、カントの普遍的君主制と世界共和国とは別物だとして、こうした混同を批判する議論もある。そこでは、確かに普遍的君主制は民族が融合した単一の国家を意味する概念であるが、一方の世界共和国は、民族の融合までをも前提にした政体の概念ではない、と主張されている。本稿の議論も、紙幅の都合もありその両概念が区別されるべき根拠を詳述する余裕はないが、この近年の主張に拠っている。B. Sharon Byrd and Joachim Hruschka, *Kant's Doctrine of Right: A Commentary*, Cambridge University Press, pp. 196-200を参照のこと。

(13) Kenneth N. Waltz, Kant, Liberalism, and War, in *American Political Science Review*, Vol. 56, No. 2 (1962), pp. 331-340.

(14) 最上敏樹『国連システムを超えて』、岩波書店、一九九五年、八〇—八一頁など。

(15) Ingeborg Maus, Kant's Reason Against a Global State: Popular Sovereignty as a Principle of International Law, in Jovan Babić and Petar Bojanić (eds.), *World Governance: Do We Need It, Is It Possible, What Could It (All) Mean?*, Cambridge Scholars, 2013, pp. 150-167.

(16) Thomas L. Carson, Perpetual Peace: What Kant Should Have Said, in *Social Theory and Practice*, Vol. 14, No. 2, 1988, pp. 173-214.

(17) Jürgen Habermas, *Der gespaltene Westen*, Suhrkamp, 2004, S. 113-178（大貫敦子・木前利秋・鈴木直・三島憲一訳『引き裂かれた西洋』、法政大学出版局、二〇〇九年、一七七—一七九頁）.

(18) Howard Williams, *Kant's Political Philosophy*, Basil Blackwell, 1983, pp. 253-260.

(19) Georg Cavallar, *Kant and the Theory and Practice of International Right*, University of Wales Press, 1999, pp. 126-131.

(20) Kleingeld, *Kant and Cosmopolitanism*, pp. 44-58.

(21) ここに挙げた『自然地理学』講義の言葉は、学生の講義録などをもとにある編集者がカント晩年の一八〇二年に編んだ、同名の書籍から引用したものである。したがって、これが本当にカント自身の言葉かどうかは定かでなく、一七五九年以前に行なわれた講義からのものであるという推測もまた、不確かさを含む。このあたりの事情については、岩波書店版『カント全集』（第一六巻）でこの『自然地理学』を邦訳した宮島光志の「解説」（四七七—四八四頁）が有用である。

(22) Robert Bernasconi, Who Invented the Concept of Race? Kant's Role in the Enlightenment Construction of Race, in Bernasconi (ed.), *Race*, Blackwell, 2001, p. 21.

(23) アカデミー版に収められているのは一七七七年発刊の改訂版の方であり、ここで引用した言葉は、一七七五年の初版には存在しない。しかし、白人種を人類の根源種に最も近いものと見なす同様の議論は、既にその初版本にも見られる。本稿では、一七七五年版の確認には、Jon M. Mikkelsen (trans. and ed.), *Kant and the Concept of Race: Late Eighteenth-Century Writings*, State University of New York Press, 2013に収録の英訳版を利用した（p. 54）。

(24) Frederick C. Beiser, *Enlightenment, Revolution, and Romanticism: The Genesis of Modern German Political Thought, 1790-1800*, Harvard University Press, 1992, pp. 156-170, 201-215（杉田孝夫訳『啓蒙・革命・ロマン主義——近代ドイツ政治思想の起源一七九〇—一八〇〇』、法政大学出版局、二〇一〇年、三一〇—三三三・三九五—四一六頁）.

（25）Robert Bernasconi, Kant as an Unfamiliar Source of Racism, in Julie K. Ward and Tommy L. Lott (eds.), *Philosophers on Race: Critical Essays*, Blackwell, 2002, pp. 153-154.

（26）Arnold Kowalewski (hrsg.), *Die philosophischen Hauptvorlesungen Immanuel Kants. Nach den neu aufgefundenen Kollegheften des Grafen Heinrich zu Dohna-Wundlacken*, Rösl & Cie, 1924, S. 364-365.

（27）Kleingeld, *Kant and Cosmopolitanism*, p. 111.

（28）Kleingeld, Kant's Second Thoughts on Race, pp. 586-589; *Kant and Cosmopolitanism*, pp. 111-114.

（29）VZF, 23, 170（Cf. ZF, 8, 367）. ただし、注12で触れたように、カントは『たんなる理性の限界内の宗教』（一七九三年）の時点で、人類を民族に分割する要素として人種を既に挙げてはいなかった。この点は、カントの人種観がいつ変化したのかを判断する際に考慮すべき要素として、さらに詳しく吟味してみる必要があるだろう。

（30）ただしマーク・ラリモアは、一七九〇年代にカントが人種についてほとんど述べなくなったことについて、それはカントの人種論が広く当時の人びとに受け入れられたからだ、と解釈している。Mark Larrimore, Antinomies of Race: Diversity and Destiny in Kant, in *Patterns of Prejudice*, Vol. 42, No. 4-5（2008）, p. 358.

（31）Garrett Wallace Brown, *Grounding Cosmopolitanism: From Kant to the Idea of a Cosmopolitan Constitution*, Edinburgh University Press, 2009, p. 103.

（32）以下に挙げる二つの理由以外に、ケーニヒスベルクに隣接するポーランド（ポーランド＝リトアニア共和国）での政治変動も、カントの植民地支配に対する考え方に影響を与えたのかもしれない。一七九三年一月のいわゆる第二次分割を経て、当時のポーランドは、普・露・墺の周辺大国からの圧力により消滅の危機に曝されていた。近年のカント研究は彼が東欧で思索したことを重視する傾向にあると言われ、その点に着目する山根雄一郎は、カントの政治理論には一七九一年五月に採択されたポーランド新憲法——当時としてはかなり先進的なヨーロッパ初の成文憲法——と内容の点で多くの共通点が見られる、と主張している。また、さらに山根の指摘するところによれば、カントが『永遠平和』を執筆するに至ったのも、これまでしばしば指摘されてきたバーゼル条約への反応というより、むしろこのポーランドが消滅しかねない、というカントの憂慮から来るものであった（山根『カント哲学の射程——啓蒙・平和・共生』、風行社、二〇一一年、七五—一四四頁）。実際のポーランドは『永遠平和』が出版された翌月の一七九五年一〇月に第三次分割で消滅してしまうが、その後もカントは、リトアニア語やポーランド語といった少数民族の言語教育が重要である旨を説くなど（NW, 8, 443-5）、この問題への関心を低下させていない。したがって、この隣国での「異民族支配」

がこれまでの彼の植民地支配に対する考え方を改めさせたという可能性も、一定の妥当性はあると言えよう。ただし、七年戦争中の一七五八年から一七六二年にかけてはケーニヒスベルク自体がロシアによって占領されたことがあるものの、この時には何らかの政治的反応がカントに起きていた様子は確認できない。

（33）Beiser, *Enlightenment, Revolution, and Romanticism*, pp. 36-38（邦訳書、七〇―七三頁）.

（34）Kleingeld, *Kant and Cosmopolitanism*, p. 116.

（35）浜忠雄『カリブからの問い――ハイチ革命と近代世界』、岩波書店、二〇〇三年、六九―一二六頁。

（36）『諸国民の富』における奴隷制度や植民地支配についての議論は、Adam Smith, *The Wealth of Nations*, edited with notes and Marginal Summary by Edwin Cannan, Bantam Dell, 2003, pp. 492-496, 704-814（大内兵衛・松川七郎訳『諸国民の富』、岩波書店、一九六〇年、（二）四三五―四四一・（三）二五九―四一八頁）、を見よ。

（37）Samuel Fleischacker, Values behind the Market: Kant's Response to the *Wealth of Nations*, in *History of Political Thought*, Vol. 17, No. 3（1996）, pp. 379-407.

（38）サンカール・ムースによれば、『永遠平和』でのカントの植民地支配批判はスミスが『諸国民の富』で行なった議論と重なる。Sankar Muthu, Conquest, Commerce, and Cosmopolitanism in Enlightenment Political Thought, in Muthu（ed.）, *Empire and Modern Political Thought*, Cambridge University Press, 2012, p. 223.

（39）Anne Dufourmantelle invite Jacque Derrida à répondre *De l'hospitalité*, Calmann-Lévy, 1997, pp. 64-68（廣瀬浩司訳『歓待について――パリのゼミナールの記録』、産業図書、一九九九年、八九―九四頁）; Seyla Benhabib, *The Rights of Others: Aliens, Residents, and Citizens*, Cambridge University Press, pp. 25-48（向山恭一訳『他者の権利――外国人・居留民・市民』、法政大学出版局、二〇〇六年、二三―四四頁）.

（40）Sankar Muthu, *Enlightenment Against Empire*, Princeton University Press, 2003, p. 188; Paul Niesen, Colonialism and Hospitality, in *Politics and Ethics Review*, Vol. 3, No. 1（2007）, p. 105.

［政治思想学会研究奨励賞受賞論文］

マックス・ヴェーバーにおける近代的主体の形成とその特質

――心情倫理と「世界の脱魔術化」との関連から

内藤葉子

一　はじめに

本稿は、マックス・ヴェーバー（Max Weber, 1864-1920）の政治思想における近代的主体の形成とその特質を、「心情倫理（Gesinnungsethik）」と「世界の脱魔術化（Entzauberung der Welt）」との関連から明らかにしようとするものである。

心情倫理は『職業としての政治』（一九一九年）において、責任倫理の対抗的倫理として最終的に定式化された概念である。ヴェーバーは、第一次世界大戦直後の政治的・社会的状況において、「無品位」な政治行動をとる当時の革命主義者や平和主義者を「心情倫理家」として批判した点で、心情倫理を否定的に評価した。それゆえ先行研究においては責任倫理を重視する観点から、決断力や責任感を備えた自律的でリベラルな主体をヴェーバーの思想から導きだす立場が主流である[1]。ただし従来の見解では、心情倫理が責任倫理の引き立て役にされがちであり、また両概念の対立を最初から前提にして論じてしまうことから、心情倫理がヴェーバーの思想に占める重要性については十分に考慮されてこなかったといえる。しかし心情倫理に注目することによって、従来の解釈とは異なる近代的主体の特質をヴェーバーから読みとることもできるのではないだろうか。心情倫理は『職業としての政治』においては低い評価を受けているものの、宗教社会学研究では必ずしもそうではない。それゆえこの問題を考察するために、『職業としての政治』のみならず、心情倫理が体系的に論じられた宗教社会学研究にも注目する。

ヴェーバーのテキストを俯瞰した場合、Gesinnung のつく言葉は全体にわたって頻出するが、Gesinnungsethik は限られた場面にしか登場してこない(2)。心情倫理が集中的に現れるのは、『宗教的ゲマインシャフト』と『世界宗教の経済倫理』の宗教社会学研究(3)、それから『職業としての政治』である。さらに言えば、『職業としての政治』でも最後半部、政治と倫理の緊張関係が論じられる部分に集中している［PaB: 237ff.=89ff.］。とくに諸宗教こそが政治と倫理の問題と格闘してきたというのがヴェーバーの基本的な思考であったことを思えば［cf. PaB: 244-245=97］、心情倫理は彼の宗教社会学研究と政治哲学の接点に位置づけられる概念とみなせるだろう。心情倫理に注目するならば、『職業としての政治』は宗教社会学研究と密接な関連をもっているのである。

その概念の源としてカントや新カント派、さらにニーチェの影響から人格性へのヴェーバーの関心を見出す要素として心情倫理を重視する研究もあるが(4)、何より宗教社会学研究に心情倫理の本質的議論を見る研究もある(5)。そこでは心情倫理を「世界の脱魔術化」と結びつけて、西欧文化世界の合理化を方向づける重要な要素として位置づけようとする見解もある(6)。さらに心情倫理は、暴力を固有法則とする政治領域と原理的に対立する「愛の無‐秩序世界主義(Liebesakosmismus)」に関連する倫理としても描かれている(7)。

この点からみても、心情倫理は政治論の文脈だけでは論じきれない奥行きと深さを持ち合わせており、ヴェーバーの思想全体においてその意味内容を確定する必要のある概念である。その上で、この概念が当時の政治状況との関連で否定的に用いられたことの意味があらためて問われなくてはならない(8)。『職業としての政治』が特定の政治状況を前にした時事的な講演論文であるにしても、彼の政治哲学が凝縮された内容を併せ持つテキストであることを考えれば、ここに現れる心情倫理は、宗教社会学研究を源泉としつつもその文脈から離れ、世界の脱魔術化の果てに到来する近代西欧世界を背景とした近代的主体の形成とその特質を反映したものと考えられるのではないか(9)。

この問題を考察するために、第一に、心情倫理がヴェーバーの宗教社会学研究においてどのように特徴づけられているかを、知識人による世界像の構築と実践的生活態度への影響の点から明らかにする（第二節）。第二に、古代イスラエルの預言からプロテスタンティズムに至る世界の脱魔術化と心情倫理との関連について論じる（第三節）。第三に、世界の脱魔術化が政治領域をはじめとする諸領域の自律化を促すこと、またそのことが人間を管理・支配の対象として「隷従の殻」へと追いやっていく近代特有の状況を批判的に検討する（第四節）。第四に、「神の後退」という宗教的・知的文脈において、近代的主体がいかなる論理で心情倫理的に形成されるのかについて考慮し（第五節）、最後に心情倫理的主体の特質について考察する（第六節）。なお本稿は責任倫理について、また心情倫理と責任倫理の関係について論じるものではないが、それはこの概念の重要性を省みないからではなく、心情倫理に対するヴェーバーの理解およびそこから抽出される近代的主体の特質を踏まえた上で、あらためて考察する必要があると考えるからである。(10)

二　宗教社会学研究における心情倫理

1　知識人による合理的な秩序世界《コスモス》の構想

ヴェーバーの宗教社会学研究の主題の一つは、「救済」への憧憬が特定の意味に定位した実践的生活態度を合理的に組織化するように作用し、またそのことが社会秩序を形成していく様相を比較史的に考察することにあるといえるだろう。(11)救済宗教の成立に大きく関与するのが「知識人」であり、彼らは「一つの「意味」問題として「世界」の構想的把握を遂行する者」である [MWG I/22-2: 273=160](12)。

救いの要請の出発点は、現世という経験的世界における「不当な苦難」に合理的な説明を求めるところにある。身分や階級、性別などの差異によって、あるいはいわれなき理由によって、現世内部の人々の幸福という財は不均衡に配分されている。その現実を前に、「運命と功績の不一致の根拠に関する問い」、また「現世内における個々人の幸福の不公平な配分に対する正当な補償の要請」が高まる [Einleitung: 95=48, Zb: 515=153]。現世の「不当な苦難」、「現世の倫理的非合理性」が知識人を「挑発し」、彼らに合理的な説明を「考えさせる」のである。(13)しかしこの問いへの答えはつねに、

「死や滅亡」が最善の人や事物にも最悪の人や事物にも分けへだてなく訪れること」によって揺さぶられる。「倫理的には説明のつかない幸福と苦難の配分の不公平さのみならず、その補償が考えられるように思われる場合でも、苦難の存在という単なる事実そのものがすでにどこまでも非合理的であるにちがいないからである」[Zb: 516=153-154]。

苦難の存在自体が非合理であるという「この世界の絶対的な不完全さ」に対して、知識人が「正当な応報による補償」という問題に取り組めば取り組むほど、その問題を現世内で解決することは不可能とみなされ、現世外での解決へと向かうようになる。「もしも全体としての世界と生とがとくに一つの「意味」をもつべきであるとすれば、いったいそれはいかなる「意味」でありうるか、そして世界はこの「意味」にふさわしくあるためにどのように見られねばならないか」[MWG I/22-2: 194=82]。この問いから構築される「世界像」の合理化こそ、知識人が担った宗教的合理主義の中心的所産である。

非合理なまでの苦難という事実もまた全体としての「秩序世界（Kosmos）」に組み込まれたものとして、統一的な「意味」をもつ世界像が構成される。これにもっとも合理的な解を与えたものとして、ヴェーバーはマニ教の二元論、インドの業《カルマ》の教説、「隠れたる神」の予定説の三つを挙げている。二元論は善なる神々と対抗する闇の力や不浄な力に触れて生じた混濁の結果とみなすことによって、業の教説は倫理的な応報因果の張り巡らされた一つの秩序世界として世界を捉えることによって、そして予定説においては、神の絶対的全能性を人間の倫理的尺度をあてはめることはできないと考えることによって、首尾一貫した世界像を提示することになる [Zb: 520-522=160-163]。

宗教的知性主義は体系的に統一された一定の「意味」をもつ「倫理的に合理的な世界」を、「善と悪との「相互依存の中断」」によって創り出す(14)。救済宗教が成り立つのは、苦難の理由をも合理的に説明できるような「世界像」が提示され、それに苦難が関連づけられ、そこからの解放＝救済にむけての首尾一貫した方向性を提示できる場合ということになる。ここにおいて、主観的に意味を付与された合理的な「秩序世界《コスモス》」は、現世という経験的世界とは全く無関係なものとして立ち現れる。キッペンベルクが強調するように、宗教はただ非合理的な経験に由来するのではなく、「現世の倫理的非合理性」に対して知識人によって構成された宗教的世界像や意味に条件づけられて成立するのである(15)。

2　禁欲的プロテスタンティズムに現れる倫理的人格

知識人によって苦難の神義論へと昇華され救済の理念を合理化する宗教倫理は、それが首尾一貫していればいるほど、人間の生活態度に対して強い影響力を及ぼす。ヴェーバーはこうした救済理念と世界像が、行為への実践的起動力や、人間の生活態度形成に対してどのように体系的に作用したかという観点から、二つの方向に展開した救済方法に注目する。ひとつは、「増減の原理」として善行や悪行を個別的に評価する場合、もう一つは、個々の所業を「倫理的全人格の徴表」として判断する場合である。前者は、個々の行為が善行・悪行として個別に評価され、救済はその増減計算の結果として割り当てられるとする在り方である。これはカトリック教会や東方諸教会にも見いだされるが、インドの業の教説に極限的な姿を見ることができる。後者は、個別的行為ではなく、「倫理的全人格の徴表ないしその表現」あるいは「人格の全体的習性」として行為がなされることに力点を置く。『宗教的ゲマインシャフト』では、このような人格の在り方や人間存在の包括的態度と心情倫理との関連が指摘されている［MWG I/22-2: 309-311＝199-201］。

ここで論じられているのは、「禁欲や観照、あるいはたえず目覚めた自己統御や確証などを通して、常にあらたに確立される人格性の習性」であり、その「人格性の中心的・恒常的な性質」こそが「救いと恩寵持続の確実性を与える」ものとされる［MWG I/22-2: 346, 363＝237-238, 254］。このような人格は典型的には禁欲的プロテスタンティズムに現れる。それは「堕落せる集塊」「罪の容器」としての現世のあらゆる文化に徹底的に対峙する「聖なる心情」を維持し研鑽を積むところの人格である。この人格にとって、自己の救済が予定論的に決定されているかを知るためには何らかの徴表がなくてはならない。行為の善し悪しは救済に関係がない。彼は合理的・禁欲的に自己の生活を統御し、またそれができる人格であることによって、救済を確証しようとする者である。この「聖なる心情」が生活態度に「内面から革命的に作用」していき、現世との緊張関係をさらに高めていくと、そこから「もろもろの個別的規範の類型化を破壊」し現世改革へと向かう実践力が生まれる［MWG I/22-2: 322, 369＝213, 261-262］。プロテスタンティズムから導かれるこのような人格を「心情倫理的主体」の特質として見ることができるだろう。

三　世界の脱魔術化と心情倫理

1　脱魔術化と「罪」の観念

この倫理的人格にきわめて強く結びついているのが「罪」の観念である。罪の観念も、最初は呪術的なものと混在している。悪人の体内に宿る一つの毒素といった解釈から始まり、悪人にとり憑いた悪しきデーモン、さらには「根源悪」の悪魔的力、最終的に「神に反するものの統一的な力のうちに人間が陥ること」といった解釈にまで、罪の観念は体系化・合理化される。呪術から離れ宗教倫理の体系化が為されるところで、「神の意志に反する行為」は、「「良心」を苦しめる倫理的な「罪」」、「反神的力としての「罪」」として位置づけられるようになる［MWG I/22-2: 174-176=60-62］。

この罪の観念は西洋以外の諸宗教においては明確には知られなかったとヴェーバーは述べる。バビロニアやシュメールでは単なる呪術的形式として罪感情が用いられたにすぎなかった［MWG I/21: 605-606=639］。儒教やギリシア・ローマの倫理においては祭司階級や預言者を欠いていたために［MWG I/22-2: 176=62］、ヒンドゥー教や仏教にとっては「悪」ではなく「無常さ」からの救済を求めるものであったために、「心情倫理的な罪の概念（gesinnungsethischer Sündenbegriff）」はなじまないものであった［MWG I/20: 332=282-283］。これに対して西洋の宗教では、「根源悪の激しい悪の力に対する倫理的な神の対立」という構図へと罪の観念が体系化された。

罪の観念の体系化は、呪術的なものからの分離によって始まるものであり、それは呪術からの解放、脱魔術化の過程とも言い換えられる。先述した知識人の知性主義こそが、呪術的実践に対する宗教的‐倫理的な「拒否」の担い手であり、脱魔術化の推進力である。(16) 例えばこの事例としてヴェーバーは、古代イスラエルのレビびとが呪術に敵対的な知識人層であったことを強調する［MWG I/21: 547-549=536-540］。またプロテスタンティズムにおいては、「救いの手段としての聖礼典という呪術を拒絶する、という根本的事態」が起こり、呪術が救いをもたらしうるという期待が一切排除された［PE:

94, Anm. 3=161, Anm. 4]。ヴェーバーが最晩年に『プロテスタンティズムの倫理と資本主義の精神』(以後「倫理」論文)に書き足したように、古代イスラエルの預言者に始まり、ヘレニズムの学問的思考と結合しつつ禁欲的プロテスタンティズムにおいて完結する脱魔術化のプロセスこそが、西洋独自の発展の軌道と位置づけられることになる[PE: 94-95=157][17]。

とりわけ古代イスラエルの預言者に始まり禁欲的プロテスタンティズムに帰着するという脱魔術化の壮大な流れにおいて、この二つの宗教に心情倫理概念が集中的に現れていることを無視できない。心情倫理との結び付きこそ、「脱魔術化を西洋の発展の推進力として理解するための前提」である[18]。西洋独自の展開をもたらす脱魔術化は、呪術から罪の観念を分離させ、宗教倫理の体系化に即して「心情倫理的な罪の概念」を成立させた。そしてこの概念の形成に大きな役割を果たしたのが「預言者」である。

2 預言者と心情倫理的純化――『古代ユダヤ教』を中心に

預言者についてヴェーバーは「立法者」や「教説家」や「密儀師」と区別しつつ、「独裁的な信徒扇動者であり、儀礼的な祭司恩寵にかわって、心情倫理的な体系化をもたらさんとする者」と定義している[MWG I/22-2: 217=105]。この預言者による宗教倫理の心情倫理的体系化の様子が、『古代ユダヤ教』において克明に描かれる。

古代イスラエルでは、バビロン捕囚期以前においてすでに――バビロニアやアッシリアの圧力に直面していたという政治状況において――人間の力ではなく神の奇蹟のみが救済を行い得るという思想が影響力をもつ傾向にあり[MWG I/21: 582=601]、とくに外的な行為よりも、神に無条件に服従するという内面の在り方が重視された。その点にヴェーバーは、神の命令を心情倫理的に純化させる傾向をすでにみてとっている[MWG I/21: 545=531]。その後のイスラエルの滅亡と南王国ユダのエルサレム陥落、バビロン捕囚と捕囚からの帰還といった苦難を経るなかで、なによりも預言が知識人層を越えて平信徒層にまで強烈に作用することになり、この傾向はさらに推し進められていく。

イスラエルとユダが被った敗北や禍に対して、預言者たちは神の無力のせいではなく、民族の罪こそが神の罰、神の復讐、神の怒りとしてこのような事態を招いたのだと考える。その考え方にはイスラエルに特有の契約思想、すなわち、神自身との契約締結であること、また神との契約が破られた場合、神自身が復讐するという古い見解が影響している［MWG I/21: 352-353=203-204］[19]。ヤハウェが道徳的・社会倫理的違反のために禍を下すという元々ユダヤ教のなかで知識人（レビびと）によって共有されていた考えが、預言者の唱える「禍の神義論」として平民層にまで浸透する［MWG I/21: 654=731-732］。「神の意志に反する行為」そのものが、直接の結果はどうあろうと「「良心」を苦しめる倫理的な「罪」」なのである［MWG I/22-2: 175=60］。こうした「罪」の意識こそが宗教倫理の心情倫理的純化の核になる。

ヴェーバーの宗教社会学研究では預言者と祭司層および平民層（平信徒）との関係が常に意識されている。祭司が勢力をもち、またその勢力を維持しようとするところでは、民衆たちの伝統的な観念圏に迎合せざるをえず呪術的な形態をとる方向へと作用するし、その場合呪術や儀礼は民衆の馴致手段として機能する［MWG I/22-2: 216=103-104, MWG I/21: 551=543］。しかしイスラエルでは平民層が、ヤハウェ主義的敬虔さから呪術を嫌悪する合理的宗教倫理の担い手であったし［MWG I/21: 552-554=546-549］、またトーラー教師のレビびとがすでに呪術に敵対的な知識人層であった。とりわけ平民層の敬虔さ、すなわち神に対する謙遜、従順、信頼にみちた献身や愛といった敬虔さによって特徴づけられる神への内的帰依を、ヴェーバーは「心情倫理的純化（gesinnungsethische Sublimierung）」として描いている［MWG I/21: 583=604］。それでもトーラーや申命記的知識人の言葉は、預言者たちほどには民衆に影響力を持つことができなかったという。自民族に禍と救済を与える神という預言者の終末待望論が民衆に及ぼした影響力を、ヴェーバーは「空前の歴史的パラドクシー」と評する。それは旧約聖書の内的構造を規定し、キリスト教へと流れ込み、現代にまで及ぶ西洋独自の発展を方向づけたとされる。政治的に破壊されつつも宗教的共同体として結集することができたのは、預言者たちの終末論的告知が「伝来の宗教」を「心情倫理的に純化」させ、実践的に作用した結果である［MWG I/21: 691-692=799-801］。誰もが守ることのできる神の命令を遵守し、日常道徳に従って道徳的に正しく行為することが、この民族の倫理的な特別義務なのであり、これへの背反を預言者は問題視するのである［MWG I/21: 644=712］。

ただし、たしかに古代イスラエルにおいては周辺国以上に、預言者の終末論的言説と人々の救済願望が迫真性をもって普及していたけれども［MWG I/21: 681=780-781］、「救済」思想はなおも具体的な災禍からの解放といった合理的な意味で現れているにすぎないと指摘される［MWG I/22-2: 175=60-61］。その実践的内容はパリサイ派ユダヤ教の律法主義へとつながるが、そこでは「原理的に禁欲精神によって方向づけられた」実践的生活態度の方法論的合理化は生まれなかったし、「民族の堕罪」は咎めても「原罪」や「被造物の堕落」や「感覚的なものの忌避」といった思想は生まれなかった［MWG I/21: 806, 808, 813=948, 951, 955］。ヴェーバーは、敬虔派のような「罪の不安」はイスラエルやユダヤ民族には発見できないとしている［MWG I/21: 582, Anm. 207=602, Anm. 2］。また性、財、享楽の問題においても「その根本的特徴は完全に非禁欲的」と捉えていた(20)。それゆえ、宗教倫理の心情倫理的昇華が生活態度と行為に決定的な作用を及ぼすことが克明に描かれるのは、禁欲的プロテスタンティズムの記述にかかる部分となる。

3　愛の無‐秩序世界主義《リーベスアコスミスムス》の系譜——第二イザヤから原始キリスト教へ

ヴェーバーの『古代ユダヤ教』がJ・ヴェルハウゼンの聖書学、H・グンケルやW・ブセットらの宗教史学派の動向から影響を受けていることはよく指摘される。偉大で悲劇的な預言者像や預言者が宗教的共同体の成立に及ぼした影響を重視する見方、預言こそが古代イスラエル宗教の核心であるとする見方、またキリスト教はユダヤ教パリサイ派と袂を分かつが、預言と詩篇の精神的相続人であるとする見方をヴェーバーは引き継いだとされる(21)。

預言者のなかでも第二イザヤを扱った部分が原始キリスト教と直接的に結び付けられている。ヴェーバーによると、第二イザヤとは捕囚の悲惨の中で生み出された新しい神義論であり、罪なき神の僕が罪人として贖罪死を遂げ、そのことによって多くの者の罪を救い、世界に救済をもたらすというテーマを扱ったものである。それは「苦難の、悲惨の、貧困の、低くあることの、醜さの神聖視」というように、受難をひきうけることが宗教的至高性に結びつくという思想である［MWG I/21: 736=872］。第二イザヤの預言は小さな知識人サークルの間に受け入れられ、現世を意味ある秩序世界として把握しようとする知識人の神義論的問題関心にもとづく「形而上学的欲求」から生みだされたものと指摘されている(22)。神の僕の犠牲死というテーマ、そして「無抵抗というこの特別に悲惨主義的な倫理」が、「暴力でもって悪に手向かうな」を謳う「山上の説教」へと受け継がれた。この悲惨主義的色調や自己卑下や醜さの積極的評価は、第二イザヤとイエスとの関連性を推定させ、生成しつつあるキリスト信仰のなかに、そして後の敬虔派にいたるまで著しく影響を及ぼすことになるのだが、ユダヤ教自体からは消滅したという [MWG I/21: 746-748=890-893]。

心情倫理はイスラエルの預言者と禁欲的プロテスタンティズムに集中的に現れるが、イエスの登場する原始キリスト教を扱う場面にも散見できる。パリサイ派やエッセネ派が、他のユダヤ人との結婚や食卓共同体などを儀礼的に不浄なものとして遮断したことに対して、イエスがこれらの者たちと積極的に交際し会食した事例を「心情倫理的純化」として説明している [MWG I/21: 825=971]。「心情の在り方」「真正なる心情」にただ目を向けることによって [MWG I/22-2: 447=337]、律法や儀礼主義にもとづいた行為を突破する様子が描かれる。こうした在り方は、禁欲的プロテスタンティズムにおいて説明された「もろもろの個別的規範の類型化を破壊する」内面からの革命的作用と重なりあうだろう。

しかし同じ心情倫理であっても、原始キリスト教と、現世改革的なプロテスタンティズムにつながる系譜とは根本的に対立的な要素を含む。律法よりも「心情の在り方」が何よりも重要になるのは、間近に迫った神の国の到来に対する心構えが要請されるからであり、ひいては現世と「そこでの諸事象に対する絶対的な無関心」が決定的になるからである。魂の救済ゆえに、家族や財産、政治・経済・芸術・性愛など、あらゆる被造的関心事から生まれる社会的・心的拘束からは完全に離脱することが促されるのである [MWG I/22-2: 320-321, 446-447=212, 336-337]。

一切の社会的諸関係の境界線を無意味化していくことによって、苦しみのうちにある人びとへの愛、隣人愛、人間愛そして究極的には敵への愛という形で、同胞間の愛の心情が「心情倫理的に」体系化される [Zb: 487=111, MWG I/22-2: 445=335-336]。それは人間そのものに徹底して寄り添い、誰であるかを問わないという点で、もはや人間のためではなく献身それ自体のために行われる無対象な献身であり、ヴェーバーが「神聖な魂の売春」[Zb: 490=116, Naturrecht: 757] と呼ぶ倫理化の極点である。プロテスタントが「神の栄光」から慈善を拒絶したのに対し、原始キリスト教など「現世拒否」的宗教では、現世に対する緊張関係が高まるほど、人間的なもの・人格的なものにどこまでも倫理的に無条件に徹しようとする。それこそが宗教倫理の心情倫理的純化のはてに生まれてくる「対象のない愛の無《リーベス》-秩序世界主義《アコスミスムス》」である [Zb: 487=112, Naturrecht: 762]。このテーマは一九一〇年頃のトルストイやドストエフスキーらロシアの宗教的精神文化への注目によって深化したものであろう［Naturrecht: 755-758］(23)。ただしヴェーバーは、愛の無-秩序世界主義的な在り方はロシアにその痕跡を認めるけれども、西欧世界の合理的文化の技術的・社会的諸条件のもとでは「ブッダとかイエスとかフランチェスコのような生き方」は破綻せざるをえないものとみていた［Zb: 520=160］。

4 心情倫理的主体による現世の肯定――『宗教的ゲマインシャフト』を中心に

むしろ西洋独自の文化世界は、古代イスラエルの預言者からプロテスタンティズムに至る世界の脱魔術化の経路のもとで形づくられた。そこに現れる心情倫理的な主体とは、経験的世界と理念的な秩序世界の分裂および緊張関係を前提に、神を準拠点にしながら、構築された世界像に従って自らの生活態度を規律化し、また現世改革に向けて実践的に行為する存在である。

心情倫理的主体に特有の在り方は、その「エーティク（Ethik）」という語と無縁ではないだろう。すでに古代ギリシアにおいて、「善き行い」とは行為者の倫理的性質の善さが現れた結果とされた(24)。同時に、個人の性質や特性が磨かれるのは外的環境との関わりが必要で、古代ギリシアではポリスが倫理的人格（ethos）を培うための習慣づけや慣習（ethos）を提供する外的環境であった。しかしこの外的環境は心情倫理においては、きわめて敵対的なものとして現れてくる。古代イスラエルにおいては滅亡と禍の場として、プロテスタンティズムにおいては「堕落せる集塊」「被造的にして無価値なもの」として［MWG I/22-2: 322=213］、現世とそこに生じる事柄は心情倫理的純化の契機となる罪と悪の原因として位置づけられる。

とくに禁欲的プロテスタンティズムにおいては、先に見たように、この外的環境と対峙するところに、生活態度を規律化した自律的で合理的な主体が現れる。プロテスタンティズムは、現世を「堕落せる集塊」「本質的に罪の容器」と見なしながらも、「その被造性のうちにも神の力が働きかけるものである限り」、自らの宗教的カリスマが確証されるべき場として必要とし肯定する。現世秩序との激しい緊張関係をもちつつも、彼らは「合理的行為による義務遂行の対象」として現世を肯定するのである［MWG I/22-2: 322, 339=213, 231］。まさにその点にヴェーバーは、「個別的規範の類型化を破壊し」「内面からの革命的作用」をもたらしうる心情倫理の「強力かつ動的な展開要素」、現世の合理的改革へ向かう実践的起動力を見出している［MWG I/22-2: 370=262］。ただしその先、彼らは現世の「意味」への問いに対しては「幸福な頑迷さ」で対処し無頓着となる。神は人間的尺度を離れた存在であり、それゆえ「世界全体〔……〕に対する責任は、彼ではなくて彼の神が負う」。彼らは自己の行為に対して責任を負うこともなく、職業活動の「意味」も問う必要もなく、ただ神の意志を執行しているという意識で満足できる「職業人」となる［MWG I/22-2: 328=220］(25)。予定説において、不合理な苦難や生と死の意味についての神義論的問いは消失することになる。ヴェーバーが「倫理」論文で描いたように、禁欲的プロテスタンティズムが資本主義の精神の揺りかごとなるもやがてその精神を枯渇させ、合理的な方法的生活態度の形式だけが資本主義に適合的なものとして作動しつづける近代世界へと入っていくのである。

四　諸領域の徹底的合理化と「隷従の殻」

1　心情倫理の温度差

一九一三年頃から一九二〇年まで取り組まれた宗教社会学研究に登場する心情倫理について、これまでの議論を整理する。ヴェーバーの宗教社会学研究では、現世とそこで起きる事象に対して、知識人が主観的に意味付与をした合理的な秩序世界を構築することにより、現世そのものは堕落したものとして立ち現れる。現世に対して宗教的要請がもたらす緊張が先鋭化されればされるほど、宗教倫理は心情倫理的に純化・体系化される。古代イスラエル、原始キリスト教、そしてプロテスタンティズムにおいては、現世において生じる苦難を自らの（あるいは民族の）罪として受けとめ、絶対的な神の意志に適うように内面的な心の在り方を純化させていく。ここに心情倫理的主体は、儀礼や呪術による救済を一切拒絶し、神の意志に適うように日常生活を倫理的に規律化し、あるいは現世を変革するために実践的起動力をもってそこに介入する存在として立ち現れる。脱魔術化と心情倫理は強く関連しており、その結び付きこそが、西欧独自の合理化の発展経路を方向づけるものとなる。また神との絶対的な距離ゆえに、その主体自身の行為をも含めて世界全体への責任を神に委ねる傾向も現れることになる。

宗教社会学研究の終盤にさしかかる頃、一九一九年一月に『職業としての政治』講演が行なわれた。そこでは心情倫理は、当時の政治的文脈のなかで革命主義者や平和主義者を批判するさいの概念として用いられることになる。宗教社会学研究においては一つの分析概念として用いられた心情倫理であるが、『職業としての政治』においては――責任倫理との関係において複数の視座が認められるとはいえ[26]――否定的な評価を伴って現れる。この温度差はどう解釈できるのだろうか。『職業としての政治』は時代状況に即した「臨機的処置」にすぎず、心情倫理に関しては宗教社会学研究の成果を本質的なものとして見るべきなのか[27]。しかし政治と倫理の関係を突き詰めようとする『職業としての政治』の政治哲学的観点から見れば、この問題は、学術的研究と時事的な政治講演の違い以上に、ヴェーバーの近代西欧世界に対する時代診断が色濃く現れている部分に関わるのではないだろうか。『職業としての政治』における心情倫理への低評価には、近代的秩序がもたらす非人格的・非倫理的な事態に対して人間はどのような態度を取り得るのかというヴェーバーの問題関心を反映していると考えられる。それでは近代世界の問題性とは何か。そこではどのように心情倫理的に主体化が為されるのだろうか。

2　世界の脱魔術化と徹底的合理化

近代西洋に特殊な事情としてヴェーバーが見ているのは、現世内的禁欲のプロテスタンティズムにおいて世界の脱魔術化が徹底されたということである［Einleitung: 114=76］。脱魔術化を推し進めてきた知性主義の源泉は、もちろん宗教的知識人だけではなく、ギリシアの科学的思惟やルネサンス由来の知性主義も含まれる。近代の宗教的知性主義は、魔女裁判に見られるように、呪術への信仰を徹底的に抑圧・排除した[28]。興味深いのは、科学の台頭の結果呪術が排斥されたのではなく、宗教に由来する全般的な環境変化によってまず呪術の露払いがなされた上に、同じ宗教性にもとづき、神の創造を明らかにすると言う理由で科学が発展しはじめることである。宗教改革の時代、病気や火災などの災厄に施す術がなくとも人々は呪術に頼ることを一切拒否したのである。呪術の拒否は、予定恩寵説に見られるような、人間が神の栄光のための単なる手段にすぎないという「徹底的な神中心の思想」を基盤にして起こりえた[29]。ヴェーバーがとくに古代イスラエルとプロテスタンティズムに心情倫理を集約させたのは、先に見たように、超越的な神を準拠点にして呪術を排斥する態度が鮮明に現れたことと関連する。

宗教的知性主義は近代科学の揺籃となり、やがて「合理的・経験的認識が世界の脱魔術化と、因果的メカニズムへの世界の変容を徹底的に成し遂げ」る。「経験的でさらには数学的に方向づけられた世界の見方は、現世内における事象の「意味」を問うといった物の見方をすべて拒否するという態度を原理的に発展させる」[Zb: 512=147-148]。もちろん一七世紀のプロテスタントの科学者たちにとって、数学や物理学など自然科学は神の創造の目的を知るものであり、信仰と敬虔さを失っていたわけではない。しかしニュートン力学に基づく実験科学の方法が確立されてくると、一八世紀から一九世紀にかけては力学的自然観が支配的となる。神の意志が自然を支配しているという見方が退けられ、自然は独自の法則で活動するものであり、科学の目的はその法則そのものを理解することと考えられるようになる[30]。さらに一九世紀には光学や熱力学、電磁気学などへと物理学がさらに拡大し、こうした自然科学の展開に刺激されて、人文・社会科学系の諸学問も実証科学として再構成されていく。科学的思考の対象へと事象が客体化されていく過程において西洋にのみ現れるのは、今日の文化を支配するほどの重要性を帯びるにいたった「科学の合理的・組織的な専門的経営」であり、「訓練された専門的集団」ということになる[Vorbemerkung: 3=8]。この動きは知の領域以外にも及ぶ。すなわち、「世界像および生活態度の理論的かつ実践知的であると同時に目的的でもある徹底的合理化という近代的形態」[Einleitung: 102=59]が、経済や政治や法の諸領域においても進展する。ヴェーバーは、政治や経済など諸領域の自立化と「内的な固有法則性」、さらには諸領域相互の緊張も先鋭に意識されるようになると述べている[Zb: 485=108]。

3 政治の固有法則性と「隷従の殻」

諸領域の「徹底的合理化」とは、経済や知や法の諸領域と同様に、政治領域もまた倫理的規範からの乖離を鮮明にしていく事態である。ヴェーバーにとって政治領域固有の法則性とは何よりも、権力とその威嚇がたえずあらたな暴力行使を生みだすことである。こうした政治権力にとって倫理的要素は根本的に無縁なものとされる。もちろん国家が許容範囲内で「倫理的「正義」」の「客観的な規準」を顧慮することもありうるが、暴力の成果、あるいは暴力による脅迫の成果それ自体は「力関係」にかかっているのであって、倫理的「正義」にかかっているわけではない。ヴェーバーは政治領域における倫理的「正義」の客観的規準の存在を否定しているわけではない。しかしそれでも政治の固有法則性は暴力（権力）にこそあるのであって、「正義」といった客観的規準に求めることはできないと考えている。これは彼が政治における倫理の問題を軽視しているということではない。宗教倫理の側からみればそうした国家の持ちだす倫理的「正義」は「倫理の猿まね」に映るとヴェーバーが述べるように、彼の政治的思考においては倫理からの問いかけはつねに政治の外部から突きつけられるのである。政治的議論から一切の倫理的なもの（正義とか神とか）を排除するほうが誠実なやり方と考えざるを得ないと、相当極端な言い方をしてまで、政治と倫理を根本的に峻別しようとしている［Zb: 492=119］。諸領域の固有法則性を突き詰めた場合、政治的に合理的な行為が、倫理的にみて正か不正か、善か悪かを判定することは、その領域独自の固有法則性にとっては関知することではないということである（これは経済の固有法則性にとっても同様であろう）。諸領域の固有法則性は無人間的・非人格的であり、倫理的コードを内在させたものではない。

しかしこの暴力行使のプラグマという政治の特質はとくに近代に固有のものではなく、ヴェーバーの理解する政治概念の普遍的なメルクマールであろう。近代における政治の特質とは、それに加えて「合法的」支配、すなわち法律の支配とそれにもっとも強い利害関心をもつ官吏の支配（官僚制）である［Einleitung: 119-120=84-86, Vorbemerkung: 3-4=9］。近代国家および近代的生活が官僚制を不可欠とする以上、制定規則の体系に支えられた官僚制の論理の肥大化もまた避けられない。そのことが個人の自由を抑圧しかねないという危機意識をヴェーバーは抱いていた。戦時中に書かれた時事論説のなかで彼は、工場労働におけるような「生命なき機械」による支配と、官僚制という「生命ある機械」による支配が、「未来のあの隷従の殻（Gehäuse jener Hörigkeit der Zukunft）」へと人びとの生活すべてを組み込んでいくと警告した[31]。

こうした「隷従の殻」「機械による支配」といったメタファーは、政治領域の固有法則性が無人間的・非人格的に展開する事態における人間の在り方を表現したものである。官僚制化された近代国家機構は規則にしたがって人間の生存と死を管理・統制する。「隷従の殻」へと囲い込まれる人間は、一方では生存への欲望という生物としての根幹の部分を管理＝搾取されるが、他方で個々人の生存はそれによって保障されてもいる。「隷従の殻」は権力の保護に包まれた安住の場としても機能するのである。(32) このテーマは「倫理」論文末尾の「鋼鉄の殻」のなかで人間はどうなるのかという問いと重なり合う。そこでは、自分自身を軽蔑することすらしない最も軽蔑すべき人間として描かれたニーチェの「最後の人間」を引用しつつ、(33) 管理と安寧のなか、実証主義的な科学の力と機械と貨幣の力が、意味ある秩序世界と生そのものを無意味化していく事態を自覚することも反省することもない存在へと成り果てることへの、ヴェーバーの強い危惧が表明されていた［PE: 203-204=MWG I/9: 422-423=365-366］。

五　神の後退する時代における近代的主体

1　宗教倫理の非合理化

その場合、次のような疑問がたちあがる。かつての宗教的知性主義は、現世諸秩序の倫理的非合理性と対峙することで首尾一貫した合理的な世界像と宗教倫理を形成した。近代以降に起きてきた諸領域の徹底的合理化は、倫理的にみれば徹底的非合理化の進展でもある。現世諸秩序の倫理的非合理性は苛烈さを増して立ち現れている。そうであるならば、生存への欲望を管理される近代人は、諸領域に対して人格的に倫理的に対峙せざるをえないところにまで追い込まれているのではないか。現代は、過去にまさるとも劣らず、倫理的に合理的な世界像の構築と宗教倫理の合理化を促す時代であってしかるべきではないのか。しかしヴェーバーは現代においてはこの可能性はありえないと診断を下した。

「現代に独特の合理化と主知化」を伴いながら徹底的合理化へと進む近代西洋世界が、何か新しい合理的宗教倫理を提供することはもはやありえないというのがヴェーバーの診断である。[34] 経験科学の合理主義が進展するにつれ、世界は因果的メカニズムにすぎないものになってしまい、現世を「神が秩序を与えた、したがって何らかの形で倫理的に意味深く方向づけられた秩序世界」とする見方が失われていくからである［Zb: 512=147］。知の合理化は世界を単なる物にまで還元する。認識の力は対象の支配と利用に結び付く。その結果、西洋文化世界に独自の展開をとげる近代科学の合理的認識と合理的な自然支配は、宗教を合理的な領域から非合理的な領域へと押しやっていく。人間の生活態度や社会秩序の形成に作用する力は宗教から科学へと移行する。世界が即物化し意味を失っていくことは同時に、「究極かつもっとも崇高な諸価値が公の場から引きさがっていく」ことでもある［WaB: 109=71］。ウェーバーの時代診断はニーチェの唱えた「神の死」に表象される無神論的思想状況に呼応している。[35] 世界の脱魔術化の果てに現れるのは、「神の不在」、「神の後退」あるいは「神の座の空白化」とそれに伴う倫理的規範の動揺・喪失であり、それこそが『職業としての政治』における心情倫理の思想的背景である。

2　神の後退する時代

世界の脱魔術化とは、世界から「意味」が失われていく過程であり、即物化した世界の到来を最終的には招くものでもある。しかし、経験世界はただ物事が存在し生起するだけの単なる事実にすぎず、そこになんの神秘もなく、諸領域の非人格的な固有法則が貫徹するばかりであることが明らかになるからといって、「全体としての世界と「生活態度」に対する——これらが有意義にかつ「意味深く」秩序付けられているはずだという——要請」［MWG I/22-2: 273=160］が消えさるわけではない。例えばヴェーバーは、第一次世界大戦前のドイツの労働者たちが近代自然科学的論証という知の合理化の結果からではなく、神の摂理と社会秩序における不正・不完全さとが相容れないから、つまり社会が「不公正」であるから神への信仰をもたなくなったのだと答えたこと、そして彼らが「現世内部での革命による補償」を信じていたという逸話を紹介している［MWG I/22-2: 292=178, Einleitung: 95=49］。神は「公の場」から後退するけれども、神義論的テーマや「救済」要求が消え去るわけではなく、それは二〇世紀においてもなお不正義や不条理に対する倫理的異議申し立てとして現れてくることを示している。

倫理的に非合理的な世界に対して人格的・倫理的に意味ある世界とは何かという問いが消え去ることはない。しかし問題は、現世秩序に対する敵対性への倫理的根拠に神がもはや巨大な存在感をもたなくなってしまったことである。あるいは神の座の空白化という事態そのものと対峙せざるをえないということである。現世秩序との敵対を彼岸における救済という「外部」に視座を移すことで神義論的解決を図ることはもはやできず、外部への視点が封じられているところで「現世の倫理的非合理性」と向き合うこととなる。その場合、神という超越的価値に依拠することがもはやできないのであれば、倫理的抵抗の拠点はどこに求められるのか。その空白化した部分に何が来るのか。近代的主体の心情倫理的特質はまさにこの点に関わってくる。神という絶対的根拠が後退し世界から倫理的意味が消え去ってしまってもなお、世界は「「意味深く」秩序付けられているはず」であるのだとしたら、「現世の倫理的非合理性」に向き合う根拠は、空白化した部分を自らが選択する価値によって充填することになるだろう。その結果が、選択されうる諸価値の分散化・多元化という「神々の闘争」状況の到来である。

『理解社会学のカテゴリー』において、脱魔術化によって世界から「意味」が失われていくにつれて、主観的な意味付与の余地が生みだされると指摘された箇所がある。

「宗教性というものは、まさに世界の脱魔術化が進行するにしたがって、次第に（主観において）より目的非合理的な意味連関（例えば、「心情的な」あるいは神秘的な意味連関）を受け入れることを必要とするからである。」[Kategorien: 433=23]

この一文は、神の後退と「神々の闘争」が前景化する時代においてはどのように考えられるだろうか。まず、世界への主観的な意味づけは、神秘的な意味連関から方向づけられるという。それは「脱神化した現世のメカニズム」に対して、「なおも可能な唯一の彼岸」として「現世の背面にある捉えがたい国」へと逃避することである [Einleitung: 103=60-

61]。これは知識人の知性主義から来る神秘主義的な世界の意味づけであり、神秘的体験への希求である。しかしヴェーバーは現代の知的状況において、この動きを宗教的にはきわめて小規模で個別で弱々しいものと見ていた。彼は、E・ディーデリヒスと彼の出版社周辺の知識人たちが見せたネオ・ロマン主義や神秘主義などの種々入り混じった宗教観を念頭に、[36]現代の知識人がこうした「「宗教的」な状態をも「体験」として享受する欲求」については、宗教的革新などおこりえない内面的態度と厳しい評価を下している[Einleitung: 101=57, MWG I/22-2: 289-290=175-176, WaB: 108-109=70-71]。

もう一つの方向性として考えられるのが心情倫理である。先に見たように、禁欲的プロテスタンティズムにおいては、脱魔術化によって現世が「堕落せる集塊」として捉えられるようになると、救済の確証を自らの全体的人格の徴表に求めて生活態度を規律化し、神の意志に適うように現世改革に向かう心情倫理的主体が登場する。この主体にとって、無意味化する世界に抗して立つ根拠が「隠れたる神」という隔絶した宗教的価値にあることは疑われなかったであろう。これに対し、神が後退する時代にあっては、超越的価値の不在という事態を前提にしつつ、無意味化する世界にどう対峙するのかという課題が前景化することになる。

3　心情倫理的な近代的主体の問題性

この「神の後退」とその結果としての「神々の闘争」下で心情倫理はどのような特徴を帯びるのか。心情倫理的主体にとって、国家は暴力によってしか維持しえない「根底から愛を欠いた構成体」であり[Zb: 517=155]、われわれはその固有法則性に巻き込まれていることでしか自らの生存を保証されえない存在と映るであろう。「現世の倫理的非合理性」および善と悪との不条理な絡まり合いを承認しないのであれば、心情倫理的主体はこの課題に対して、世界を倫理的に合理的に再意味化し、そこで構成される「世界像」に方向づけられて行為することになる。理念によって方向づけられるその行為は経験的世界の倫理的合理化に結びついたものでなければならず、しかも自らの「全人格性」の現れでなければならない。ただし問題なのは、そこで選ばれる価値が倫理的に正しいものであるかどうかの客観的保証はないということである。

これがどのような問題を帯びてくるのかについて考えるために、『職業としての政治』において批判された心情倫理にあらためて着目しよう。この論文で批判された心情倫理家には、バイエルン革命政権に関わった急進的キリスト教平和主義者F・W・フェルスターや「みずからのデマゴギーの成行きに任せた文筆家カリスマ」[37]K・アイスナーがいた［PaB: 236-237, 240-241=88-89, 93］。『職業としての学問』と『職業としての政治』においてその行動と言説を批判されたフェルスターは、「戦争の悪徳、剣への信仰、国家崇拝」をプロイセン軍国主義の「罪」として弾劾し、政治的・軍事的指導者層のみならず戦争に賛同した神学者・大学教員・企業家・ジャーナリストを激しく批判した人物である[38]。彼はワイマール期に暗殺を恐れて亡命することになるが、晩年になっても革命政権に参加したことを後悔しておらず、またアイスナーの政策は批判したけれども、彼の「最上の意図」は評価すると述懐した[39]。

フェルスターの言動には、正義に適った社会を創り出すために罪に満ちた国家に敵対・抵抗するという心情倫理的主体の在り方が見いだせるだろう。しかし政治的結果よりも意図の高貴さを評価するという彼の態度には、ヴェーバーが批判したように、倫理的に正しい選択が、政治的にも倫理的にも正しい結果を生みだすとは限らないという矛盾が付きまとう。だがこの矛盾を心情倫理は原理的に解消できない。なぜなら、心情倫理にもとづいた経験的世界への働きかけにもかかわらず、それが倫理化されないままであるとしたら、その働きかけを継続する理由はあってもやめる理由はないからである。実際フェルスターは、悪は善への衝動を高めると考えており[40]、政治領域の悪は常に自らの魂の試練へと捉え返されたのである。

これはより深刻な問題もはらんでいる。現代の戦闘とは、革命も戦争も同様に、「兵器という形をとった実験室や作業場の思考労働の産物と、貨幣という冷たい力の産物との間の機械的な過程」であり、指揮官と兵士の「神経の恐るべき不断の緊張」を伴った、「野蛮な殺人行為と容赦ない横暴な行為を伴う絶え間のない執拗な格闘」である[41]。革命は暴力という政治領域特有の手段を行使する段階で、しかも現代においては「技術」と「神経の持続」によって支えられることで、理念によって構築された倫理的な世界像と著しく乖離しかねない。倫理的であるはずの目的と非倫理的手段との乖離は、政治領域の固有法則性に巻き込まれながら創り出される世界が果たして「倫理的」でありうるのかと根源的に問いかけてくるだろう。革命は極限的事例であるにしても、選択された価値が現世秩序の諸法則に巻き込まれてしまうことは避けられない。その点に自覚的であることが、倫理的に許容できる政治的手段や方法とはどのようなものか、予想できる結果と副次的結果は目的とどれほど乖離せずにすむのかという、ヴェーバーが責任倫理として持ち込んだ目測や結果への配慮につながるのであろう。しかしこの対処が目的と手段の関係に常につきまとう不安定さをどこまで解消するのかは不明である。

また選択される価値が多元化する以上、互いに衝突し相容れない可能性も高くなる。そこでは自己の選択する価値が他者にとっても倫理的に正しいという保証はない。自らが選択した価値の倫理性に客観的な保証がない以上、そこに根源的な不確かさが付きまとうことは避けられない。しかし心情倫理にこの問題を配慮する回路は組み込まれていない。心情倫理には「神の前で」、あるいは神に代わって「自分自身の前」で、心情の真正さを行為において「確証する」ことを自己自身に対して確信させようとする構造がある。問題状況はつねに「不断の反省」でもって「自分自身の法廷」へと差し戻されるのである [PE: 115=MWG I/9: 289=197, Einleitung: 114=76, Wertfreiheit: 514=53-54]。選択した倫理的価値を別の視座から相対化する回路が心情倫理には設定されていない。それゆえ、心情倫理が「神々の闘争」をさらに激化させる可能性はつねに残されているのである。

六　おわりに

本稿はヴェーバーの心情倫理に着目することによって、自律的かつ意志的で決断力を有するリベラルな主体ではなく、より複雑で不安定な近代的主体の姿を読みとることを試みたものである。この背景には、脱魔術化の果てに世界の事象が認識と支配の対象となり、身体的レベルにまで及ぶ人間存在の管理と利用という事態がある。この事態に対して、誰もが手段として扱われない倫理的に合理的な世界を問おうとするところで、人間は世界への意味づけの主体となりうる。心情倫理から浮かびあがる近代的主体は、脱魔術化によって先鋭化する世界の意味問題に倫理的に応答しようとする者である。一方でそれは、人格的・倫理的な生の意味づけを試み、自らが選択する価値に照らして既存の世界とは異なる在り方を模索しようとする、動的な変革の力を内在させた存在である。しかし他方で、「神々の闘争」状況において為される選択には根本的な不安定さがある。選択された価値が倫理的結果を導く保証はなく、その価値自体が倫理的であることの客観的保証もなく、また価値の多元化により生じる闘争状況を激化させてしまう可能性などによって、心情倫理的な近代的主体は意味喪失・破綻や挫折・意図せざる結果にさらされる不安定な存在でもある。ここに現れるのは、非人格化・非倫理化する現世諸秩序に巻き込まれざるをえないからこそ倫理的であることを問わざるをえず、懐疑し批判し抵抗することを通じて主体化され、その意味で意志的であり、破綻と矛盾に引き裂かれながらも自己確証を求めて行為へと促される近代的主体の姿なのである。

『職業としての政治』における心情倫理の低評価は、神の後退する時代にあって、近代的諸秩序の固有法則性に服従しかつ抵抗するという近代的主体の両義的な在り方に内在する問題として解釈できるのではないか。ヴェーバー自身はこの問題に対して、科学はいかなる答えも与えないが、それでも「知性の犠牲」を拒絶し科学的誠実性に依拠しながら、この現代的状況に「耐える」ことを要請した。それはヴェーバーの責任倫理を構成する要素の一つであろう。責任倫理は心情倫理の問題性を強く認識して提起されたものだが、同時に、近代的主体の抱える潜在的な不確実さ・不安定さを前提にした倫理とも考えられるのである。

＊ヴェーバーの文献に関しては以下の略語で表記し、本文中に頁数と邦訳の頁を記す。原著からの引用は必ずしも既存の翻訳に従っていない。

—MWG: Max Weber Gesamtausgabe, J. C. B. Mohr（Paul Siebeck), Tübingen（以下巻数を記す）.
—MWG I/9: *Asketischer Protestantismus und Kapitalismus, Schriften und Reden 1904-1911*, hrsg. W. Schluchter, 2014.
—MWG I/10: *Zur Russischen Revolution von 1905, Schriften und Reden 1905-1912*, hrsg. W. J. Mommsen, 1989.
—MWG I/15: *Zur Politik im Weltkrieg: Schriften und Reden 1914-1918*, hrsg. W. J. Mommsen, 1984.
—MWG I/17: *Wissenschaft als Beruf 1917/1919, Politik als Beruf 1919*, hrsg. W. J. Mommsen und W. Schluchter, 1992.

—MWG I/19: *Die Wirtschaftsethik der Weltreligionen, Konfuzianismus und Taoismus, Schriften 1915-1920*, hrsg., H. Schmidt-Glintzer, 1989.

—MWG I/20: *Die Wirtschaftsethik der Weltreligionen, Hinduismus und Buddhismus 1916-1920*, hrsg., H. Schmidt-Glintzer, 1996（深沢宏訳『世界諸宗教の経済倫理Ⅱ　ヒンドゥー教と仏教』日貿出版社、一九八三年）.

—MWG I/21: *Die Wirtschaftsethik der Weltreligionen, Das antike Judentum, Schriften und Reden 1911-1920*, hrsg., E. Otto, 2005（内田芳明訳『古代ユダヤ教（上）（中）（下）』岩波文庫、一九九六年）.

—MWG I/22-2: *Wirtschaft und Gesellschaft: Die Wirtschaft und die gesellschaftlichen Ordnungen und Mächte. Nachlaß, Teilband 2: Religiöse Gemeinschaften*, hrsg., H. G. Kippenberg, 2001（武藤一雄・薗田宗人・薗田坦訳『宗教社会学』創文社、一九七六年）.

—MWG I/23: *Wirtschaft und Gesellschaft, Soziologie, Unvollendet 1919-1920*, hrsg., K. Borchardt, E. Hanke, W. Schluchter, 2013.

—RS I: *Gesammelte Aufsätze zur Religionssoziologie I*, J. C. B. Mohr（Paul Siebeck), Tübingen, 1988（1920）.

—WL: *Gesammelte Aufsätze zur Wissenschaftslehre*, J. C. B. Mohr（Paul Siebeck), Tübingen, 1988（1922）.

—Einleitung: Die Wirtschaftsethik der Weltreligionen, Einleitung, in: MWG I/19（大塚久雄・生松敬三訳「世界宗教の経済倫理　序論」『宗教社会学論選』みすず書房、一九七二年）.

—Kategorien: Über einige Kategorien der verstehenden Soziologie, in: WL（海老原明夫・中野敏男訳『理解社会学のカテゴリー』未來社、一九九〇年）.

—Naturrecht: Das stoisch-christliche Naturrecht und das modern profane Naturrecht. Diskussionsbeiträge auf dem Ersten Deutschen Soziologentag am 21. Oktober 1910, in: MWG I/9.

—PaB: Politik als Beruf, in: MWG I/17（脇圭平訳『職業としての政治』岩波文庫、一九八〇年）.

—PE: Die protestantische Ethik und der Geist des Kapitalismus, in: RS I（大塚久雄訳『プロテスタンティズムの倫理と資本主義の精神』岩波文庫、一九八九年）.

—Vorbemerkung: Die Wirtschaftsethik der Weltreligionen, Vorbemerkung, in: RS I（大塚久雄・生松敬三訳「世界宗教の経済倫理　序言」『宗教社会学論選』みすず書房、一九七二年）.

—WaB: Wissenschaft als Beruf, in: MWG I/17（尾高邦雄訳『職業としての学問』岩波文庫、一九八〇年）.

—Zb: Die Wirtschaftsethik der Weltreligionen, Zwischenbetrachtung: Theorie der Stufen und Richtungen religiöser Weltablehnung, in: MWG I/19（大塚久雄・生松敬三訳「世界宗教の経済倫理　中間考察　宗教的現世拒否の段階と方向に関する理論」『宗教社会学論選』みすず書房、一九七二年）.

—Wertfreiheit: Der Sinn der »Wertfreiheit« der soziologischen und ökonomischen Wissenschaften, in: WL（松代和郎訳『社会学および経済学の「価値自由」の意味』創文社、一九七六年）.

（1）論者の問題関心によって議論の幅はあるけれども、日本においては概して、ヴェーバーの思想から導かれる主体像は責任倫理を中心に論じられてきた。近代的市民の自律・責任・主体性を強調した大塚久雄や安藤英治の研究をはじめ、騎士的＝戦士的市民のエートスを強調する山之内靖『マックス・ヴェーバー入門』（岩波新書、一九九七年）、西洋都市市民とそれを基盤とする政治的指導者層の系譜に責任倫理の起源をみる牧野雅彦『責任倫理の系譜学』（日本評論社、二〇〇〇年）、ヴェーバーの政治的プラグマティズムを重視する脇圭平『知識人と政治』（岩波新書、一九七三年）や笹倉秀夫『政治の覚醒』（東京大学出版会、二〇一二年）、国家権力の外面性と個人の内面性との緊張関係に焦点をあてる中村貞二『ヴェーバーとその現代』（世界書院、一九八七年）や佐野誠『ヴェーバーとリベラリズム』（勁草書房、二〇〇七年）など、政治と倫理の相克にも耐えうる強靭な精神を具備したリベラルな責任倫理的主体がヴェーバーから導かれる近代的主体であるといえるだろう。一方、ドイツその他の研究動向においては、「自律的な価値選択にみる」「決断主義的責任倫理」をヴェーバーから導かれるリベラルな人格として捉えたモムゼンの解釈が、その後のヴェーバー理解に大きな影響を与えたように思われる（cf. W・J・モムゼン『マックス・ヴェーバー　社会・政治・歴史』未來社、一九九四年）。モムゼンへの批判から、例えばW. Schluchter, *Wertfreiheit und Verantwortungsethik*, J. C. B. Mohr, 1971（住谷一彦・樋口辰雄訳『価値自由と責任倫理　マックス・ヴェーバーにおける学問と政治』、未來社、一九八四年）は心情倫理と決断主義を結びつけ、そこからいかに責任倫理を分離できるかを考えた。またW. Hennis, *Max Webers Fragestellung*, J. C. B. Mohr, 1987（雀部幸隆・嘉目克彦・豊田謙二・勝又正直訳『マックス・ヴェーバーの問題設定』、恒星社厚生閣、一九九一年）は、近代リベラリズムを特徴づける啓蒙主義や人権思想とは「異質な思想的伝統」にヴェーバーを置き、心情倫理には見られない「判断力」や「冷静な距離感」を責任倫理の中核に置いた。以上から、先行研究においては概ねヴェーバーの主体像を、責任倫理を基軸に、自律的で意志と決断力を備えたリベラルな近代的主体とする見方が支配的であるといえるだろう。対して心情倫理については、（結果に対する）「無責任」や「政治的未成熟」として批判されるか、自己の信仰にのみ基づく倫理として評価され、責任倫理ほどには近代的主体の一つの在り方として位置づけられてはこなかった。

（2）「心情倫理（的）」の登場するテキストと回数は以下のとおりである。『宗教的ゲマインシャフト』一四回、『世界宗教の経済倫理』（「中間考察」二回、『ヒンドゥー教と仏教』一回、『古代ユダヤ教』一九回、「パリサイびと」二回）、『職業としての政治』一五回、『経済と社会　法社会学』二回、『社会学および経済学の「価値自由」の意味』一回、以上である。

（3）本稿でヴェーバーの宗教社会学研究と述べるのは、『社会経済学綱要』の宗教体系論のために執筆され主に一九一三年から一九一四年には成立していたとされる『経済と社会　経済と社会的諸秩序および諸力　宗教的ゲマインシャフト』（「旧稿」第五章「宗教社会学」）と、一九一三年から一九二〇年にかけて執筆される『世界宗教の経済倫理』のことを指す。本稿では両テキスト群の差異や関係について作品史研究を前提に論じる余裕はなく、『職業としての政治』との対比を念頭に、心情倫理概念に注目してヴェーバーの宗教社会学を素描したにすぎない。『宗教的ゲマインシャフト』と『世界宗教の経済倫理』の関係について、マックス・ヴェーバー全集はシュルフターの見解に依拠しつつ、両テキスト群は時間的な系列関係や事象的な優先関係によって論じられるものではなく、相互的な補完と解釈の関係にあると位置づけている（cf. MWG I/19, S. 32. W・シュルフター『ヴェーバーの再検討』河上倫逸編、風行社、一一五―一七二頁）。

（4）Cf. W. Schluchter, Gesinnungsethik und Verantwortungsethik: Probleme einer Unterscheidung in: *Religion und Lebensführung: Band 1. Studien zu Max Webers Kultur- und Werttheorie*, Suhrkamp, 1988, S. 165-338（嘉目克彦訳『信念倫理と責任倫理』、風行社、一九九六年）. L. Waas, *Max Weber und die Folgen: Die Krise der Moderne und der moralisch-politische Dualismus des 20. Jahrhunderts*, Campus Verlag, 1994. シュルフターは「倫理の類型論」を発展史的に再構成し、そこで倫理的義務の合理的な根拠づけにこだわるカント（形式的・認知主義的心情倫理）やハーバーマスに対して、ヴェーバーを「批判主義的・対話的責任倫理」に位置づける。ワースは、新カント派の影響圏にあるヴェーバーがそれと距離をとって導入した心情倫理と責任倫理を、義務論と目的論の先取りと位置づける。ただしヴェーバーが両倫理を政治的文脈に持ち込んだことで、責任倫理の優越という印象を植え付けたと批判する。ニーチェとの関連については、例えば牧野、前掲は、心情倫理から責任倫理へのヴェーバーの重点移動をニーチェからの距離と関連づける。また大林信治『マックス・ウェーバーと同時代人たち』（岩波書店、一九九三年）は、「ニーチェ以後」の人間であるヴェーバーにとってカントのように絶対的基準に照らして心情倫理を唱えることはもはやできないため、「神々の闘争」という絶対的基準なき時代にあっては、実践倫理としての責任倫理が適合的であると解釈する。

（5）宗教社会学研究における心情倫理に注目した研究としては以下のものを参照。H. Tyrell, Antagonismus der Werte – ethisch, in: *Max Weber's 'Religionssystematik'*, hrsg. H. G. Kippenberg u. M. Riesebrodt, Mohr Siebeck, 2001. E. Hanke, Erlösungsreligionen, in: *Max Webers 'Religionssystematik'*. H. G. Kippenberg. »Meine Religionssystematik«, in *Max Webers 'Religionssystematik'*. H・G・キッペンベルク『宗教史の発見　宗教学と近代』月本昭男・渡辺学・久保田浩訳、岩波書店、二〇〇五年。横田理博『ウェーバーの倫理思想　比較宗教社会学に込められた倫理観』未來社、二〇一一年。ティレルは宗教の倫理化と善と悪の関係に着目して心情倫理と責任倫理に言及する。ハンケは心情倫理概念が「救済宗教」概念の倫理的対応物であると指摘する。横田は「心意倫理」の本質的議論は宗教社会学研究にこそあり、『職業としての政治』は、固有価値か結果かという〈形式〉の対照と、福音の倫理か政治家の倫理かという〈実質〉の対照という異なる類別を無理に接合した「〝講演〟という場だからこそ許された臨機的処置にすぎない」時事論文であるとする（一〇二―一〇三頁）。本稿では、近代西欧世界に対してこの概念が近代的主体に対してもった特質に着目したい。その意味で『職業としての政治』における心情倫理の低評価を「臨機的措置」として捉えることには慎重であるべきと考える。

（6）キッペンベルク、前掲、二六一頁。

（7）近代批判および政治と倫理の衝突という観点から、とくにトルストイを中心に心情倫理を論じた研究として以下を参照。E. Hanke, *Prophet des Unmodernen, Leo N. Tolstoi als Kulturkritiker in der deutschen Diskussion der Jahrhundertwende*, Niemeyer, 1993. ハンケは、ヴェーバーが一九一〇年頃ロシア文化に注目することで心情倫理を見る視点を「急進化」させ、とくに「中間考察」以後は文化プロテスタンティズムの文脈から離れて現世逃避的キリスト教とその系譜の「トルストイの倫理」に心情倫理概念を集約させたと解釈する。同様の解釈はHanke［2001］にも見出せる。たしかに心情倫理へのロシア思想の影響は無視できないが、むしろ当時の宗教学の影響を受けて進められる古代ユダヤ教研究のなかでこそ、心情倫理概念は脱魔術化と結びつけられて深化したと思われる。また、ヴェーバーの心情倫理はトルストイの「愛の倫理」を恣意的に形式化したものと批判する研究として以下を参照。J. N. Davydov, Max Weber und Lev Tolstoj: Verantwortungs- und Gesinnungsethik, in: J. N. Davidov/ P. P. Gaidenko, *Rußland und der Westen Heidelberger Max Weber- Vorlesungen 1992*, Suhrkamp, 1995. ダヴィードフはヴェーバーの「心情」概念に神と乖離した信仰の「世俗化」という様相を見出し、それは「決断」という「意志的行為に仲介される信仰」であるがゆえに「絶対的に頼りなげなもの（Unbeholfen）」として現れざるをえないと言う。「神々の闘争」という絶対的価値としての神に言及できない事態を、ダヴィードフはヴェーバーを批判する形で的確に捉えている。

（8）ヴェーバーの心情倫理は特定の内容をもつ概念なのか、行為様式を指す概念なのかという問題に対して、思念された倫理的に合理的な世界像に即して行動する行為様式とみることは可能であろう。しかし本稿では近代西欧社会における脱魔術化と神の後退という思想的状況との関連で心情倫理を見ようとするものであり、その意味で特定の場所・時代状況と結び付いた内容をも有するものと考えている。

（9）「近代的主体」の言葉を選択したのは、Subjektという語がもつ「主体」と「服従」の両面的要素を無視できないからである。J・バトラー『権力の心的な生　主体化＝服従化に関する諸理論』（佐藤嘉幸・清水知子訳、月曜社、二〇一二年）は「行為能力の条件でありその手段と考えられる主体」と「行為能力の剥奪と考えられる従属化」という主体の両義性がなぜ生じるのかを分析し、そして行為主体である以前に権力への「主体化＝服従化」が先行していると指摘する。本稿はバトラーのように、主体化＝服従化への権力の心的・規律的な作用に焦点をあてるものではない。しかし権力を「主体の発生現場」として重視する彼女の視点は重要である。ヴェーバーの議論においても、諸領域の内的固有法則性の展開に対して、人間が「隷従の殻」へと従属的に編成される側面と、そうした状況に心情倫理的に抵抗する側面の両方を押さえる必要がある。本文においてとくに後者に比重がかかるときには「心情倫理的主体」の語も使用する。またSubjektが「主体」と「服従」の相反する両義的意味をもつにいたる哲学史的経緯については、小林敏明『〈主体〉のゆくえ　日本近代思想史への一視角』講談社、二〇一〇年、一六―三九頁を参照。

（10）責任倫理と心情倫理の関係については、拙稿において不十分ながらも一定の見解を提示した。内藤葉子「「神々の闘争」は「ヴェーバーの遺した悪夢」か？　シュミットの「価値の専制」論に照らして」『現代思想』青土社、第三五巻第一五号、二〇〇七年。

（11）ヴェーバーの宗教社会学の知的背景となる当時の宗教学の展開については以下の研究を参照。上山安敏『宗教と科学　ユダヤ教とキリスト教の間』岩波書店、二〇〇五年。深井智郎『ヴァイマールの聖なる政治的精神　プロテスタンティズムとナショナリズム』岩波書店、二〇一二年。キッペンベルク、前掲。MWG I/22-2, Einleitung, S. 34ff. 理解社会学の観点からは荒川敏彦「マックス・ヴェーバーにおける理解社会学と神義論問題　先行研究とその批判」『千葉商大紀要』第五〇巻（二）、二〇一三年を参照。

（12）ヴェーバーの使用する「知識人」概念については以下を参照。キッペンベルク、前掲、二六四―二六九頁。MWG I/22-2, S. 63-64.

（13）Tyrell, ibid., S. 322.

（14）Tyrell, ibid., S. 323.

（15）Kippenberg, ibid., S. 29-30. キッペンベルクは、ヴェーバーが『理解社会学のカテゴリー』において主観的動機と妥当な意味、目的合理性と整合合理性を区別したことを宗教の意味を考えるさいの前提として重視する。

（16）Tyrell, ibid., S. 320.

（17）二〇一四年に、『社会科学と社会政策雑誌』（一九〇四年、〇五年）に掲載された「倫理」論文を収めた全集が刊行された（MWG I/9）。この全集版には、一九二〇年刊行の『宗教社会学全集』第一巻所収の「倫理」論文に加筆された「世界の脱魔術化」は登場しない。

（18）キッペンベルク、前掲、二六一頁。

（19）神概念について、『宗教的ゲマインシャフト』ではヤハウェ神を含めてその機能的・保証的側面が扱われるのに対して、『古代ユダヤ教』ではそれだけではなく、「相手方たる神自身との契約締結」というイスラエル独自の実質的側面を前面に出している（MWG I/21, S. 404=292）。こうした差異は『宗教的ゲマインシャフト』が比較のための宗教体系論構想のもとで書かれたこと（cf., MWG I/21, S. 71-73）、また『古代ユダヤ教』ではパーリア民族としてのユダヤ人の特質の解明という執筆意図の違いが考えられる。

（20）MWG I/21, S. 813, Anm. 66. ヴェーバー所有の H. Strathmann, *Geschichte der frühchristlichen Askese bis zur Entstehung des Mönchtums im religionsgeschichtlichem Zusammenhange* への書込み。

（21）Cf., MWG I/21, S. 691, Anm. 83-84. キッペンベルク、前掲、一〇五頁。上山、前掲、一七三—一八五頁。上山はヴェーバーがヴェルハウゼンを全面的に受け入れたのではないこと、また社会学的な比較考察の点にヴェーバーの独自性があることを指摘する。

（22）MWG I/21, Einleitung, S. 123-124, S. 748, Anm. 53. ここでは第二イザヤの救済理念について、ヴェーバーがトルストイやドストエフスキーの影響を受けたことが指摘されている。

（23）Cf., Hanke［1993］, Hanke［2001］, MWG I/9, Einleitung, S. 743-744.

（24）Cf. 枡形公也「倫理の基礎」、有福孝岳『エチカとは何か　現代倫理学入門』、ナカニシヤ出版、一九九九年。

（25）例えば、イギリス国教会の自由主義者たちは富裕であるためには敬虔であるべきと考えたが、やがて富裕であることを敬虔さの保証として受け止めるようになるなど、プロテスタンティズムの宗教的熱狂が功利主義的現世主義へと変質していく様子を描いたものとして、大林信治「宗教と科学　魔術からの解放」（大林信治・森田敏照編著『科学思想の系譜学』ミネルヴァ書房、一九九四年）八八—八九頁を参照。

（26）『職業としての政治』における責任倫理と心情倫理の関係からは、（一）両倫理の調停不可能な対立、（二）行為の結果に責任を負わない心情倫理への批判と責任倫理の政治的優位、（三）両倫理の相補的作用による両立可能性という三つの視座が読み取れる。

（27）横田、前掲、一〇三頁。

(28) Cf. 上山、前掲、一八六一一九五頁。上山安敏『魔女とキリスト教 ヨーロッパ学再考』講談社学術文庫、一九九八年。
(29) 大林「宗教と科学」、八一頁。K・トマス『宗教と魔術の衰退(下)』荒木正純訳、法政大学出版局、一九九三年、九六八—九六九頁。この点について大林信治先生より貴重なご意見を賜ったことに謝意を記したい。
(30) Cf. 菅野礼司「力学的自然観」『物理教育』第四五巻第三号、一九九七年。
(31) M. Weber, Parlament und Regierung im neugeordneten Deutschland, in: MWG I/15, S. 462-464(中村貞二・山田高生訳「新秩序ドイツの議会と政府」『政治論集2』みすず書房、一九八二年、三六一—三六三頁).
(32) Cf. 荒川敏彦「殻の中に住むものは誰か 「鉄の檻」的ヴェーバー像からの解放」、『現代思想』第三五巻第一五号、二〇〇七年。
(33) F・ニーチェ『ニーチェ全集九 ツァラトゥストラ 上』ちくま学芸文庫、一九九三年、二九—三三頁。
(34)「近代化」と「世俗化」の並行的進行というヴェーバーの理解に異議を唱え、現代ヨーロッパにおける「宗教の脱私事化」および宗教への再注目を唱えたものとして、以下を参照。H. Joas, Gesellschaft, Staat und Religion: Ihr Verhältnis in der Sicht der Weltreligionen, in: H. Joas und K. Wiegandt hrsg., *Säkularisierung und die Weltreligionen*, Fischer Taschenbuch Verlag, 2007. J. Casanova, Die religiöse Lage in Europa, in: *Säkularisierung und die Weltreligionen*.
(35) 徳永恂『現代思想の断層』岩波新書、二〇〇九年、六二—六四頁。K・レーヴィット「学問による世界の魔力剥奪」上村忠男・山之内靖訳『学問とわれわれの時代の運命』未來社、一九八九年、一〇六頁。P. Despoix, *Ethiken der Entzauberung, Zum Verhältnis von ästhetischer, ethischer und politisicher Sphäre am Anfang des 20. Jahrhunderts* Philo, 1998, S. 42-43. 一九世紀を通して教会の反動的な対応と相まって社会的諸階層から宗教的実践が後退し、諸科学分野から「神の死」が宣告される様子を描いたものに、G・ミノワ『無神論の歴史 下』(石川光一訳、法政大学出版局、二〇一四年)、とくに「第V部 神の死の世紀(一九世紀)」を参照。無神論は唯物論的無神論から理神論まで、実践から理論まで多様な形態をとったが、一九〇〇年頃にはその傾向は抗いがたい印象を与えるに至ったという(八五二—八五三頁)。ミノワによると、有神論は世界への意味づけを神に託し、無神論はそれを人間に取り戻そうとする試みである(九七五頁)。彼は無神論ではなく無関心が趨勢を占める二〇世紀にこそ意味の喪失が深刻化すると述べる。その意味では、信仰と無神論の間に緊張関係があった時代は、まだ世界に対する意味づけへの問いそのものは維持されていたと言えるだろう。
(36) MWG I/22-2, S. 290, Anm. 54. MWG I/17, S. 109, Anm. 61. キッペンベルク、前掲、二七三—二七六頁。ヴェーバーによる現代の知識人批判としては以下を参照。J. H. Ulbricht, Mystik und Deutschtumsmetaphysik: Martin Buber, Eugen Diederichs und die

religiöse Renaissance um 1900, in: *Zeitschrift für Religions- und Geistesgeschichte*, 65. Jahrgang, Heft 2, 2013, S. 110-114.

（37）M. Weber, Die Typen der Herrschaft, in: MWG I/23, S. 491（世良晃志郎訳『支配の諸類型』創文社、一九七〇年、七一頁）.

（38）F. W. Foerster, *Zur Beurteilung der deutschen Kriegsführung, Veröffentlichung der "Deutschen Friedensgesellschaft"*, Berlin-Stuttgart, 1919, S. 19. フェルスターの思想の一部については拙稿「「神なき罪の感情」と心情倫理　マックス・ヴェーバーにおける政治と倫理の相克」『法学雑誌』、大阪市立大学法学会、第五〇巻第四号、二〇〇四年を参照。

（39）F. W. Foerster, *Erlebte Weltgeschichte, 1869-1953*, Memorien, Nürnberg, 1953, S. 211, S. 214.

（40）F. W. Foerster, Staat und Sittengesetz, in: *Politische Ethik und Politische Pädagogik, Mit besonderer Berücksichtigung der kommenden deutschen Aufgaben*, Ernst Reinhard: München, 1918, S. 202.

（41）M. Weber, Rußlands Übergang zum Scheinkonstitutionalismus, in: MWG I/10, S. 676（肥前栄一・鈴木建夫・小島修一・佐藤芳行訳「ロシアの外見的立憲制への移行」『ロシア革命論Ⅱ』名古屋大学出版会、一九九八年、二四七頁）.

＊本稿は二〇一四年度政治思想学会（於関西大学）における報告原稿を元に加筆修正したものである。執筆と修正にあたっては、企画・司会の任にあたられた先生方、フロアの参加者、二名の匿名査読者およびその他の方々より貴重なご意見を賜ったことに心より御礼を申し上げる。

［政治思想学会研究奨励賞受賞論文］

アントニオ・グラムシのカトリック教会論

——クローチェの教会批判の検討を中心に

千野貴裕

一　はじめに

一九二九年六月七日、ファシスト・イタリア国家とカトリック教会の間でラテラーノ協定が締結された。アントニオ・グラムシがその『獄中ノート』を執筆し始めるのは、これとほぼ時を同じくする六月か七月のことである。最終的に二九冊に及んだこの『ノート』中ではじめに取り上げられたテーマは、カトリック教の分析であった（Q1§1: 6）[(1)]。一九二六年十一月に逮捕される以前から、かれは宗教一般について高い関心をもち、多くの論考において取り上げていた[(2)]。だが、ラテラーノ協定はかれの宗教に対する、とりわけカトリック教会に対する関心をより一層高めたように思われる[(3)]。というのも、ラテラーノ協定は、中等教育に宗教教育を導入することで、諸政党の解体後にも活動を許されていた「カトリック活動団（Azione Cattolica）」の運動と合わせて、イタリア民衆の思考や行動の規範に対する教会の影響力を強化したからである。グラムシは、教会が自らの教義を教育などの「非宗教的」な手段を通じて、大衆の日常的な「常識」へと浸透させる機能のうちに、カトリック教の強靭さを見いだしていた。かれは、こうした機能こそ、フランス革命以降ラテラーノ協定に至るまで、自由主義や社会主義といった近代的世界観と対抗するために、教会が強化してきた力であると考えていたのである。

グラムシのカトリック教会論は、かれの思想の枢要に位置する上部構造と下部構造の関係についての考察にとくに深く関わっている。グラムシが上部構造に位置づけた「市民社会」が経済的下部構造から自律しているか、それとも従属しているかの理解に応じて、グラムシがどれほど「正統的」マルクス主義と接近しているかが評価されてきた。戦後イタリアを代表する政治思想家ボッビオは、グラムシにおける市民社会は文化的関係、道徳的要素の総体であり、下部構造に優位するものと位置づけた(4)。ボッビオの理解に反論したフランスのテクシエは、グラムシにおいても、市民社会を含む上部構造は特定の経済的発展に対応しており、経済的発展の程度が最終審級であることに代わりはないと論じた(5)。管見によれば、この論争をかなりの程度整理したのはイギリスのフェーミアであった(6)。フェーミアによれば、下部構造は上部構造の可能な諸形態を限定するが、この限定によって、特定の上部構造が自動的に決定されるわけではない。ある歴史の時点において可能な上部構造の形態は複数であり、それら可能な諸形態のなかで、どのような上部構造が実現するかは人間の自律性、つまり政治や文化によるのである。しかしながら、フェーミアもグラムシの上部構造に関する議論を包括的に扱ったわけではない。グラムシが気にかけていた問題のひとつに、下部構造が変化した後も残る上部構造の要素をどう評価するかというものがあった。上部構造と下部構造は、ボッビオからフェーミアまでが想定したように、静的に一対一対応するわけではかならずしもない。つまり、上部構造と下部構造には時間軸のズレがある(7)。グラムシは次のように述べている。

ひとつの構造が変化すれば、それに対応する上部構造のあらゆる要素が必然的に崩壊しなければならないと多くの人が主張するだろうとは、私は思わない。むしろ、人民大衆を指導するために生まれ、それゆえに大衆の利害のいくらかを考慮に入れざるをえないひとつのイデオロギーから、若干の要素が生き残るだろうということが起こる。自然権それ自体は、教養ある諸階級にとっては消えてしまったとしても、カトリック教によって保護されて、想像以上に民衆のなかに生きているのである（Q10II §41xii: 1322/ ⑦: 228)。

テクシエの批判や、その議論を引き継ぎつつ、グラムシにおける人間の自律性が発揮される場としての政治の不在を指摘するベラミーの批判[8]にも関わらず、上部構造やその主要要素である市民社会が、下部構造が変化した後も、自律的に作動する場合があることをグラムシは認識していたのである。

ここから、グラムシの市民社会概念を捉えなおす必要が生じる。つまり、グラムシをラディカルな民主主義の先駆けとして読む人びとが主張するように、グラムシの市民社会は、リベラル・デモクラシーの限界を超え、民衆の意志が一体として現れる空間であると言い切ることは難しい[9]。むしろ、市民社会は過去の社会が生み出した様々な思想や文化の残滓が堆積している空間でもあり（Q22§2: 2141／書: 353）、かかる堆積物の意味を分析しまたそれと対抗する作業は、同時代人の自律性に委ねられている。本稿が明らかにするように、こうした作業をグラムシ自身が遂行した一例が、カトリック教会の分析とその批判であったと言えよう。

一般に、マルクス主義思想は宗教の分析という点での貢献を欠いてきたように見えるかもしれない。しかし、グラムシの宗教論は、同時代のマルクス主義者たちと比較しても顕著な特徴をもっていると思われる。グラムシは宗教を「民衆の阿片」として、つまり、民衆に「幻想的な幸福」を与える「世界についての倒錯した意識」[10]としてではなく、人びとがもつ現実的意識の一形態である「常識」の源泉のひとつと捉えていた（Q11§12: 1378／書: 43）[11]。グラムシからすれば、宗教もまた現実を構成する人間の意識であり、生産世界における位置と乖離した「虚偽意識」の類いではないのである。こうして、単一かつ真正な意識を措定しなかったという意味で、グラムシは同時代のマルクス主義者、とりわけルカーチとは異なる。ラ・ロッカの指摘する通り、グラムシは、宗教への内在的な関心をもった世俗主義的思想家であったと言えよう[12]。こうした重要性にも関わらず、グラムシの宗教論はほとんど研究されないままである。フランスのポルテッリによる『グラムシと宗教の問題』[13]を嚆矢として、グラムシの宗教論は一九七〇年代と八〇年代に集中的に研究されたものの、一時のブームとして収束してしまった[14]。しかしながら、このテーマは、すでに見たように、上部構造の自律性や市民社会の位置づけといった、グラムシ思想全体を評価する上での重要な論点を含んでいるのである。

グラムシの宗教論一般を理解する上でもっとも重要でありながら、先行研究が大きく欠落させてきた論点は、グラムシのカトリック教会批判の主要部分が、かれのクローチェ批判と密接に関連している点である。[15]この点を明らかにするためには、まず第一に、グラムシが、当時のカトリック教会の状況をどのように理解していたかを見る必要があるだろう。当時、教会内部にはインテグラリズム、イエズス会、近代主義の三つの勢力があり、グラムシの時代にはイエズス会が主流派となっていた。獄中のグラムシは、イエズス会発行の理論誌『チヴィルタ・カットーリカ』などを読み（Q: 3144-5）、ラテラーノ協定を締結した教会の意図を分析していた。かれによれば、カトリック教は、宗教教育やカトリック活動団などの手段を通じてイタリアの大衆の常識に浸透することによって、非宗教的な方法をもって大衆の棄教を防ぎ、普遍的価値の体現者としての教会の権威を維持し、究極的には世界の再カトリック化を目指していたのである。

第二に、本稿は、グラムシがクローチェのカトリック教会批判をどのように批判したかを検討する。イタリアを代表する観念論的自由主義者であるベネデット・クローチェは、一九二〇年代後半から激しい教会批判を展開していた。しかしグラムシは、クローチェの批判が有効でないばかりか、教会内部の主流派であるイエズス会をかえって助けたと考えていた。すでに素描したように、教会は、カトリック教をイタリア大衆の常識に浸透させることに腐心していた。グラムシからすれば、クローチェの教会批判は知識人に向けて書かれた観念論的なものであって、教会が立脚する大衆に訴えるものではなかった。つまりクローチェは、教会の強固な力が、大衆の常識へと浸透することによって維持されていることを理解していなかったのである。このようなクローチェのうちに、グラムシは、民衆から分離した、ルネサンス以来のイタリア知識人の姿を見いだした。つまり、知識人と民衆を垂直的な関係に固定する一方で、知識人という社会階層を大衆から継続的に補充するという流動的関係を望まないという点では、教会とクローチェの立場はむしろ同じであったのである。グラムシがクローチェを「世俗の教皇」と呼んだのは、クローチェの強大な知的影響力を指摘しただけでなく、まさにこの意味においてであったと理解できるだろう（Q10II §41iv: 1307/ 選 2: 145）。

それでは、クローチェの教会批判を退けたグラムシは、自身の教会批判をどのように展開したのであろうか。グラムシは、カトリック教が民衆の常識のうちに浸透することで、民衆の政治的要求の発現が妨げられていることを指摘した上で、過去の雑多な意識の集合である「常識」のなかから、より現在の問題を反映した「良識」を錬成することが必要であると考えた。そうすることによって、グラムシは、「哲学」的高級文化と「常識」的民衆文化というルネサンス以来の対立構図を乗り越え、したがって教会が依拠する知識人と大衆の垂直的関係を超克することを目指したのである。かれはこの企図を「知的道徳的改革」とも呼んでいる。こうして、グラムシのカトリック教会批判は、イタリア政治の文脈において見た場合、社会層が固定化されることで大衆の政治的要求がそもそも表明されない、リソルジメント以来のイタリア社会の構造的問題に接続されるのである。他方で、理論的に見るならば、グラムシの教会批判は、かれの上部構造論や市民社会論に関するわれわれの理解を修正するものであると言えよう。

二　グラムシのカトリック教会理解

『獄中ノート』におけるグラムシの教会史叙述は、初期教会からコンコルダートにまで及んでいる。しかしながら、教会の歴史の中でもっとも重要な契機は、フランス革命の後、社会諸勢力が自身の世界観の正当性を論じ立ててカトリック教の主張する普遍性を相対化してしまい、教会が「ひとつの党派」となった時であるという（Q20§1: 2081-2; Q20§2: 2086）。教会は世界に対して特定の立場からの説明を与えるに過ぎなくなり、かかる説明の妥当性をめぐって、近代的世界観と抗争しなければならなくなった。この状況下にあって、近代的で世俗的な思想の成果を認める度合いに応じて、教会の内部に三つの勢力が台頭してきた。インテグラリズム（Integralismo）、近代主義、イエズス会である。[16] グラムシは、この三つの勢力が教会の主導権を争う中で、最終的にイエズス会が教会の中心を占めるようになったと見た（Q20§4: 2092）。この節では、グラムシの教会理解を明らかにするために、まずかれがイエズス会をどう理解したか、次いでラテラーノ協定の枢要に位置する教会と国家のコンコルダートをどう評価したかを見ていく。

1　イエズス会の台頭

インテグラリズムは、近代思想を完全に拒絶し、カトリック教徒の信仰は教会の超越的権威と垂直的階層秩序に依拠するとした立場である。他方で近代主義は、近代思想の成果を多く取り入れ、信仰は教会の権威にかならずしも依らないとした点で、もっとも進歩的な立場である。イエズス会は十八世紀を通じてその活動が抑圧されたものの、第一ヴァチカン公会議におけるかれらの教皇至上権の擁護と、かねてよりの教育への熱意は、近代思想と対決する重要な手段を教会に提供した。これらの貢献により、両極の立場を退け、イエズス会は教会の中心を占めるようになった[17]。

一九二二年から三九年まで続いた教皇ピウス十一世の治世は、グラムシの成熟した知的活動の期間とほぼ一致する。グラムシはこの教皇を「イエズス会士の教皇」、あるいは「カトリック活動団の教皇」と呼んだ（Q20§4: 2093; Q7§88: 918）。ピウス十一世はイエズス会士ではなかったものの、大衆の棄教を食い止めるために、イタリア民衆に対する教会の影響力を強めることを考えたという点で、今や「カトリック教の最新の位相」となったイエズス会の精神を体現していた（Q23§37: 2233）。イエズス会が提供した方策の中でも特筆されるのは、教会の「俗界の腕」としてのカトリック活動団を活発化させることであった。一九二二年の回勅「ウビ・アルカーノ・デイ」では、カトリック活動団が宗教的領域に関わること、また宗教が政治を含む一切の人間的活動のうちで最高の活動であることが定義された。この回勅は、宗教からの政治の自律を完全に否定することで、近代主義を背景に一九一九年に創設されたカトリック政党であるイタリア人民党が依拠する「非宗派性（aconfessionalità）」の原則を完全に掘り崩してしまったのである[18]。人民党の弱体化を願ったのはムッソリーニも同様であった[19]。人民党はカトリック大衆、とくに北部の農民に対して多大な影響力をもっており、ファシズムにとって危険な勢力となる可能性があった。ムッソリーニは、危機に陥っていたローマ銀行を救済するなどの方策を取ることで教会との関係改善を図りつつ、教会に対しては人民党を切り捨てるように示唆した。結果的に、一九二六年にファシスト政府によって政党の活動が禁止されると、人民党はその短い活動に終止符を打った。このようなファシスト政府と教会の協力関係の上に、ラテラーノ協約は成立したのである[20]。

2　コンコルダート

一八七〇年にイタリア国家が教皇領を併合したことに端を発するローマ問題は、ラテラーノ協定によってひとつの決着を見た。この協定は三つの主たる内容に分けられる。まず、イタリア国家と教会の間の国際条約によって、教皇庁がイタリア王国を承認する一方、イタリア王国も教皇庁に国家主権を認め、ヴァティカン市国が成立した。財務協定は、イタリア国家が、併合した旧教皇領の代償である賠償金の未清算分の支払いを定めた。だが、ラテラーノ協定においてもっとも重要な事項は、両者のコンコルダート（政教協約）である。というのも、コンコルダートを通じて、聖職者の諸特権、初等・中等学校での宗教教育の義務化、「カトリック活動団」の公的な承認などを通じて、イタリア王国はカトリック教に特別の宗教的地位を認めたからである。[21] この結果、ファシスト・イタリア国家の全体主義的性格は弱められることとなった。

　カトリック活動団が公的に承認されたことによって、カトリック教会は、政党が禁止された後の社会において、大衆に浸透する手段を獲得した。グラムシによれば、カトリック活動団はそもそも守勢の組織であった。というのも、大衆の棄教を食い止めるという目的に照らして、活動団は必然的に「反動」の形態を取るからである（Q22§2: 2086）。しかし、コンコルダートによって特権的な地位が与えられたことで、活動団はその性格を大きく変えたという（Q22§1: 2081）。こうして活動団は、制度としての教会の外部において、カトリック教の影響力を強めることに大きく貢献した。グラムシは、この戦略の源流を、十六世紀のイエズス会士であり、ピウス十一世によって列聖された、ロベルト・ベラルミーノの「あらゆる世俗的主権に対する教会の間接的権力の形式」に見る（Q6§151: 809; cf. Q16§11ii: 1871）。こうした手段を用いつつ、最終的にピウス十一世は、この世の社会を再キリスト教化し、キリストの王国を地上に打ち立てることを目的としていたのである。[22]

　さらに、コンコルダートの結果、初等教育のみならず、中等教育においても宗教教育が義務化された。[23] 宗教教育を中等教育にまで導入することは、一九二三年に行われた教育改革である「ジェンティーレ改革」に反するものであった。ジョヴァンニ・ジェンティーレは、クローチェの年少の協力者であったものの、第一次世界大戦へのイタリアの参戦をめぐる論争をきっかけにかれと袂を分かち、[24] 後にファシスト政府の教育大臣になった人物である。ジェンティーレは、ヘーゲル哲学の構図に則って、宗教教育を初等教育に配置し哲学を中等教育に配置することで、教育を通じて哲学による宗教の超克が可能だと考えた[25]。ディ・スカラが的確に指摘するように、ジェンティーレ改革は国民の生活すべてを包括しようとする意味でのファシスト的、全体主義的改革ではなく、むしろ観念論的だったのである[26]。この点について、グラムシは、宗教の段階が哲学の段階を通じて超克されるという、ジェンティーレ改革の前提となるある種の楽観主義を疑問視する。

> この観念論的理論は、初等教育における宗教教育を神話的なものとして扱うことによって、それを害することに成功していない。なぜなら、教師はそのような理論を理解しないし、そのような理論について頭を悩ませることもないからだ。さらに、カトリック教の教えは本質的に歴史的かつ教義的なものであり、教会から、カリキュラム、教科書、学説について外的に監視され指導されているからだ（Q7§89: 919/ 選6: 250）。

しかし、コンコルダートは宗教を中等教育においても義務化したことで、ジェンティーレ改革がもっていた楽観主義を根底から突き崩してしまった。ジェンティーレ自身はコンコルダートに批判的であった[27]ものの、グラムシからすれば、かれはそもそも教育を通じたカトリック教の浸透力を軽視していたのである。また、すでに一九二一年には、イタリアで初めてのカトリック教の大学（ミラノのサクロ・クオーレ・カトリック大学）が開学していた。グラムシによれば、大学の創設によって、教会は「カースト的」知識人と「世俗領域の」知識人を養成することができるようになった。前者の任務は初等・中等教育において子供たちを教育することであり、後者は大学レベルにおいて若者の教育に当たることである（Q16§11ii: 1868）。つまるところ、イタリア国家の教育システムの隅々にまで浸透することで、教会は聖職者の組織を維持・補充し、イタリアの民衆に向けてその教えを広める多くの機会を得たのである。

結果として、コンコルダートはファシスト国家の全体主義的性格を弱めたと言えよう。ファシストたちは、カトリック活動団や教育を通じた、教会の「世俗的」な民衆への浸透がカトリック教の民衆に根付いた強さを形成しているという事態を軽視していた。かれらにとって、教会は、宗教的領域における優位性を確保しようとする市民社会の一部に過ぎなかった。しかし、教会から見れば、教会こそが、世俗と宗教の両領域における唯一の完全な社会であった。グラムシが指摘したように、ファシスト国家と教会の間では、異なった社会観が存在していたのである。つまり、ファシスト国家は世俗的領域と宗教的領域が同等なものとして区分しうるし、実際に区分されていると考えていた一方で、教会は、自らが唯一の主権をもつ宗教的領域が他の領域に対して優位すると考えていた（Q5§71: 605-6; Q6§24: 703-4）。ムッソリーニは、長年の懸案であった「ローマ問題」に最終的な解決をもたらしたことでその指導力を発揮し、民衆の支持を集めたことに満足であった[28]。この楽観的見方とは対照的に、グラムシは、教会が宗教的（精神的）主権の世俗的主権に対する優位を強調したことに注意を払っている。グラムシは、一九三〇年二月の『チヴィルタ・カットーリカ』に掲載された教育に関するピウス十一世の論文を読解することで、教会のもつ社会観を分析した。グラムシによれば、カトリック教にとっての市民社会は、自然的秩序に属し、地上における個別的目的を達成するためのあらゆる手段を備えた、完全な社会である。家族は、自然的秩序に属すが、自足的でないゆえに不完全な社会である。対照的に、教会は超自然的秩序における完全な社会である。というのも、教会のみが人類の救済という目的のためのあらゆる手段を備えており、自らの領域において至高であるからである。ここからグラムシは、「教会のみが国家であり、教会は普遍的かつ超自然的な国家である」とのピウス十一世の教会と国家の理解を導出する。いかにこれが「中世的観念」に見えようとも、ファシスト国家とカトリック教会の異なる社会観・主権観が、両者の異なるコンコルダート理解を基礎付けているのである（Q6§24: 703-4）。こうした理解のズレを見ると、ファシズムこそが自由主義的な政教分離の原則を体現していたようですらある。しかし、この理解のズレゆえに、ファシスト国家は、教会が精神的影響力のみならず、地上における影響力をも重視していたこと、そして地上における影響力こそが、教会の精神的影響力を担保しているという構図を理解できなかったのである。

このように維持された教会の強さを、グラムシは、「知識人」と「大衆」という二つの階層の関係において分析する。教会の強靭さは、知識人と大衆の垂直的かつ機械的な関係を維持しつつ、両者の決定的な分裂を避けるしなやかさにある。

宗教の力、とりわけカトリック教会の力は、かれらが「宗教的」大衆全体の教義的統一の必要を精力的に感知して、知的に高い層が低い層から分離しないように闘ったということのうちにあったし、また現在もそうである。ローマ教会は「知識人」の宗教と「素朴な魂」の宗教という二つの宗教が「公式に」形成されるのを防止するための闘いにおいてつねにもっとも粘り強かった。この闘いは教会自体にとって重大な不都合なしに展開されたわけではなかった。しかし、これらの不都合は、市民社会全体を変容させ、宗教を腐食させてしまう批判を総体として含んでいるような歴史的過程と関連している。それだけになおのこと、文化の領域における聖職者の組織能力と、教会が自らの圏域において知識人と素朴な人びととのあいだに打ち立てることのできた抽象的には合理的で正しい関係がきわだっている。この均衡のもっとも優れた作り手は、疑いなくイエズス会士たちであった。かれらはこの均衡を維持するために、教会に対して、科学と哲学の養成にも一定の満足を与えることを目指した進歩的な運動をしかけてきた。しかし、そのリズムはあまりにも緩慢で、秩序立てて遂行されているため、変化は「インテグラリストたち」には「革命的」で煽動的だと見えているにしても、素朴な信徒大衆にはそれと気づかれるまでには至っていないのである（Q11§12: 1380-1/ 君: 47-8）。

知識人集団としての教会が大衆のもつ世界観に影響を与えているとすると、この影響は両者の関係を表現していると言える。知識人の役割を分析した一節において、グラムシは聖職者集団を典型的な「伝統的」知識人として、つまり自分たちを歴史的文脈に左右されず、個々の時代の有力な社会集団に左右されない普遍的な集団と見なす知識人の類型であると定義した（Q12§1: 1514-5/ 知: 48-50）。伝統的知識人としての教会は、同時代的な世界観から大衆を切り離す一方で、教会の世界観を普遍的なものとして提供しているのである。

様々な潮流の知識人がコンコルダートを批判したが、[29] なかでも時代を代表する知識人であるクローチェの批判はとくに激しかった。このクローチェの教会批判を吟味することによって、グラムシは自らの教会批判を導出したのであった。

三　グラムシによるクローチェ宗教論の批判

グラムシとクローチェの知的関連は、グラムシ研究においてもっとも盛んに論じられてきたテーマのひとつである。[30]だが、クローチェによるカトリック教会の批判を検討することによって、グラムシが自身のカトリック教会批判を錬成する契機を得たことは十分に検討されてきていない。[31]『獄中ノート』においてグラムシは、イタリアに典型的なタイプの知識人、自らを大衆から切り離す「ルネサンス」型の知識人の代表としてクローチェを批判した（Q10II §41i: 1293-5/ 選 2: 103-5）。実は、この有名な批判は、グラムシによるクローチェ宗教論の批判と密接に連関している。ファットリーニが論じるように、人びとの抱く「信仰（fede）」が宗派的宗教からのみ生まれるのではないというクローチェの見解を、若きグラムシは受容していた。[32]しかし、より重要なことには、獄中期のグラムシは、「信仰」が宗派的宗教の独占物でないというクローチェの議論を受け入れつつも、クローチェのカトリック教批判が批判として機能していないと指摘したのであった。つまり、クローチェは大衆に根ざしたカトリック教の代替として、観念的で知的な「信仰」を提唱したものの、それは知識人のみが共有しうるものであって、大衆的なカトリック教の代わりとなるものではないというのである。結果的に、クローチェは、高級文化と民衆文化の差を埋めることなく、むしろその差を再生産することによって、教会が維持することに腐心した、知識人と大衆の垂直的な関係を維持することに貢献してしまった。先にも指摘したように、この意味において、グラムシはクローチェを「世俗の教皇」、あるいはより正確に「自由の宗教の教皇」と呼んだのである（Q10II §41iv: 1307/ 選 2: 145; Q10II §41xii: 1320/ 選 2: 125）。

1　「信仰」の源としての宗教

獄中以前から、グラムシは「信仰」を人間社会に必要なものと捉えていた。かれは、カトリック教に代表される神話的な宗教に批判的であったものの、同時に、社会主義者のあいだに広まっていた反教権主義を批判していた。[33]グラムシが自身の宗教観を発展させる上では、クローチェの一九一五年の論文「宗教と心の平静(Religione e serenità)」に多くを負っている[34]。この短い論文でクローチェは、カトリック教に代表される宗派的宗教を神話的宗教であると批判し、こうした宗教のみが人びとの信仰を独占的に作り出すわけではないと主張した。かれによれば、哲学は宗教よりも合理的な体系であり、より確かな信仰を人びとに提供することができる。こうしてかれは、信仰を狭義の宗教から切り離すことによって、宗教を哲学へとしだいに移行させることを企図していた。若きグラムシは、このクローチェの議論を社会主義の文脈に置き換えて読むことで、社会主義のみがこうした確実な信仰を提供できると論じた[35]。一九一七年と二〇年の二度にわたって、かれはクローチェのこの論文を自身の関わる新聞へ転載しているが[36]、より重要なのは、一九一八年一月五日の『グリード・デルポーポロ』に再掲されたグラムシの論文「『資本論』に反する革命」に付された短い覚え書である。ここでグラムシは、社会主義の下でこそ、クローチェの「信仰」論の実践が可能なのだと強調した。「もし革新者たちが何か置換できるものを自らの手のうちにもっていないならば、何ものも置換できない。宗教は必要事であって、誤りではない。宗教は人間の形而上学的欲求を満たす原初的で直感的な形態を表している。社会主義者たちは哲学をもって宗教を置換しなければならない。したがって、社会主義者たちは哲学をもたねばならないのだ[37]」。

しかしながら、獄中以前に書かれた最後の論文「南部問題についての覚え書」に至ると、グラムシはクローチェの哲学が果たす社会的機能に注目するようになり、かれの哲学を批判的に評価するようになる。グラムシは、神話的で超越論的な宗教に対抗して内在主義的信仰を創造するというクローチェの企図を是認しつつも、クローチェが若い知識人たちに高級文化を提示することによって、かれらを南部の現実たる農民大衆から引き離す社会的機能を担っていると指摘する。クローチェは、かれの観念論哲学にアクセスできず、したがってそれへの信仰を共有できない大衆のことをまったく考慮していないのである[38]。

獄中期のグラムシは、クローチェの開始した新たな「信仰」を作り出す企図一般を「知的道徳的改革」として評価する[39]一方で、そのクローチェ的遂行方法を是認しなかった。むしろグラムシは、クローチェの宗教批判が未完のまま残されていると見ていた(Q10II §41i: 1295/ 選2: 107)。グラムシは、自身とクローチェの宗教理解の差異を以下のように明確にしている。

クローチェは、あらゆる形式の神秘主義と宗教に対して、いかなる知的譲歩をも〔…〕拒んでいるように見えるが、かれの姿勢は戦闘的とか闘争的といったものとはまったく別物である。〔…〕ある世界観がひとつの社会全体に浸透し、「信仰」となるのに妥当だと証明することは、国家生活のあらゆる段階で、以前の世界観や信仰にとってかわる力を示さない限り、できない。〔…〕さらに、ひとつの信仰が「民衆の」言語に翻訳できないということは、その信仰が、まさにこの理由から、ある特定の社会集団の特徴を表すものだと示しているのである（Q10I §5: 1217-8／選 4: 328-9）。

この一節は、共有された企図の異なるアプローチを示している。クローチェは、哲学がより確実な心の平安を提供するという意味で神話的な宗教に対して優位することを強調する。他方でグラムシは、ある信仰の形態が「知的なもの」に留まるのか、それとも人びとが活動の基礎を見いだすような「民衆的なもの」になるのかを問題にしている。すでに明らかなように、グラムシからすれば、クローチェの提唱する信仰が民衆の活動的原理となれないならば、それは新しい信仰となることに失敗しているのである。まさにこの視角から、グラムシはクローチェの教会批判が無効であると説明していった。

2 世俗宗教としての「自由の宗教」

一九二五年から三二年にかけて、クローチェは、自由の発展史としてイタリア史を描いた四部作を発表した。グラムシはすべてを獄中に取り寄せて読んでいた（Q: 3045-6）が、とくに後半の二作品である『バロック時代のイタリア史』と『十九世紀ヨーロッパ史』に特別な注意を払っている。これらの著作の読解を通じて、グラムシは、クローチェの歴史観、つまり、リソルジメントを近代自由主義の傑作とする一方で、ファシズムを自由の発展史から外れたものだとする見方を批判的に考察しただけでなく、これらの著作に現れているクローチェの宗教観を明らかにしようとしていた[40]（Q10II §41i: 1297／選2: 110）。

二九年刊行の『バロック時代のイタリア史』においては、反宗教改革のゆえにイタリアの道徳的生活が停滞した時代が描かれた。ルネサンスはイタリア的であり高級文化的である一方で、宗教改革はドイツ的であり農民的であった。この差異にも関わらず、この二つの運動は、クローチェが自由主義の発展と見るところの新しい精神を生み出すことで、人類の進歩に寄与したとされる。しかしながら、反宗教改革は「単にある団体を、つまりカトリック教会、ローマ教会を守った」だけであった。それゆえ、「いくら探しても、反宗教改革のなかには、カトリック教会はもっとも健全な団体であるがゆえに、守られ強化されてなければならない、という考え以上は見つからないだろう[41]」。イエズス会の努力によって、反宗教改革は教会を分裂から守った。しかしそれは、ルネサンスや宗教改革がもたらしたような、「新しい精神的・道徳的な発展」をもたらさなかったのである[42]。

コンコルダート後の三二年に出版された『十九世紀ヨーロッパ史』において、クローチェは、ファシズムを自由主義の発展を阻害するものと位置づけるだけでなく、自由主義と対立する信仰のひとつとしてカトリック教を批判した。このような批判の激しさゆえに、この本は初めて「禁書目録」入りしたクローチェの本となった[43]。クローチェは、神話、擬人化、伝説や教義といった外在的な要素なくしては宗教たりえない宗派的宗教を批判し、内在的な自由の発展によってのみ基礎づけられる「自由の宗教」としての自由主義の優位を主張した[44]。かれによれば、「カトリック教は自由主義に反対するあらゆる勢力の原型ないし純粋形式と考えることができる。同時に、カトリック教が自由主義に対して不滅の憎悪を抱くことで、自由主義の宗教的性格、あるいは自由主義がカトリック教に対して宗教的に対抗する性質をもつことに光を当てている」のである[45]。

グラムシは、クローチェのカトリック教批判が、クローチェ自身の内在主義哲学としての観念論的自由主義に対する「信仰」に依拠していることを正確に理解していた[46]。しかし同時に、グラムシは、クローチェの批判が、かれのリベラル・カトリシズムに対する曖昧な立場のゆえに一貫しないものとなっていると指摘した。というのも、クローチェは、リソルジメント期に起こったリベラル・カトリシズムの第一の波である新グエルフ主義を自由主義の同盟者として称揚したが、自らの時代における第二の波である近代主義は支持しなかったからである（Q10II §41iv: 1305/ 選2: 142）。クローチェは、近代主義者を哲学と宗教の狭間で揺れるディレッタントと見なしていた。近代主義者は、教会を自らの目的の達成のためにのみ利用する「悪しき信仰」をもつものたちであり、その魂は信仰と思想の間で彷徨い続けるのであった[47]。このクローチェの一貫性を欠くリベラル・カトリシズム評価は、政治的領域における近代主義が民主主義的傾向を取ったことに対して、多数の専制を恐れる保守的自由主義者としてのクローチェが批判的だったゆえだったと考えられる[48]。グラムシによれば、クローチェはそのイエズス会批判にも関わらず、実際は「近代主義に対抗するイエズス会士の貴重な同盟者」となり、事実上の反近代主義者として、イエズス会を支えることになってしまった（Q10II§41iv: 1304-5/ 選2: 141-2; cf. Q10II§47: 1334）[49]。こうして、皮肉なことに、宗派的宗教を批判していたクローチェがカトリック教を支えてしまったのである。

ここで注目すべきことは、グラムシはクローチェの宗教批判が失敗しているということから、かれの哲学全体の批判を導いていることである。

> イタリアとヨーロッパの幅広い知識人集団にとっては、かれ［クローチェ］の哲学は、［…］まさに紛れもなく「ルネサンス」型の知的道徳的改革を構成していた。「宗教なしに生きる」こと（ここでは、宗派的宗教なしにという意味）は、ソレルがかれのクローチェ理解から引き出した核心であった。しかし、クローチェは「民衆のなかに行く」ことはしなかったし、「国民的」要素になろうとは欲しなかった（ルター主義者やカルヴァン主義者とは異なり、ルネッサンスの人間たちがそう欲しなかったように）し、かれの哲学を大衆化し、それを初等教育の段階からの教育の（つまり、普通の労働者や農民の、すなわち庶民のための教育の）要素にしようと試みることができる一団の弟子を作り出そうとも欲しなかった［…］。おそらく、これは不可能なことであったが、試みられるだけの価値があったし、試みられなかったということにはやはり意味がある。クローチェは、ある本のなかで、次のようなことを書いた。「宗教がそのために生まれ、今なおそのために存続している理由である当の必要を満足させる何ものかをもって、宗教の代わりとし

なければ、庶民から宗教を取り上げることはできない」。この主張のなかには真理がある。しかし、これは観念論的哲学がひとつの全面的な（そして国民的な）世界観となるには無力であるという告白を含んではいないか？　実際、宗教の代わりを提供しないで、どうして普通の人の意識のなかの宗教を破壊することができるだろうか？　創造することなしに破壊することは可能であろうか？　それは不可能である（Q10II §41i: 1294-5/ 選2: 105-6）[50]。

クローチェの「宗教なしに生きる」という定式がいかに知的に説得的であるかに関係なく、カトリック教は多くの人びとに信仰されており、人びとのあいだに生き続けている。グラムシによれば、クローチェは宗教なしの生活は可能だと主張しつつも、カトリック教を信じる大衆に代わりとなる信仰の対象を示せなかったのである。つまり、「ある世界観は合理的な類いの批判によって破壊されうると信じるのは、化石化した知識人たちの迷妄」なのである（Q10II §41i: 1292/ 選2: 102）。クローチェのカトリック教批判が成功するためには、カトリック教とは別の信仰の可能性を大衆に提示することによって、カトリック教を維持している、教皇を中心にする聖職者＝知識人集団と、平信徒＝大衆の垂直的関係に楔を打ち込むべきであった。しかしクローチェは、大衆がカトリック教を――その正しさに関わりなく――強く信仰しているという事実を重視しなかったため、かれの「自由の宗教」は言わば高踏的に留まり、それを受け入れる自由主義的な知識人と、変わらずにカトリック教を信仰する大衆という二分法を形成してしまった。こうして、カトリック教を維持する垂直的関係、つまり、「教皇とかれの教義は、もっとも初歩的な事柄についてもよりどころになるような行為の指針をもって膨大な人民大衆に影響する」関係は維持されたままであった（Q10II §41iv: 1307/ 選2: 145）。

　これまで見てきたように、クローチェとグラムシは共通して、神話的宗教はより確実な「信仰」によって置き換えられうると考えた。しかしかれらは、宗教的なものが人間社会から消し去られうるとも、そうされるべきとも考えていなかった。グラムシがクローチェと自らを区別した要点は、カトリック教会が大衆の常識へ浸透し、大衆の信仰の「頑固さ」を強化しようと努めていたことを重視し、それがクローチェ的な批判によっては乗り越えられないと指摘したところである。結果としてクローチェは、大衆と知識人の分離を維持することに貢献し、むしろイエズス会が大衆へと浸透することを助けてしまった。このようにクローチェを批判したグラムシは、クローチェのものよりも自らの「知的道徳的改革」がより良く宗教の大衆に対する影響力を把握し、またその対策を提出できると考えていたのである。

四　グラムシのカトリック教批判

グラムシは『獄中ノート』の長い一節において、「常識（senso comune）」、つまり、民衆がもつ多様でしばしば互いに矛盾する世界観の総体を集中的な考察の対象としている（Q11§12: 1375-95/ 君: 38-65）[51]。宗教がその影響力を強化する際の回路である常識の機制を分析することから、それを超克する「知的道徳的改革」の企図が提示されうるのである。この改革は、常識に浸透し、現在の状況を維持しようとするカトリック教に対抗するため、民衆の常識のなかに存在する「良識」に注目し、大衆と知識人が乖離した現状の打破を図るものであった。以下では、グラムシによる常識の分析と、「知的道徳的改革」の企図を検討していく。

1　民衆の「常識」

グラムシの常識の概念は、しばしば「哲学」と対比されるものの[52]、宗教との関連が主題的に議論されるのはまれであったように思われる[53]。しかし、グラムシはこの二つを関連づけて論じている。哲学がよく根拠づけられた一貫した世界観であるのに対して、常識はよく組織されておらず一貫性を欠いており、過去の哲学、宗教、思想といった様々な要素からなっている（Q11§12: 1378/ 君: 43）。大衆の思考と行動を規定する常識は、かれらが自覚的であるか否かに関わりなく、カトリック教由来の要素を多く含んでいる。世界の「客観的実在」に関するグラムシの議論は、この一例であると思われる。

民衆は外界が客観的に実在することを「信じて」いる。しかしまさにここに問題が生じる。この「信念」の起源は何か？〔…〕事実、たとえこの信念を共有する人物が宗教に無関心であったとしても、この信念は宗教に起源をもっている。

あらゆる宗教は、世界、自然、宇宙が神によって人間の創造以前につくられたものであり、したがって、すでに決定的に世界が完全に準備され、類別され、定義されていると教えてきたし、今も教えているのだから、この信念は「常識」の不動の与件となっており、宗教的な感情が死に絶えるか眠りに落ちたとしても、同じ堅固さをもって生き残る（Q11§17: 1411-2/ 選2: 180)。

かれは、この問題の本質を、「科学と生活のあいだ、また高級文化の『中心的』指導部にいる一部の知識人集団と人民大衆とのあいだに形成されてきた距離のもっとも典型的な例」であるとする(Q11§17: 1412/ 選2: 181-2)。ここで重要な点は、宗教や常識が、科学的知識と対照的関係に置かれていることである。科学は、知識の欠如や不完全性を認めつつ、さらなる発展を目指す一方で、形而上学的な意味における不可知なものを認めない。科学的知識は、その本質的にアポステオリな性格からつねに更新可能である一方で、グラムシが指摘する「外界の客観性」は、カトリック教の影響下にある人びとが、それと知らずに受け入れるものであり、経験的知識の増大や仮説の検証によって更新可能な類いの認識ではない。こうして、常識はひとたび人びとの精神に根付くと、「真実」として現れ、変更されることはない（Q11§37: 1455-7/ 選 4: 267-9)。ここでグラムシが指摘していることは、人びとは自分たちが当然としているものについて自覚的ではないということである。しかし、ひとたびカトリックの教説が常識に根を張ると、まさにそれが無自覚のものであるゆえに、超克されることは難しい。ましてや、クローチェの知識人的批判によって克服される類いのものでないことは明らかであろう。

グラムシによれば、カトリック教がイタリア大衆の常識の主要な構成要素となっていることの問題は、人びとがその意識と行動において一貫性をもてず、口頭で述べたことと行っていることのあいだに著しい矛盾をもたらしていることである。かれは、しばしば見られる人びとの言行不一致を知的不誠実に還元せず、他の社会集団の知識人によって知的に与えられた世界観に起因すると分析した。

この思想と行動との対立、あるいは、二つの世界観の共存――ひとつは言葉の上で確言されており、もうひとつは実際の行動のなかで表出されるものである――は、かならずしも不誠実だからではない。不誠実さはいくらかの個人や多少なりとも多数の集団については十分な説明になるかもしれないが、かかる対立が広範な大衆の生活に現れる場合には、十分ではない。この場合には、それは歴史的社会的な次元のより深い対立の表現でしかありえないのである。つまり、萌芽的にであれ自らの世界観をもつある社会集団が存在しており、その［自らの］世界観は、かかる集団がひとつの有機的集合として動くときに、時折、散発的に、その行動のなかで、表明されるということである。［しかし］この社会集団は、知的な屈従と従属を強いられているゆえに、他の集団から借りてきた自分のものでない世界観を採用しており、言葉の上ではこちらのほうを確言している。そして、こちらのほうを奉じていると信じている。というのも、「平常時」には、つまり、行動が独立的でも自律的でもなく、まさに屈従的で従属しているときには、実際にこちらのほうを奉じているからである。だからこそ、哲学を政治から切り離すことはできないのである。それどころか、あるひとつの世界観を選択し批判するということは、それ自体、政治的な事実であることが明らかになるのである（Q11§12: 1379/ 君: 44-5）。

グラムシはこの思想と行動の矛盾を、口頭で表明されている意識と行動のなかに暗黙に含まれている意識の矛盾、つまり、ひとりの個人のなかの「二つの理論的意識」あるいは「ひとつの矛盾する意識」と呼んでいる[54]。矛盾する意識は、その当人を板挟みにすることで自律的な行動をさせず、「道徳的および政治的な受動的状態」を生み出す（Q11§12: 1385/ 君: 53）。もし人びとの意識が矛盾しており、このような受動的状態にあるならば、その政治的関心が表明されることは困難だろう。というのも、その人びとは、時々間欠泉のように現れる政治的意識を自ら抑圧しつつ、「常識」として受け入れたものを口の上で繰り返すだけだからである。グラムシは、近代主義的な意見をもちつつも、口頭では反近代主義的な誓いをする若い聖職者に言及するが、これはまさに「矛盾した意識」の一例として理解できる（Q20§4: 2090）。

グラムシは、かれの時代のイタリアにおける「矛盾した意識」は、主としてイエズス会が知識人（哲学）と大衆（常識）

のあいだに作り出した均衡によって生み出されていると見ていた。

「高級な」哲学と常識との関係は、ちょうど知識人のカトリック教と「素朴な人びと」のカトリック教との関係が政治によって保証されているのと同様に、「政治」によって保証される。しかしながら、この二つの場合のあいだの相違は根本的である。教会が「素朴な人びと」の問題に取り組まなければならないということは、まさに「信徒たち」の共同体のなかに分裂が存在していたということである。この分裂は、「素朴な人びと」を知識人のレベルにまで向上させることによってではなく〔…〕、知識人に鉄の規律を課して、かれらがこの区別において一定の限界を踏み越え、それを破局的でとりかえしのつかないものにしてしまわないようにすることによってしか、癒しえないのである。過去においては、この信徒たちの「分裂」を癒したものは、有力な人格を中心とする新しい教団の形成(聖ドメニコと聖フランチェスコ)を規定し、あるいはそれの形成に集約された強大な大衆運動であった。〔…〕しかし、対抗宗教改革はこうした民衆諸勢力の隆盛を枯渇させてしまった。イエズス会は最後の大教団であり、反動的で権威主義的な起源をもち、抑圧的で「外交的」な性格をもっていた。〔…〕その後に生まれた新しい諸教団は「宗教的」意味がほとんどなく、信者大衆に対する「訓練」の意味が極めて大きいものであり、イエズス会の分枝であり触手であった。つまり、それは既得の政治的地位を守るための「抵抗」の道具であって、発展のための革新的勢力ではないようなものとなった。かくしてカトリック教は「イエズス会主義(gesuitismo)」となった。近代主義は「教団」を作り出さず、政党を、つまりキリスト教民主党を作り出したのである(Q11§12: 1383-4/ 君: 52; 選 1: 246-7)[55]。

イエズス会は、知識人と大衆の二つの集団が交わることのないように、両集団間に均衡をつくりそれを維持した。この均衡によって、知識人集団としての教会は、矛盾し、受動的で、一貫しない意識をもつ大衆から挑戦されることはない。知識人と大衆のこの関係を前にして、マルクス主義とカトリック教がとる姿勢の違いは、次のように説明される。「前者が大衆の新しい階層との動的な接触を維持し、それらの階層を高次の文化生活に高めようと目指すのに対して、後者は大衆をきわめて派手な仕方で刺激する典礼と礼拝とに基づいた、まったく機械的な接触、すなわち外面的統一を維持しようと目指すのである。多くの異端の試みは、教会を改革して民衆に近づけ、民衆を高めようとする民衆的諸勢力の現れであった」(Q16§9: 1862/ 選 2: 33)[56]。グラムシが指摘するところでは、イエズス会が知識人を獲得しようとする場合、それは個々の優秀な人物を選抜することはあれど、大衆階層それ自体を高めることはしなかった。こうして、イエズス会は教会の機構を維持する知識人を補充しつつ、知識人と大衆という二分法それ自体も同時に保存することに成功してきたのである(Q16§9: 1862/ 選2: 33)。このような教会の政策に対置されるのは、グラムシ流のマルクス主義、つまり「実践の哲学」の立場である。

実践の哲学は「素朴な人びと」を常識というかれらの原始的な哲学のなかにとどめておくことを目指すのではなく、逆にかれらを高次の生活観にまで導いていくことを目指す。実践の哲学が知識人と素朴な人びととの接触の必要を主張するとすれば、それは学問的活動を制限して大衆の低いレベルにおいて統一を保持するためではなく、まさしく、わずかの知識人集団だけでなく大衆の知的進歩を政治的に可能にするようなひとつの知的—道徳的ブロックを構築するためである(Q11§12: 1384-5/ 君: 52-3)。

2 知的道徳的改革

グラムシは、実践の哲学を「知的道徳的改革(riforma intellettuale e morale)」の運動の集大成と位置づけている。これは、常識のなかからより現実に一致する「良識(senso buono)」を選び出すことによって、大衆文化と高級文化との乖離を埋め、二つの文化のあいだに「弁証法的」関係を生み出すことを任務としている(Q16§9: 1860/ 選2: 31)[57]。グラムシの見たところ、教会は、大衆と知識人の機械的な接触と事実上の分離を維持することに腐心していた。この分離を維持することによって、大衆の意識は矛盾したままに放置され、政治的な現状も維持される。そこでは、そうした人びとの政治的要求は提起されることはないのである。先に見た通り、グラムシにとって、イタリアにおけるこの「改革」の創始者はクローチェであった。高級文化的に留まったクローチェとは異なり、グラムシは、ちょうどアリストテレスが臆見（doxa）を吟味し、そこから真理により近い通念（endoxa）を選り分けたように、常識のなかにより適切な世界観、現在の問題に対する批判的な意識である「良識」を見いだそうとするのである（Q11§12: 1378/ 君: 43）。

常識から良識を錬成するためには、まず、公的な歴史には記録されることのない常識の様々な形態を批判的に吟味することが必要とされる。常識は「自生的哲学」あるいは「哲学の『フォークロア』」と呼ばれる（Q11§12: 1375/ 君: 38. Q11§13: 1396/ 選 2: 152）が、グラムシはこれらを奇異なものと見なすべきではなく、真剣な考察に値するものとしている。というのも、フォークロアのなかには、「歴史のなかで継続的に登場してきたありとあらゆる世界観及び生活感の諸断片が未消化のまま集塊をなしており、それらの大部分の残存する記録はむしろフォークロアのなかのみ毀損され汚染された形態のもとで見いだされるとすら言うことができるのではないか」と考えられるからである（Q27§1: 2312/ 知: 125）。この作業は、自己の意識がどのような要素から構成されているかの批判的検討を伴う。「批判的錬成の発端となるのは、人が現実にはどのような存在であるかということについての意識である。『汝自身』のうちには、これまでに展開された歴史的過程が財産目録に整理されることなく受け入れられて、無数の痕跡をとどめている。このような歴史的過程の所産としての『汝自身を知れ』ということこそが、発端となるのだ」（Q11§12: 1376/ 君: 40）。フォークロアや常識を真剣に考察することによってのみ、「広範な大衆のあいだの新しい文化を生み出すことができ、近代文化とフォークロア的大衆文化の分離は解消されるだろう。この種の活動が徹底的に行われるならば、それは知的なレベルにおいて、プロテスタント諸国における宗教改革が占めていたものに相当するものになるだろう」（Q27§1: 2314/ 知: 129）。

常識から良識を練り上げることが必要なのは、常識に留まる限り、われわれは現代の問題を把握することができないからである。「自分の抱いている世界観は、現実に提起された特定の諸問題への応答である。それらの諸問題は、現在的意義を担っている限りで、確かに特定的で『独自の』ものである。しばしば極めて遠く乗り越えられた過去の諸問題のために練り上げられた考え方で、現在の、それも現在の極めて特定的な問題を考察することがどうしてできるだろうか？」（Q11§12: 1377／君: 41）。イタリアの大衆にとって、かれらが現在保持している常識は現在の問題の解決の糸口とはならない。なぜならば、それは多くカトリック教を通じて過去からもたらされたものであるからである。知識人と大衆の文化の差異を埋め、「良識」を錬成することによってのみ、クローチェ的知識人主義と、矛盾した意識を生み出し続ける教会の両方を退けることが可能であり、そしてこの両極の背景にある、社会的流動性の低さという近代イタリアの現実問題に取り組むことができるのである。こうして、グラムシはこの改革の意味を「プロテスタント改革＋フランス革命という連関に照応する」とまで主張するのである（Q16§9: 1860／選 2: 31）。スピネッラは、この知的道徳改革の企図がグラムシのリソルジメント研究に関連していると指摘している[58]。この問題は本稿の主題を超えているが、たしかにグラムシは、リソルジメント以来、大衆がイタリアの政治から排除されており、カトリック教会がその排除の機制の一部を担っていることを念頭において、かかる改革の必要性を主張していた。ここでは、この問題に対するかれの処方箋は、指導階級と大衆というモスカ的二分法を前提としつつ、この二つの社会階層のあいだの社会的流動性を高めることにあったとのみ指摘しておきたい。

五　結論

以上のように本稿は、グラムシのカトリック教会批判を検討してきた。グラムシは、クローチェの宗教批判をイタリアにおける「知的道徳的改革」の始まりとして評価していた。しかしながら、「自由の宗教」に結実するクローチェの観念論的宗教批判は、知識人に受け入れられたとしても、大衆の常識へ教義を浸透させることによって力を維持したカトリック教会に対する有効な批判となりえなかった。グラムシによれば、クローチェの教会批判が知識人と大衆の断絶を前提としている限りにおいて、クローチェと教会の立場はむしろ同じものであった。これに対してグラムシは、カトリック教が大衆の「常識」を形成していることを指摘しつつ、雑多で矛盾した常識のなかにも現実の社会を捉える手がかりとなる「良識」が潜在していることに注目した。かかる良識を錬成することを通じて、グラムシは、知識人と大衆、高級文化と民衆文化の差を埋めるという、自らの「知的道徳的改革」を提起したのであった。

グラムシのカトリック教会批判が、イタリア社会の分析とその対応策という実践的諸問題に結びついていることはすでに述べた。理論的な観点から見ると、グラムシのカトリック教会批判は、かれの市民社会概念の位置づけと密接に関わっている。人間の思想と行動を形成する常識の一部が宗教からなっているというグラムシの指摘は、そうした意識を生み出した下部構造が崩壊した後にも、過去の上部構造の諸要素が市民社会の場に残存していることに関するかれの認識を明確に示している。つまり、かれは、下部構造と一対一対応しない上部構造の持続性、なかんずくその主要構成要素である市民社会の持続性についての強い関心をもっていたと指摘できる。この点で、上部構造と下部構造のどちらかが優位するものと見てきた論者たちは、二つの構造の「関係」に十分な注意を向けてこなかったと言えるだろう。過去から受け継いだ堆積物たる常識を吟味することで、現代の問題に対処する手がかりとしての良識を錬成する作業、つまり、グラムシの「知的道徳的改革」は、下部構造に規定されない人間の自律性である政治の領分として位置づけられる。このようなグラムシの政治理解は、民衆の一般意志の現れの契機としてかれの市民社会概念を積極的に理解していく論者たちの姿勢とはかなり異なっている。民衆の同意を獲得する場としての市民社会においては民衆の「常識」が大きな位置を占めている。これを批判的に吟味することなくしては、現在の政治的問題を捉えることができないのである。グラムシがカトリック教会の分析を通じて示したのは、まさにこのことであった。

(1) グラムシの『獄中ノート』からの引用は、A. Gramsci, *Quaderni del carcere*, a cura di V. Gerratana, Einaudi, 1975を用い、ノート番号(Q)、節番号(§)、頁数の順に示した。邦訳があるものは以下の略号とともに併記したが、訳は必要に応じて変更してある。【選1】山崎功監修『グラムシ選集(一)』合同出版、一九七八年。【選2】山崎功監修『グラムシ選集(二)』合同出版、一九七八年。【選4】山崎功監修『グラムシ選集(四)』合同出版、一九七八年。【君】上村忠男編訳『新編　現代の君主』筑摩書房、二〇〇八年。【リ】D・フォーガチ編、東京グラムシ研究会訳『グラムシ・リーダー』御茶の水書房、一九九五年。【知】上村忠男編訳『知識人と権力』みすず書房、一九九九年。

（2）ラ・ロッカは、グラムシ宗教論研究の草分けであるポルテッリの著作が『獄中ノート』の分析に偏重していることを批判し、宗教が民衆の「常識」の枢要を構成する要素として存在するとするグラムシの宗教論を十全に理解するためには、『ノート』のみならず獄中以前の著作に目を向けることが重要であると強調する。T. La Rocca, *Gramsci e la religione*, 2ª ed., Queriniana, 1991, p. 111; pp. 28-29. ラ・ロッカによるグラムシの宗教論のアンソロジーは、獄中以前の著作を多く含む点で類書よりも包括的である。A. Gramsci, *Religione come senso comune*, a cura di T. La Rocca, Nuova Pratiche Editrice, 1997.

（3）同様の指摘として、G. Galasso, Gramsci e i cattolici nella società e nella storia dell'Italia contemporanea, in *Croce, Gramsci e altri storici*, Il Saggiatore, 1978, p. 195.

（4）N. Bobbio, Gramsci e la concezione della società civile, in *Gramsci e la cultura contemporanea*, a cura di P. Rossi, Riuniti, 1969, ora in *Saggi su Gramsci*, Feltrinelli, 1991（小原耕一、松田博、黒沢惟昭訳「グラムシにおける市民社会」、『グラムシ思想の再検討』御茶の水書房、二〇〇〇年）。グラムシの市民社会概念については、以下を参照。千野貴裕「同意と公共性：A・グラムシの市民社会論における同意の形成と解体」、齋藤純一編『公共性をめぐる政治思想』おうふう、二〇一〇年。

（5）J. Texier, Gramsci, Theoretician of the Superstructures, in *Gramsci and Marxist Theory*, ed. C. Mouffe, Routledge and Kegan Paul, 1979. テクシエの解釈の特徴は、『経済学批判』の「序言」をグラムシが自身のマルクス主義の枢要に位置づけていたことに鑑みて、グラムシもまた下部構造を最終審級として見ていたことを強調する点にある。

（6）J. Femia, *Gramsci's Political Thought*, Oxford University Press, 1981, p. 121.

（7）この問題を取り上げた研究は多くはない。E. Morera, *Gramsci's Historicism*, Routledge, 1990, pp. 138-9.

（8）R. Bellamy, A Crocean Critique of Gramsci on Historicism, Hegemony and Intellectuals, in *Journal of Modern Italian Studies*, Vol. 6, No. 2（2001）, pp. 226-7.

（9）以下を参照。S. Golding, *Gramsci's Democratic Theory*, Toronto University Press, 1992; M. Montanari, Introduzione, in A. Gramsci, *Pensare la democrazia: Antologia dei quaderni della carcere*, a cura di M. Montanari, Einaudi, 1997. ゴールディングは、民衆の意志を「集計」しかできないリベラル・デモクラシーの行き詰まりを打破する鍵を、グラムシの「集合意志」とその体現としての「現代の君主」に見る。一般にポスト・マルクス主義は、下部構造の制約という点に旧来のマルクス主義の問題を見いだす。しかし、グラムシ自身の問題は、下部構造という枠組みを前提にした上で、政治（上部構造）の自律性がいかにありえるか、というものであった。

(10) K・マルクス、三島憲一訳「ヘーゲル法哲学批判序説」、『マルクス・コレクションI』筑摩書房、二〇〇五年、一五七―八頁。

(11) H. Portelli, *Gramsci e la questione religiosa*, trad. G. Cantoni, Mazzotta, 1976, p. 46.

(12) La Rocca, *Gramsci e la religione*, pp. 160-3. グラムシの宗教観は、世俗主義者だけでなく信仰をもつ人びとからも論じられてきた。信仰をもつ人びとのグラムシ評価は、大まかに、宗教的なものの破壊者として、あるいはキリスト教と調和しうる思想家としての二つに分かれる。前者は、以下を参照。A. Del Noce, *Il suicidio della rivoluzione*, Rusconi, 1978; V. Melchiorre, L'idea di religone in Antonio Gramsci, in *Antonio Gramsci: Il pensiero teorico e politico, la «questione leninista»*, a cura di V. Melchiorre, C. Vigna and G. De Rosa, La città nuova, 1979. また後者の立場は、以下に代表されるだろう。R. Vinco, *Una fede senza futuro? Religione e mondo cattolico in Gramsci*, Mazziana, 1983.

(13) Portelli, *Gramsci e la questione religoisa*. ポルテッリの著作は一九七四年の出版から二年後にはイタリア語に翻訳された。かれによれば、グラムシは教会史を以下のように叙述した。原始教会から中世を経て宗教改革に至る時期に見られたように、知識人（聖職者）集団としての教会は大衆（平信徒）とのあいだに統一を維持しており、「有機的知識人」としての役割を担っていた。しかしながら、ルネサンスからグラムシの時代に至るまで、教会は大衆とのあいだに機械的な関係を維持しつつ、事実上は断絶していた。ここで教会は「伝統的知識人」として機能したのである。

(14) この「ブーム」については、以下を参照。M. Finocchiaro, Marxism, Religion, and Science in Gramsci, in *Philosophical Forum*, Vol. 17 (1985), pp. 127-55. デジーデラの近著に付された文献一覧を見ると、九〇年代以降このテーマについて書かれたものがほとんどないことが分かる。B. Desidera, *La lotta delle egemonie: Movimento cattolico e Partito popolare nei* Quaderni *di Gramsci*, Il poligrafo, 2005, pp. 299-334.

(15) 日本における貴重な先行研究である以下の報告は、グラムシの宗教観を考察するにあたってかれのクローチェ批判の重要性を指摘している点で極めて示唆的であるが、十分に展開されてない。村上信一郎「グラムシの宗教観を問う」、グラムシ歿後六〇周年記念国際シンポジウム編『グラムシは世界でどう読まれているか』社会評論社、二〇〇〇年、一四五―五二頁。

(16) この三つの勢力の関係を理解する上で、教会からの政治領域における相対的な自律を要綱とした、イタリア人民党の誕生と凋落を大きなテーマとしつつ、この時代の教会史と政治史を論じた以下の諸著作が参考になる。G. De Rosa, *Storia del movimento cattolico in Italia vol. I: Dalla restaurazione all'età giolittiana*, Laterza, 1966; G. De Rosa, *Storia del movimento cattolico in Italia vol.II: Il partito popolare*, Laterza, 1966; J. Molony, *The Emergence of Political Catholicism in Italy: Partito Popolare 1919-*

1926, Croom Helm, 1977; 村上信一郎『権威と服従：カトリック政党とファシズム』名古屋大学出版会、一九八九年。紙幅の都合上、本稿は人民党に関するグラムシの分析に言及できないが、以下の文献が重要である。Galasso, Gramsci e i cattolici, pp. 175-9; Desidera, *La lotta delle egemonie*.

（17）N. Atkin and F. Tallett, *Priests, Prelates and People: A History of European Catholicism since 1750*, Oxford University Press, 2003, pp. 130-41; J. Pollard, *Catholicism in Modern Italy: Religion, Society and Politics since 1861*, Routledge, 2008, pp. 6-28.

（18）人民党党首ストゥルツォは、党が政治領域において教会から自律的であるための原理として、「非宗派性」を強調した。A. Jemolo, *Chiesa e stato in Italia negli ultimi cento anni*, Einaudi, 1963, p. 423; 村上『権威と従属』九七―一〇一頁。

（19）Pollard, *Catholicism in Modern Italy*, pp. 81-3.

（20）村上信一郎「ファシズムとカトリック教会」、ファシズム研究会編『戦士の革命・生産者の国家』太陽出版、一九八五年、一九八―二二二頁。

（21）村上「ファシズムとカトリック教会」二〇九頁。

（22）Atkin and Tallett, *Priests, Prelates and People*, p. 234. 一九二五年にピウス十一世は「王であるキリスト」の祝日を定めることで、政治的領域をも包含する人間の全活動がキリスト教の下にあるとの教義を具現化しようとした（Q6§151: 809）。

（23）Atkin and Tallett, *Priests, Prelates and People*, p. 207.

（24）倉科岳志「クローチェと第一次世界大戦：ジェンティーレとの関係を中心に」、『日伊文化研究』第四九号、二〇〇六年。

（25）ジェンティーレ改革についての伝記的研究は以下を参照。G. Turi, *Giovanni Gentile: Una biografia*, UTET, 2005, pp. 336-58. また、とくにグラムシ研究との関連において、この改革についての諸論点を整理したものに、以下がある。T. Clayton, Introducing Giovanni Gentile: the "Philosopher of Fascism", in *Gramsci and Educational Thought*, ed. P. Mayo, Wiley-Blackwell, 2010, pp. 69-71.

（26）S. Di Scala, *Italy from Revolution to Republic: 1700 to Present*, Westview Press, 1995, p. 249. 対照的に、ムッソリーニはこのジェンティーレ改革を「本質的にファシスト的な改革」と讃えたと言われている。D. Mack Smith, *Modern Italy: A Political History*, Yale University Press, 1997, p. 357.

（27）F. Coppa, Mussolini and the Concordat of 1929, in *Controversial Concordats: The Vatican､s Relations with Napoleon, Mussolini, and Hitler*, ed. F Coppa, The Catholic University of America Press, 1999, p. 109; 村上「ファシズムとカトリック教会」二〇八―九頁。

（28）村上「ファシズムとカトリック教会」二一〇頁。
（29）Coppa, Mussolini and the Concordat of 1929, pp. 105-6.
（30）このテーマに関する文献は膨大であるが、差し当たり以下の文献を参照。P. Piccone, *Italian Marxism*, University of California Press, 1983; F. Frosini, La crisi del marxismo nella critica di Gramsci a Benedetto Croce, in *Modern times: Gramsci e la critical dell'americanismo*, a cura di G. Baratta e A. Catone, Cooperativa Diffusioni'84; R. Bellamy, Croce, Gramsci, and the Italian Political Tradition, in *History of Political Thought*, No. 11（1990）, pp. 311-37.
（31）グラムシのクローチェ批判を無条件に妥当とすることは誤っているだろう。この点に関しては、ベラミーの指摘を参照。Bellamy, A Crocean Critique of Gramsci, pp. 209-10. 本稿は、クローチェ宗教論それ自体の成否を判断するものではなく、グラムシの見たクローチェ宗教論を検討するものである。クローチェ自身の宗教論については別稿にて検討するが、差し当たり以下を参照。A. Di Mauro, *Il problema religioso nel pensiero di Benedetto Croce*, Franco Angeli, 2007.
（32）E. Fattorini, Religione, morale e concezione dell'uomo, in *Critica marxista*, Vol. 25（1987）, pp. 67-9. イタリア語の fede は、信仰、信条などの訳が可能であるが、本稿では一貫して「信仰」の訳語を充てた。
（33）A. Gramsci, *L'Ordine nuovo 1919-1920*, a cura di V. Gerratana e A. Santucci, Einaudi, 1987, pp. 467-8; cf. La Rocca, *Gramsci e la religione*, pp. 42-5.
（34）B. Croce, Religione e serenità, in *La Critica*, Vol. 13（1915）, pp. 153-5（小原耕一訳「宗教と心の平静」『季報唯物論研究』第七七号、八〇—三頁）. 後にこの論文は、一九二二年の『倫理学断章』の一部になり、次いで一九二五年の『倫理学と政治学』に所収される。グラムシはどちらも獄中で引用している（Q: 3045-6）。
（35）同様の議論として、以下を参照。A. Gramsci, Socialisti e cristiani, in *L'Ordine nuovo 1919-1920*, p. 636.
（36）A. Gramsci, *La città future 1917-1918*, a cura di S. Caprioglio, Einaudi, 1982, p. 21; A. Gramsci et al, *L'Ordine Nuovo 1919-1920, 1924-1925*, Teti editore, 1976, p. 76.
（37）A. Gramsci, *La città future 1917-1918*, a cura di S. Caprioglio, Einaudi, 1982, pp. 21-2n1.
（38）A. Gramsci, Alcuni temi della quistione meridionale, in *Disgregazione sociale e rivoluzione*, Liguori editore, 1995, p. 181（上村忠男訳「南部問題についての覚え書」、『知識人と権力』みすず書房、一九九九年、三九頁）.
（39）A. Gramsci, *Lettere del carcere*, a cura di S. Caprioglio e E. Fubini, Einaudi, 1965, p. 466（大久保昭男・坂井信義訳『愛よ知よ

永遠なれ：グラムシ獄中からの手紙（三）』大月書店、一九八二年、一三頁）.

（40）こうした見方を示した研究は数多いが、なかでももっとも典型的なものは以下の論文である。Bellamy, Croce, Gramsci and the Italian Political Tradition, pp. 324-32.

（41）B. Croce, *Storia dell'età barocca in Italia*, a cura di G. Galasso, Adelphi, 1993, pp. 25-6.

（42）Croce, *Storia dell'età barocca*, p. 33.

（43）G. Verucci, *Idealisti all'indice: Croce, Gentile e la condanna dell Sant'Uffizio*, Laterza, 2006.

（44）B. Croce, *Storia d'Europa nel secolo decimonono, a cura di* G. Galasso, Adelphi, 1991, pp. 28-9（坂井直芳訳『十九世紀ヨーロッパ史』創文社、一九八二年、十六—七頁）.

（45）Croce, *Storia d'Europa*, p. 31（『十九世紀ヨーロッパ史』十九頁）.

（46）Gramsci, *Lettere del carcere*, p. 466（『獄中からの手紙（三）』一六九頁）.

（47）Croce, *Storia dell'età barocca*, pp. 145-6.

（48）クローチェは、多数の専制とその結果としての独裁という観点から民主主義を批判していた。Croce, *Storia d'Europa*, pp. 45-6（『十九世紀ヨーロッパ史』三一—二頁）.

（49）クローチェのネオ・グエルフィズム評価については、以下を参照。Croce, *Storia d'Europa*, pp. 152-6（『十九世紀ヨーロッパ史』一二四—八頁）. ガラッソが指摘するように、グラムシのクローチェ批判は、近代主義を肯定的に捉えることによって成り立っている。ガラッソが示唆するように、ここでの問題は、果たしてグラムシ自身が、近代主義、あるいはリベラル・カトリシズム一般と、何らかの連帯や同盟が可能であると考えていたかどうか、である。Galasso, Gramsci e i cattolici, pp. 196-7. この問題は別稿にて論じたい。

（50）同様の議論は以下の箇所にも見られる。Q8§111: 1007; Q8§155: 1034.

（51）ただし、上村訳は一部を省略している。

（52）この対比について検討した研究は多いが、差し当たり以下を参照。G. Liguori, *Sentieri gramsciani*, Carocci, 2006, pp. 122-33; C. Luporini, Senso comune e filosofia, in *Gramsci: Le sue idee nel nostro tempo*, a cura di C. Ricchini, E. Manca e M. Luisa, Editrice l'Unità, 1987, pp. 132-3（「常識と哲学」、坂井信義、大久保昭男訳『君はグラムシを知っているか』リベルタ出版、一九八七年、一六七—九頁）.

（53）ラ・ロッカの著作は、この問題を主題とした少ない例である。La Rocca, *Gramsci e la religione.*
（54）「矛盾した意識」に関しては以下の研究が重要である。Femia, *Gramsci's Political Thought,* pp. 35-50; pp. 218-35.
（55）上村訳では、引用部の中段「過去においては…」以降が省略されている。
（56）原始教会からルネサンスに至るまでの教会が大衆と有機的な接触をもっていたことについては、以下を参照。Portelli, *Gramsci e la questione religiosa,* pp. 57-80.
（57）グラムシはこれを、「民衆の革命」とも呼んでいる（Q17§38: 1941）。知的道徳的改革という言葉自体は、エルネスト・ルナンに由来する（Q16§9: 1860/ 選2: 31）。
（58）M. Spinella, Riforma intellettuale e morale, in *Gramsci: Le sue idee nel nostro tempo,* p. 124（「知的・道徳的改革」、『君はグラムシを知っているか』、一八三頁）。また、かれの宗教改革に対する重ねての高い評価を重視することによって、グラムシを、現世逃避型のカトリック教よりも現世改造型のプロテスタンティズムに親和的な思想家として描くことも不可能ではない。

【謝辞】二名の匿名レフェリーと、様々な機会に有益なコメントを下さった、飯島昇藏、大中一彌、木部尚志、倉科岳志、谷本純一、山本圭、Richard Bellamy、Cécile Laborde、Robert Levine、James Martin、Albert Weale の諸氏に特に感謝いたします。

〔政治思想学会研究奨励賞受賞論文〕

カール・シュミットの均衡理論

――リベラリズムとデモクラシーの分離と結合

長野　晃

一　はじめに

リベラル・デモクラシーの概念は、リベラリズムとデモクラシーという相異なる原理の複合体である以上、両者の捉え方次第では、その内部に深刻な亀裂を含むことになる。ゆえに、その取扱いには細心の注意を要する。(1) ところで、この概念を切断し、リベラリズムとデモクラシーの両原理の異質性を強調したのは、国法学者カール・シュミット（一八八八―一九八五）であった。それゆえ、リベラリズムに還元され得ないデモクラシーの新たな可能性を探求する論者も、(2) デモクラシーから独立したリベラリズムの原理を擁護する論者も、(3) あるいは両原理の相互補完性を説く論者も、(4) 揃ってシュミットに言及し、自説を正当化すべく利用するか反駁を試みる。こうした事実からも、シュミットが現代に与え続けている影響力の大きさが窺われよう。

周知の通りシュミットは、一九二三年に公刊された『現代議会主義の精神史的状況』（以下、『議会主義』と略す）において、ヴァイマール共和国の議会制が直面している危機を分析することを通じて、両原理の区別を提唱した。そこでは、議会主義の側にリベラリズムが、議会主義を脅かす側にデモクラシーが位置付けられる。さらにシュミットはこの分析枠組を用いて、体系書『憲法理論』を書き上げる。リベラリズムとデモクラシーの区別は、市民的法治国の憲法が有する二元的構造、すなわち「法治国的構成部分」と「政治的構成部分」の区別へと敷衍される。シュミットは両原理の区別の提唱が自らの学問的貢献であることを強調して止まず（VL: 201〔二五〇〕）、この区別をおろそかにする論者には批判が向けられた。[5] とはいえ、両原理は完全に両立不可能なものではない。本稿で明らかにするように、シュミットはこの区別を、時には分離した形で、時には結合した形で、自らの見解を正当化すべく用いている。しかしながら、リベラリズム的要素からデモクラシーを純化しようとする方向性[6]に代表される、分離した形での活用がしばしば注目を集めるのに対して、結合した形での活用は十分な検討の対象とされていないように思われる。

本稿の目的は、シュミットがいかにして両原理を結合しようとしたのかを明らかにすることである。その際に分析の中心に据えられるのは「均衡（Gleichgewicht, Balancierung）」の観念である。この観念は、『議会主義』の中で「政治思想史および国法思想史において類型として繰り返される諸観念」の中で「最も重要なもの」（GLP1: 28, GLP2: 50〔七七―八〕）と評価され、様々な箇所で論じられているため、シュミット研究においてはさほど隠された主題ではない。シュミットのリベラリズムそれ自体を扱う研究[7]においても、ヴァイマール期のシュミット思想を概観する研究[8]においても、均衡の観念への言及はなされている。とはいえ、ヴァイマール期のシュミット思想を貫く指導動機の一つとしての扱いを受けているわけではない。むしろ均衡観念は、ルドルフ・スメントが展開したような積極的な統合観念に比して、市民的法治国思想の枠内にとどまる消極的な観念と見なされることが多い。[9] また、均衡観念に積極的に光が当てられる場合でも、デモクラシーとの関係などは十分に解明されておらず、シュミットによるヴァイマール憲法の具体的な解釈の検討という点でも不満を残す。[10] 総じて、均衡観念がシュミットの政治思想に占める位置付けに関しては、さほど明らかとは言えない。

これに対して本稿が示そうとするのは、シュミットがリベラリズムとデモクラシーを結合させて用いる場合、その鍵は均衡観念に求められるということである。元来リベラリズムの思想と見なされた均衡観念は、デモクラシーの要素を加えることによって、高度に理論化され、シュミット自身の憲法解釈を支える基盤となる。均衡理論において、原理上は区別されたリベラリズムとデモクラシーが、ある程度調和した形で結合させられるのである。本稿は以上のシュミットの理論的作業を、同時代の政治的状況を踏まえつつ再構成する。分析対象は、主として『議会主義』（一九二三）から『憲法理論』（一九二八）に至る時期のテクストに限定される。ヴァイマール末期にシュミットが展開した議論は、均衡理論それ自体の検討を目的とする限り、検討の対象から外される。こうした限定は、シュミットの元来の構想を明らかにするという理由から正当化されよう。

本稿の叙述において、均衡理論の解明は、議会制と直接デモクラシーという二つの主題に即して行われる。第二章では、議会制をめぐる問題から出発して、『議会主義』の中で失われつつあるものとして提示された均衡観念が、デモクラシーの要素を取り込むことによってヴァイマール憲法の解釈に活用されていく過程を解明する。その際、均衡理論を成立させるための制度としてシュミットが重視した、大統領の議会解散権をめぐる憲法解釈が検討される。次に第三章では直接デモクラシーの視点から検討を進める。同時代の大衆デモクラシーに向き合ったシュミットが、国民投票や国民請願といった直接デモクラシーの諸制度をめぐる憲法解釈において、均衡理論を活用していく過程が論じられる。リベラリズムとデモクラシーという相異なる原理を結合させる際にシュミット自身が用いた論理を検討することは、現代のリベラル・デモクラシーを再考する上でも、有益な視点を含むだろう。

二　議会制と均衡

周知のように『議会主義』は、デモクラシーの進展に伴い、リベラリズムに基づくかつての議会主義の原理が失われていく過程を批判的に描き出す試みであった。議会主義の原理とは第一に、リベラリストの「典型」たるギゾーから抽出された[11]「公開の討論（öffentliche Diskussion）」である（GLP1: 22-23, GLP2: 43-44〔七〇―一二〕）。理性ある代議士たちが自由に意見を戦わせることによって真理に到達するという議会主義の核心にある世界観は、デモクラシーの「奔流」によって失われてしまったというのがシュミットの時代診断であった。現状では、利益団体に拘束された代理人が非公開の委員会で討論なしに決定しているに過ぎない。シュミット自身、「マルクス主義」や「直接的暴力行使の非合理主義理論」

の攻勢を前にして、「公開の討論」という原理の復活にきわめて懐疑的にならざるを得なかった〔GLP1: 65, GLP2: 89-90〔一一八〕〕。

失われつつあるのはこれにとどまらない。同じく議会主義の原理である「均衡」すなわち「権力分立」の観念もまた、シュミットの眼には危機に瀕しているものと映った。その原因は議院内閣制〔parlamentarische Regierung〕に求められる。「政府への国民代表の参与、すなわち議院内閣制はまさしく、〔権力分立と共に〔第二版による追加〕〕議会主義のかつての理念を廃棄する最も重要な手段であることが証明された」〔GLP1: 38-39, GLP2: 62〔九〇〕〕。シュミットは、単に議会の権限を拡大し、政府を議会に従属させ、政府を議会の「委員会」と見なす発想の中に、均衡に基づく本来の「議会主義」からの逸脱を見出した〔GLP1: 38-39, GLP2: 62〔九〇〕〕。かくして同時代の議会制の状況を批判する中から、均衡観念が浮上してくる。

1　リベラリズムの均衡観念

均衡観念を論じる際にシュミットが依拠しているのは、国民経済学者ヴィルヘルム・ハスバッハの議論である〔GLP1: 24, GLP2: 46-47〔七四〕〕。まずは均衡に関するハスバッハの議論を概観しておこう。ハスバッハが一九一六年の論文「権力分離・権力分立・混合政体」の中で描き出すのは、国家権力に関する「均衡」の理論史である。ハスバッハはロックに見られる立法部・執行部門間の「権力分離〔Gewaltentrennung〕」とハリントンに見られる立法部内の上院・下院間での「権力分立〔Gewaltenteilung〕」を出発点として、両者が一体となって「均衡」の理論を形成していく歴史を辿っていく。[12] ハスバッハの描き出す思想史の中で、「混合政体〔gemischte Staatsform〕」論と結合した均衡理論は、ボーリングブルックからモンテスキューへと受け継がれ、[13] イングランド国制史において議会の専制を攻撃するための論理を提供したと見なされた。それは、一七世紀における長期議会の支配および一八世紀における議院内閣制の進展に対抗するための理論的基盤と解釈されたのである。[14]

シュミットがハスバッハから受け継いだのは以上のような思想史理解にとどまらない。重要なのは、権力の分離や分立は権力の完全な独立性を意味するものではないという視点である。「均衡は相互作用する二つの互いに結び付いた諸力を前提とする。それゆえ、権力分離と権力分立の学説はその発案者たちによって、二つの権力を相互に完全に独立したものとするための手段だと考えられていたのではない」[15]というハスバッハの見解をシュミットは採用した。その際にシュミットがハスバッハに依拠して直接の批判対象としたのは、帝政期の国法学においてモンテスキューの権力分立論を厳格な分離論と捉えたゲオルク・イェリネックの見解である。

イェリネックの見解は、シュミット自身が言及するように、国法学者ヘルマン・レームのモンテスキュー解釈に対する批判から明らかになる。論争の発端は、レームの『一般国家学』の記述に対するイェリネックの攻撃であった。問題となったのは、モンテスキューの権力分立論を、権力の区別（Sonderung）にとどまらず、権力の「融合（Verschmelzung）」の理論として提示するレームの解釈である。[16]これに対してイェリネックは、レームの解釈を『法の精神』の不正確な翻訳に基づいた誤解であると糾弾した。[17]イェリネックにとって、モンテスキューの権力分立論は諸権力の完全な独立性のための議論だったのである。[18]イェリネックの批判を受けたレームは、当該箇所の解釈に誤りがあったことを認めつつも、モンテスキュー自身は法的な観点から権力を分離させながら政治的な観点から権力を結合させようとしているとして、自説の正当性を再度主張した。[19]これに対してイェリネックは、モンテスキューにおいて法と政治の厳密な区別は存在しない以上、レームの解釈には無理があり、テクストの些末な部分に拘泥したためモンテスキューの意図を捉え損なっていると返した。[20]結局、両者の論争は平行線を辿ったままで終わった。

シュミットは『独裁』の中で、ハスバッハに依拠することで、両者の論争を総括した。シュミットによれば、ハスバッハの見解は「ドイツの文献において通常見落とされている事実を想起させるもの」であり、「そうした誤解の特に顕著な例」が前述の論争なのである（D: 101〔一八三〕）。シュミットはイェリネックを批判しつつ、「均衡の観念の代わりに区分ないし分離という言葉に依拠する場合には、いわゆる権力分立論は理解できない」（D: 100〔一一四〕）と断じる。均衡の観念において重要なのは、諸権力の完全な分離ではなく、「相互的なコントロール・阻止・拘束の体系」（D: 100-101〔一一四〕）である。それゆえ均衡理論においては、諸権力の一定の分離を確保しつつも、「チェック・アンド・バランス」

によって分離された諸権力が結合されなければならない。

『議会主義』のシュミットがリベラリズムに基づく議会主義の核心として提示したのは以上の均衡観念であった。ここから、政府の議会への従属は議会主義に反するという主張が導かれることになる。均衡理論は、立法部に対する執行部の一定の自立性の確保に寄与する。シュミットからすれば、討論の原理を執行部にまで拡大することなど想定しなかったハミルトンの立場こそが、真の均衡理論に適う「思慮ある見解」であった（GLP1: 33-34, GLP2: 57-58〔八五〕）。すなわち、「討論」を重視しながらも、それに解消され得ない「決定」の次元に留意することが、むしろ「相対的合理主義」たるリベラリズムの本質とされるのである。こうしてシュミットは議会主義の原理を無視した議会の専制の可能性に警戒心を滲ませる。[21]

『議会主義』を貫くリベラリズムとデモクラシーの対立図式において、均衡観念は完全にリベラリズムの側に位置付けられることによって、デモクラシーと相容れないものと捉えられることになった。「権力の多元性〔三分割（第二版）〕、立法権と執行権の内容的な対立〔区別（第二版）〕、国家権力の全部が一点に集中してよいという思想の拒否、これら全ては、実は、デモクラシー的な同一性の観念に対する反対物である」（GLP1: 24-25, GLP2: 47〔七四〕）。さらに『議会主義』において均衡観念は、ある種の予定調和的なものとして描かれている。「正しいものが均衡としておのずから（von selbst）生じるはずである」（GLP1: 24, GLP2: 46〔七四〕）という予定調和的な世界観は、デモクラシーの時代にあってはいかにも時代遅れのものに見えた。デモクラシー的正統性の支配下において、こうした均衡観念は消滅せざるを得ないように思われた。

とはいえ例外は存在する。シュミットが想起させるのは、ロベルト・レズロープの均衡理論がヴァイマール憲法の作者たちに大きな影響を与えたという事実である（GLP1: 28, GLP2: 51〔七八〕）。レズロープの著作『議院内閣制——その真正の形式と不真正の形式』は、議院内閣制の定義を立法部と執行部の「均衡」に求めることによって、政府が議会に従属しない「真正の議院内閣制」の存立可能性を提示するものであった。[22] すでに述べたようにシュミットは議院内閣制と均衡理論を両立不可能としていたが、レズロープの議論を真剣に受け止めるならば、こうした見解は修正されるはずである。実際『憲法理論』のシュミットは、『議会主義』よりもはるかにレズロープに依拠した形で議論を進めることになる。予定調和的で時代遅れと見なされた均衡観念もまた、一定の修正を加えれば使用可能となる。注目に値するのは、シュミットがいかにも「政治神学」的な手法を用いて(23)二つの均衡観念を区別しようと試みていることである。

> 理神論が神を世界外的な審級として保持するということは、均衡の観念にとっては大きな意味を持っている。第三者が均衡を保つのか、それとも、釣合いの重さによって均衡がおのずから生じるのかということには相違がある。
> (GLP1: 34, GLP2: 57〔八六〕)

予定調和的な世界観に立脚した「おのずから」生じる均衡観念に対し、シュミットは「第三者」が均衡を保つモデルを対置する。この区別は『議会主義』においてはこれ以上展開されていない。しかし、この「第三者」次第で、デモクラシーと相容れないものとされた均衡理論をデモクラシーの時代に生かす道が開かれることになる。(24)それでは「第三者」とは誰か。

2 均衡に基づく議会主義の条件

『憲法理論』の中でシュミットは、ヴァイマール憲法における三通りの「均衡の図式」に即して均衡理論を展開する。それは、第一に立法部と執行部の均衡、第二に立法部内部におけるライヒ議会とライヒ参議院の均衡、第三に執行部内部におけるライヒ大統領とライヒ政府の均衡である。ここに「第三者」が登場する。すなわち、均衡を維持し決着をつける「第三者」としての役割が、第一の場合には「国民」に、第二の場合には「ライヒ大統領および国民」に割り当てられるのである(VL: 197-198〔二四三―六〕)。この中でも立法部と執行部の均衡がシュミットにおいて重要な位置を占める。議会と政府が対峙し、両者の見解が一致せず紛争に至る場合、「高次の第三者」としての国民が決定を下す。これが均衡理論の基本形である。国民を持ち出すことによって、均衡理論にデモクラシー的正統性が確保されていることが見て取れよう。

こうした均衡理論の目的は、「議会の過重を緩和する」ことである。「法律の支配」「議会の信任に対する政府の依存性」「議会の予算議定権」のために「議会の過重が容易に、抑制を受けずコントロールされない絶対主義と化し得る」可能性が憂慮される（VL: 196-197〔二四三〕）。しかし均衡理論は、議会の専制に対する武器にとどまるものではない。それは、法的には強大な権限が認められながら事実上小党分立状況のため機能不全に陥りがちな議会制を有効に機能させようとする試みとも見なし得る。ここでは「議会の過重を緩和する」ことは、むしろ議会を機能させるための条件である。シュミットが議会をある種の混合政体論で捉えるのは、政府の権力の強化および国民の決定権力の活用を議会制の枠内で主題化し、議会制を補完しようとするためであった(25)。

レズロープに依拠することでシュミットは、『議会主義』の記述とは逆に、議院内閣制は必ずしも議会に対する政府の従属を意味するものではないことを強調する。そもそも政府が国民代表の支配下にあることが要求されるのは、政府がデモクラシー的正統性を持たなかった時代の発想に過ぎない（VL: 265〔三二九―三三〇〕）。政府がデモクラシー的正統性を有しているならば、政府と議会の上下関係は、一義的に決定されるものではない。シュミットにとって、議院内閣制の「母国」イギリスは、公論に依拠した政府が議会に対して優位に立ち、議会を指導する最たる例であった。首相は服従を拒む議会を解散することができるのである（VL: 267〔三三二〕, 324〔四〇四〕）。また大統領の議会解散権が事実上行使されず、レズロープにおいて「不真正の議会主義」と見なされていたフランス第三共和政(26)においても、現実の政治にあっては、強力な政府が議会を指導することがあり得る。一九二六年に分裂状況にあった議会に対して「自らの意思を押し通した」第四次ポワンカレ内閣がその一例であった（VL: 330〔四一〇〕）。「不真正の議会主義」においてすら強力な政府は成立し得る。こうした同時代の議会制のあり方を踏まえつつ、シュミットはヴァイマール憲法の解釈においてもレズロープを援用する。ヴァイマール憲法の作者たちが議会と政府の「均衡」を基本思想としていたことが強調され、逆に議会を政府の「委員会」と見なす発想は、その主たる擁護者とされたハンス・ナヴィアスキーの見解を戯画化する(27)ことを通じて徹底的に拒絶される。

シュミットの理論的関心は、こうした均衡理論を成立させるための制度に向けられた。それがライヒ大統領の議会解散権である。政府と議会の間に見解の不一致が生じた場合、あるいは議会に安定した多数派が形成されず均衡理論の前提条件が満たされない場合、「国民への訴え」が活用されなければならない。このように議会解散権は、議会制を円滑に機能させるための不可欠な装置であった。それゆえシュミットは、リベラリズムとデモクラシーの原理双方を用いることで解散権の重要性を説き、ライヒ大統領の議会解散権を「正常な制度」として構築しようと試みる。

こうした試みは『憲法理論』以前に遡るものである。シュミットはすでに一九二四年から二五年にかけて、ライヒ大統領の議会解散権に関する論説を公表していた。当時問題となったのは、ライヒ大統領による議会の解散を「同一の理由による解散は一度に限られる（nur einmal aus dem gleichen Anlaß）」と規定するヴァイマール憲法二五条の解釈である。一九二四年一〇月にライヒ大統領フリードリヒ・エーベルトが「議会運営上の困難」を理由に解散命令を出したとき、それが同年三月の解散理由と同一であるのか否かが問われたのである。この問題に対してシュミットは、二五条の規定の「前提条件」を考慮に入れることで解散命令の合憲性を示そうとする。その前提条件とは、「例えばライヒ議会が政府の法案を否決するというように、ある特定の問題においてライヒ政府とライヒ議会の見解が一致しないこと」、「両者が特定の政治問題に対してそれぞれ一定の立場を取り、総選挙によって有権者が両者の見解のいずれかを決定すること[28]」であり、我々が論述してきた均衡理論に対応する。シュミットによれば、一〇月の解散には、三月の解散と異なり、このような前提条件が存在しない。小党分立状態のライヒ議会に一定の立場は存在せず、「国民が総選挙によって賛成か反対かでもって決定することができるような見解の不一致[29]」が問題になっているのではない。それゆえ、解散命令は「同一の理由による解散は一度に限られる」という規定に抵触するものではなく、安定した議会多数派を形成するための総選挙は合憲とされる。ここではまさに政府と議会の双方が一定の見解を有するという均衡理論の前提条件が問題となっていたのであって、シュミットは議会における安定した多数派形成を国民に委ねようとしたのである。

解散権へのこうした理論的関心は、それを「今日の議会制の中心点（Angelpunkt）」と位置付ける『憲法理論』の記述に結実する。ライヒ大統領の有する解散権は「均衡および、国民へのデモクラシー的訴えの、必要にして正常な手段」（Vl:

354〔四三八〕）と見なされ、「一切の他の憲法律的規定を限定する正常な制度として中心に位置し、議会多数派に対抗しても、国民の意思をして決定せしめるという目的を持つ」（VL: 358〔四四二〕）。シュミットはこうした均衡理論の活用によって、論争的な事例であった「対抗的解散」の合憲性に関して一定の回答を与えようとした。[30] すなわち、政府に対してライヒ議会の明示的な不信任案が成立した後に、ライヒ大統領が解散権を行使できるのかという問題である。大統領の命令にはライヒ宰相または主務ライヒ大臣の副署が必要である以上（ヴァイマール憲法五〇条）、こうした場合、大統領が新内閣を任命しその副署を得るという形式で解散が行われないならば、副署の効力は存在せず、解散は不可能となるはずである。これに対してシュミットは、対抗的解散の合憲性を最初から全否定するドイツ国法学の「形式主義的傾向」を非難しつつ、不信任決議をなす多数の「動機」という要素を持ち出す。彼らの「政治的動機が明白な矛盾に満ちている」場合には、解散権の合憲性が肯定され得るとされるのである（VL: 357-358〔四四一―二〕）。シュミットは、国民に訴える可能性はデモクラシーに基づいているとして解散を肯定する。解散は、「議会において多数を失った政府に対し、総選挙によって有権者の決定をもたらし、偶然的で移り変わる会派の離合集散を伴った単なる議会の多数に対抗して、投票権を有する有権者の多数をして決定せしめる可能性を与えるという目的を持つ」（VL: 358-359〔四四三〕）。政府がそうした小政党の離合集散に左右されないためには、解散は肯定されなければならない。シュミットは均衡理論を用いて不安定な政治に対処しようとしたのである。

3　小括

本章で検討したシュミットの均衡理論の特徴は、リベラリズムに基づいた「議会主義」に「国民への訴え」というデモクラシー的要素を加えることで、政府の権力を強化し、議会制を円滑に機能させようと試みることにあった。とはいえ、均衡理論の中心にライヒ大統領の解散権を位置付ける議論は、ライヒ大統領を「政治的指導者」として構成しようとする作業の一環を成している。シュミットにとって、均衡理論における「高次の第三者」によって直接選出されるライヒ大統領はまさしく「政治的指導者」にふさわしい存在であった。[31] 確かに、均衡理論に欠かせない要素として、ライヒ議会の側からの「国民への訴え」による大統領のコントロール（ヴァイマール憲法四三条二項）が指摘されているが（VL: 268-269〔三三四〕）、大統領の解散権に比べれば記述の量ははるかに少ない。シュミットの試みが、デモクラシーの要素を含んだ形でもリベラリズムに基づく議会制論が主張できることを示すことにあったとはいえ、それが大統領の権限に大幅に依存した議論となっていることは否定できないように思われる。

だがそれ以上に問題だったのは、均衡理論における国民の役割である。シュミットの均衡理論は、「高次の第三者」としての国民が明確な決定を下さない場合には、容易にその限界を露呈せざるを得ない。決定審級として国民を持ち出したところで、国民が決定しない場合には均衡は機能しないのである。シュミットが同時代の政治状況に見たものは、まさしくそうした国民の不決定に他ならなかった。すでに論じた一九二四年一〇月のライヒ議会解散を例に挙げよう。一二月の総選挙において政党の分立状況は変化せず、安定した議会多数派に基づく内閣への希望は打ち砕かれた[32]。組閣に伴う連立交渉は難航し、結局第一次ハンス・ルター内閣が成立したのは、翌二五年一月半ばのことであった。シュミットは慨嘆する。この選挙は「これまでとられてきた政策に基づいて、従来の政府を維持するのか、または新たな政府を形成するのかどうかという点について、何らの明確な決定も示さなかった[33]」。シュミットはこの新たな状況に対する再度の議会解散を肯定するが、国民の投票行動ばかりはどうにもならない。民の沈黙は神の沈黙となる。

それに加え、均衡理論においては、リベラリズムを軸にデモクラシーの要素を組み込むという形式で議論がなされることによって、デモクラシーそのものの貫徹は妨げられている。すなわち、国民が「高次の第三者」としての役割を超えて直接的に政治に携わってくる場合には、均衡理論それ自体が脅かされることになる。国民請願や国民投票といった直接デモクラシーに基づく諸制度を組み入れたヴァイマール憲法において、そうした可能性は当然問題となった。それゆえ次章では、直接デモクラシーの視点から検討を加えることにより、デモクラシーと均衡理論の緊張関係に対するシュミットの理論的対処について論じたい。

三　直接デモクラシーと均衡

シュミットがデモクラシーを定義する上で中心に据えたのは、「同一性（Identität）」の観念であった。治者と被治者の「同一性」、国家権威の主体と客体の「同一性」、国民と議会における国民代表の「同一性」などという形で様々に変奏されるこの観念こそが、デモクラシーの根底にある発想である。もちろん、現実において完全な同一性が実現され得ないということは初めから前提とされている。むしろデモクラシーとは可能な限り「同一性」に到達しようとする運動なのであり、国民投票といった「直接デモクラシーの傾向および制度」において、この方向性が明白に現れる（GLP1: 14-15, GLP2: 35-36〔六二―三〕）。

『議会主義』以降のシュミットのデモクラシー論は、こうした運動に対する応答として理解され得る。そこで問われたのはデモクラシーにおける「国民」のあり方であった。それを精確に把握するべく最終的に『憲法理論』で用いられた定式においては、「国民」は「形式化されざる存在、非憲法律上の存在としての国民」――「憲法制定権力の主体としての国民」、「公論・喝采の担い手としての国民」、「国民請願における国民」――と「憲法律上形式化され、組織された存在としての国民」に区分される（VL: 251〔三一〇〕）。シュミットの議論の特徴は、憲法解釈において中心となる第二の「国民」を第一の「国民」によって相対化しつつも、第一の「国民」もまたその本性に由来する限界を有することを指摘する点に求められるだろう。これにより直接デモクラシーにおける「国民」の権能はかなりの程度限定されたものとして捉えられることになる。結論を先取りするならば、シュミットにおいて、「根本的な政治的決定」に関わる場合においてのみ姿を現わす（VL: 77〔九七〕）憲法制定権力の主体としての「国民」を度外視するならば、憲法秩序における「国民」は全能の存在ではない。それは政治における究極的な審級ではあっても、自ら発案に携わる主人公とは言えない。国民はあらゆる問題に対して決定を下すことができるが、問題を定式化するのはあくまでも為政者の側である。以下では、こうした議論がデモクラシーを均衡理論の範囲内に収めようとする試みと見なし得ることを論証したい。

1 デモクラシー概念

シュミットのデモクラシー概念の特徴を明らかにするためには、リヒャルト・トーマ[34]との間に生じたデモクラシー概念をめぐる論争の検討が有益である。そのために、まずはトーマのデモクラシー論を一瞥しておこう。『マックス・ヴェーバー追悼論文集』に発表されたトーマの論文「国家概念との関係における現代デモクラシーの概念」は、混乱したデモクラシー概念を一義的な形で確定しようという試みであった。出発点は「リベラルなデモクラシー（liberaler Demokratismus）」と「ラディカルなデモクラシー（radikaler Demokratismus）」という二つの原理の区別である。後者はいわば「平等的」なデモクラシーであって、「完全に無拘束の国民決議」や「輪番や籤による官吏の人事」につながる[35]。これに対して前者は「反平等的」なデモクラシーである。それが「国家的社会的生活の基盤として法の下の平等を要求する」のは、それによって「性格や能力における人間の自然的な不平等が、生まれながらの特権や富によって妨げられることなく、完全な形で効果を発揮することになる」ためである[36]。トーマの言う「リベラル」とは、自由競争によって真に能力を有するエリートが支配者の地位に就くことに他ならない。トーマの理論的努力は、主として、ラディカルなデモクラシーのみを真のデモクラシーと見なすことで議会制デモクラシーなど「見せかけだけのデモクラシー」に過ぎないと攻撃する急進的な立場を論駁することに向けられる。トーマによれば、普通・平等選挙権が全体の基盤となっている限り、リベラルなデモクラシーもまた真のデモクラシーと認めなければならないのである[37]。そもそも直接デモクラシーは「とうの昔に実践不可能になった」以上、問題となるのは「リベラルな型」にある程度の「ラディカルな型」の要素を加えるかどうかに過ぎない。憲法技術上の区分としては、「リベラルな型」のみから成り立つ「代表制デモクラシー」と、国民請願や国民投票といった「ラディカルな型」を加味した「混合的デモクラシー」の二種類のみが残される[38]。

こうしたトーマの議論に対して、シュミットは早くも一九二四年[39]に書評を執筆し、批判を加えた。その要点は、トーマが普通・平等選挙権をデモクラシーのメルクマールとすることで、「選挙権（Wahlrecht）」と「決定権（Entscheidungsrecht）」の区別が看過されているというものである。トーマは「選挙権すなわち一時的に指導する人物を決定する権利と、決定権すなわち例えば「然り」または「否」によって自ら実質的決定（sachliche Entscheidung）を下す権利を区別することさえしない」[40]。しかし、選挙権は代表者（Repräsentanten）の指名にとどまるものであり、国民が具体的な問題に対して実質的に決定を下すこととは全く異なるものである[41]。シュミットにとって、デモクラシーの本質はこの「決定権」にあった。言語慣習を引き合いに出して普通・平等選挙権をデモクラシーのメルクマールとするトーマに対し、シュミットは「一般的な言語慣習については、「平等的」な傾向のみをデモクラシー的と呼ぶよう進んでいくに違いない」[42]と切り返す。その上でシュミットは、デモクラシーの定義においては「同一性」の観念が不可欠であるという『議会主義』の主張を繰り返しつつ、普通・平等選挙権はデモクラシーのメルクマールとして十分ではなく、単に「同一性」を実現するための手段に過ぎないとして、トーマの定義を相対化する。「代表制デモクラシー」と「直接デモクラシー」の区別もまた、「同一性」観念の違いから説明されるべきものである。[43]とはいえ「同一性」観念を貫徹するならば、概念上、直接デモクラシーこそが真のデモクラシーにならざるを得ない。「同一性」と「代表」を鋭く対立させる『憲法理論』においては、「代表的なものはまさに、この「デモクラシー」における非デモクラシー的なものを意味する」として、代表制デモクラシーをデモクラシーの一亜種として扱うトーマの概念構成は「きわめて不正確」と批判されることになる（VL: 218〔二七二〕）。

こうした直接デモクラシーへの志向性は、必ずしもシュミット自身の政治的立場に基づくものではない。それはむしろ、大衆デモクラシーの進展という同時代の政治状況に、シュミットが危機意識をもって向き合った結果であろう。より「平等的」なデモクラシーの進展が国民の実質的決定の範囲をますます拡大させ、古き良きリベラリズムに基づいた「財産と教養」を有するエリートの支配を打ち破っていく事態は不可避であった。ヴァイマール憲法に組み入れられた直接デモクラシーの制度はそうした傾向を助長し、場合によっては国家を不安定化させる要因となろう。それゆえ、大衆デモクラシーに対する理論的な対処が必要となる。

『議会主義』（第二版）の序文に組み込まれることになった一九二六年の論文「議会主義と現代大衆デモクラシーの対立」は、こうした姿勢を鮮明に打ち出している。大衆デモクラシーは議会主義を危機に導くだけではない。「大衆デモクラシーはまずもって、デモクラシーそのものを危機に導く」[44]。その理由は、リベラリズムに由来する「秘密個人投票」の観念が大衆デモクラシーに紛れ込んでいることに求められる。それゆえシュミットはデモクラシーの公的性格を強調し、「同一性」観念から形式的に定義されていたデモクラシーに質的な区別を導入することによって、危機に対処しようとする。秘密個人投票は、「個々の各市民が最も深い秘密と完全な孤立の中で、それゆえ私的なものおよび無責任なものの領域から出ることなしに」[45]行われるものとして、そのデモクラシー性を相対化される。「一億人の私人の一致した意見は、国民意思でもなければ公論でもない。国民意思は、歓呼（Zuruf）すなわち喝采（acclamatio）によって（……）一層デモクラシー的に表明される」[46]。

かくしてデモクラシーの公的性格を表現すべく、「喝采」の概念が導入された。この言葉は、『議会主義』（第二版）の本文にも付加され（GLP2: 36〔六二〕）、次節で論じるように一九二七年の『国民投票と国民請願』の中で直接デモクラシーの憲法解釈に活用されたのち、『憲法理論』で詳細な体系化が試みられることになった。ここでは『憲法理論』の記述を参照しておこう。喝采は「国民の直接的意思表示の自然な形式」（VL: 83-84〔一〇五〕）であり、国民は「単純な叫びによって自己の同意または拒絶を表現し、万歳やくたばれと叫び、一人の指導者やある提案に歓呼し、国王やその他の誰かの万歳を唱え、または、沈黙や不満の声によって喝采を拒絶することができる」（VL: 243-244〔三〇〇〕, Vgl. VV: 34）。現代において喝采は「公論（öffentliche Meinung）」という形で現れる。[47]「現代的な種類の喝采」である公論は、決して組織されたものではない。公論は「決して法律的に承認され、公式のものとなり得るわけではなく、いつまでもある意味で無統制である」（VL: 247〔三〇四〕）。しかしながらデモクラシー国家において公論の重要性は無視することができない。まれにではあれ、真正の喝采が生じることもあり得る。シュミットは、一九二〇年に生じた戦争犯罪人の引渡しに反対するドイツ国民の抗議に「真正の喝采としての性格を持つ一致した国民意思の表明」を見出した（VL: 250〔三〇九〕）。しかし逆に、偽の喝采が国家を危険に曝すこともあり得る。「目に見えぬ無責任な社会的勢力が、公論並びに国民の意思を引き摺っていく危険が常に存在する」（VL: 247〔三〇四〕）。シュミットはデモクラシー的同質性が存在する限りその危険は大きくないとするが、そうした同質性が階級対立の激化するヴァイマール共和国において危機に瀕していることもまた明らかであった。[48]

ここで問題となるのは、喝采によって表明される国民意思と投票によって表明される国民意思の関係である。シュミットは一方では両者を連続的に捉える。「法律上の制度や手続は、公論を完全に組織化し把握することはできないにせよ、公論を表現し妥当させ、公式の内容を超えて徴候的価値（*Symptomwert*）を生み出すのに役立つ」（VL: 250〔三〇九〕）。この場合投票結果は、不十分ではあれ喝采を具現するものとなる[49]。他方、すでに述べたように喝采の公的性格と投票の私的性格を対立させて捉えるならば、投票結果を真正の喝采ではないものとして相対化することも可能である。それゆえ喝采概念は、投票によって表明される国民意思を正当化するためにも相対化するためにも使用可能となる。次節で述べるように、シュミット自身の具体的な憲法解釈においては、後者の性格が前面に出てくることになろう。いずれにせよ、喝采論を検討する上で、喝采のこうした両義的な性格に留意する必要がある。以上がシュミットのデモクラシー論の基本的な諸前提である。これを踏まえた上で、『国民投票と国民請願』で展開された、直接デモクラシーに関するシュミットの憲法解釈を見ていこう。

2　国民立法手続

一九二六年一二月にベルリンで行われた講演を基にして翌年公刊された『国民投票と国民請願[50]』は、デモクラシーの原理的な問題を扱う試みである。この作品は、いわゆる増額評価問題に伴って生じた国民請願に関してシュミット独自の憲法解釈を示しつつ、「目下のところドイツにおいてはほとんどおろそかにされ」、「これまで社会学的に扱われているに過ぎない」デモクラシーの原理的問題を、一般国家学すなわち政治理論の観点から取り上げることを目的とする（VV: Vorbemerkung）。

すでに述べたように、ヴァイマール憲法は、代表制デモクラシーをその中心に据えつつも、直接デモクラシーの制度を組み入れていた。その中でとりわけ政治問題となったのが「国民請願に基づく国民投票」の規定である。ヴァイマール憲法七三条三項は有権者の一〇分の一が完成された法案の提出を請願する場合、国民投票に付すことを規定する。この規定は、通常の立法機関であるライヒ議会が実質的に関与しない形式での立法を可能にするものであった。シュミットは、国民請願と国民投票の結合に基づいたこの立法手続を「国民立法手続（Volksgesetzgebungsverfahren）[51]」と名付け、通常の立法手続と並ぶ特別の立法手続として理論的考察の対象とする（VV: 10-11）。

一九二六年は、この国民立法手続が政治問題となった年であった[52]。前年から試みられていた「旧王侯財産収用」に関する国民請願の申請がライヒ政府によって許可され、請願が成功し法案が提出された。提出された法案が議会によって否決されたため、国民投票が行われた。圧倒的多数が賛成票を投じたものの、投票者数が有権者の過半数に達しなかったため国民投票は不成立に終わった。(53) これに加えて、政府の財政政策に反対する国民立法手続も試みられた。敗戦後の大インフレーションによって損害を被った債権者が政府に対し抵当権等の再評価(増額評価)を要求するいわゆる「増額評価問題」に関連して、ライヒ政府の増額評価法を不満とする債権者たちが「貯蓄者同盟(Sparerbund)」を中心に独自の法案を完成させ、国民請願の許可を申請したのである。これに対してライヒ政府は国民請願の申請を却下した。その際に引き合いに出されたのは、予算案(Haushaltsplan)・租税法(Abgabengesetze)・俸給関係命令(Besoldungsordnungen)に関する国民投票の発案をライヒ大統領に留保するヴァイマール憲法七三条四項の規定である。提出される法案が予算案に直接的かつ重要な影響を及ぼすということが不許可の理由とされた。

シュミットが回答を求められたのは、以上のライヒ政府の憲法解釈の合憲性を判断することである。基本的な論点は次の二点である。第一に、七三条四項の規定は国民投票だけでなく国民請願にも当てはまるのか。第二に、「予算案に直接的かつ重要な影響を及ぼす法律」は七三条四項の「予算案」に含まれるのか。シュミットは両者を肯定する。第一に、国民立法手続における国民請願と国民投票の一体性から、七三条四項の三項目の国民投票からの除外は、国民請願にも該当するものと解釈される(VV: 12-13)。第二に、七三条四項の言う「予算案」の中には、「予算案そのもの」にとどまらず、それに直接的な影響を及ぼす法律も含まれる。そうした法律を除外しなければ、「予算案」そのものを除外したところでほとんど無意味だからである(VV: 25-26)。シュミットはハインリヒ・トリーペルの憲法解釈を批判しつつ、「主として金銭的性格のために予算案と関係する全ての法律は(……)予算案に関する法律なのである」(VV: 22)として、そうした法律が国民請願から除外されることを論証する。その際シュミットは、財政に関する法律に対して特別に「金銭法律(Geldgesetz)」という名称を与え、ヨーロッパ憲法史を引き合いに出しつつ、金銭法律の発案権の恣意的な拡大から国家財政を保護する必要性を訴えた(54)(VV: 26-29)。

かくして、シュミットはライヒ政府の憲法解釈を正当化することとなった。とはいえ、こうした憲法解釈とデモクラシーの関係の解明が残されている。国民の発案権の拡大がデモクラシーに適っているとすれば、シュミットの議論はデモクラシー的正統性と緊張関係に立たざるを得ない。そこでシュミットは「デモクラシーの本性的限界」という視点を導入することで、憲法解釈の次元のみならず、政治理論的な次元からも自説を正当化しようと試みる。

3 直接デモクラシーの限界

国民立法手続の制限はデモクラシーに逆行するものではないのか。シュミットはこうした見解に異議を唱える。「国民」にあらゆる可能性を委ねようとするだけで「デモクラシー」に適っていると考えるのは、「表面的見解」に過ぎない（VV: 31）。シュミットは、『幻の公衆』のウォルター・リップマンを引いて、「デモクラシーの運命はその限界を正しく認識することにかかっている」と警告する（VV: 32）。

シュミットは「喝采」概念を用いてデモクラシーの限界を論じる。「デモクラシーの原現象」たる喝采の主役は、集合した群衆である（VV: 34）。喝采は「公開性」をその基本的性格として有する。それでは国民立法手続の場合はどうか。事態は正反対である。「手続に即して規律された公的審議が先に行われることのない秘密個人投票は、まさしく集合した国民の特殊な可能性を無化してしまう」（VV: 33-34）。それゆえ、秘密個人投票に基づく国民立法手続は、一見そう思われるほどにはデモクラシーに適ったものではない。見方によってはこうした直接デモクラシーほど「間接的」なものはなく、「こうした確定方法によって、個々の有権者は孤立した無答責の私人となり、生ける直接性において与えられた全体的存在としての国民は加算手続となる」（VV: 35）。国民立法手続の欠陥はそれにとどまらない。それは国民投票に先立って、為政者が本来為すべき「問題の定式化」を私的な発案者に委ねてしまう。国民のごく一部が自らの利害に基づいて作成した法案が国民投票に委ねられる。そこに公的性格など何もない。そこにあるのは、「公的な審議や討論」ではなく、「私的なものによって営まれ支配されたプロパガンダおよびアジテーション」に過ぎない（VV: 38）。かくして、私的な発案と私的な投票の結合によって、国民立法手続はデモクラシーとしての性質を喪失する。

この議論においては、国民投票と国民発案の原理的な区別が重要な役割を果たしている。国民立法手続と区別される国民投票（本来の意味でのレファレンダム）は、憲法秩序内部における諸審級（ライヒ議会・ライヒ大統領・ライヒ政府・ライヒ参議院）間の見解の不一致を解消するための国民による決定であり、均衡理論の一部とされ得る。デモクラシーにおいて、国民はそうした意味での究極的審級である。そこでは、「為政者によって問題を提示された国民は、常に決定する能力を持たなければならない」。デモクラシーは「あらゆる政治的決定を為し得る国民」を前提とする（VV: 41）。しかし国民発案の場合、事情は全く異なる。

ここでは、実践的にも理論的にも、発案者があらゆる種類の参与を為すことができるなどとは言えない。国民に提起されるべき問題の定式化に関する、個人投票のために予測のつかない権力を私的な発案者に無条件に委ねるなどということは、およそデモクラシー的ではなかろう。（VV: 41-42）

本来の国民投票の場合、問題を定式化するのは常に為政者の側であるという点で、国民は受動的な存在に過ぎない。国民投票が秘密個人投票による加算手続という形態をとるとはいえ、為政者の側で十分な審議が尽くされている場合には、決定の公的性質は保たれる。しかし、国民立法手続においては、私的な発案が私的な方法で処理される。それは直接デモクラシーを装った私的なものの支配に過ぎない。それは国民の同質性を破壊し、国家を危険に曝す。

こうした国民立法手続がもたらす危険性について、シュミットはヴァイマール憲法の父フーゴー・プロイスの権威に訴えた。プロイス自身が国民立法手続に対して示した警戒心に注意を喚起しつつ、以下のように結論付けられる。

国民投票が、その名が意味する通り、通常の国家機関によって提示された見解の不一致に関する決定であるならば、実際に議会制を廃棄することはない。これに対して国民立法手続の導入、すなわち通常の議会立法と並ぶ特別立法手続を作動させることを目的とする国民発案の導入は、もちろんかような危機的作用を有する。（VV: 51）

シュミットはプロイスから国民発案に対する否定的な姿勢を受け継いだ。国民発案の領域は闇雲に拡大されてはならない。「たとえ一般に、デモクラシー的推量が国民の権限を可能な限り拡大するために存在するにしても、それは国民発案に関わるものではない」（VV: 39）。

国民発案の拡大がどこまで許されるのかという問題に対して、シュミットは体系的な回答を用意してはいない。少なくとも財政問題については否定される。さらに、「財政問題の除外は、体系的に考察するならば、国家の統治および行政は国民発案に適した領域ではないという正当な考慮に基づいている」（VV: 44-45）という記述からも、重要な政治的領域に関して、国民発案を認めない姿勢が貫かれているように思われる。シュミットはこのように直接デモクラシーの力を理論的に制御しようと試みた。以上の理論構成においては、興味深いことに、リベラリズム的要素を排除したデモクラシー論が均衡理論の維持に寄与する結果となっているのである。

4 小括

前章の議論がリベラリズムの体系の中にデモクラシーの要素を持ち込むのに対して、本章の議論はデモクラシーを限定的に捉えることで、結果として均衡理論の範囲内に収めようとする。二つの議論は対照的な方向性を有している。しかしながら、シュミットはデモクラシーの力がリベラリズムを打ち破っていく事態を歴史的に不可逆の過程と見なす以上、後者の議論が困難であることは自明の理である。それゆえ、『国民投票と国民請願』は、リベラリズムに基づいてデモクラシーを制限するという方向性をとり得なかった。デモクラシーの制限の議論は、デモクラシーの「本性的」限界から考察されなければならなかったのである。

こうした困難は、『国民投票と国民請願』末尾の記述からもはっきりと読み取れる。シュミットは財政分野における国民発案を否定しながらも、財政問題にデモクラシーが浸透してくる事態に直面する。現代産業国家の大衆デモクラシーにおいては、かつてのリベラリズムが前提としていた国民代表と納税者の緊密な連関はもはや維持され得ない。多数決に負けた少数派も租税と社会的負担を命じられる。それゆえ、財政問題こそが階級対立を激化させ、国民の同質性を危険に曝すことになる。それはデモクラシーがもたらした「暴力的な変化」なのである（VV: 51-54）。かくしてシュミットは、財政問題の中に「リベラリズムとデモクラシーの重大な分裂が最も強い形で明らかになる」（VV: 51）領域を見出した。「財政とは奴隷の言葉である」[55]というルソーの『社会契約論』の一節を引用した上で、以下のように述べられる。

ルソーに従えば、デモクラシー国家の内部には、単純でまさしく質素な境遇のみが許されているのであって、いかなる富も、貧者と富者の対立も存在してはならない――これは、いかにもルソーらしい牧歌的原始性への逃避であるが、それにもかかわらず、デモクラシーを経済的なもの、財政的なものから脅かす危険についての政治的直感を示している。（VV: 52）

現代デモクラシーを危機に陥れる財政問題から逃れられないことは、シュミットにとってアポリアのまま残された。この事実を突きつけた上で『国民投票と国民請願』は閉じられる。

四　おわりに

本稿が示したように、シュミットの均衡理論は、リベラリズムとデモクラシーを概念上分離しつつも、両者をぎりぎりの所で結合させようとする試みであった。このことはリベラリズムに対するシュミットの批判的姿勢と矛盾するものではない。確かに、『憲法理論』に先立つ「政治的なものの概念」（初版）の時点で、リベラリズムが政治的理念に寄与する可能性は否定され、リベラリズムが生み出した均衡理論もまた国家理論としての資格を剥奪されている[56]。とはいえこうした主張は、法治国的原理としての均衡観念の理論化を妨げるものではない。均衡理論をデモクラシーに接合する『憲法理論』の作業は、デモクラシーがリベラリズムの原理を駆逐していくという『議会主義』で提示された時代診断に対するシュミット自身の応答として解釈し得る。

この点に関して、フェルディナンド・テンニースの手になる『議会主義』（第二版）の書評論文は示唆的である。テンニースはシュミットの時代診断を受け入れ、リベラリズムとデモクラシーの区別を高く評価する。[57] だがテンニースはそれにとどまらず、デモクラシーの原理をさらに強化するための国制改革を提唱する。そこでは、議会主義的な憲法は「正しい原理」ではない。デモクラシーの原理を活性化させるための「唯一の方策」として、ライヒ大統領に加えてライヒ政府をも国民の直接選挙によって選出するという政策論が展開される。[58] ドイツにデモクラシーの精神が根付く可能性に対する懐疑の念を抱きつつも、「古代および近代の都市国家を際立たせた公共精神の良き部分を、今日の大衆国家へと移し変える」必要性が説かれたのである。[59] それゆえテンニースは、シュミットが現代議会主義なきデモクラシーの具体的構想を提示しないことに対して不満を表明する。

しかし国法学者シュミットにとっての問題は、あくまでもヴァイマール憲法の枠内で安定した国家を実現することであって、議会主義なきデモクラシーそれ自体の実現ではない。[60] 確かに当初からシュミットは、現実の議会に対する不信を抱き、議会が「プロレタリアートすなわち財産と教養を持たない大衆」を政治的単一体へと統合する装置として機能していないことをはっきりと認めていた。[61] イタリア・ファシズムへの理論的関心もここから生じてくる。だがそれにもかかわらず彼は、ヴァイマール末期に議会制が完全に機能不全に陥るまでは、均衡理論を手放そうとはしなかった。一九三〇年の『フーゴー・プロイス』においてもなおシュミットは、ヴァイマール憲法は「議会主義デモクラシーとプレビシット的デモクラシーとの均衡（Ausbalancierung）を図ることによって最良の統合方式を導入していた」と主張し、ヴァイマール憲法ではなくビスマルク憲法に統合的憲法の模範を見出すスメントに反論している。[62] ヴァイマール共和国は本来、均衡理論に基づいて統合されるはずであった。

本稿が明らかにした通り均衡理論は当初から様々な困難に直面していたが、議会がいまだ機能していた相対的安定期にあっては、なお現実味を有する構想であった。しかし世界恐慌以降、ヴァイマール末期の政治的混乱において、こうした均衡理論の前提を維持することはもはや不可能であった。政府・議会・大統領・国民という四者の協働を必要とする均衡理論から議会が失われてしまえば、国民に支持された大統領に基づく政府しか残されない。そこに至って議会制を欠落させた均衡理論は、大統領独裁論へと姿を変えていかざるを得ない。結局シュミットの均衡理論はヴァイマール憲法とその運命を共にすることになる。

シュミットは、君主制の崩壊と共に成立したヴァイマール共和国にあって、デモクラシーが正統性の唯一の源泉であることを正面から受け入れた。しかしながら政治をデモクラシーの原理のみに委ねようとはしなかった。デモクラシーを「国民による実質的な決定」というラディカルな意味で捉えたからこそ、そのような「純粋な」デモクラシーのもたらす危険性に批判的であり得た。同時代の政治状況に対抗する形で提示された均衡理論は、そうしたシュミットの問題意識が生み出した一つの成果であった。それは、リベラル・デモクラシーに不信の念を隠さない論者による、一つのリベラル・デモクラシー論であった。

※カール・シュミットの次の著作に関しては、以下の略号を用いて本文中に参照箇所を示す。

・D: *Diktatur: Von den Anfängen des modernen Souveränitätsgedankens bis zum proletarischen Klassenkampf*. 7. Aufl., Berlin 2007〔田中浩・原田武雄訳『独裁――近代主権論の起源からプロレタリア階級闘争まで』、未來社、一九九一年。〕.
・GLP1: *Die geistesgeschichtliche Lage des heutigen Parlamentarismus*, München und Leipzig 1923.
・GLP2: *Die geistesgeschichtliche Lage des heutigen Parlamentarismus*, 9. Aufl., Berlin 2010〔樋口陽一訳「現代議会主義の精神史的状況」、長尾龍一編『カール・シュミット著作集I』、慈学社、二〇〇七年。〕.
・VV: *Volksentscheid und Volksbegehren: Ein Beitrag zur Auslegung der Weimarer Verfassung und zur Lehre von der unmittelbaren Demokratie*, Berlin und Leipzig 1927.
・VL: *Verfassungslehre*, 10. Aufl., Berlin 2010〔尾吹善人訳『憲法理論』、創文社、一九七二年。〕.

（1）参照、木庭顕『デモクラシーの古典的基礎』、東京大学出版会、二〇〇三年、五四頁。
（2）参照、シャンタル・ムフ、酒井隆史監訳『政治的なものについて――闘技的民主主義と多元主義的グローバル秩序の構築』、明石書店、二〇〇八年、二五頁以下。
（3）参照、阪本昌成『憲法１　国制クラシック〔全訂第三版〕』、有信堂高文社、二〇一一年、二四―五頁。
（4）参照、毛利透『民主政の規範理論――憲法パトリオティズムは可能か』、勁草書房、二〇〇二年、二八七頁以下。
（5）『議会主義』第二版の刊行に際してシュミットは、自身が高く評価するロベルト・ミヒェルスの『現代デモクラシーにおける政党社会学』に対し、リベラリズムとデモクラシーの区別が曖昧であるという批判的コメントを書き加えている（GLP2: 30〔五六〕）。
（6）こうした方向性を示す典型的な記述として、「近年における憲法の発展にとって重要な課題は、リベラリズム的要素によるデモクラシーの隠蔽から、デモクラシーを救い出すことにある」という一文が挙げられる。Vgl. Carl Schmitt, »Der bürgerliche Rechtsstaat«, in: Günter Maschke (Hrsg.), *Staat, Großraum, Nomos: Arbeiten aus den Jahren 1916-1969*, Berlin 1995, S. 47〔竹島博之訳「市民的法治国家」、古賀敬太・佐野誠編『カール・シュミット時事論文集』、風行社、二〇〇〇年、一五三頁。〕.
（7）Reinhard Mehring, 'Liberalism as a "Metaphysical System": The Methodological Structure of Carl Schmitt's Critique of Political Rationalism,' *Canadian Journal of Law and Jurisprudence*, Vol. 10 (1997), p. 111.
（8）参照、和仁陽『教会・公法学・国家――初期カール＝シュミットの公法学』、東京大学出版会、一九九〇年、二三五頁。権左武志「ワイマール期カール・シュミットの政治思想――近代理解の変遷を中心として」、『北大法学論集』五四巻六号、二〇〇四年、二二頁。
（9）高橋信行『統合と国家――国家嚮導行為の諸相』、有斐閣、二〇一二年、一四九頁は「Schmitt は、これらの機関間の関係を、統合という積極的概念ではなく、均衡という消極的な概念で捉えており、その意味で、彼の思考は市民的・法治国的思想を超えるものではなかったと言わざるを得ない」と結論付ける。本稿はこうした正当な見解に異を唱えるものではなく、均衡観念をシュミット思想の中心に位置付けることを提唱するにとどまる。
（10）Renato Cristi, *Carl Schmitt and Authoritarian Liberalism: Strong State, Free Economy*, Cardiff: University of Wales Press, 1998, p. 17 は、デモクラシーを警戒する「権威的リベラリスト」としてシュミットを描き、『議会主義』以降シュミットはデモクラシーを中和するべくリベラリズムの原理を積極的に受け入れたとする。但し、直接デモクラシーの問題が十分に展開されず、具体的な憲法解釈への言及もほとんど見られない。
（11）もちろん、こうした議会主義の理解それ自体に対して、思想史的な観点から疑問を呈することは可能である。Cf. Bernard Manin, *The principles of representative government*, Cambridge: Cambridge University Press 2002, pp. 183-184.
（12）Vgl. Wilhelm Hasbach, »Gewaltentrennung, Gewaltenteilung und gemischte Staatsform«, in: *Vierteljahrschrift für Sozial- und*

Wirtschaftsgeschichte, Bd. 13 (1916), S. 563-566.

(13) 以上のような単線的な思想史解釈は、現代のモンテスキュー研究においてはかなりの程度相対化されている。参照、川出良枝『貴族の徳、商業の精神――モンテスキューと専制批判の系譜』、東京大学出版会、一九九六年、二〇九頁。

(14) Hasbach, »Gewaltentrennung, Gewaltenteilung und gemischte Staatsform«, S. 582.

(15) Hasbach, »Gewaltentrennung, Gewaltenteilung und gemischte Staatsform«, S. 567.

(16) Hermann Rehm, *Allgemeine Staatslehre*, Freiburg i. Br. 1899, S. 233. レームに関する研究として、参照、藤川直樹「ドイツ立憲君主政における王統と国家――ヘルマン・レームの公法学」、『国家学会雑誌』一二六巻三・四号、二〇一三年、二九七―三五八頁。

(17) Georg Jellinek, »Eine neue Theorie über die Lehre Montesquieu's von den Staatsgewalten«, *Zeitschrift für das privat- und öffentliche Recht der Gegenwart*, Bd. 30 (1902), S. 2. 論争の主題となったのは、『法の精神』第一一編第七章に見出される「三つの権力は、すでに述べた国制を手本として配分かつ fondus されているわけではない」という表現である（参照、モンテスキュー、野田良之他訳『法の精神』（上）、岩波文庫、一九八九年、三〇八頁。）。fondus を「融合されている（verschmolzen）」と解したレームに対し、イェリネックは、fondus は「形作られている（gebildet）」程度の意味しかないとして批判した。

(18) Jellinek, »Eine neue Theorie«, S. 3.

(19) Hermann Rehm, »Eine neue Theorie über die Lehre Montesquieu's von den Staatsgewalten. I. Eine Erwiderung von Prof. Hermann Rehm in Erlangen«, *Zeitschrift für das privat- und öffentliche Recht der Gegenwart*, Bd. 30 (1902), S. 417.

(20) Georg Jellinek, »Eine neue Theorie über die Lehre Montesquieu's von den Staatsgewalten. II. Entgegnung von Prof. Georg Jellinek in Heidelberg«, *Zeitschrift für das privat- und öffentliche Recht der Gegenwart*, Bd. 30 (1902), S. 419-420.

(21) これに関しては、国法学者エーリヒ・カウフマンの議論を参照しておくことが有益である。カウフマンは、一九二〇年に公刊した『調査委員会と国事裁判所』において、一九一九年八月にライヒ議会が戦争問題の究明のため設置した調査委員会に関して、通常裁判権を侵害するがゆえに違憲であると主張していた。そこでは、ピューリタン革命期に私権剥奪法（act of attainder）を用いてストラフォード伯やウィリアム・ロードに有罪判決を下した長期議会の経験を引き合いに出しつつ、ジョン・ロックを援用して「議会絶対主義」の復活に警鐘が鳴らされる。Vgl. Erich Kaufmann, *Untersuchungsausschuss und Staatsgerichtshof*, in: ders., *Autorität und Freiheit: von der konstitutionellen Monarchie bis zur Bonner parlamentarischen Demokratie*, Göttingen 1960, S. 318-325. 問題意識を共有するシュミットは『議会主義』の中で、カウフマンの著作は「ロックが有している今なお直接的な実践的アクチュアリティ」に関する「見事な例」であると称賛する（GLP1: 31, GLP2: 53〔八一〕）。「立法権による法律形式の濫用」を批判するカウフマンの議論は、「法律の一般性」を要求するシュミットの試みと軌を一にしているが、本稿ではこれ以上論じることはできない。

（22）Robert Redslob, *Die parlamentarische Regierung in ihrer wahren und in ihrer unechten Form. Eine vergleichende Studie über die Verfassungen von England, Belgien, Ungarn, Schweden und Frankreich*, Tübingen 1918, S. 1. レズロープの議院内閣制論につき、参照、石川健治「議会制の背後仮説——議会と政府の関係の諸相」『法学教室』二二五号、一九九九年、六七—七三頁。

（23）和仁『教会・公法学・国家』、二三五頁は、こうした均衡観念を「政治神学」の一例とする。

（24）シュミットはハスバッハの議論から多くを学んでいるにもかかわらず、『憲法理論』においては厳しい評価を下している。ハスバッハの『現代デモクラシー』は「国家理論的な体系性」を欠いているのみならず、「著者の攻撃的な反デモクラシー的傾向性のためにも損なわれている」のである（VL: 225〔二七七〕）。王朝的正統性からデモクラシー的正統性への転換を受け入れたシュミットにとって、ハスバッハの議論はそのままの形で全面的に採用できるものではなかった。

（25）有名な一節を引用しておこう。「議会制は、対立さえする様々な政治的諸要素の利用と混合に基づいている。それは、執行部すなわち政府を強化し、議会に対抗して均衡を保たせるために君主制的構成を利用し、代表制的団体という貴族制的思想、多くの国では二院制という貴族制的思想をも利用する。また議会制は、代表されず直接に投票する国民の決定権力というデモクラシー的観念をも利用する。それはとりわけ、議会と政府との抗争の際に、この抗争の決定を直接に投票する国民に委ねるためであり、これによって国民は、議会と政府に対して高次の第三者並びに均衡の担い手として現れる」（VL: 304-305〔三八一〕）。

（26）Vgl. Redslob, *Die parlamentarische Regierung*, S. 178ff.

（27）シュミットの記述に一定の誇張が含まれていることに関しては、参照、植松健一「ヴァイマル期の対議会信任原則（一）」『名古屋大学法政論集』一八九号、二〇〇一年、三〇七—八頁。

（28）Carl Schmitt, »Nochmalige Reichstagsauflösung«, in: ders., *Verfassungsrechtliche Aufsätze aus den Jahren 1924-1954*, Berlin 1958, S. 14〔渡辺暁彦訳「再度のライヒ議会解散」、古賀・佐野編『カール・シュミット時事論文集』、一五頁。〕.

（29）Schmitt, »Nochmalige Reichstagsauflösung«, S. 14〔一五頁。〕.

（30）シュミットの対抗的解散論と同時代の学説との関係については、参照、植松健一「ヴァイマル期の対議会信任原則（四・完）」、『名古屋大学法政論集』一九四号、二〇〇二年、三〇〇—一頁。

（31）シュミットはすでに『憲法理論』の段階で、「指導者」ではない「中立的権力（pouvoir neutre）」の担い手としてのライヒ大統領のあり方に言及しているが、そこではむしろ「非党派的で中立的な存在」が議会制的政党政治においていかに困難であるかが強調されており（VL: 351-352〔四三四―五〕）、中立的権力の概念はいまだシュミット自身の積極的構想に組み入れられていないように思われる。シュミットの中立的権力論の変遷に関しては、参照、竹島博之『カール・シュミットの政治――「近代」への反逆』、風行社、二〇〇二年、七一―八一頁。

（32）平島健司『ワイマール共和国の崩壊』、東京大学出版会、一九九一年、二七頁は、国家人民党を含むブルジョワ連合に固執する人民党と大連合を支持する民主党の姿勢が硬直化することで、「一二月の総選挙は政党間に何ら新たな勢力布置関係をもたらさなかったばかりか、組閣に伴う困難はかえって一層深刻なものとなった」とする。

（33）Carl Schmitt, »„Einmaligkeit“ und „gleicher Anlaß“ bei der Reichstagsauflösung nach Art. 25 der Reichsverfassung«, in: ders., *Verfassungsrechtliche Aufsätze aus den Jahren 1924-1954*, S. 25〔渡辺暁彦訳「ライヒ憲法二五条によるライヒ議会解散における「一回性」と「同一の理由」」、古賀・佐野編『カール・シュミット時事論文集』、二六頁。〕.

（34）シュミットとトーマの論争全般につき、参照、古賀敬太『ヴァイマール自由主義の悲劇――岐路に立つ国法学者たち』、風行社、一九九六年、三四六―七三頁。

（35）Richard Thoma, »Der Begriff der modernen Demokratie in seinem Verhältnis zum Staatsbegriff: Prolegomena zu einer Analyse des demokratischen Staates der Gegenwart«, in: Melchior Palyi（Hrsg.）, *Hauptprobleme der Soziologie: Erinnerungsgabe für Max Weber*, Bd. 2, München 1923, S. 39.

（36）Thoma, »Der Begriff der modernen Demokratie«, S. 40-41.

（37）Thoma, »Der Begriff der modernen Demokratie«, S. 41.

（38）Thoma, »Der Begriff der modernen Demokratie«, S. 46.

（39）Vgl. Reinhard Mehring, *Carl Schmitt: Aufstieg und Fall*, München 2009, S. 164.

（40）Carl Schmitt, »Der Begriff der modernen Demokratie in seinem Verhältnis zum Staatsbegriff«, in: ders., *Positionen und Begriffe im Kampf mit Weimar-Genf-Versailles 1923-1939*, 4. korrigierte Aufl. 2014, S. 25.

（41）Schmitt, »Der Begriff der modernen Demokratie«, S. 25.

（42）Schmitt, »Der Begriff der modernen Demokratie«, S. 25.

（43）Schmitt, »Der Begriff der modernen Demokratie«, S. 28.「代表制デモクラシーと直接デモクラシーの区別は、直接デモクラシーが実質的な同一性（*sachliche* Identität）を実現しようとするのに対し、代表の概念がなお人格的要素を保持していることに基づいている。それゆえ、二つのデモクラシーは、二つの種類の同一性観念に還元され得る」。

(44) Carl Schmitt, »Der Gegensatz von Parlamentarismus und moderner Massendemokratie«, in: ders., *Positionen und Begriffe im Kampf mit Weimar-Genf-Versailles 1923-1939*, S. 72〔樋口陽一訳「議会主義と現代の大衆民主主義との対立」、長尾龍一編『カール・シュミット著作集Ⅰ』、慈学社、二〇〇七年、一七二頁。〕.

(45) Schmitt, »Der Gegensatz von Parlamentarismus und moderner Massendemokratie«, S. 73〔一七三頁。〕.

(46) Schmitt, »Der Gegensatz von Parlamentarismus und moderner Massendemokratie«, S. 73-74〔一七三頁。〕.

(47) 喝采概念から公論という現象を把握することから生じる困難に関して、参照、林知更「政治過程の統合と自由（三）——政党への公的資金助成に関する憲法学的考察」、『国家学会雑誌』一一六巻五・六号、二〇〇三年、五〇四—九頁。

(48) 参照、毛利『民主政の規範理論』、一二〇頁。

(49) 参照、高橋『統合と国家』、一七一頁。

(50) この作品に言及する我が国の先駆的な研究として、参照、鵜飼信成「直接国民立法の一形態——ワイマール憲法に於けるレフェレンダムに就いて」、『京城法文学会第一部論集』、一九三一年、四九—一一六頁。

(51) この名称は学界の共有するところとなった。Vgl. Gerhard Anschütz, *Die Verfassung des Deutschen Reichs vom 11. August 1919*, 14. Aufl., Berlin 1960, S. 390.

(52) 以下の歴史的な記述に関しては、Otmar Jung, *Direkte Demokratie in der Weimarer Republik: die Fälle “Aufwertung”, “Fürstenenteignung”, “Panzerkreuzerverbot” und “Youngplan”*, Frankfurt a. M. 1989 が詳しい。邦語文献としては、参照、相澤直子「ドイツにおける直接民主制に関する一考察」、『九大法学』八六号、二〇〇三年、二一—三頁。

(53) この結果に対してシュミットは、「王侯に賛成もしくは反対する国民全体の偉大な喝采が生じる可能性も十分にありえたはず」であったのに、「家に居たままで決定しようとしない人たちがその結果を決定した」と皮肉っている。Schmitt, »Der bürgerliche Rechtsstaat«, S. 49〔一五五—六頁。〕.

(54) レオン・デュギーを引き合いに出しつつ、「有権者にとって都合が良い場合には支出の増額と収入の減額をいとも容易く提案しがちな代議士の影響から、公的財政は保護されなければならない」と論じられる（VV: 29）。

(55) 参照、ルソー、桑原武夫・前川貞次郎訳『社会契約論』、岩波文庫、一九五四年、一三二頁。

(56) Carl Schmitt, »Der Begriff des Politischen«, in: Günter Maschke (Hrsg.), *Frieden oder Pazifismus?: Arbeiten zum Völkerrecht und zur internationalen Politik 1924-1978*, Berlin 2005, S. 211, 214-215.

(57) Ferdinand Tönnies, »Demokratie und Parlamentarismus«, *Schmollers Jahrbuch für Gesetzgebung, Verwaltung und Volkswirtschaft im Deutschen Reich*, Bd. 51 (1927), S. 173. テンニースの記述は、デモクラシーの定義やリベラリズムの歴史的理解に対していくつかの異論を差し挟みつつも、基本的には肯定的な書評となっている。それゆえ『憲法理論』のシュミットは、「今日では、二つの原理の差異は承認されているようである」(VL: 201〔二五〇〕)として、『議会主義』と並んでテンニースの書評論文を参照指示することができた。

(58) Tönnies, »Demokratie und Parlamentarismus«, S. 198.

(59) Tönnies, »Demokratie und Parlamentarismus«, S. 208-210.

(60)『憲法理論』にはテンニースのライヒ政府公選論への言及も見られるが、シュミット自身の評価はなされていない。そこでは、直接選挙が「デモクラシー的な同一性の思想に役立つものなのか、代表の思想に役立つものなのかは、一つの問題である」と述べられた上で、テンニース自身はデモクラシーの原理を強化しようとしていると指摘されている(VL: 268〔三三三〕)。政治的単一体は「同一性」と「代表」の双方を不可欠とするシュミットの立場からすれば、政府の直接選挙が「最善の者」ではなく単なる利益団体の代理人の選出にとどまる場合(Vgl. VL: 219〔二七二〕)、デモクラシーの原理の強化が国家の破壊につながる危険性も想定されるだろう。

(61) Schmitt, »Der bürgerliche Rechtsstaat«, S. 47〔一五二頁〕.

(62) Carl Schmitt, *Hugo Preuß: Sein Staatsbegriff und seine Stellung in der deutschen Staatslehre*, Tübingen 1930, S. 28〔上原行雄訳「フーゴー・プロイス」、長尾編『カール・シュミット著作集Ⅰ』、二三八―九頁〕.

［政治思想学会研究奨励賞受賞論文］

バターフィールドとニーバーにおける自国・敵国批判
――政治的判断の比較研究のための一試論

宮下　豊

はじめに

本稿の目的は、ラインホルド・ニーバーとハーバート・バターフィールドの国際政治論を検討することにより、政治的判断の傾向に関して両者に顕著な相違が認められることを明らかにすることである。この二人を対象とする理由は、近年の宗教の復興や、一九六〇年代に科学化される以前の国際政治学に対する学説史的な関心の高まりを受けて、彼らのキリスト教リアリズムあるいは「アウグスティヌス的伝統」が再び脚光を集めているにもかかわらず、この相違およびその重要性が察知されているとは言えないためである(1)。

しかし、本稿は単にキリスト教リアリズムの研究としてではなく、むしろ古典的リアリズムにおける政治的判断に関する研究の一環としてなされる。このことについて簡潔に説明しておきたい。国際政治学においてホッブズ、グロティウス、カント等の過去の論者を、永続的な「伝統」や「パラダイム」の先駆者ないし継承者としてではなく、固有の歴史的文脈において直面した具体的な問題に対する知的対応の視点からその国際政治論を理解する必要性が、今日では広く認められている(2)。特にリアリズムとの関連では、歴史的文脈を重視する研究は単一のリアリズムの「伝統」・「パラダイム」の想定に疑問を投じているのみならず、これまで「リアリズムの倫理」の題目で抽象的に論じられてきたものと、古典的リアリストによる実際の政治的判断とが別物である可能性をも示唆している。[3] したがって、「リアリズムの倫理」を離れて、彼らの実際の政治的判断を主題とする研究を積み重ねる必要がある。また、そうした研究は、規範理論とは異なる視点から、国際政治上の諸問題に関する我々自身の判断にも寄与するであろう。しかし、古典的リアリストと呼ばれる論者であってもそれぞれ所属国や世代が異なるために、彼らの政治的判断の特質や傾向を一般化することは難しい。本稿は、論者が所属する国家（自国）を当事国とした国際対立に対して彼らがいかなる態度を示したかに着目することにより、古典的リアリストの政治的判断を研究するための一つの試論を提示したい。

以下ではまず、政治的判断それ自体を主題として考察する研究の必要性を論じた上で、自国を当事国とする国際対立に対してとり得る態度の五類型を提示するとともに、具体的にE・H・カー、H・J・モーゲンソー、G・F・ケナンにおいて敵国批判や自国擁護ではなく、自国批判の傾向が認められることを確認する。第二節では、第二次世界大戦期と冷戦初期のニーバーとバターフィールドに自国批判が認められること、また両者ともにそれを新約のファリサイ派批判＝自己義認（self-righteousness）批判で基礎付けていたことを明らかにする。第三節は、一九五三年にソ連との緊張緩和を要請したバターフィールドをニーバーが批判した事実に触れた上で、こうしたニーバーの批判は彼自身が自己義認批判から「相対的な正義」に軸足を移したことで、敵国批判の立場からなされたものであることを指摘する。最後に、自己義認批判を一貫させたバターフィールドが積極的な政策を提示する一方、「相対的な正義」を基準としたニーバーが冷戦に関して消極的な姿勢にとどまったことを指摘するとともに、こうした両者の相違は自国との同一化の相違に根差したものであるとする解釈を提示したい。

一　政治的判断の問題と古典的リアリストにおける自国批判

まず、古典的リアリズムの実際の政治的判断を考察することがなぜ必要であるかを確認することから始めたい。一般的に国際政治学のリアリズムは、バランス・オブ・パワーや国際紛争等の現象が人間の力では変えることのできない因果法則によって支配されていると想定するとともに、リアリズムはそうした因果法則を発見し、自然科学に比肩するような理論的説明を提供することを目指すものとして理解されることが多い。このようなリアリズム理解は、アリストテレスが「他の仕方ではけっしてありえないもの」に関わるとした理論学に重なるものであるが、その典型を今日のネオ・リアリズムに認めることができる。この理論学としてのリアリズムにおいて政治的判断とは、先の因果法則に従うことに等しいものとして想定されていると言えるだろう。つまり端的に言えば、他国の脅威やパワーに対して対抗同盟を形成することや、費用便益分析によって自己利益を最大化する政策を選ぶことが、いつでもどこでも正しい政治的判断として想定されるのである。このことは裏を返せば、理論学的なリアリズムでは、政治的判断そのものを主題として考察する必要性が乏しいことを意味する。

これに対して、古典的リアリズムは、一九六〇年代のいわゆる「第二の大論争」に際して科学主義を批判する「伝統主義」に与したように、こうした科学的な理論やモデルの構築に対して懐疑的であったことはよく知られているが、古典的リアリズムとネオ・リアリズムの相違を単なる方法論の違いに求めることは適切ではない。ここでは、ネオ・リアリズムに批判的な論者が既に一九八〇年代に指摘していたように、古典的なリアリストが国際政治を可変的な領域であると想定し、それ故に「実践」を重視する立場であることが重要である。[4]というのは、このことは、アリストテレスが「他の仕方においてありうるもの」のうち「行われるもの」、つまり人間の行為によってより良いものに作り変えることが可能なものに関わる実践学に、古典的リアリストが傾斜していたことを示しているからである。[5]近年、リアリストが「慎慮（prudence）」を重視するものであることが指摘されるようになっているが、この慎慮も、C・ブラウン等が示唆しているように、アリストテレスの実践学との関連で理解されるべきであろう。[6]すなわち、慎慮とは判断に際して、「普遍的な事柄」よりも「個別的な事柄」を重視することである。[7]したがって、古典的リアリストの実際の政治的判断を検討するには、こうした「個別的な事柄」の考慮という観点から研究する必要がある。

もっとも、慎慮、すなわち「個別的な事柄」に即して判断することは、その判断の実質内容を決定するものではない。つまり、慎慮に即して判断する複数の古典的リアリストが、同一の問題に関して同一の判断に達することを保証しない。

したがって古典的リアリストの政治的判断の特質を解明するには、慎慮以外のものに着目する必要がある。その一つの糸口として、「個別的な事柄」がいわば〈総合〉される際の各論者の気質や傾向といったものに着目することが有効であると筆者は考える。[8] ある問題に関して一定の判断に至るには、「個別的な事柄」が〈総合〉される必要があるが、その〈総合〉のあり方にその人なりの傾向が現われると想定して、これを複数の政治的判断を検討することで浮き彫りにするということである。これは、松下圭一が政治家の決断に際して、政治構造とともに影響を及ぼすと論じた政治家個人の「人格構造」、すなわち「偏見（このみ）・習性（くせ）・狂気（こだわり）」に相当するものを、個々のリアリストに探っていくということである。[9] 本稿はこのような傾向を探るために、自国を当事国とした国際対立に対する各論者の態度を考察する。そうした態度として、次の五つの類型を考えることができるだろう。

①自国擁護
②敵国批判
③自国批判
④敵国擁護
⑤判断の回避、中立

これらの類型は批判あるいは擁護の理由そのものを含まないため、無意味に見えるかもしれない。しかし、自国が関係する国際対立について態度を自国語で表明する場合、その受け手として想定されているのは、何よりもまず同胞であることに注意されねばならない。したがって一般的に、同胞にとって耳あたりが良くて、受け容れられるような態度を表明することが容易く、無難であることは否定できず、その限りで①、②は珍しいものではない。逆に、③および④は少数に留まるだろう。なぜなら、かつてニーバーが論じたように、国家における自己批判は、国家そのものの分裂を脅かす内部闘争と区別することが困難であるため、愛国心や忠誠心の欠如と見なされる危険を免れないからである。[10] こうした危険を冒さずにすむために、⑤の判断の回避や中立的立場の維持は、③と④に比して多いことは否定できないと思われる。

このように愛国心が疑われる危険があるにもかかわらず、カー、モーゲンソー、ケナンには、程度の差はあるものの、自国批判を認めることができる。このことは、リアリズム一般の説明ではおろか、古典的リアリズムの説明においてもほとんど触れられない論点であるため、以下で立ち入って確認しておきたい。

カーの『危機の二十年』は、戦間期のユートピアニズムを批判するとともに、リアリズムとの融合を説いたものとして長らく読まれてきたが、今日ではこれらのイズムをカーが独自の意味で使用していることと並んで、同書が対独宥和政策を擁護するものであった点に注意が払われるようになっている。[11] 実際、同書の序文でカーは次のように述べている。「戦争の激情が誘発されるとき、この大惨事を〔ヒトラーなど〕ほんの一握りの人たちの野望と尊大のせいにするだけで、それ以上の説明をしようともしないのは、ほとんど救い難いほど安易なことである」。[12] カーは、英国をはじめ戦勝国(「持てる国」)がヴェルサイユ条約以後、利益調和や国際平和という美辞麗句の下で、実際には権力政治を実践する一方、かつて国際法を変更するための正当な手段であった戦争が違法化され、また司法的解決と仲裁裁判は、適用する国際法そのものの妥当性が争点になっていることから政治的紛争を解決し得ないために、ドイツが実力でヴェルサイユ体制に挑戦したことに理解を示したのである。実際、同書の第二版の公刊時に初版から削除された部分で、ミュンヘン協定を次のように評価していた。「ミュンヘン合意をもたらした交渉は、近年においては、平和的変革の手続きによる主要な国際的争点の解決のアプローチに最も近いものであった。力の要素は存在していた。道義の要素も効果的に争点を決定した諸大国による共通の承認という形で、またこの紛争に適用可能な基準、すなわち民族自決の原則という形で存在していた。〔……〕変革それ自体は、ヨーロッパにおける力の均衡の変化と、受け入れられている国際道義の規準の両方に合致したものであった」。[13] カー自身はヒトラーのやり方を全面的に支持したわけではなかったものの、宥和政策を「自国批判」(さらに「敵国擁護」)によって根拠付けていたことは明らかだろう。

モーゲンソーにおいても批判の矛先は、敵国たるソ連ではなく、米国に対して向けられている。このことは例えば『国益を擁護して』における冷戦の起源の説明に読み取ることができる。そこではソ連がヤルタ協定を履行していないことは、決してスターリンの陰謀によるものではなく、むしろ国際政治に関して「ユートピア的・非政治的な考え方」を持っていたために、ヤルタ協定が締結時点での軍事的既成事実を反映していなかったが故に「最初から失敗を運命付けられていた」ことを理解していなかった米国側の政治的未熟さに帰せられている。[14] さらにモーゲンソーは、一九四七年にギリシャ・トルコ援助法案の必要性を「国際政治は善と悪、徳と不徳との間の闘争である」という観点から正当化したトルーマン政権、また一九四九年に米国を震撼させた中国「喪失」とソ連の原爆実験の責任を、A・ヒスのような国務省内部のソ連の手先＝「裏切り者」の所為にした「新孤立主義」の双方に対して厳しく批判している。[15] こうした自国批判の視点からモーゲンソーの主著『国際政治』を読み直すならば、米国はいかにしてソ連や共産主義の脅威に対抗するべきかという問題関心ではなく、むしろその伝統的な孤立主義のために健全な外交政策の基盤を欠いていた米国の読者を念頭に置いて、ソ連との妥協を可能にするための条件を教えることに重点を置いて書かれていることが読み取れるだろう。[16]

長文電報とX論文で封じ込め政策の必要性を説いたケナンにおいても、自国批判の傾向が認められることは、『米国外交』が当時米国を席巻していたマッカーシズムと赤狩りを批判する観点から書かれていることに明らかである。同書は米国がかつて享受していた安全を失ったことは、どの程度まで米国が「世界の現実を理解せず、またこれを考慮に入れなかったことに起因しているのか」、つまり共産主義者の陰謀などではなく、「我々自身の過誤」によるものかを考察した上で、その「最も重大な過誤」として有名な「法律家的・道徳家的アプローチ」を析出している。[17] その上でケナンは、米国がこうしたアプローチではなく、「我々が本当に知悉し理解し得るものは、我々自身の国家的利益だけであることを認める謙虚さ」を持つと同時に、「他国民に対して尊大なあるいは敵意ある態度や優越的妄想によって汚されない」場合に、より良き世界に結びつくだろうと述べている。[18] さらに、このような自国批判はその後の著作においても容易に看取できる。例えば、一九八五年の論説「道義と外交政策」では、「真の道義」は米国が自らの行動に対して十戒のように厳しい制約を課すことにあると述べて、当時の米国政府のように道義に訴えて他国の内政や対外行動を裁くことを戒めている。[19]

このようにカー、モーゲンソー、ケナンには自国批判の傾向を認めることができるのである。

二　ニーバーとバターフィールドにおける自己義認批判[20]

本節は、自国批判がニーバーとバターフィールドにも認められること、しかも両者ともに自国批判を新約の「ファリサイ派と徴税人のたとえ」（ルカ一八：九―一四）で説かれているファリサイ派批判＝自己義認の罪で根拠付けていることを明らかにする。周知のように、ニーバーは第二次世界大戦への米国参戦に反対した孤立主義者や平和主義者を批判したが、その際の論拠の一つが彼らが自己義認の罪を犯しているというものであった。それによれば、孤立主義者が主張する「人間の善性の象徴としての米国の平和は、米国の性格における全ての悪徳を、とりわけファリサイ主義と自己義認の悪徳を強調するという代償を払ってのみ維持され得る」[21]。さらにニーバーは、ヨーロッパの交戦国における受難者の存在に目を閉ざして、戦争に関与せず「米国の平和」を維持することに甘んじている平和主義者の態度が、「宗教の歴史において最も邪悪なファリサイ主義」であると厳しく非難している[22]。

ニーバーはこの自己義認の罪を人間の善性の想定および「歴史の楽観論」を信じている現代文化の病理の症状として受けとめていた[23]。これらは「人間に対する信仰」であって、神に対する信仰ではないが故に、ニーバーからすれば「本物のキリスト教の信仰」ではない。ニーバーが米国の自由主義文化――「社会は歴史そのものに内在する力によって、普遍的な共同体、および社会生活において軋轢のない調和へと進んでいる」とする信仰――を、ナチズムや共産主義とともに「政治宗教」・「世俗宗教」と呼んだのは、このためであった[24]。当然ながら、こうした病理は戦勝することで治癒され得るようなものではない。実際、戦後の『歴史と信仰』のなかで、こうした間違った歴史観・人間観に起因する「現代の精神的混乱」は、「我々の文明が直面する政治的危機をはるかに超越する現代の文化的危機を構成する」と述べている[25]。治癒されるどころか、むしろ戦勝することで自己義認を一層強める恐れがあった。既に戦中からニーバーは、ナチス・ドイツとの戦争を善と悪との闘争と考える態度に潜む自己義認を批判していた。「単純にドイツ人の魂における悪の深さを測り、それを抑圧することによって我々は世界の問題を解決可能であると想定する理論はすべて、自己義認が常に誤らせる諸悪へと我々を誤らせる。それは我々が争っている悪が、我々の魂のなかにもある悪とは異なる形態の悪に過ぎず、またおそらく我々の悪よりも行き過ぎた悪であるに過ぎないことを理解していないのである」[26]。戦後も、戦争等の災厄を邪悪な勢力によって引き起こされたものと考える態度に潜む自己義認を、次のように戒めている。「第一次世界大戦後、現代文化の自然な態度はその戦争を進歩への流れにおける予知できない中断、それも邪悪な国家によって引き起こされたものと見なした。第二の世界的な大惨事〔第二次世界大戦〕でさえも時にはこのように解釈された」[27]。しかし、「我々は災厄を我々に与しなかった階級・国家・信仰の罪の主たる結果として解釈する誘惑を避けるようにしなければならない」[28]。こうした米国の自己義認の罪に対する警告が一九四九年の論説においても論じられている事実は、次節との関連で注目されてよい。

「我々が自らの潔白さと徳をさほど信じないならば、我々は狂信的な敵国〔ソ連〕に対する闘いにおいて成功する多くのチャンスがあると私は考える。強国の傲慢さと自己義認は、その敵国の謀略よりも、国策の成功に対する大きな危険である。我々が断固たる決意と最大限の宗教的謙遜とを結びつけることができたなら、専制に対する防波堤を維持することに一層成功するだけでなく、いかに小さなものであろうと敵国との真正な共同体の感覚を徐々に形成することもできるだろう」[29]。

ニーバーが政治宗教として扱った問題を、バターフィールドはメシアニズムの問題として論じている。バターフィールドによれば、メシアニズムとは「出来事を人間の歴史の段階において実際に達成され享受されるべきある終着点を指していることを教える」ものであるが、このメシアニズムの担い手がその「終着点」を実現する神聖な使命を背負っているという思考における自己義認が問題であった[30]。バターフィールドは、古代ユダヤ教のメシアニズムとともに、二十世紀のメシアニズムも、「我々を誤った政策へと引き入れ、一つ以上の災厄を世界にもたらした」と述べているが、重要なことは、この二十世紀のメシアニズムは「ナチスあるいは共産主義者に限定されない」と明言していることである[31]。むしろ彼において警戒されるべきメシアニズムは、連合国側、つまり英米のそれであった。というのは、第一次世界大戦に際して「デモクラシーのために世界を安全にする」および「全ての戦争を終わらせるための戦争」を主張し、第二次世界大戦では「四つの自由」を信じたことを指摘して、英米両国がメシアニズムの虜であったことをバターフィールドは示唆しているからである。[32]

このようにバターフィールドは現代メシアニズムの危険性を具体的に、「最後に残った義の敵に対してもう少し戦争すれば、世界は浄化され、また我々は楽園を構築し始めることができる」と信じて、「巨大な敵を根絶させる戦争」つまり「義のための戦争（war for righteousness）」を是認する点に認めている。[33] 特に第一次世界大戦が「現代の野蛮」をもたらして、二十世紀を「新たな暗黒時代」にしたと考える故に、バターフィールドは「現代世界が失ってしまった」「キリストとファリサイ派の論争から導かれた道義的教え」を復活させる必要があると説いている。[34] 実際、一九五三年に公刊された『キリスト教・外交・戦争』において、バターフィールドは次のように述べている。「たとえ我々がキリスト者をその他の世界と対置させて描いたとしても、キリスト者は自ら罪人として認めていると我々は言うべきであり、彼らは邪悪なものに対置される正しいものであると言うべきではない。〔……〕福音書の時代からキリストの精神にとって敵であるのは、まさに自己義認なのである」。[35] バターフィールドが自己義認を重視していたことは次の一文にも明らかである。「たとえこの特定の悪（自己義認）がなかったとしても、歴史において対立が存在したかもしれないが、自己義認の存在が行き詰まりを増加させるとともに、すべての世紀における諸々の悲劇を著しく深めたことに疑いの余地はない」。それ故に、「他のことをするよりも先に自己義認を溶解しなければならないのである」。[36]

さらにバターフィールドが著書において自己義認を批判するようになったのは、ヒトラーの政権獲得や第二次世界大戦の勃発を受けて、英国の歴史学者たちが第一次世界大戦の責任をそれまで以上にドイツに負わせるようになったことが一つの契機であったという。[37] それ故に、バターフィールドの批判は、共産主義やナチズムに対して以上に、ドイツだけを有責として断罪するような連合国側の自己義認の態度に対して厳しい。例えば、次の引用は、『キリスト教と歴史』そのものが同胞の態度を戒めるために書かれたものであることを示していないだろうか。「〔……〕もしドイツが罪を犯したことが証明され得るならば、ドイツと戦ったものが義であると想定してよいと想像することは危険な幻想である。

もし我が軍の勝利によってドイツに裁きが下されるのだから、我々――神の手である――は徳あるものと見なして良いと考えるならば、我々は自らを欺いている」[38]。

このように冷戦初期まで、ニーバーとバターフィールドは自国批判に傾斜していたこと、さらに両者ともそれを自己義認の罪で基礎付けていたのである。

三　自己義認批判・対・相対的正義

本節は、バターフィールドが冷戦期も自己義認批判を堅持したのに対して、ニーバーは反共主義と「相対的正義」に傾斜するようになったことで、自己義認批判を後退させて敵国批判の傾向を示すようになったことを明らかにする。

バターフィールドは早くも一九四九年に、ソ連の脅威を相対化する視点を提起していた。すなわち、米ソ対立の真の争点は共産主義ではなく、ロシア帝国主義の問題であると論じたモーゲンソーと同じく、ソ連の脅威は帝政ロシアが今日なお存続していたとしても変わらないであろうこと、つまり脅威は共産主義そのものではなく、むしろドイツが弱体化したことでヨーロッパに生じた力の真空を埋めようとするロシアの力に発するものであると述べていた[39]。こうした理解は、『キリスト教・外交・戦争』においても認められる。「我々の戦後における困難の実際の源泉」は、「ロシアの力と第二次世界大戦以来の力の配置における変化」であって、「悪であり攻撃性の源泉であるのは、共産主義の理想のようなものではない」[40]。にもかかわらず、米国とソ連が「義のための戦争」を進めていることが、「我々の文明に対する最大の危険」なのである。つまり、冷戦が「巨大な自己義認の体系間での対立」となっている現状を、バターフィールドは憂慮したのである[41]。

この現状を変えるべくバターフィールドは、緊張緩和（detente）を要請する。「我々が努めねばならないことは共産主義の破壊ではなく、共産主義と西側のデモクラシー諸国の両方にとっての暫定協定を与える秩序（の構築）なのである」[42]。こうした暫定協定が可能であるとする根拠として、バターフィールドは、「我々が想像する以上に我々は共産主義に近い」と述べて、共産主義が西洋世界の「一産物」であることにまず注意を促している。というのは、「階級なき社会」という共産主義の理想そのものがキリスト教から生まれたものであり、また「堕落したキリスト者」がそれを世俗化して流布したものだからである。また、共産主義に対してキリスト教から向けられる無神論、物質主義、不寛容等の批判は、まず西欧諸国の社会に向けられた批判であったことにも触れている。[43]さらにバターフィールドは、ソ連における残虐行為、不寛容、迫害、権力の集中、独裁といった諸悪は、フランス革命やカルヴィニズムの革命においても認められたことを指摘する。[44]したがって、こうした虐殺等を理由として、「階級なき社会」という革命の目的を非難することは、フランス革命だけでなくデモクラシーをも、それが「テロルの支配」であるという理由から当初非難した先人の誤りを繰り返す危険があると論じている。[45]つまり、バターフィールドはこうした虐殺は共産主義そのものに淵源するのではなく、「今日の共産主義が革命的な段階にある」ためであり、この点に「危険性」を認めるのである。裏返すならば、「革命的な段階」を脱した後に、共産主義と西側のデモクラシー諸国を包摂する「国際秩序」は「不可能」ではない。しかし、そのためには双方ともに、かつてのカトリックとプロテスタントに認められたように他者を諸悪の根源と見てその存在を認めない態度を改めねばならない。[46]ここに示されるように、バターフィールドにおいて冷戦の歴史上のアナロジーは、十六・一七世紀ヨーロッパにおけるカトリックとプロテスタントの宗教戦争であった。

また、バターフィールドは、こうした共産主義との共存をやむを得ないものとして、つまり不承不承受け容れているとは言えないことも確認しておきたい。というのは、共産主義が「世界で素晴らしいことを実現した」だけでなく、「いつの日にか共産主義は「尊重されるもの」になるだろう」とも述べているからである。さらに、そうした共産主義との共存を図ることは、「理性によってのみ達成され得ること」であり、「創造的な努力」であると表現している。[47]ここには、これらの引用に先立って言及されているように、ヨーロッパの宗教戦争が「宗教的寛容」——バターフィールドによれば当初それは「不満足な方便」に過ぎなかった[48]——という新しい原則を生み出したことに対する評価と、そうした新しいものが米ソの対立から生ずることに対する希望的観測を読み取ることができる。[49]

このように共産主義との平和的共存を擁護した『キリスト教・外交・戦争』は、公刊当時、I・バーリンや『ライフ』

誌をはじめ英米の両方で批判された[50]。ニーバーも一九五四年に、バターフィールドが冷戦を「巨大な自己義認の体系」の間の対立と表現して、米ソの自己義認の「質」を区別していないことを批判している[51]。

「〔……〕バターフィールドはヨーロッパの中立主義の傾向と、ついでながら宗教的謙遜すべての欠陥を露呈している。この欠陥とは、すべての主義が究極的に等しく疑わしいことを証明することに熱心過ぎることである。彼は共産主義の残虐さを、革命がおさまるにつれて和らぐような、あらゆる革命運動の過激さ以外の何物でもないと定義するという疑わしい方便によって、目前の実例で戦いのさなかにある諸主義を等しく曖昧にする。そのようにして彼は偽りの宗教的政治的全体主義の残虐さの永続的な源泉を覆い隠して、自由で開かれた社会と圧政的な社会との間の非常に妥当な区別を消してしまうのである。このことは競争者相互の道義的な主張を緩和することだけでなく、政治的争点において道義上の区別をすることも必要であることを示している[52]」。

こうしたニーバーの批判を理解するには、まず彼の反共主義を指摘しなければならない。もっとも、ニーバーの共産主義認識は時期に応じて振幅が認められる。一九四六年末にニーバーはソ連との対立を不可避であると考えるようになっていたものの[53]、一九四九年の時点では、米国の自由主義の信条とソ連の「狂信的な平等主義」の信条との対立は「西洋文明の中心部での内戦」であり、さらに共通の「悲劇的運命」に巻き込まれているという意味において、不十分ながらもソ連と「共同体」を形成していると述べていた[54]。しかし、この一年後にニーバーは、冷戦をイスラームとキリスト教との対立のアナロジーで論ずるようになる。すなわち共産主義をイスラームの帝国主義になぞらえるとともに、冷戦の歴史上のアナロジーをムスリム勢力による八世紀のイベリア半島侵略やコンスタンティノープル陥落（一四五三年）等のヨーロッパ侵攻に求めるようになる[55]。もっとも共産主義をイスラームになぞらえるのはこのときが初めてではなく、既に一九三〇年に訪ソした翌年の論説のなかで、決定論的歴史観、激しい情熱、平等主義の理想、世界征服への野心、好戦的な本能を持つ点で「共産主義の最も密接な類似物」がイスラームであると述べており、その限りでこうしたニーバーの変化は当初の共産主義理解に戻ったに過ぎないと言える。[56] このように共産主義をイスラームになぞらえるとともに、ソ連を「悪魔的な宗教のあらゆる諸悪を体現した敵」や「冷酷で無節操な敵」と表現していたニーバーには、バターフィールドのように冷戦をヨーロッパの宗教戦争のアナロジーで理解することは到底容認できないものであった。[57] 実際、一九五六年にニューヨークでバターフィールドを招いた研究会会合が開催された時も、ニーバーはこうした観点からバターフィールドの報告に対して反論している。[58]

しかし、この共産主義認識以上に、ニーバーによるバターフィールド批判の根本にあるものとして重要であるのは、「政治的争点において道義上の区別」をするか否かの問題である。この道義上の区別、つまり「相対的正義（relative justice）」の思考は、ニーバーの預言者的宗教を貫いて認められる超越的なものと歴史的なもの、愛（アガペー）と正義等の緊張関係に即して理解されるべきものだが、[59] ここでは『人間の本性と定め』においてニーバーが「宗教的罪（sin）の均等性」と対比した「道徳的罪悪（guilt）の不均等性」の考察を確認すれば十分であろう。それは、どの国家も等しく「宗教的罪」を免れていないが、実際に現われた罪の度合い、すなわち「道徳的罪悪」によって国家は区別されねばならないというものである。[60] ニーバーはこの「相対的正義」を根拠として、満州事変に関しての対日制裁やエチオピア戦争におけるイタリア制裁を擁護したが、第二次世界大戦においても「ヨーロッパにおいて今なおまともなものと、完全に邪悪で不正なもの」とが区別されねばならないと論じて、米国の参戦を擁護した。[61] さらにソ連に対して米国が相対的に正義であることは、例えば戦中の『光の子と闇の子』に読み取ることができる。そこではソ連は「自己批判を困難にさせ、自己義認を避けがたくさせる単純な宗教と文化を指導精神」としているために、「権力欲に道徳的な抑制を加えることが一番困難な国」であると論じられている。これに対して、米国は英国に比して政治的・道徳的にまだ成熟してはいないものの、「自己批判の文化とそれを可能にする制度」を持ち得る可能性があることが示唆されている。[62] こうした引用にうかがえるように、おそらくニーバーにとって、英国を別とすれば、米国はどの国家よりも相対的に正義であること、つまり〈自国は敵国よりマシである〉ことに些かも疑問の余地はなかった。このように冷戦期のニーバーには、共産主義批判と相対的正義の基準を前面に出すようになったことにより、敵国批判の傾向を認めることができるのである。

これに対して、バターフィールドにとって「相対的正義」は到底容認できないものであった。上述したようにナチス・ドイツやソ連が邪悪であり、英国をはじめそれと対立する国家が正しいという思考そのものが自己義認の現れであり、それが二十世紀の「義のための戦争」を生み出したと考えていたが故に、バターフィールドは自己義認批判――その本質は「敵味方を問わず我々は皆罪人である」と表現できる――を徹底させることでそれを抑制しようとしたからである。そのことは、「ホッブズ的恐怖」、「人間の対立における悲劇的要素」、「窮境（predicament）」というバターフィールドの戦後の著作における鍵概念に見て取ることができる。[63] これらは今日の国際政治学ではJ・H・ハーツの「安全保障のディレンマ」と同じく、国家間において戦争が永続していること、また軍縮が困難であることを客観的に説明するものとして理解されるのが通例であるが、世界大戦の責任を敵国（ドイツ）のみに負わせる主張を反駁することを目的としたものとして理解される必要がある。[64] このように自己義認批判を堅持していたバターフィールドにおいて、対立する二者のどちらがマシか、まともかを決定することを求める「相対的正義」は容認できないものであった。

さらに、後年、バターフィールドは政治固有の倫理に対して次のように批判しているが、これは「相対的な正義・不正義の区別が、政治的決断のための核である」と述べていたニーバーとの架橋しがたい隔たりを示していないだろうか。[65]

「政治家に別種の倫理、つまり政治的道義と呼ばれる特別な実質があるかのように語るとき、我々は既にだまし鏡（trick mirror）や光の幻想の世界に入り込んでいる。政治家は、科学者や詩人のように、より道義的な行為とさほど道義的でない行為とのあいだの選択に常に直面するだろう。しかし、我々はこれらの事例における決断の質や含まれる倫理原則に違いがあり得ることを認めてはならない。政治においてキリスト教と関連する諸徳でさえも、一時的に保留されるべきであるということを、私は理解することができない。〔この諸徳とは〕宗教的謙遜、慈善、自己批判、さらに神意が我々に課した問題を受け容れることである。〔……〕キリスト教の倫理は人間の諸関係の教義に密接に関わっているので、人間の一切の交流や相互作用を支配するのである」[66]。

こうした相対的正義と自己義認批判をめぐって、ニーバーとバターフィールドは上述したニューヨークの会合で直接議論した気配はないものの、本節での検討からこの相対的正義と自己義認批判の対立は、共産主義理解の相違とも相まって、容易に解消できるものではなかったことが明らかであろう。

四　自国との同一化の度合い——「上から」と「周縁から」

本節はニーバーとバターフィールドの政策論を検討することにより、相対的正義の思考を認めないために積極的な行動に結びつかないように見えるバターフィールドの自己義認批判が、ソ連との平和的共存を擁護し、また一方的核軍縮を提唱するなど積極的な政策を提起したのに対して、「政治的な決断のための核である」相対的正義を基準とするニーバーが、実際には消極的な政策的対応しか打ち出せなかったことを明らかにしたい。

一九五〇年代のニーバーの政治的判断がその硬直したソ連認識のために精彩を欠いていたこと、とりわけ冷戦を終結させるための展望がニーバーに欠けていたことは、ほとんどの先行研究で指摘されている(67)。こうした指摘は正鵠を射ているが、特にバターフィールドと比較することで、ニーバーの政策論に対していかに相対的正義が少なからぬ影響を及ぼしているかが浮き彫りになるだろう。上述したように、ニーバーは冷戦を中世におけるキリスト教文明とイスラームとの対立のアナロジーとして捉えていたが、このアナロジーで冷戦を見る限り、その終結に向けた具体的な展望を描くことは明らかに難しい。というのもサラディンとリチャード一世との間で休戦協定(一一九二年)が締結された第三回十字軍をおそらく唯一の例外として、和議によってこの対立が終結することはなかったからである。ニーバーはこのアナロジーを敷衍して、オスマン帝国が崩壊したのはその国王が聖俗両権を一身に体現していたためであるが、それと同じく共産主義という「政治宗教」の「司祭」は同時にソ連という国家の指導者でもあるために、ソ連の国家的利益と共産主義運動との間で矛盾が生ずることを期待していた。中世のムスリム勢力と異なり、ソ連が西側諸国に対して軍事的に侵攻する可能性を想定していなかったニーバーにとって、こうしたソ連の自壊による共産圏の分裂こそがおそらく冷戦終結の望ましいあり方であったと思われる。もっともそれは、ニーバー自身の予想によれば、「百年あるいは二百年」をも要するものであった(68)。したがって米国としては、その時までソ連に発する「政治的浸透」(革命の煽動、陰謀)を招くような国内の分裂や、戦争に対する不安からヒステリー・自己満足・回避の態度に陥ることを避けて、「忍耐強く」米国および西側諸国の「健全さ」を維持し続けていくことが必要な対応策となる(69)。この点において、軍事力一辺倒の政策に対する批判、マッカーシズムや保守派に対する批判、米国の「自己崇拝(self-worship)」に基づく歪んだアジア認識に対する批判など、冷戦のさなかでもニーバーは米国の相対的正義を絶対的正義と同一視することなく、自国批判を保ち続けることができたと言えよう(70)。しかし先のアナロジーを前提としている限りで、対ソ関係において消極的な対応に留まることになったことも否定できないのである。実際、一九五四年の論文のなかでニーバーは、ソ連との緊張緩和を魅力に乏しいものの、米国の生存のためにはやむを得ない選択、つまり「より少ない悪」として受忍しているに過ぎないことは象徴的である(71)。

ニーバーとは対照的に、バターフィールドは上述したように自己義認批判をソ連との「暫定協定」の締結による緊張緩和に結びつけている。もっともバターフィールドは、イデオロギー外交からの脱却と古典外交の復活といった抽象論を超えて(72)、こうした「暫定協定」の実現に向けた具体的な方策や条件等をほとんど論じていない。ニューヨークでの報告でも、バターフィールドは、プロテスタントとカトリックの対立を沈静化させた「時間による癒し効果(healing effects of time)」がソ連との暫定協定を締結するために必要であると説いたが、特にA・ウォルファーズからその政策論としての現実性を問い質されている(73)。もっとも、バターフィールド自身は、緊張緩和の可能性を決して楽観視していたとは言えない。むしろ米ソが「相互に排他的で共存できない」ために、「一見すると解決できないように見える」問題であるからこそ、緊張緩和を実現することは「高度に創造的」なものたり得ると述べている(74)。また、緊張緩和とは直接関連づけていないものの、バターフィールドが一九六〇年に、核兵器の破壊力はいかなる目的をも正当化できない故に、脅しを含めて使用されるべきでないと説いて、西側諸国による一方的な核軍縮を提唱したことも、積極的な政策との関連で指摘されねばならない(75)。

ここまで相対的正義を判断基準とした二ーバーと、自己義認批判を徹底させたバターフィールが対照的な政策論を展開していたことを具体的に見てきたが、こうした両者の相違は何によって説明できるだろうか。ここで包括的な検討を試みる余裕はないが、特に政治的判断と密接に関連するものとして、自国との一体化の度合いに関して両者に顕著な相違が認められることを指摘しておきたい。まずバターフィールドは英国で伝統的にノン・コンフォーミストとして知られるメソジスト派であり、特に英国国教会が第一次世界大戦に際して英国の立場を擁護したことを批判していたように、世俗の政治権力と結びついたキリスト教のあり方に対して一貫して批判的であった。[76]その意味で、国内の主流派ではなかったために、バターフィールドは英国および国教会から距離を置いて、つまり「周縁から」、一人のキリスト者として判断する傾向が強かったように思われる。実際、バターフィールドは「国家、社会、ドイツ」といった「集合的名詞」が多くの人々を指すに過ぎないこと、むしろ実際に重要であり、道徳的な責任が課せられるのは個々の生ける人間だけであることを明言している。[77]すなわちバターフィールドによれば、英国や米国を主語・主体として道徳を論ずることは誤りなのである。

さらに、ソ連との暫定協定の要請そのものが、バターフィールドが一人のキリスト者として判断したことによるものとして理解できるのではないか。というのも、バターフィールド自身は、決して容共ではなく、むしろ反共寄りの立場であったと推測されるからである。実際、上述したように、バターフィールドは、ナチズムとともに共産主義を「現代のメシアニズム」と呼んでいたが、私信では一層強く共産主義を「反キリスト」と呼んでいた。[78]また、西側の一方的核軍縮を提唱したことを契機として、核軍縮キャンペーン（Campaign for Nuclear Disarmament）のケンブリッジ支部の名誉会長になることを請われた際、バターフィールドはそれが共産主義者を引きつけて彼らに利用されることを危惧して辞退している。[79]こうしたバターフィールドの反共的心情に照らすならば、ソ連との暫定協定の締結による共産主義との共存を要請したことそれ自体が、彼自身による自己義認の実践として理解できるのではないだろうか。同じことは、西側の一方的核軍縮の提唱についても妥当する。というのは、バターフィールドの核兵器批判において注目されるのは、核兵器が人類の生存に対する脅威であるという視点が希薄であり、むしろ自己義認の罪と関連付けているからである。すなわち、核抑止そのものが双方の自己義認の罪に根差していると考えるが故に、バターフィールドはそれに反対したのである。(80)

これに対してニーバーは、特に一九五〇年代において、労働者のような「下から」ではなく、統治者のように「上から」論ずる傾向が強くなったことに示されるように、米国との距離を十分に置かなくなったことが指摘されている。(81) ここで注目されるのは、ニューヨークの会合において、実在するのは人間個人だけであるというバターフィールドの主張に対して、ニーバーは、個人「だけ」が重要であると主張するのは誤りであると反論している事実である。(82) おそらく当時のニーバーには、米国の実在性は自明であって、ケナンやモーゲンソーのリアリズムに対する批判に認められるように、むしろいかにして米国が自国中心主義に堕することなく、諸国家のなかでその道徳性を追求・実現できるかを考えていたことによるものだろう。しかし、そのようにして自国との一体化を維持することによって、自国を超える契機が多かれ少なかれ弱まることも否定できない。つまり、自国が直面する状況の変化に対して、彼自身の思考も後追いしてしまうということである。このことは実は、戦後間もない時期にニーバー自身によって是認されていた。一九四六年の論説のなかで、ニーバーは相対的正義と自己義認批判を政治的判断の次元において両立させることが困難であることを認めた上で、国家が直面する状況の変化に応じてこの二つを使い分ける必要性を説いているのである。

「悪の世界において相対的な正義を維持する責任をキリスト者が避けるよう唆される時、聖書のなかのこの思考のレベル〔相対的正義〕に目を向けなければならない。しかし戦勝時、つまりいわゆる義なる国家が勝利したときには、主の言葉「人を裁くな。あなたがたも裁かれないようにするためである」を、また同じ精神で書かれたパウロの言葉「なぜあなたは、自分の兄弟を裁くのですか。なぜなら、わたしたちは皆、神の裁きの座の前に立つのです」を、我々は忘れない方がよい(83)」。

このように相対的正義と自己義認批判をめぐるニーバーとバターフィールドの対立には、自国と一体化を強めて「上から」判断する傾向があったニーバーと、自国の主流派ではなかったために自国と距離を置いて「周縁から」判断する傾向があったバターフィールドの相違というものが影響を及ぼしていたと考えられるのである。

おわりに

本稿は、キリスト教リアリズムとして同列に論じられることが多いニーバーとバターフィールドの国際政治論を検討することにより、第二次世界大戦期から冷戦初期まで自己義認批判を根拠として自国批判を展開していた点で一致していたものの、一九五〇年代以降もバターフィールドは自己義認批判を堅持したのに対して、ニーバーが相対的正義の基準に転じたことで敵国批判の傾向を持つようになったことを明らかにした。さらに、バターフィールドが、ソ連との緊張緩和や一方的核軍縮といった積極的な政策を要請したのに対して、ニーバーはソ連の自壊を待つという消極的な政策に留まったことを指摘した。その上で、こうしたバターフィールドとニーバーの相違には、それぞれ社会における位置の相違が影響を及ぼしていたとする解釈を提起した。

冒頭で述べたように、本稿が政治的判断に着目するのは、これまで「リアリズムの倫理」として論じられてきたものと、古典的リアリズムの論者の実際の政治的判断とが別物であって、後者を主題として検討する作業が必要であるという問題意識に根差したものである。第一節で、カー、モーゲンソー、ケナンにおいて自国批判が認められることを指摘したのはそのためであった。もっとも、彼らの自国批判が何に基礎付けられているかまで掘り下げて検討することはできなかった。この点は今後の課題である。この他に、本稿の視点から次の課題三点を指摘しておきたい。

第一に、相対的正義と、K・N・ウォルツの第二イメージとの親和性である。周知のようにウォルツは、戦争の原因を人間の本性（第一イメージ）、国家の政治構造（第二イメージ）、国際システムの構造（第三イメージ）に区別するとともに、ニーバーをモーゲンソーとともに第一イメージに含めている。[84] しかし、ニーバーのように、自国は敵国よりも相対的に正義であると想定することは、国家の政治構造の相違を重視することに容易に結びつく面があるのではないだろうか。

第二に、本稿は、バターフィールドが反共的な心情にもかかわらず、緊張緩和を要請したことを明らかにしたが、このことは自国批判の論者には自国と他国の政治構造の相違を（心情は別として）さほど重視しない傾向を認めることができるのではないだろうか。そうであるとすれば、それは彼らが自国批判を表明することを優先させたためである可能性があるということになるだろう。言い換えれば、自国批判の論者に第二イメージ的な議論が弱いことは彼らの国際政治分析の限界として考えられるべきではないことを意味する。

第三に、社会における論者の位置付けに関してである。本稿はニーバーとバターフィールドの政治的判断にそれぞれの社会における位置が影響しているとする解釈を提示したが、こうした位置の相違は、きわめて大雑把に言えば、インサイダーとアウトサイダーの区別に一般化できるだろう。そして論者がインサイダーかアウトサイダーかによって、自国内で語る対象も異なってくるはずであろう。またこのことと関連するが、当該社会の支配的な論調というものも考慮する必要があると思われる。

以上の課題に取り組むには、本稿で扱った論者のみならず、他のリアリストやリアリストではない論者をも検討することが必要となろう。こうした作業を積み重ねることで、これまでの「リアリズムの倫理」とは異なる視点から、古典的リアリストの政治的判断の特質を解明することに結びつくと思われる。本稿はそうした研究に向けた一つの試論に過ぎない。

（1）ニーバーおよびバターフィールドを主題とした研究として、C. Lynch, Realism and Religion in ‘a Secular Age,’ in J. Troy, ed., *Religion and the Realist Tradition*, Routledge, 2013; R. Epp, Power Politics and the ‘*Civitas Terrena*,’ Ph. D. dissertation submitted to the Department of Political Studies, Queen's University, Canada (1990). また、ニーバーとバターフィールドの知的交流に触れたものとして、高橋義文「ニーバーとバターフィールド」、『聖学院大学総合研究所Newsletter』第一八巻第一号、二〇〇八年、八―一一頁。K. W. Thompson, Niebuhr and the Foreign Policy Realists, in D. F. Rice, ed., *Reinhold Niebuhr Revisited*, William B. Eerdmans, 2009, pp. 142-144. なお、ニーバーとバターフィールドそれぞれに関する最近の研究として、本稿で参照す

るもの以外に次のものがある。C. Craig, *Glimmer of a New Leviathan*, Columbia University Press, 2003, pp. 38-53; W. C. Inboden, The Prophetic Conflict, in *Diplomatic History*, Vol. 38, No. 1（2014）, pp. 49-82; M. Bentley, *The Life and Thought of Herbert Butterfield*, Cambridge University Press, 2011; I. Hall, History, Christianity and Diplomacy, in *Review of International Studies*, Vol. 28, No. 4（2002）, pp. 719-736.

（2）そうした成果の一例として、日本国際政治学会編『国際政治』第一七五号「歴史的文脈の中の国際政治理論」（二〇一四年）所収の各論文を参照。

（3）「リアリズムの倫理」の一例として、J. Donnelly, The Ethics of Realism, in C. Reus-Smit and D. Snidal, eds., *The Oxford Handbook of International Relations*, Oxford University Press, 2008.

（4）このような視点からの古典的リアリズム評価として、R. K. Ashley, The Poverty of Neorealism, in *International Organization*, Vol. 38, No. 2（1984）, esp. pp. 264-281; F. Kratochwil, The Embarrassment of Changes, in *Review of International Studies*, Vol. 19, No. 1（1993）, pp. 63-80; Kratochwil, History, Action and Identity, in *European Journal of International Relations*, Vol. 12, No. 1（2006）, pp. 5-26. また関連する論文として、次も参照。I. Oren, The Unrealism of Contemporary Realism, in *Perspectives on Politics*, Vol. 7, No. 2（2009）, pp. 283-301.

（5）アリストテレス『ニコマコス倫理学』朴一功訳、京都大学学術出版会、二〇〇二年、二六五頁。なお、ここでの政治的判断の整理において、佐々木毅『政治学講義』東京大学出版会、一九九九年、二八七—二九四頁、が有益であった。

（6）C. Brown, The 'Practice Turn', *Phronesis* and Classical Realism, in *Millennium*, Vol. 40, No. 3（2012）, pp. 439-456. ブラウンは、イラク戦争や旧ユーゴ内戦を引き合いにして、正戦や先制攻撃の問題において一般的な原則や抽象的な規則を適用することの限界を指摘するとともに、個々の状況に応じた判断を重視するべきであると論じている。C. Brown, *Practical Judgement in International Political Theory*, Routledge, 2010, chap. 16, 17.

（7）アリストテレス、前掲書、二七二—二七三頁。

（8）政治的判断における〈総合〉の重要性を指摘するものとして、I. Berlin, On Political Judgment, in Berlin, *The Sense of Reality*, Farrar, Straus and Giroux, 1997.

（9）松下圭一『政策型思考と政治』東京大学出版会、一九九一年、一六三—一六四頁。

（10）Niebuhr, *Moral Man and Immoral Society*, Westminster John Knox, 2001, pp. 88-89（大木秀夫訳『道徳的人間と非道徳的社会』

白水社、一九九八年、一〇六―一〇七頁).

（11）こうしたカーの思索について、J. Haslam, *The Vices of Integrity*, Verso, 2000, chap. 3. なお、カーがL・ウルフやN・エンジェルを「ユートピアニズム」として批判した背景に、彼らがファシズム諸国に対する軍事制裁を擁護した事実に着目した研究として、三牧聖子「『危機の二十年』（一九三九）の国際政治観」、『年報政治学』二〇〇八―I号、二〇〇八年。

（12）E. H. Carr, The *Twenty Years' Crisis, 1919-1939*, Palgrave, 2001, p. cvii（原彬久訳『危機の二十年』岩波書店、一三頁). カッコ内は引用者。

（13）Carr, *The Twenty Years' Crisis, 1919-1939*, Macmillan, 1939, p. 282. 傍線は引用者。さらに次の一節も重要である。「一九三九年三月に英国首相が、ヴェルサイユ条約からミュンヘン協定まで、またミュンヘン協定を含めたあらゆる修正において、「現状における変化の必要性を支持するべき何か」があることを認めた。もし一九三五年や一九三六年に、この「何か」が現状維持国の公式スポークスマンによって、非難や抗議を交えることなく明確かつ決定的に述べられていたならば、平和的な交渉の枠内でさらなる修正を生み出すにはもう遅すぎるということはなかったかもしれない。長年にわたって認められてきたヴェルサイユ条約の不正義を次々に排除していっても、そのことがドイツとヴェルサイユ列強との間に和解をもたらすのではなく、むしろますます不和の関係をつくり、さらには、かつて存在していたわずかな共通感覚の蓄積をも増大させるどころかむしろ消失させてしまったという悲劇は、その責任をもっぱらドイツに負わせることのできない悲劇なのである」（*Ibid*., pp. 281-282. 傍線は引用者）。

（14）Morgenthau, *In Defense of the National Interest*, University Press of America, 1982, p. 109.

（15）*Ibid*., pp. 124, 131.

（16）この点については、拙著『ハンス・J・モーゲンソーの国際政治思想』大学教育出版、二〇一二年、第五章。

（17）G. F. Kennan, *American Diplomacy*, exp. ed., University of Chicago Press, 1984, pp. 3-4, 95（近藤晋一・飯田藤次・有賀貞訳『アメリカ外交五〇年』岩波書店、一九九一年、一四、一四六頁). なお講演当時のケナンがマッカーシズムを強く憂慮していたことにつき、J. L. Gaddis, *George F. Kennan*, Penguin Books, 2011, pp. 420-425; Kennan, *The Kennan Diaries*, ed. by F. Constigliola, W. W. Norton, 2014, pp. 280-285.

（18）Kennan, *American Diplomacy*, pp. 100, 103（前掲訳書、一五三、一五六―一五七頁).

（19）Kennan, Morality and Foreign Policy, in *Foreign Affairs*, Vol. 64, No. 2（1985-86), pp. 205-218. このようなケナンの道義理解は後述する自己義認批判と重なるところがある。事実、キリスト教倫理が現代世界の諸問題にどのように関わり得るかを論じた論文のなかで、ケナンは次のように述べている。「〔……〕我々が欲するもの全てが神の諸目的を、またソ連が欲するもの全てが悪魔の諸目的を〔それぞれ〕自動的に反映していると断定することはできない」(Kennan, World Problems in Christian Perspective, in *Theology Today*, Vol. 16, No. 2 (1959), p. 162)。なお、ケナンの信仰を主題とした研究として、J. C. Wallace, Contained? The Religious Life of George F. Kennan and Its Influence, in *Journal of Cold War Studies*, Vol. 15, No. 4 (2013), pp. 196-215.

(20) 本節は、拙稿「ニーバーとバターフィールドにおける自己義認批判——誤読された原罪説と「ホッブズ的恐怖」」、日本国際政治学会編『国際政治』第一八〇号(二〇一五年春刊行予定)、と重複するところがある。そこでは、両者が説いた原罪論や「ホッブズ的恐怖」の比喩が、二〇世紀の道徳の危機を招いた自己義認の罪に向けられたものであったにもかかわらず、こうした危機認識を共有しなかった同時代の国際政治学者によって不特定多数の戦争等の事象を説明する事実命題として誤解されたことを論じた。

(21) Niebuhr, *Christianity and Power Politics*, Archon Books, 1969, pp. 40-41.

(22) *Ibid.*, p. 56. カッコ内は引用者。

(23) *Ibid.*, pp. 6-7, 37-38, 51-56.

(24) Niebuhr, The Religious Level of the World Crisis, in *Christianity and Crisis*, Vol. 5, No. 24 (1946), p. 4.

(25) Niebuhr, *Faith and History*, Scribner's. 1949, pp. 8, 12.「ナチス・ドイツの敗北は〔西洋文明の〕健全さの必須の条件であるが、明らかにそれは健全さのための消極的な条件に過ぎない」(Niebuhr, *Christianity and Power Politics*, p. 138)。「〔ナチズムの〕軍事的敗北は現代文化の精神的状況を本質的に変えたのではない」(Niebuhr, *Faith and History*, p. 162)。ともにカッコ内は引用者。

(26) Niebuhr, *Love and Justice*, ed. by D. B. Robertson, World Publishing Company, 1957, p. 226.

(27) Niebuhr, Will Civilization Survive Technics? in *Commentary*, Vol. 1, No. 2 (1945), p. 7. ニーバーはヴェルサイユ条約の戦争責任条項が自己義認の罪を示していると指摘している。Niebuhr, *Christianity and Power Politics*, p. 23; Niebuhr, *Love and Justice*, p. 52.

(28) Niebuhr, God's Design and the Present Disorder of Civilization, in World Council of Churches, *Man's Disorder and God's Design*, Vol. 3, Harper & Brothers, 1949, p. 18.「我々は歴史上の挫折をこれやあれやの国家、つまりロシアの頑迷さ、あるいは「英国の帝国主義」、あるいは米国の自惚れ、あるいは現代の精神的な不適切さがとるであろう特定の形式の一つのせいにするという危険を避けなければならない」(Niebuhr, *Discerning the Signs of the Times*, Scribner's 1946, p. 55)。

(29) Niebuhr, *Christian Realism and Political Problems*, Scribner's, 1953, p. 30. カッコ内および傍線は引用者。

（30）Butterfield, *Christianity and History*, G. Bell and Sons, 1949, p. 79.

（31）*Ibid*., pp. 80, 103.

（32）*Ibid*., p. 80.

（33）Butterfield, *Christianity and History*, p. 41.

（34）Butterfield, Reflections on the Predicament of Our Time, p. 13; Butterfield, *Christianity, Diplomacy and War*, 3rd ed., Epworth Press, 1963, pp. 23, 50.

（35）*Ibid*., pp. 49-50.

（36）Butterfield, *Christianity and History*, p. 41. カッコ内は引用者。

（37）C. T. McIntire, *Herbert Butterfield*, Yale University Press, 2004, p. 165.

（38）Butterfield, *op. cit*., p. 52.「ナチス・ドイツの諸悪は、ヒトラーあるいはゲルマン精神に特有の特徴ではなく、他国や他の体系にも起こり得るような〔……〕特質において非常に憂慮すべきで恐ろしいものであったことを、我々は特筆して良い」（Butterfield, Reflections on the Predicament of Our Time, p. 12）。次も参照。Butterfield, *International Conflict in the Twentieth Century*, Greenwood Press, 1960, pp. 24-25.

（39）Butterfield, *Christianity and History*, p. 142; Morgenthau, *In Defense of the National Interest*, p. 77.

（40）Butterfield, *Christianity, Diplomacy and War*, p. 113.

（41）*Ibid*., p. 50.

（42）*Ibid*., p. 114. カッコ内は引用者。

（43）*Ibid*., p. 116.

（44）*Ibid*., pp. 106, 61-62. Cf. Butterfield, *Christianity and History*, pp. 143-44.「共産主義が革命的であるなら、それは好戦的、伝道的で膨張的な心情としてのエネルギーにおいて十六世紀のカルヴィニズムをほとんど凌駕するものではない」（Butterfield, *Christianity, Diplomacy and War*, p. 103）。

（45）「我々は虐殺を非難して良いし、革命を非難して良いが、虐殺だけで革命の実際の目的を裁くことは、我々には許されていない」（*Ibid*., p. 115）。

（46）*Ibid*., p. 117-118. さらにバターフィールドは、さらに、共産主義を主たる敵とする政策の危険は、革命ないし社会的変動に対して現状を維持することが十分であるという思考にいとも容易く引き込まれることであると述べている。なお、こうした現状の維持・防衛という思考に対するバターフィールドの反感は、後年の脱植民地化を擁護する際にも認められる。Butterfield, *International Conflict*, p. 37; Butterfield, Western Policy and Colonialism, in *Christianity and Crisis*, Vol. 18 (Aug. 4, 1958), pp. 111-114; Butterfield, Internationalism and the Defense of the Existing Status Quo, in *Christianity and Crisis*, Vol. 17, No. 10 (1957), pp. 75-77.

（47）Butterfield, *Christianity, Diplomacy and War*, p. 115. 共産主義の成果については、*Ibid.*, p. 125.

（48）*Ibid.*, p. 104; Butterfield, *Christianity and History*, pp. 98-99.

（49）また、ここには、宗教戦争が宗教的寛容に基づくが故に優れている新秩序を生じさせたという意味で、「悪から善を生じさせ得る」「摂理（Providence）」に対するバターフィールドの信頼も認められる。*Ibid.*, pp. 98-100; Butterfield, *Writings on Christianity and History*, Oxford University Press, 1979, pp. 69-70. バターフィールドにおける「摂理」の考察として、K. Sewell, *Herbert Butterfield and the Interpretation of History*, Palgrave, 2005, chap. 6.

（50）これらの批判については、McIntire, *op. cit.*, pp. 251-252.

（51）Niebuhr, The Peril of Complacency in Our Nation, in *Christianity and Crisis*, Vol. 14, No. 1（1954）, p. 1.

（52）Niebuhr, The Moral Issue in International Relations, in N. Guilhot, ed., *The Invention of International Relations Theory*, Columbia University Press, 2011, p. 271.

（53）例えば、Niebuhr, The Fight for Germany, in *Life*, Vol. 21, No. 17（1946）, pp. 65-72.

（54）Niebuhr, *Christian Realism and Political Problems*, pp. 29-30.

（55）Niebuhr, A Protest Against a Dilemma's Two Horns, in *World Politics*, Vol. 2, No. 3（1950）, pp. 338-344. その他、次も参照。Niebuhr, *The Irony of American History*, University of Chicago Press, 2008, p. 128（大木英夫・深井智朗訳『アメリカ史のアイロニー』聖学院大学出版会、二〇〇二年、一九四―一九五頁）; A Predicament We Share with Russia, in *The New Leader*, Vol. 41, No. 16（1958）, p. 11; *The Structure of Nations and Empires*, Scribner's, 1959, pp. 117-118.

（56）Niebuhr, The Religion of Communism, in *The Atlantic Monthly*（April 1931）, p. 465.

（57）Niebuhr, The Peril of Complacency, p. 1; Niebuhr, The Case for Coexistence, in *The New Leader*, Vol. 37, No. 40（1954）, p. 5

（58）会議の要約メモによれば、ニーバーの反論は次の内容であった。イングランド内乱期に「全体主義」が生じなかったが故に、重要であるのは「革命的な段階」にあるかどうかではなく、「啓蒙思想の信条および共産主義の宗教」である。さらに、カトリシズムと異なり、共産主義は宗教と政治とが結合した「政治宗教」であるために、冷戦の歴史上のアナロジーはイスラームとキリスト教の対立の方が「より正確」である（Theory of International Relations Meetings: Minutes of a Meeting held in Columbia University（June 12, 1956）, in Sir Herbert Butterfield Papers, Container No. 28, p. 6（Cambridge University Library, Department of Manuscripts and University Archives））. バターフィールドの報告ペーパーは、Butterfield, Morality and Historical Process in International Affairs, in Butterfield Papers, Container No. 31. 本史料の内容については、McIntire, *op. cit.*, pp. 301-304が詳しい。筆者はこれらの史料を、角田和広さん（明治大学大学院政治経済学研究科）のご厚意により入手することができた。

(59) こうした緊張関係を重視するものとして、千葉眞『現代プロテスタンティズムの政治思想』新教出版社、一九八八年。

(60) Niebuhr, *The Nature and Destiny of Man*, Vol. 1, Westminster John Knox, [1941] 1996, pp. 219-220（武田清子訳『キリスト教的人間観』新教出版社、一九五一年、二七五―二七六頁）.

(61) Niebuhr, Must We Do Nothing?, in *Christian Century*, Vol. 49, No. 30（1932）, pp. 415-417; Niebuhr, *Love and Justice*, pp. 166-168, 260-267; Niebuhr, *Christianity and Power Politics*, p. 40.

(62) Niebuhr, *The Children of Light and the Children of Darkness*, Scribner's, 1944, pp. 183-184（武田清子訳『光の子と闇の子』聖学院大学出版会、二〇〇四年、一八二頁）. 訳語は一部変更した。また引用文中の傍線は引用者。

(63) Butterfield, The Tragic Element in International Conflict, in *The Review of Politics*, Vol. 12, No. 2（1950）, p. 157. 後年もバターフィールドは、ヒトラーの戦争がドイツの安全を目的としたものであったと論じてすらいる（Butterfield, *International Conflict*, p. 85）。

(64) この点、前掲拙稿を参照されたい。

(65) Niebuhr, Germany and the Western World, p. 58.

(66) Butterfield, *International Conflict*, p. 16.

(67) R. H. Stone, *Reinhold Niebuhr*, University Press of America, 1981, pp. 216-217; M. J. Smith, *Realist Thought from Weber to Kissinger*, Louisiana State University Press, 1986, p. 121. 千葉、前掲書、一五八頁。鈴木有郷『ラインホルド・ニーバーとアメリカ』新教出版社、一九九八年、一六七―一八八頁。平田忠輔『現代アメリカと政治的知識人』法律文化社、一九八九年、第四章。丸山眞男も次のように述べている。「なるほど抽象的な平和論の甘さを指摘するのは結構ですけれども、これと同じ程度、むしろそれより強い程度において、ニーバーにやってもらいたいことは、自由世界対全体主義世界といった対立で世界のすべての問題を処理して行く考え方から生ずる危険性、及びそういう考え方の中にある偽善性をもっともっと衝くべきじゃないか。それがまさにニーバーの、少くともぼくが理解している昔のニーバーの方法を真直ぐに貫いて行った道なのじゃないかという気がするのですがね」（武田清子・松田智雄・丸山眞男・山本新「ニーバーの問題点と日本の現実」、『丸山眞男座談二』岩波書店、一九九八年、四八頁）。なお、モーゲンソーはニーバーの「政治的思考」が「本質的にプラグマティックな特徴」を持っていることを評価しているが、彼自身が批判した反共主義の傾向がニーバーに認められることに対しては沈黙している。H. J. Morgenthau, The Influence of Reinhold Niebuhr in American Political Life and Thought, in H. Landon, ed., *Reinhold Niebuhr*, Seabury Press, 1962, p. 105.

(68) Niebuhr, Why They Dislike America, in *The New Leader*, Vol. 37, No. 15 (1954), pp. 4-5.

(69) Niebuhr, The Conditions of Our Survival, in *Virginia Quarterly Review*, Vol. 26, No. 4 (1950), pp. 481-491; Niebuhr, The God's Design, p. 23; Niebuhr, Streaks of Dawn in the Night, in *Christianity and Crisis*, Vol. 9, No. 21 (1949), pp. 163-164; Niebuhr, The Peril of Complacency in Our Nation, p. 2; Niebuhr, Frustrations of American Power, in *The New Leader*, Vol. 37, No. 48 (1954), p. 8.

(70) Niebuhr, Ten Fateful Years, in *Christianity and Crisis*, Vol. 11, No. 1 (1951), pp. 1-4; Niebuhr, American Conservatism and the World Crisis, in *The Yale Review*, Vol. 40, No. 3 (1951), pp. 385-399.

(71) Niebuhr, The Case for Coexistence, p. 5.

(72) Butterfield, *Christianity and History*, pp. 32-33.

(73) Butterfield, History and Moral Process in International Affairs, pp. 32-35; Theory of International Relations Meetings, pp. 3-4, 7-8.

(74) Butterfield, *International Conflict*, p. 74.

(75) *Ibid*., pp. 95-8. McIntire, *op. cit*., p. 346.

(76) Butterfield, *Christianity and History*, pp. 132-37; Butterfield, *History and Human Relations*, Macmillan, 1952, pp. 152-153; Butterfield, *International Conflict*, pp. 117-119; Butterfield, Christianity and Politics, in *Orbis*, Vol. 10, No. 4 (1966), pp. 1238-1240. ワイトはバターフィールドが教会に一切の権威を認めていないことを批判している。M. Wight, History and Judgement, in *The Frontier*, Vol. 1, No. 8 (1950), p. 313.

(77) Butterfield, *International Conflict*, pp. 15-6. 次も参照。Butterfield, *History and Human Relations*, pp. 44-45, 110-111.

（78）McIntire, *op. cit.*, p. 220.

（79）P. Sharp, Herbert Butterfield, the English School and the Civilizing Virtues of Diplomacy, in *Review of International Studies*, Vol. 79, No. 4（2003）, p. 870, n. 48.

（80）Butterfield, Morality and an International Order, in B. E. Porter, ed., *The Aberystwyth Papers*, Oxford University Press, 1972, pp. 356-357. 本稿と同じく、バターフィールドの核兵器反対論が自己義認批判に根差していることを指摘したものとして、Sharp, *op. cit.*, p. 870. またバターフィールドは次のように述べて、「赤化」を肯定している。「究極的に私はこれらの兵器〔核兵器〕で戦うより、世界が共産主義的あるいはロシア的になるのを見る方を選ぶだろう」（McIntire, *op. cit.*, p. 346. カッコ内は引用者）。

（81）千葉、前掲書、一六一―一六六頁。

（82）Theory of International Relations Meeting, p. 2; McIntire, *op. cit.*, p. 304.

（83）Niebuhr, *Love and Justice*, p. 162.

（84）K. N. Waltz, *Man, the State and War*, Columbia University Press, 1959.

[政治思想学会研究奨励賞受賞論文]

分配的正義における功績概念の位置づけ

――ロールズにおける功績の限定戦略の擁護

宮本雅也

一　序論

本稿の目的は、功績[1]に関するJ・ロールズの立場が擁護可能であると示すことである。より正確には、前期および後期のロールズのテキスト[2]を横断して、筆者が「功績の限定戦略」と呼ぶ立場を再構成し、その立場が擁護可能であると示すことが目的である。

この試みには、正義と功績が深い結びつきをもつと理解されてきたという背景がある。[3]ロールズ以前の従来の見解では、正義は各人にふさわしいもの（due）・値するものを与えることだとされる。この場合、正義原理から独立・先行して存在する功績の要請に正義原理が従属することになる。つまり、正義原理の内容が功績の要請によって規定される。

対照的に、ロールズの立場は、第三節でより詳しく見ることになるが、正義と功績の関係を従来の見解から逆転させて、功績の役割をより限定的なものにする。すなわち、社会の基礎構造を統御する正義原理を先行させ、功績は正義にかなった基礎構造を前提に成立する「正統な期待」に限定するのである。この場合、正義原理の内容が功績によって規定されるのではなく、正義原理が功績を規定することになる。このロールズの立場が、筆者が「功績の限定戦略」と呼ぶものなのである。

人びとの直観に合致するのは従来の見解であり、功績の限定戦略はかなりの程度反直観的な立場であると考えられる。実際、一九七〇年代・八〇年代から、ロールズの功績の限定戦略には多くの批判が投げかけられてきた。[4] しかし、S・シェフラーを除く、多くのロールズ主義者は、功績概念に注目する批判者たちに対して反論を展開していない。[5] そのため、功績の限定戦略というロールズの独特の立場に注目し擁護をする必要がある。

こうした功績の限定戦略の擁護は、特に現代の分配的正義論の観点から考える場合に重要である。なぜなら、現代の分配的正義論において有力な運の平等主義が、本稿で筆者が「功績に基づく平等主義」と呼ぶ立場の一種であると理解することができるからである。[6] 功績に基づく平等主義とは、功績に応じた分配は現状よりも平等主義的な分配につながると考え、正義原理として功績に応じた分配を主張する立場である。運の平等主義は、運と選択を区別し、運の帰結に対しては補償をするが、選択の帰結に対しては補償をしないことを主張する。この主張の背景には、運の帰結には功績が成立しないが、選択の帰結には功績が成立するという直観が存在するであろう。それゆえ、運と選択の区別に合致する分配は功績に応じた分配として理解できる。かつ、運の平等主義者は現状よりも平等主義的な分配を主張しているため、運の平等主義を功績に基づく平等主義の一種として理解できる。言い換えれば、前述の従来の見解が現代の分配的正義論においてあらわれているのが運の平等主義の立場なのである。[7] このように理解する場合、功績の限定戦略を擁護することは、ロールズ主義的な平等主義を運の平等主義からの批判から擁護することになる。

本稿の議論の展開の仕方を説明しておく。本稿の主要な部分にあたる第二、三、四節では、功績の限定戦略を提示し、功績に基づく平等主義からの反論に応答する。第二節では、J・ファインバーグの議論などを参照し、本稿の議論の射程を限定する。第三節では、功績に応じた分配原理に対するロールズやロールズ主義者の反論を検討し、功績の限定戦略がいかなる戦略で、その根拠はどのようなものなのかを明らかにする。第四節では、功績に基づく平等主義者がJ・ローマーの機会の平等論を採用することで提起すると想定される功績の限定戦略に対する反論を検討する。その上で、その反論に応答する。

第五節は、功績の限定戦略に対するノージックからの二つの批判に応答する。この節は、本稿全体からすればやや補足的な部分にあたるが、前述の一九七〇年代・八〇年代からの批判がノージックのテキストを源泉としているため、功績の限定戦略を擁護するためには必要な部分である。また、ノージックの批判に取り組むことで、功績の限定戦略をより明確で説得力のある立場にできるだろう。

なお、本稿は、前期および後期のロールズのテキストを横断して功績の限定戦略を擁護するが、その点について説明を加えておく。筆者としては、こうした功績に注目するロールズの擁護論を、「公共的理性」のような後期ロールズが使用する観念を前期ロールズの議論と結びつけて分配的正義論を論じる試みとして位置づけたい。もちろん、なぜ功績の限定戦略の擁護という文脈で後期ロールズの議論を導入する必要があるのかという疑問が生じるだろう。より詳しくは第三節三項で見ることになるが、功績に関する議論を後期ロールズの公共的理性論に結びつけて理解することで、次の二点が明確になる。第一に、前期ロールズにはない「探究のガイドライン」の観念によって、功績に応じた分配に対する認識不可能性に依拠するロールズの反論のポイントがより明確に説明される。第二に、基礎構造と「背景的文化」が区別された上で、正統な期待以外の道徳的功績が後者の領域において保持されるという点から、ロールズの理論の価値（善の構想）の多元性を支持する姿勢が功績の限定戦略にも反映されているという点が明確になる。

二　予備的考察

本節では、功績の概念分析で頻繁に引用されるファインバーグの議論[8]などを参照し、功績概念の性質を部分的に明確化した上で、次節以降の議論の射程を限定する。本稿は、分配的正義における功績概念の適切な位置づけを論じるものであり、功績概念に関するあらゆる論点を扱う必要はないからである。

功績の概念分析では、「功績の基礎」（desert basis）という観念を理解することが重要である。功績概念は非常に多様な場面で使用され、功績を論じる者の理解も大きく分かれる。しかし、功績の要求が一般的に次の形式をとるという点では見解が一致している。つまり、功績の要求は通常、「ＳはＦによってＴに値する」という形をとる。ここで、Ｓ、Ｆ、

Tは以下のことを意味する。Sは、功績が問題になる主体、通常は人間・人格を指す。Tは、値するとされる何らかのものや扱いを指す。Fが、ファインバーグの語で、功績の基礎、つまり功績が成立する根拠・理由となるものごとである。(9)

この際、重要なのは、功績の基礎(前述の形式のF)が個人志向性と過去志向性を有していることである。順に説明する。個人志向性とは、ファインバーグが主張するように、功績の基礎が、問題になっている当該個人の有する何らかの特徴、あるいはその個人に関する何らかの事実でなければならないという意味である。功績の基礎は他の人の特徴や他の人に関する事実であってはならない。(10) すなわち、功績の要求においては、個人に関する事実が理由として挙げられる必要がある。過去志向性とは、功績の基礎となる個人に関する事実(ないし特徴)が、功績の判断・評価よりも先行して成立していなければならないという意味である。(11) つまり、功績の基礎は必ず過去に存在しなければならない。合わせて述べれば、功績の基礎は個人に関する過去の事実でなければならない。

功績の基礎を論じる際、次の二つの方法がありうる。第一に、功績という語は様々な場面で使われるが、それらすべての場面で共通に見られる基礎を探そうとする方法がある。第二に、功績という語が使われる場面を細かく分類し、各場面でどのような基礎が考えられているのかを分析していく方法がある。(12) ここでは、ファインバーグに依拠し、後者の方法を採用した上で、次節以降の議論の射程を限定する。なぜなら、功績概念が使用される場面の多様性を考慮に入れると、この後者の方法を採用する方が、前者の方法のように共通の基礎を論じるよりも、詳細な考察が可能になると思われるからである。

ファインバーグは、値する扱い(前述の形式のT)を以下の五つのクラスに分類している。第一のクラスは賞の授与である。第二のクラスは成績・等級の割りあてである。第三のクラスは報酬(rewards)と刑罰である。第四のクラスは賞賛・非難・その他のインフォーマルな反応である。第五のクラスは修復・帰責・その他の様式の埋め合わせである。(13)

ファインバーグは、五つのクラスそれぞれに関して、功績の基礎を詳細に分析している。しかし、以下の議論の射程を限定することがここでの目的であるため、この詳細な分析は扱わない。本稿は、報酬と刑罰の内の、報酬に議論を限定する。また、社会における協働関係への参加から得られる財（社会的基本財）という意味で、報酬を理解する。

さらに、功績の基礎に関しても、努力（effort）あるいは、生産に対する貢献（contribution）に議論を限定する。報酬を与えることの基礎として頻繁に想定されるのが、努力と貢献だからである。なお、この場合、貢献は達成（achievement）とも言い換えられる。努力と貢献がどう違うかを説明しておく。功績の基礎が努力の場合、各人の努力の量に合わせた分配が行われる。功績の基礎が貢献である場合、ある人が社会の生産に対してどれだけの貢献をしたか（どれほどの達成を示したか）に合わせて分配が行われる。努力に応じた分配と貢献に応じた分配は合致しないケースが多い[14]。例えば、生まれつきの才能に恵まれ、かつ人生を送る過程で運に恵まれた人は、あまり努力しなくても、大きな貢献をすることがありうる。逆に、運に恵まれない人は、努力を多くしても、わずかな貢献しかできないことがありうる。それゆえ、功績の基礎を努力と理解する場合と、貢献と理解する場合は、分けて議論する必要がある。

まとめると、以下で議論するのは、「ある人が貢献あるいは努力によって報酬に値する」という功績の要求と、分配的正義との関係である。

三　ロールズにおける功績の限定戦略

本節では、功績に応じた分配原理に対する反論を検討し、ロールズにおける功績の限定戦略およびその根拠を明らかにする。一項では、功績の基礎を貢献とみなす功績に応じた分配に対する反論を見る。二、三項では、功績の基礎を努力とみなす功績に応じた分配に対する反論を検討する。

1　分配的正義の全体性と貢献に応じた分配の不可能性

本項では、シェフラーの議論[15]に依拠して、分配的正義の「全体性」（holism）に基づく根拠を提示し、貢献に応じた分配が適切な正義原理とは考えられないという点を示す。

シェフラーの議論は、前節で見たファインバーグの議論を利用している。ファインバーグによれば、功績の基礎は、功績が問題になっている当該人格に関する何らかの特徴ないし事実でなければならない。シェフラーは、この見解を、功績には個人性に基づく基礎が必要であるという見解として理解する。すなわち、シェフラーによれば、「その人が値するものに関する諸々の考慮事項は、個人性に基づく（individualistic）理由である」[16]。

これに対して、現代社会における分配的正義の問題は、次のような意味で、全体性に基づく（holistic）ものである。すなわち、「特定個人に対する経済的利益の割りあてが有する正義は──直接的ないし間接的に──社会における利益のより大きな分配に常に依存するという意味[17]」においてである。

シェフラーは、分配的正義が全体性に基づくという主張に、以下の経験的論拠を提示する。資源が穏当な希少性を有する環境では、人びとの人生における見通し（社会生活における利益の取り分の期待）は、少なくとも次の三つの点で結合する。第一に、人びとの生産に対する貢献は、各人の貢献する能力が他者の貢献に依存するという意味で、相互依存的である。第二に、人びとの才能の経済的価値は、次の意味で、社会的に決定される。つまり、類似の才能をもつ人びとの数と、他者のニーズ・選好・選択との両方に依存するという意味においてである。第三に、人びとが有する物質的利得の期待は、次の意味で、結びついている。つまり、一人の人ないし一つの階級に経済的利益を割りあてるいかなる決定も、他の人びとと他の階級に対する経済的含意を有するという意味においてである[18]。

こうした人びとの見通しの三つの結びつきを前提にすれば、ある個人の貢献の程度を調べ、その程度に応じた分配を実行することは不可能である。特に、第一の結びつきのように、各人の貢献する能力自体が他者の貢献に依存すると考える場合、生産に対する貢献の相互依存関係は非常に複雑だろう。そのような複雑な生産の相互依存関係の中で、特定の個人がどの程度の貢献をしているのかを知ることは不可能である。しかし、功績は個人性に基づく基礎を必要とする。そのため、功績の基礎を貢献で理解する場合、功績に応じた分配は、そのような個人の貢献の程度を知ることを要請する。したがって、分配的正義は全体性に基づくという観点から、貢献に応じた分配は否定される。

シェフラーの全体性の議論は、ロールズ自身も支持する見解であると理解できる。なぜなら、ロールズは、次のように、

「各人に各人の貢献に応じて」という常識的指針（common sense precept）が、基礎構造を統制する正義原理に従属すると指摘しているからである。

労働の限界生産物は、供給と需要に依存する。ある個人が自身の仕事によって貢献するものは、その人の才能に対する企業の需要によって異なり、翻ってこれは企業の生産物に対する需要によって異なる。ある個人の貢献は、どれくらい多くの人が同様の才能を提供するかによっても影響を受ける。それゆえ、貢献という指針に従うことが正義にかなった結果につながるという推定は、基底にある市場の諸力およびそれらが反映する諸機会の利用可能性が適切に統制されない限り、成り立たない。そして、（中略）このこと［こうした統制が成立すること］は、全体としての基礎構造が正義にかなっていることを意味する。そのため、正義原理が要請する囲いとなる編成を制度化する以外には、正義に関する［常識的］諸指針に適切な重みづけを与える方法は存在しない[19]

また、引用部分からも示唆されるが、シェフラーの言う分配的正義の全体性は、公正としての正義が背景的正義(background justice)を確保するものだというロールズの主張と密接に関連している。すなわち、公正としての正義は、個々人の特徴や個々の取引に注目せずに、正義にかなった社会の基礎構造が維持されているかどうかに注目する。「背景的」という語は、「社会的協働の一つのシステムとしての基礎構造に、このシステムが、ある世代から次の世代になっても長期にわたり、公正であり続けるように一定の諸ルールが含まれていなければならないという点を示し[20]」ている。

2　道徳的恣意性と努力に応じた分配の不可能性

本項では、功績の基礎を努力とみなす功績に応じた分配に対するロールズの反論を検討する。

ロールズは、『正義論』第四八節では、次のような正義に関する常識的指針に反論している。その指針とは、功績の基礎を努力と理解した上で、道徳的功績[21]に応じた分配を正義が要請するというものである。これに従えば、努力を基礎とする道徳的功績が正義原理から独立・先行して存在し、そうした道徳的功績に合わせて、分配的正義は努力に応じた分配を要請すると理解するべきであるということになる。ロールズは、「道徳的恣意性」という観念を用いて、こうした考え方に反論している。

ロールズの道徳的恣意性という根拠は、以下のようなものである。生まれついた家庭環境などの社会的に偶然な要因は、道徳的観点から恣意的であり、それらの要因から生じる利益は、値するものではない。この見解は、「機会の平等」に関する広く共有された直観である。しかし、この直観にコミットする場合、社会的に偶然的な要因だけが道徳的に恣意的であると考えるわけにはいかなくなる。[22]

生まれつきの能力・才能という自然的に偶然な要因も、道徳的観点から恣意的であり、それらから生じる利益は値するものではない。なぜなら、当人のコントロールがまったく存在しない形で生じるという点で、社会的に偶然的な要因と自然的に偶然的な要因には違いがないからである。さらに、こう考える場合、努力する性格・性向も、道徳的に恣意的であり功績が成立しない。ロールズによれば、「自らの能力を培う努力を可能にしてくれるようなより優れた性格にわれわれが値するというのも同様に問題がある。というのも、そうした性格は、大部分、人生の初期における幸運な家族と社会環境に依存しており、われわれはそれらに対して手柄を主張しえないからである」[23]。つまり、努力する性格・性向でさえ、生まれついた家庭や生まれつきの能力に部分的には依存する。生まれついた家庭や生まれつきの能力に恵まれた人は、それらに恵まれなかった人よりも努力する可能性が高い。そして、「そうした人びとのより大きな幸運を計算から外す方法はまったく存在しないように思われ」、それゆえ、「功績に報酬を与えるという観念は実践不可能である(impracticable)」[24]。純粋な努力にあたる部分を知ることはできない。そのような知ることができないものに合わせた分配を要請する正義原理は、実践不可能なものになってしまう。したがって、努力を功績の基礎とする場合に、道徳的功績が分配的正義の原理に先行し、そうした原理がどのようなものであるべきかを決めるとは考えられない。

ただし、以下の点に注意が必要である。ロールズは、功績概念の役割を全面的に否定しているのではない。ロールズの理論枠組みにおいても、「功績」・「値する」という観念は、「正統な期待」(legitimate expectations) という限定された形で保たれる。正統な期待とは、正義にかなった協働のスキームが継続的に存在するということを前提にし、その公共的ルールに従うことによって各人が獲得する、社会的生産物の取り分への期待である。そして、「正義にかなったスキームは、社会制度に基づくような、人びとの正統な期待を充足する」[25]。このように、ロールズは、正義原理に先行する道徳的功績が正義原理の内容を決定することを否定しながら、ある種の功績の観念の役割を認める。つまり、正義原理の決定より後に、正義にかなった協働の枠組みが存在することを前提に、正統な期待という限定された意味で功績の観念が役割をもつとしている。本稿で「功績の限定戦略」と呼んでいるのはこのような立場である。

この功績の限定戦略がどのように功績の役割を限定しているのかを見ておく。この戦略は、正義に関する議論の焦点を、個人に関する事実・特徴から、社会の基礎構造・制度枠組みに移す。前節で見たように、功績概念の一種である以上、限定戦略における正統な期待であっても、その基礎が個人に関する事実を含むのは確かである。言い換えれば、正義にかなった法や制度が報酬を与えると宣言していることを行った個人が正統な期待を有するという点は間違いない。しかし、功績の限定戦略は、功績と正義原理との関係を従来の見解から逆転させ、功績の役割をより限定的なものにする。従来の見解では、正義は各人にふさわしいもの（値するもの）を与えることだとされ、正義原理が功績観念に従属するものとみなされる。つまり、功績の要請が正義原理から独立・先行して存在し、正義原理の内容を規定する役割を果たす。この場合、各人に値するものを与えないような正義原理は正しくない原理として否定される。対照的に、限定戦略では、功績の一種である正統な期待が正義原理に従属する。すなわち、正義原理が決まった後に、その正義原理を充足する基礎構造が存在する場合に、正統な期待が成立する。

こうした功績の限定戦略には、以下の懸念が向けられうる。功績概念が有する重要な役割は、現実から距離をとった批判を可能にする点にある。つまり、現実の法や制度が人びとを功績と合致しない仕方で扱っている場合に、制度的ではなく道徳的な概念として、現実の法や制度を批判するというのが功績の重要な役割である。しかし、限定戦略は、功績を現実の法や制度における権原に還元し、この批判の力を失わせてしまうのではないか[26]。

この懸念は、シェフラーの次の見解によって解消できる。すなわち、シェフラーによれば、正義原理以前の（prejustical）

功績による正義原理の規定を否定することは、制度以前の（preinstitutional）功績の存在の否定を意味しない。[27] 正統な期待は、正義にかなった協働の枠組みを前提にしているため、現在の正義にかなっていない法・制度において権原とみなされるものとは一致しない。現実から距離をとる批判の力は、正義原理以前の功績から正義原理に移って保存されることになる。そして、制度枠組みを統御する正義原理ではなく、正義原理以前の功績に批判の力をもたせようとする功績に基づく平等主義に問題があるという点が本稿の主張なのである。[28]

3　政治的リベラリズムにおける公共的正当化という文脈

本項では、『政治的リベラリズム』および『公正としての正義　再説』を参照して、前項の議論を「政治的リベラリズム」の文脈に位置づけることで、功績の限定戦略の立場をより明確にする。

なぜ後期ロールズの文脈に功績の限定戦略を位置づけるのかを説明しておく。第一に、前節で見たロールズ（とシェフラー）の主張を補強するために、後期ロールズの公共的理性論における「探究のガイドライン」の観念が必要になる。生まれついた家庭環境と生まれつきの能力を計算から外して、純粋な努力にあたる部分を知ることはできないとロールズは主張していた。また、シェフラーの分配的正義の全体性の主張も、結局のところ、生産における複雑な相互依存関係を前提にすると、各個人の貢献の程度を同定できない・知ることができないという主張であった。つまり、功績の基礎を努力とする場合も貢献とする場合も、「知ることができない」という点がロールズ（主義者）の主張のポイントになっている。[29] しかし、「知ることができない」という点がどうしてそれほど重要なのか。この点が、政治的リベラリズムにおける公共的正当化の文脈に位置づけることで明確になる。

第二に、本項の最後で見ることになるが、後期ロールズの公共的理性論に位置づけることで、公共的正当化の対象になる社会の基礎構造と、公共的正当化の直接の対象にはならない「背景的文化」の領域の区別が導入される。そして、正統な期待以外の道徳的功績の役割は背景的文化の領域に属することになる。この点から、善に対する正・正義の優先を確保しながら、人びとの間の価値（善の構想）の多元性を肯定するロールズの理論枠組みが、功績の限定戦略にも反映されていることが明らかになる。
それでは、後期ロールズの公共的理性論を見ていこう。

政治的リベラリズムにおいて、公共的理性・理由による正当化が必要とされる際、政治権力の行使の正統性が重視されている。以下では、三つの簡単な前提から説明する。[30]

（一）デモクラティックな社会においては、「理にかなった多元性の事実」が、永続的な特徴として存在する。つまり、複数の宗教的・哲学的・道徳的な包括的教説が存在し、単一の包括的教説に統一されることはない。

（二）デモクラティックな社会においては、市民たちは相互に自由かつ平等な道徳的人格とみなし合う。

（三）政治権力は、市民たちの協働関係（社会的協働）には必要なものであるが、常に強制力の行使を含んでいる。

説明しよう。（三）から政治権力は強制的なものと理解される。しかし、同時に（二）の市民たちの自己理解に照らせば、政治権力は、自由かつ平等な市民が共有するものでもある。それゆえ、強制的な政治権力を行使される特定の市民がそれに異論を提起する場合、その強制力の行使には、理由を挙げる正当化が必要になる。受容可能な理由なしに強制力を行使される場合、政治権力を平等に共有しているものとは考えられなくなってしまうからである。このとき、（一）から、この理由を挙げる正当化は、単一の包括的教説の共有を前提にすることができない。したがって、強制的な政治権力の行使に対しては、他の包括的教説を有する市民であっても受容可能な理由を提示しなければならない。また、こうした理由は、すべての市民が自由かつ平等な道徳的人格とみなされるため、理にかなった包括的教説を有するすべての市民に受容可能なものでなければならない。さもなければ、政治権力の行使は正統ではありえない。

こうした公共的理由による正当化を支えるために、原初状態で合意される正義の政治的構想がいかなる役割を有しているかが重要である。ロールズによれば、政治的構想には、以下の二つの部分がある。第一に、基礎構造に適用される正義の実質的原理がある。そして、少なくとも憲法上の本質的事項と基本的正義の諸問題に関わる事柄に関しては、この正義原理に照らして公共的理由による正当化を行うことが要請される。しかし、この第一の部分だけでは十分ではない。政治的構想の第二の部分は、「探究のガイドライン」(guidelines of inquiry)である。探究のガイドラインとは、「それらの観点から、市民たちが、実質的原理が適切に適用されているかどうかを決定し、そうした原理を最もよく充たす法や政策を同定することができるような、推論の諸原理および証拠の諸ルール(31)」を意味する。公共的理由による正当化を可能にするために、正義の政治的構想には、正義原理だけでなく、正義原理をどうすれば上手く実現・適用できるのかを示すようなガイドラインも含まれている必要がある。そうしたガイドラインを伴わない正義原理は、公共的正当化を支えることができない。公共的正当化は、正義原理の実現方法として基本的な法や制度を正当化するもののはずだからである。したがって、実現・適用のためのガイドラインを伴わない原理は、正義原理として適切なものではありえない(32)。

こうした探究のガイドラインの必要性から、純粋な努力にあたる部分や各人の貢献の程度を「知ることができない」という点がなぜ重要なのかが理解できる。そして、この点は、公共的理性論が出てこない前期ロールズのテキストだけでは明確にならない点である。仮に政治的構想の第一の部分として、努力に応じた分配という原理が採用されたと仮定する。その場合、努力に応じた分配原理が適切に適用されているかどうかを知り、また、その原理を最もよく充たす法や政策を同定するためのガイドラインが存在しなければならない。そのようなガイドラインが存在しなければ、実質的な正義原理は、公共的理由による正当化を支えるという役割を果たせなくなってしまう。努力を功績の基礎とする道徳的功績に応じた分配原理は、純粋な努力にあたる部分を同定することを要請する。しかし、前項で見たように、生まれついた家庭や生まれつきの能力を計算から外し、純粋な努力にあたる部分を知ることは不可能である。そのため、努力を功績の基礎とする道徳的功績に応じた分配原理は、公共的理由による正当化を支えられないものとして、否定される。

ここで、努力に応じた分配の支持者から、分配的正義の原理が公共的正当化を支えなければならないというのは、ロールズの理論内における要請にすぎないのではないかという反論が予想される。しかし、この反論をするためには、(一)(二)(三)の前提のどれかを否定する必要がある。こうした見解が妥当であるとは思えない。

公共的正当化の文脈に置く場合、功績の限定戦略における「限定」のもう一つの意味が明確になる。そのもう一つの意味とは、正統な期待以外の道徳的功績の観念は、「背景的文化」(background culture)[33]の領域に限定されるということである。それゆえ、功績の限定戦略は、大学や教会のようなアソシエーションの内側における評価基準が、正義の二原理と結びついた正統な期待に限定されなければならないという含意をもたない。例えば、大学内における試験による成績づけが格差原理に従って行われるべきということにはならない。背景的文化の領域で正統な期待以外の道徳的功績が役割を有しうるのは、諸々のアソシエーションが政治権力を行使するものではなく、公共的正当化の対象とはみなされないからである。

こうした正義原理によって統御される基礎構造と、背景的文化の領域を区別する議論から、功績の限定戦略が、正義の優先性を確保しつつも価値(善の構想)の多元性を肯定するロールズの基本的立場[34]を反映していることが明確になる。功績の限定戦略では、正統な期待以外の功績の解釈を多元的なままに残しておくことができる。例えば、教会・宗派によって異なる規準に基づく功績の異なる解釈を有することが許容される。これに対して、功績に応じた分配を正義原理とする場合、正義原理の内容を先行して存在する功績の解釈が規定することになる。それゆえ、功績に応じた分配原理は、多元的な功績の解釈を許容できず、功績の解釈を一元化しなければならなくなるだろう。現代の理にかなった多元性の事実を考慮すれば、功績の限定戦略の方がより適切な立場であると考えられる。

四　功績に基づく平等主義の問題点

本節では以下のように論じる。一項で、純粋な努力にあたる部分を知ることができないという前節の主張に対する功績に基づく平等主義者からの可能な反論を取り上げる。二項では、この反論に功績に応じた分配を実現しようとする立場の問題点を挙げることで応じる。

1　功績に基づく平等主義からロールズに向けられる反論

本項では、前節で見たロールズの議論に対して、功績に基づく平等主義者からなされうる反論を検討する。功績に基づく平等主義者は、ローマーの「機会の平等」の提案を採用することによって反論してくると想定しうる。

ここでローマーの議論を扱うのは、以下の理由による。第一に、ローマーの次の言から、ローマーを、努力を功績の基礎とみなす功績に基づく平等主義者として位置づけることができる。つまり、ローマー自身が、「私の解釈では、機会の平等の見解は、功績に基づく見解である。そしてその見解においては、報酬は、人びとの努力をする傾向に応じて人びとにふさわしいものとなる」[35]と述べている。第二に、以下で見ていくように、ローマーの機会の平等論が、前節で確認した、探究のガイドラインを用いたロールズの功績に応じた分配に対する批判に有効な反論を提起していると考えられる。

それでは、ローマーの機会の平等論を簡潔にまとめていく。[36]ローマーの議論は、統計的観点を導入して努力以外の諸要因を割り引くことで、努力に応じた分配に近づくための政策を採ることができるという点を示している。

ローマーの議論では、努力のレベルと努力の程度（degree）との区別が重要である。[37]努力のレベルとは、表面にあらわれる達成を意味する。教育を例にすれば、各人の学校の試験の点数は努力のレベルである。これに対して、努力の程度は、各人が実際に費やした労力を意味する。努力のレベルと努力の程度は、多くの場合、一致しない。例えば、試験の点数は、それ自体では各人がどのくらいの労力を実際に費やしたのかを示さない。

ローマーによれば、努力のレベルと努力の程度との不一致は、「環境」(circumstances) に属する諸要因の違いに由来する。環境に属する諸要因は、当人のコントロールや選択を越えた要因を意味する。例えば、遺伝、家庭の背景、文化などの要因が環境に属する。[38]これらの環境に属する諸要因の違いからの影響により、同一の努力レベルを達成する際の困難さの程度が異なってくる。遺伝や家庭の背景などに恵まれていない人は、それらに恵まれた人よりも、試験で同じ点数を得るために、より多くの労力を費やす必要がある。

ローマーは、環境に属する諸要因が同じ人びとのグループを「タイプ」と定義し、タイプ間の平等化はするが、タイプ内の平等化はしないことが正しいと主張する。努力の程度の違いがそのまま努力のレベルにあらわれないのは、人びとの間で環境に属する諸要因が異なるからである。環境に属する諸要因が同じ人びとを同一のタイプの人びとと定義してみよう。その場合、用語の定義上、同一タイプ内では努力のレベルの違いが努力の程度の違いをそのまま反映することになる。それゆえ、タイプ内における努力のレベルの違いは、人びとの実際の労力の違いを示す。対照的に、異なるタイプ間では、環境に属する諸要因が異なるため、努力のレベルと努力の程度が一致しない。タイプ間に見られる努力のレベルの違いは、実際に費やされた労力の違いを示さず、当人のコントロールを越えた環境に属する諸要因の影響を受けている。こう考える場合、努力（努力の程度）に応じた分配を実現するためには、次のようにすればよいことになる。つまり、タイプ間では達成の平等化を目指すが、タイプ内では平等化を目指さないようにすればよい[39]。

以上、ローマーの機会の平等論を簡潔に見た。ここでのポイントは、このローマーの議論を採用することで、功績に基づく平等主義者が、前節で提示したロールズの議論に反論することができるという点である。前節では、生まれついた家庭環境と生まれつきの能力を計算から外して、純粋な努力にあたる部分を知ることはできないと論じた。その上で、知ることができないという点が問題になる理由は、分配的正義の実質的原理が探究のガイドラインをも有する必要があるからだと指摘した。しかし、ローマーの機会の平等論が示しているように、純粋な努力（ローマーの語では努力の程度）を近似的に見出す方法は存在する。したがって、努力を功績の基礎とする場合の功績に基づく分配原理は、適用・実現のためのガイドラインを有しているという反論が可能なのである。

以上のローマーの議論に依拠した反論は、前節のロールズの議論に対して有効な反論になっている。というのも、以下のように考えられるからである。そもそもロールズ自身の正義の二原理自体が、完全な実現につながるガイドラインを有しているとは考えられない。その点で、ローマーの提案が純粋な努力に応じた分配を完全に実現できるようなものではないとしても、そのような分配に近づける一定の方策を示しているとすれば、二原理と同程度のガイドラインは有していると言うことができる。

次項では、こうしたローマーに依拠する反論に対して、ロールズ主義者からのさらなる反論が可能であるという点を示す。

2 功績に基づく平等主義の問題点：個人に関する事実に注目することの悪影響

本項では、功績に基づく平等主義の問題点を指摘する。ポイントを先に述べておく。努力に応じた分配原理が実現した社会では、最も恵まれない人びとの自尊（self-respect）が傷つけられる可能性がある。この問題は、功績に基づく平等主義が功績という個人志向性と過去志向性を有する観念から平等主義的政策を導こうとするために、事後の再分配の点から議論を展開する必要があるという点に由来する。対照的に、ロールズは、事前の分配の点から分配的正義を論じ、最も恵まれない人の自尊を確保する。そして、このことは、分配的正義の全体性を強調して基礎構造に焦点を当てることと密接に結びついている。

こうした問題点を詳しく論じる前に、本項の議論の重要な前提を述べておく。正義原理には、「公知性条件」（the publicity condition）が課されるという前提である。この条件は、「そうした諸原理の受容が合意の結果であるとすれば、これらの諸原理に関して自らが知るであろうすべてのことを、すべての人が知ることになると当事者たちは仮定する」[40]というロールズの言に表われる。つまり、正義原理は、その内容およびそれを支持する理由が全員に知られた上でもなお、すべての人が受容しうるものでなければならない。

この公知性条件を前提にする場合、努力を功績の基礎とする功績に応じた分配は、最も恵まれない人（分配上の取り分が最も少ない人）にどのような影響を与えるだろうか。功績に基づく分配が実現した社会では、最も恵まれない人の自尊が確保できない危険性がある。努力を功績の基礎とする功績に基づく平等主義によれば、各人が有する分配上の取り分は、各人の努力の量に比例するものである必要がある。このような考え方には次の含意がある。すなわち、分配上の取り分が最も少ない人は、最も努力をしていない人であることになる。その場合、状態が最も悪いことに加えて、努力の量が少ないとみなされることで社会から否定的な評価を受けることになる。それゆえ、分配上の取り分が最も少ない人が自尊を確保できない危険性があると言える[41]。

問題の源泉は、第二節で見たように、功績概念が個人志向性と過去志向性をもつという点にある。功績の基礎は個人に関する過去の事実でなければならない。功績が成立するためには、個人に関する何らかの過去の事実が必要なのである。それゆえ、功績に応じた分配を主張する場合、個人に関する過去の事実に注目する必要があり、その結果、事後の再分配の用語で分配的正義を論じなければならなくなる。ローマーのように、平等主義的政策の根拠を、努力（努力を基礎とする功績）という個人に関する過去の事実に求める場合、個人の努力の量を観察してから、その努力の量に比例した分配を追求するという形を採る必要がある。つまり、努力のレベルで測った不平等が異なるタイプの人びとの間に生じてから、それを埋め合わせる形で再分配政策を考えることになる[42]。しかし、平等主義が目指すのは、そもそもタイプ間に不平等を発生させないような社会の基礎構造・制度枠組みのあり方ではないのか。ローマーの議論は、個人に関する過去の事実に焦点をあてることにより、仮に現状よりも平等主義的な分配を導き出せるとしても[43]、分配上の取り分が多い人と少ない人の間に分断をもたらすような議論に陥ってしまう。

対照的に、ロールズの理論は、個人志向的で過去志向的な功績概念ではなく、基礎構造の正義に焦点を移すことで、事前の分配を重視し最も恵まれない人の自尊を確保している。ロールズが事後の再分配ではなく事前の分配を重視しているという点は、「財産所有型デモクラシー」（property-owning democracy）の議論にとりわけ明確に見出される。ロールズは、福祉国家型資本制を、一部の階級が生産手段を独占することを許容した後で再分配政策を行うと批判する。財産所有型デモクラシーは、これと異なり、一部の階級による生産手段の独占を回避する。そして、それは、各期間の初めに、生産用の資産と人的資本（教育と技能訓練）の広範な所有を確保することによってなされる。このように、ロールズは、事後の再分配ではなく、事前の分配政策を重視する[44]。

こうしたロールズの財産所有型デモクラシー論は、最も恵まれない人でさえ自尊を確保できるようにすることを意図している。財産所有型デモクラシーの体制においては、「すべての市民が、適切な程度の社会的・経済的平等を足場として、自分自身のことを自分でなんとかする立場に置かれ[45]」る。その結果、最も恵まれない人びとでさえ、「相互に利益となり、かつ、すべての人の自尊と合致するものと全員が承認した諸条項に基づき、自身の十全な役割を果たしている」[46]という感覚をもつことができる。

また、正義の二原理が実現している状態では、努力に応じた分配状態とは異なり、最も恵まれない人は努力をしていない人であるという含意も存在しない。それゆえ、最も恵まれない人が、社会からの低い評価を受けることもないと考えられる。

ロールズにおける事前の分配の強調は、功績のような個人に関する過去の事実を必要とする概念に注目するのではなく、分配的正義の全体性を強調する功績の限定戦略と密接に結びつく。財産所有型デモクラシーの体制は、背景的正義を実現するための方法として提示される。それは、再分配政策に恒常的に依存し、社会に包摂されずに自尊を失うアンダークラスの人びとを生み出さないための基礎構造をつくり出す方策なのである[47]。

次節の議論に移る前に、本項の議論に対する最も有力な反論を検討しよう[48]。その反論とは、次のようなものである[49]。まず、原理上の問題と適用上の問題を区別することができ、自尊が確保できない危険性は適用の際に生じる問題であり、そのため、原理としての功績に応じた分配を否定する論拠にはならない。さらに、功績に基づく平等主義者（運の平等主義者）は、単一の原理として功績原理を採るのではなく、自尊の道徳的価値を考慮に入れた形で原理の多元主義を採ることができる。つまり、功績に応じた分配原理以外の原理によって、自尊の欠如の危険性を回避することができる。それゆえ、本項の議論は功績に基づく平等主義に対する有効な反論にはなっていない[50]。

しかし、こうした原理の多元主義を採る場合、問題が生じる。確かに、複数の原理を採ること自体は否定されないが、その場合、いかなる根拠でいくつの原理が存在すると言えるのか、および、原理間に衝突が生じる場合にどのような仕方で衝突を解決するのかを明示する必要がある。さもなければ、反論に直面するたびに、無根拠に原理を増やすことで反論を回避することができてしまうだろう[51]。

実際、代表的な運の平等主義者であるG・A・コーエンが『どうして社会主義にしないのか』で見せた立場が、原理の多元主義の問題点を示していると考えられる。コーエンは、その著作で、運の平等主義の正義原理にあたる「社会主義的な機会の平等」が、別の原理である「コミュニティの原理」によって制約されると主張している。つまり、社会主義的な機会の平等が許容する不平等が過度になる場合、その不平等はコミュニティの原理によって緩和されるというのである。[52]しかし、なぜそのように考えなければならないのかが不明確なのである。どうして運の平等主義の正義原理よりもコミュニティの原理・価値の方が優先するべきなのか。さらに、この二つの他にも原理があるのか、あるならばどのような原理なのかも明らかではない。この例に見られるように、原理の多元主義を採用する場合、原理の数と原理間の優先順序のつけ方を明らかにしなければならない。[53]

五 ノージックからの批判に対する応答

本節では、ロールズにおける功績の限定戦略が有する道徳的恣意性という根拠に対するノージックからの二つの批判に応答する。第三節二項で見たように、ロールズは道徳的に恣意的な要因を計算から外して、純粋な努力にあたる部分を知ることはできないとする。ここから、純粋な努力のような正義原理以前の功績ではなく、基礎構造の正義に焦点を移し、功績の役割を正統な期待に限定するのが功績の限定戦略であった。こうした限定戦略の立場には、一九七〇年代・八〇年代から、ノージックのテキストを源泉とする多くの批判が向けられてきた。それゆえ、功績の限定戦略を擁護するためには、ノージックからの批判にも応答する必要がある。また、それらの批判に応答することで、功績の限定戦略がより明確で説得力のある立場になるだろう。

1 ノージックの第一の批判に対する応答：人格の責任の否定にはならない

ロールズの功績の限定戦略に対する第一の批判を検討していく。ノージックは、功績の限定戦略における道徳的恣意性の議論は、人格の責任を否定するものであると批判する。ロールズによれば、個人が有する能力・才能や性格（努力する性向）は、道徳的観点から恣意的な要因であるために、各人はこれらから生じる利益に対する功績を要求しえない。

この点からノージックは次のように主張する。道徳的恣意性の議論を採用する場合、能力や性格のような人格に関して注目するべきものをすべて、人格にとってある種の外的要因に帰属させることになる。つまり、人格からすべての属性を奪うことになってしまう。[54] すべての属性を奪われた人格を想定することで、自律的人格の責任が否定される。自身の属性に責任を負わず、そうした属性から生じる責任を他者に押しつけることは、自律的人格の観念と合致しない。しかし、ロールズの理論は、各人が善の構想を自ら形成・修正・追求することを強調していることからわかるように、ある意味で人格の自律を重視している。したがって、ロールズの理論の内には、自律的人格の責任を否定する道徳的恣意性の強調と、人格の自律の重視という、整合しない二つの要素が含まれている。[55]

こうしたノージックの批判には、ロールズ側から以下のような反論が可能である。まず、能力や性格を人格に帰属させるということの意味をよく考える必要がある。つまり、各人が同一化できるという意味における能力や性格の帰属と、能力や性格から生じる報酬（分配上の取り分）を有することの許容は別の問題である。[56] そして、ロールズの道徳的恣意性の議論は、前者の同一化可能性の意味における帰属を全く否定していない。能力や性格に対する同一化可能性を認めているのだから、人格からすべての属性を奪っていることにはならない。しかし、この意味における帰属を認めることと、道徳的観点から恣意的な要因に由来する報酬を許容することとは異なる。分配的正義の全体性に関する議論からわかるように、自然的・前社会的に能力や性格を有していても、それだけでは報酬を得ることはできない。報酬を得るためには、他者との社会的協働[57]の関係に立つ必要がある。また、各人の能力や性格に対する価値づけは、基礎構造・制度枠組みを共有する社会の文脈で決まる。そのため、基礎構造を共有する社会的協働によってもたらされる報酬のあり方は、社会的協働の参加者全員に対する正当化可能性を要請する。

さらに、ロールズの議論が人格の責任を否定しているというノージックの主張も正しくない。この批判は、ロールズの理論における「責任の社会的分割」の観念を無視している。ロールズは、『政治的リベラリズム』で基本財を論じる文脈で、次のように述べている。

前述の基本財の説明は、われわれが責任の社会的分割（a social division of responsibility）と呼びうるものを含んでいる。つまり、社会すなわち一つの集合体（a collective body）としての市民たちは、平等な基本的諸自由と公正な機会の平等を維持する責任、およびこのような枠組みの内で、すべての人に基本財の公正な取り分を提供する責任を引き受ける。他方で、個人としての市民とアソシエーションは、自分たちの現在と予見可能な将来の状況を所与として、期待しうる汎用的な手段の観点から、自らの目的と希求を修正し調整する責任を引き受ける[58]

このように、ロールズは、集合体としての市民たちが負う責任と、個人としての市民が負う責任の二種類があると指摘する。この点から考えると、ノージックは集合体としての責任を無視していることになる。ロールズにとって、個人による善の構想の形成・修正・追求（ある意味の自律）は、正義原理の実現を通じて、他の市民もまた善の構想を形成・修正・追求することができるような公正な協働の条件を確保する責任を同時に伴っている。

しかし、ノージックは、個人としての責任とは別に、市民たちが、集合体として正義にかなった基礎構造を確立・維持する責任を負うという点を否定するだろう。彼にとって、各市民が他者に対して負う責任は、暴力・詐欺・窃盗などをしないという責任以上のものではない。つまり、正義にかなった社会構造を確立・維持することは、個人の行為レベルでの責任の延長線上で理解され、それ以上のものにはならない。

それでは、個人の行為のレベルとは別に、集合体としての責任を負うと考えるべきなのはなぜか。それは、ロールズが述べるように、個々の場面で個人間の合意や取引が正義にかなっているように見えても、それらの累積的影響が背景的正義を掘り崩すことがありうるからである[59]。ロールズによれば、「個人やアソシエーションによる、多くの別個の一見したところ公正な合意の有する累積的影響が、より広い期間を経て、自由かつ公正な合意のために要請される背景的諸条件を掘り崩してしまう可能性がある」[60]。それゆえ、個人のレベルで正義に反しない行為をする責任を負うだけでは、正義にかなった基礎構造を長期的に維持し続けるには十分ではない。一見して公正な行為でも、その累積的影響によって、背景的正義が掘り崩される。その結果、直観的に不公正な合意や取引が生じてくる。そのような結果を避けるために、市民は、個人としての責任とは別に、集合体としての責任を負う必要がある。こう考えれば、この集合体としての責任に関する議論も、功績の限定戦略における基礎構造を重視する全体性の強調と密接に関連していると理解できる。

2 ノージックの第二の批判に対する応答：功績に充足不可能な要請をしていない

道徳的恣意性の議論に対する第二の批判は、ノージックのテキストで示唆され、その後の文献でより正確に定式化された批判である。それは以下のようなものである。道徳的恣意性の議論で、努力する性向に功績が成立しないとされるのは、その性向が生まれついた家庭環境や生まれつきの能力という値しない原因に由来するからである。それゆえ、ロールズの立場は、功績の基礎をもたらすさらなる原因にまで功績が成立することを要請するように思われる。しかし、この要請は正しくない。ノージックが指摘するように、「功績の基底にあるものごとは、それ自体で、最初から最後まで（all the way down）値するものである必要はない」[61]。その後の文献で明確化されたように、功績の基礎の背景にある原因が、最初から最後までどこまでいっても値するものであることを要請する場合、功績概念に対して充足不可能な要請をしていることになる[62]。不当ではない仕方でたんにもっているだけのもの（各人の属性）を利用して報酬や利益を得ることが許されるべきである。

さらに、ロールズの正統な期待は功績に対する理解の一種であるが、正統な期待も道徳的観点から恣意的な要因の影響を受けるはずである[63]。いかなる分配状態も道徳的に恣意的な要因からの影響を必然的に受けざるをえない。ロールズの正義の二原理にかなった分配状態でも、道徳的に恣意的な要因からの影響は残存する。功績概念に最初から最後まで値するものであることを要請しながら、功績の一種である正統な期待に道徳的に恣意的な要因からの影響を残すことを許容する場合、ロールズは矛盾した態度を採っているのではないかという疑問が生じる。

しかしながら、こうした批判は、功績の限定戦略における道徳的恣意性の議論を誤解している。第三節二、三項の議論を思い出して欲しい。ロールズは、公共的正当化を支えるための正義原理に基づく分配に関しては、道徳的功績の観念を正統な期待の観念に置き換える。そして、正義原理が直接適用されない背景的文化の領域においては、正統な期待以外の道徳的功績の役割を認めている。ここでは次の点が重要である。すなわち、ロールズは、正統な期待とそれ以外の道徳的功績のどちらに対しても、功績の基礎の背景にある原因をさかのぼって最初から最後まで値するものであることを要請してなどいない。

まず、正統な期待の意味での功績の成立は、功績の基礎の背景にある原因をさかのぼって最初から最後まで値するという条件を要請しない。なぜなら、功績の限定戦略においては、正統な期待の成立条件は、正義原理を充たす協働の枠組み・基礎構造が存在することだからである。正義にかなった基礎構造が存在する場合、道徳的観点から恣意的な要因の影響が残存しても、正統な期待が成立する。家族環境や生まれつきの能力に恵まれた人は、正義の二原理を充たす基礎構造が確保されている場合、それらの道徳的に恣意的な要因から生じる報酬を受け取ることを、正統な期待の充足として許容される。

正統な期待が道徳的観点から恣意的な要因の影響を受けていても問題にならないのは、それが正義原理によってもたらされているからである。ロールズの理論において、正義原理は、最も恵まれない人を含めた、すべての市民による受容可能性を表現する原初状態で選択される。そのため、道徳的観点から恣意的な要因に最も恵まれなかった人でも、そうした正義原理に反対する理由をもたない。このように、すべての市民に受容可能な正義原理に従っているため、正統な期待に道徳的に恣意的な要因からの影響が残存していても問題ないことになる。

次に、正統な期待以外の道徳的功績も、功績の基礎の背景にある原因をさかのぼって最初から最後まで値するという条件を要請しない。この意味での功績は、基礎構造とは異なる、教会や大学のようなアソシエーションが属する、背景的文化の領域で成立する。例えば、ある教会・宗派に属する信者の間における、高い評価に値するか低い評価に値するかという功績の判断は、その教会内の規準・教義に従ったものでよい。信仰心の篤さが、育った家庭（道徳的に恣意的な要因の一種）に由来していても、教会内の規準に従って高い評価に値すると判断されることには何の問題もない。それゆえ、背景的文化における功績に関しても、功績の基礎の背景にある原因が最初から最後まで値するものでなければ、功績が成立しないということにはならない。

したがって、功績概念に最初から最後まで値することを要請することで功績概念自体に充足不可能な要請をしているというロールズ批判は有効ではない。

六　結論

本稿では、ロールズにおける功績の限定戦略を擁護してきた。功績の限定戦略とは、正義原理に関しては、功績の役割を正義にかなった制度枠組みの存在を前提とする正統な期待に限定し、それ以外の道徳的功績の役割を背景的文化に限定するという立場であった。この功績の限定戦略には、第三節で見たように、分配的正義の全体性と、能力や性向の道徳的恣意性という根拠があった。現代社会における協働関係の複雑な結びつきを考慮すれば、各個人の貢献の程度を同定することはできないため、貢献に応じた分配原理が正しいとは考えられない。また、生まれつきの能力や性向という道徳的観点から恣意的な要因を計算から外して、純粋に努力にあたる部分を知ることはできない。正義原理には、実現のためのガイドラインが要請される。そのため、知ることができないことを要請するのであれば、努力に応じた分配原理が適切な正義原理であるとは考えられない。努力を功績の基礎とする功績に基づく平等主義は探究のガイドラインをもちえないという点には、ローマーの機会の平等論に依拠する反論が想定される。この反論に対しては、功績概念が個人に関する過去の事実を必要とするために、事後の再分配として平等主義的政策を議論せざるをえず、最も恵まれない人の自尊を傷つける可能性があると応じた。さらに、功績の限定戦略における道徳的恣意性という根拠に対するノージックからの二つの批判にも、ロールズの側から応答することが可能であった。

本稿の結論を述べよう。本稿の考察が正しいとすれば、ロールズの功績の限定戦略が擁護可能であるという点が明らかになった。序論で述べたように、功績の限定戦略は独特の立場であり、反直観的であるとさえ思われる。そのため、ノージックのテキストを源泉にして、一九七〇年代・八〇年代から多くの批判が功績の限定戦略に向けられてきた。本稿は、第五節で、これらの批判が、公共的理由による正当化の文脈と主題としての基礎構造とを強調することで回避可能であると示した。また、運の平等主義に関わる論争では、ロールズ主義は功績や責任という考慮事項に十分に感応的ではないという批判が存在する。さらに、道徳的恣意性の議論を用いながら、全面的に恣意的な要因の影響を排除する（運の影響を無効化する）ことを主張しないのは、整合的な立場ではないとも指摘されてきた。[64] しかし、第四節の議論によって、分配的正義の原理を功績や責任（個人の責任）に対して非感応的にする理由、道徳的に恣意的な要因の影響の全面的な排除を主張しない理由があるという点が明らかになった。すなわち、最も恵まれない人の自尊に悪影響を与えることを避けるために、功績のような個人に関する過去の事実に注目する概念を用いるのではなく、基礎構造の正義に注目するべきである。そして、基礎構造に注目する分配的正義の原理は、個人の功績や責任と厳密に対応する分配、あるいは、恣意的な要因の影響を全面的に排除する分配を要請しないのである。

（1）本稿では、訳を以下のように統一する。名詞のdesertを「功績」、動詞のdeserveを「値する」あるいは「功績が成り立つ」と訳す。類義語に関しては、creditを「手柄」と訳す。

（2）以下の著作を用いる。J. Rawls, *A Theory of Justice* revised edition, Harvard University Press, 1999.（川本隆史・福間聡・神島裕子訳『正義論　改訂版』、紀伊國屋書店、二〇一〇年）。J. Rawls, E. Kelly ed., *Justice as Fairness: A Restatement*, Harvard University Press, 2001.（田中成明・亀本洋・平井亮輔訳『公正としての正義　再説』、岩波書店、二〇〇四年）。J. Rawls, *Political Liberalism* expanded edition, Columbia University Press, 2005. 以下本稿の注では、それぞれの著作を、TJ、JF、PLと略記する。なお、TJとJFには邦訳があるが、引用する際には、邦訳には従わず訳を一部変更する。

（3）正義と功績が歴史的に深く結びついてきたという点は、以下を参照。L. Pojman and O. Mcleod eds., *What Do We Deserve? A Reader on Justice and Desert*, Oxford University Press, 1999; T. Campbell, *Justice* third edition, Palgrave Macmillan, 2010.

（4）最も代表的な批判はノージックによるものである。R. Nozick, *Anarchy, State, and Utopia*, Basic Books, 1974.（嶋津格訳『アナーキー・国家・ユートピア―国家の正当性とその限界』、木鐸社、一九九二年）、第七章。以下本稿では、この著作をASUと略記する。ASUには邦訳があるが、引用する際には、邦訳には従わず訳を一部変更する。A. Zaitchik, On Deserving to Deserve in *Philosophy and Public Affairs*, Vol. 6, No. 4 (1977); M. Sandel, *Liberalism and the Limits of Justice* second edition, Cambridge

University Press, 1998.（菊池理夫訳『リベラリズムと正義の限界　原著第二版』、勁草書房、二〇〇九年）、第二章；G. Sher, *Desert*, Princeton University Press, 1987, chap. 2.

（5）日本語のロールズ研究書では、渡辺幹雄の著作が、道徳的恣意性の問題を扱っているが、本稿とは異なり批判的な扱いである。渡辺幹雄『ロールズ正義論の行方―その全体系の批判的考察』増補版、春秋社、二〇〇〇年、二七八頁以下。

（6）運の平等主義を正義と功績の結びつきを重視する現代の立場として理解できるという点は、Campbell, op. cit., pp. 159-162.

（7）主要な運の平等主義者の文献は以下のものを参照。R. Dworkin, *Sovereign Virtue: The Theory and Practice of Equality*, Harvard University Press, 2000.（小林公・大江洋・高橋秀治・高橋文彦訳『平等とは何か』、木鐸社、二〇〇二年）、第一、二、七章；R. Arneson, Equality and Equal Opportunity for Welfare in *Philosophical Studies*, Vol. 56, No. 1（1989）; G. A. Cohen, On the Currency of Egalitarian Justice in *Ethics*, Vol. 99, No. 4（1989）; J. Roemer, *Equality of Opportunity*, Harvard University Press, 1998. なお、運の平等主義者の間では、運（ブルート・ラック）と選択（オプション・ラック）のどちらに何を入れるかが活発に論争されてきた。（特に高価な嗜好の問題では立場の違いが明確になる。）それゆえ、「運の平等主義」の語で一括りに扱うのでは正確な議論はできないが、ここでは運の平等主義と呼ばれる立場の基底にある直観が功績に関わるものと理解できると指摘しているだけであり、理論家の立場を分けて扱っていない。より正確な運の平等主義に関する議論は、今後の課題としたい。

（8）J. Feinberg, Justice and Personal Desert in his *Doing and Deserving: Essays in the Theory of Responsibility*, Princeton University Press, 1970.

（9）Ibid., p. 61. 次の文献も参照。J. Moriarty, Against the Asymmetry of Desert in *Noûs*, Vol. 37, No. 3（2003）p. 519. なお、Fは「事実」（fact）を意味している。

（10）Feinberg, op. cit., pp. 58-59.

（11）功績の基礎の過去志向性を明確に指摘したのは、ファインバーグの分析を進展させたサドルスキーである。サドルスキーによれば、功績観念には、個人志向的、価値付帯的、過去志向的（past-oriented）という三つの特徴がある。W. Sadurski, *Giving Desert Its Due: Social Justice and Legal Theory*, D. Reidel Publishing Company, 1985, pp. 116-118.

（12）この点は次の文献を参照。O. Mcleod, Part II Contemporary Interpretations of Desert: Introduction in L. Pojman and O. Mcleod eds., op. cit., pp. 63-64.

（13）Feinberg, op. cit., p. 62.

(14) J. Wolff, The Dilemma of Desert in S. Olsaretti ed., *Desert and Justice*, Oxford University Press, 2003, pp. 220-221.

(15) S. Scheffler, *Boundaries and Allegiances: Problems of Justice and Responsibility in Liberal Thought*, Oxford University Press, 2001, chap. 10. なお、シェフラーは、この著作の第一章として収録されている論文から、功績に関するロールズの議論の評価を大きく変更している。シェフラーの変更前のロールズ評価に関しては、次の論文を参照。若松良樹「リベラルな責任観念についての覚書—自然主義と形而上学のはざまで」、『成城法学』第四八号、一九九五年、一二一—一二二頁。

(16) Scheffler, op. cit., p. 190.

(17) Ibid.

(18) Ibid., p. 191.

(19) TJ, p. 271. 邦訳四一〇頁。［ ］は引用者による。

(20) JF, p. 51. 邦訳八八頁。

(21) 本稿では功績と道徳的功績という二つの語をとくに区別せずに用いている。

(22) このパラグラフと次のパラグラフにおける道徳的恣意性の議論に関しては、TJ の第一二節の議論を再構成している。特に、「自然的自由のシステム」と「リベラルな平等」に対するロールズの批判を参照。TJ, pp. 62-64. 邦訳九七—一〇一頁。

(23) TJ, p. 89. 邦訳一四〇頁。

(24) TJ, p. 274. 邦訳四一五頁。

(25) TJ, p. 273. 邦訳四一四頁。

(26) このパラグラフは、ファインバーグの功績と権原の区別を前提にしている。彼によれば、功績は、法的・制度的ではなく道徳的概念である。道徳的功績は法的・制度的権原に先行し、正義にかなった制度のあり方を導く。Feinberg, op. cit., pp. 56-58, 85-87.

(27) Scheffler, op. cit., p. 185.

(28) 正義にかなった制度枠組みの存在を前提にするという点で、限定戦略では、功績には、理想状態における役割が認められているにすぎないとも考えられる。そう考える場合、非理想状態では功績には何の役割もないのかという疑問が当然生じてくる。井上彰も、ロールズの議論では正義にかなわない社会制度下で責任が成立しなくなってしまうという指摘をしている。井上彰「正義としての責任原理」、宇野重規・井上彰・山崎望編『実践する政治哲学』、ナカニシヤ出版、二〇一二年、三〇一—三〇二頁。この非理想状態における功績や責任の問題を扱うには、近年の理想理論／非理想理論に関する論争を追う必要があるため、本稿の限界を越える。別の機会に議論したい。

（29）それゆえ、ロールズたちの議論は、認識的な（epistemic）論証である。認識的に知りえないという点を功績に応じた分配に反対する根拠にすることには批判がある。例えば、シェフラーの議論を批判しているものとして次の文献を参照。Moriarty, op. cit., pp. 526-533. しかし、探究のガイドラインを論じる部分で見るように、ロールズ主義からすれば、正義原理は、公共的正当化における参照点の役割を果たさなければならないため、原理の内容に知りえない要請が含まれていることには問題がある。

（30）以下の公共的正当化の説明は、ロールズのテキストの以下の箇所を再構成したものである。PL, pp. 216-217; JF, pp. 89-91. 邦訳一五九—一六一頁。これらの箇所は、リベラルな正統性原理（the liberal principle of legitimacy）を論じる部分である。

（31）PL, p. 224.

（32）PL, pp. 223-224; JF, p. 89. 邦訳一五八—一五九頁。JFでは、「探究のガイドライン」という語自体は使用されていないが、正義原理の他に推論の諸原理と証拠の諸ルールが必要とされる点では、PLと違いがない。

（33）背景的文化とは、政治社会とは異なる市民社会の領域を指す。この領域では、公共的理性・理由による推論が要請されず、包括的教説に属する非公共的理由（nonpublic reasons）を用いた推論が許される。PL, p. 14, 220.

（34）シェフラーやフリーマンのようなロールズ主義者は、正義の（第一の）主題としての基礎構造というロールズの見解を擁護する際に、こうした価値の多元性を引き合いに出す。S. Scheffler, Is the Basic Structure Basic? in C. Sypnowich ed., *The Egalitarian Conscience: Essays in Honour of G. A. Cohen*, Oxford University Press, 2006; S. Freeman, The Basic Structure of Society as the Primary Subject of Justice in J. Mandle and D. Reidy eds., *A Companion to Rawls*, Wiley Blackwell, 2014.

（35）Roemer, *Equality of Opportunity*, p. 15.

（36）以下のローマーの議論のまとめは、次の文献を参考にしている。井上彰「機会の平等・再考—正義の観点から」、齋藤純一編『支える—連帯と再分配の政治学』、風行社、二〇一一年、一八九—一九三頁。

（37）Roemer, op. cit., p. 12.

（38）Ibid., p. 6.

（39）Ibid., p. 7. なお、タイプ間の平等化は、各タイプ内の人びとを、努力のレベルの数値に合わせて百分位で並べ、タイプを越えて、百分位上の位置が同じ人びとを平等化するという方法でなされる。Ibid., p. 10.

（40）TJ, p. 115. 邦訳一七九頁。

(41)なぜ自尊が重要なのだろうか。ロールズは、自尊が有する二つの側面の一つとして、「自分自身に価値があるという感覚、すなわち自らの善の構想・人生計画が実行するにふさわしいという確信」(TJ, p. 386. 邦訳五七八頁)を挙げる。自尊を失った人は、自身の善き生を追求することができなくなってしまう。自身の善き生の追求は、道徳的人格としての市民にとって非常に重要であるため、自尊を確保することが重要であると理解できる。

(42)なお、ローマーの議論は、功績の基礎の過去志向性を否定していると理解できるかもしれない。環境に属する諸要因に恵まれなかったために表面にあらわれる努力のレベルが低い人びとが平等主義的補償を受けるに値するのは、環境に属する諸要因によりよく恵まれた可能世界ではより高い努力のレベルを示しただろうからである。だが、可能世界でありうる事柄は現実の世界で実際に起こった過去の事実とは異なる。このように考える場合、ローマーの議論は、過去志向性を含意するはずの功績観念の通常の用法から逸脱していると言えるかもしれない。このローマーが可能世界の事柄を引き合いに出しているという点は、次の注の井上とハーリィの指摘と関連している。

(43)本項の議論は、努力に応じた分配が、少なくとも現状よりは平等主義的な分配につながるという点は前提にしている。しかし、ローマーの努力に応じた分配が、平等主義の正当化に失敗しているという懸念も存在する。井上彰、「機会の平等・再考」、一九三―一九五頁。S. Hurley, *Justice, Luck, and Knowledge*, Harvard University Press, 2003, pp. 187-189.

(44)JF, pp. 139-140. 邦訳二四七―二四九頁。

(45)JF, p. 139. 邦訳二四八頁。

(46)JF, p. 139. 邦訳二四八頁。

(47)JF, p. 140. 邦訳二四九頁。

(48)以下の反論に対して応答する必要があるという点は匿名の査読者からの指摘による。

(49)なお、本項で主張している自尊の欠如の危険性という点は、E・アンダーソンが運の平等主義批判で述べるスティグマ化の問題と類似の論拠であるため、ここで扱う反論も運の平等主義者によるアンダーソンらの「関係論的平等主義」(relational egalitarianism)に対する反論と同様のものである。アンダーソンのスティグマ化批判は次の文献を参照。E. Anderson, What Is Point of Equality? in *Ethics*, Vol. 109, No. 2 (1999) pp. 302-307.

(50)多元主義的な立場(の運の平等主義者)として、例えば、R・アーネソン、G・A・コーエンが考えられる。アーネソンは、自身の立場は、状態の悪い人に対する優先性(優先主義としての平等)に福祉の総量の増加および功績(責任)の考慮事項を組み合わせるとする。R. Arneson, Desert and Equality in N. Holtug and K. Lippert-Rasmussen eds., *Egalitarianism: New Essays on the Nature and Value of Equality*, Oxford University Press, 2007, p. 263, 283, 287. コーエンの場合、事実と原理の関係に対する分析において提示される、「根本原理」と「統御のルール」の区別に関する議論から、（運の平等主義の）正義の根本原理以外の原理の存在を認めていることは明らかである。G. A. *Cohen, Rescuing Justice and Equality*, Harvard University Press, 2008, pp. 269-272, 276-278.

（51）広瀬巌が同様の指摘をしている。広瀬巌「平等論の展開―ロールズ以降の『運の平等主義』の基本問題」、川崎修編『岩波講座 政治哲学6―政治哲学と現代』、岩波書店、二〇一四年、四三―四六頁。

（52）G. A. Cohen, *Why Not Socialism?*, Princeton University Press, 2009, p. 12, 34.

（53）ただし、ここでは一例を挙げただけであり、このコーエンの立場よりも説得力のある多元主義的な立場の可能性が否定されたわけではない。あるいは、次の文献の立場はより説得力があると言えるかもしれない。K. C. Tan, *Justice, Institutions, and Luck: The Site, Ground, and Scope of Equality*, Oxford University Press, 2012, chap. 4, 5. より説得力のある多元主義的な運の平等主義の立場が可能であるとすれば、ロールズ主義者との間で、正義の役割に対する理解が大きく異なるという点が明らかになるだろう。ロールズ主義にとって、正義は「社会制度の第一の徳」である（TJ, p. 3. 邦訳六頁）。これには、制度に対する諸々の道徳的要求をバランスさせる役割を正義原理が有しているという含意がある。対照的に、コーエンのような多元主義的な運の平等主義者は、正義がこの意味で社会制度の第一の徳であるという点を否定する。つまり、正義は諸原理・諸価値の一つにすぎない。Cohen, *Rescuing Justice and Equality*, pp. 302-307. こうした正義の役割に対する理解の違いを含めて、多元主義的な運の平等主義の本格的な検討は今後の課題としたい。

（54）ロールズの自己の構想は「負荷なき自己」であるというサンデルのよく知られた批判は、このようなノージックの見解を利用して展開されている。Sandel, op. cit., chap. 2. 特に、この著作の次の部分を参照。pp. 77-80. 邦訳八七―九一頁。また、渡辺幹雄は、ロールズが自由意志と道徳的責任を否定していると理解している。渡辺幹雄『ロールズ正義論再説―その問題と変遷の各論的考察』、春秋社、二〇〇一年、一五九、一六三頁。

（55）ASU, p. 214. 邦訳三五五頁。

（56）この区別は、T・スキャンロンの見解を参考にしている。T. Scanlon, The Significance of Choice in S. MacMurrin ed., *The Tanner Lectures on Human Value*, Vol. 8, University of Utah Press,1988, pp. 186-187.

（57）しかし、ノージックは、社会的協働を前提にするロールズの社会の構想自体に批判的である。ASU, pp. 183-189. 邦訳三〇七―三一五頁。したがって、ここでの議論はロールズの一貫性を示す消極的擁護にとどまっている。社会の構想を含めた、ノージックに対するより根本的な反論は今後の課題としたい。

（58）PL, p. 189. 傍点による強調は引用者による。

（59）シェフラーは、基礎構造を正義の第一の主題と考えるべき三つの理由の内の一つとしてこの点を挙げている。S. Scheffler, Is the Basic Structure Basic?, pp. 104-106.

（60）JF, p. 53. 邦訳九一―九二頁。以下の箇所も参照。PL, pp. 266-267.

（61）ASU, p. 225. 邦訳三七一頁。強調はノージックによる。

（62）このロールズ批判を正確に定式化したザイチックは、道徳的恣意性の議論が無限後退に陥り功績概念自体を全面的に否定することになると批判する。ザイチックによれば、XがZを有することによってYに値するのが、XがZを有することに値する場合だけであるとする場合、さらにXのZに対する功績が成立するための基礎にも値しなければならなくなる。その結果、功績の基礎を無限にさかのぼってすべての基礎に値しなければならなくなるが、この要請は充たすことは不可能である。Zaitchik, op. cit., pp. 372-374. さらに、シャーもこうしたノージックとザイチックによるロールズ批判の議論をより詳細に論じている。Sher, op. cit., chap. 2.

（63）筆者の理解では、この点は、以下の箇所でノージックが示唆している。「ロールズが提案するものを含めて、あらゆるパターンは、それが生じる仕方に対する説明の一部として、何らかの道徳的に恣意的な諸事実を有している」。ASU, pp. 218-219. 邦訳三六一頁。

（64）例えば、コーエンの「通貨」論文におけるロールズ批判やキムリッカのロールズ批判を参照。Cohen, On the Currency of Egalitarian Justice, pp. 914-916; W. Kymlicka, *Contemporary Political Philosophy: An Introduction* second edition, Oxford University Press, 2002, pp. 70-75.（千葉眞・岡﨑晴輝ほか訳『新版　現代政治理論』、日本経済評論社、二〇〇五年、一〇三―一一〇頁）。

〔政治思想学会研究奨励賞受賞論文〕

ステークホールディング論の史的展開と批判的再構成

——普遍主義的な資産ベース福祉によるシティズンシップ保障の構想

松尾隆佑

一　はじめに——社会的包摂・シティズンシップ保障・普遍主義福祉

二〇〇九年一〇月二六日、民主党初の首相として所信表明演説に立った鳩山由紀夫は、「居場所」と「出番」のある社会を理想に掲げた(1)。鳩山によれば、「人間は、人に評価され、感謝され、必要とされてこそ幸せを感じる」のであり、「働くことによって人を支え、人の役に立つことは、人間にとって大きな喜び」である。そして、そのように「人と人が支え合い、役に立ち合う」社会が実現されてこそ、「すべての人々が互いの存在をかけがえのないものだと感じあえる」ことができ、一人ひとりに「居場所」と「出番」がもたらされる。

このような社会像は、一九九〇年代以降の社会政策学上のパラダイムとなっている「社会的包摂（social inclusion）」の具現化を目指したものである(2)。社会的包摂は、雇用や生活の不安に脅かされる人々が、単に経済的に困窮するだけでなく、社会生活上の人間関係や自尊心をも失っていきがちである点に着目し、一人ひとりが労働市場や地域社会から排除されていく一連のプロセスを修復することにより、社会参加を支援しようとする(3)。すなわち、諸個人に社会への参加が確保されてこそ、シティズンシップの保障が可能になると考えるのである。

社会的包摂が重視されるようになった背景には、「新しい社会的リスク」と総称されるような、私たちを取り巻くリスク構造の転換がある。[4] 従来の福祉国家における社会的シティズンシップは、事故や疾病、失業や老齢など、平等な確率で起こりうる共通のリスクへの集合的補償を権利として制度化したものであり、それによって体現された「連帯(solidarity)」には、社会保険的な性格が色濃く伴っていた。[5] だが、これまで前提とされてきた正社員型の男性稼ぎ手モデルに基づくようなリスクの均質性は、既に崩れてしまっている。宮本太郎によれば、この変動は、リスクの①普遍化、②階層化、③個別化に大別できる。[6] 経済のグローバル化と脱工業化を背景として雇用が流動化する一方、晩婚化・非婚化や、単身世帯・共働き世帯・一人親世帯の増加、少子高齢化などによって家族の一様性も失われており、社会的リスクへの強い抵抗力を発揮してきた生活基盤は、もはや誰にとっても盤石なものではない(①)。しかし遍在するリスクは一様に経験されるのではなく、リスクへの対応を可能にする保有資源の違いによって階層的に(②)、就労形態や世帯構成、ライフスタイルなどの差異に応じて個別的に現われる(③)。

リスクが同質性を失った現代では、集団主義的なリスク・マネジメント(連帯)に期待できる役割は、縮小せざるをえない。また、社会ごとに一律の基準で定義される「貧困」には収まりきらない、多様な「排除」を防ぐための取り組みが必要となる。変化に応じたシティズンシップの「再定義」が模索されるなかで、[7] 注目を集めてきたのが、「基礎所得(basic income: BI)」や「基礎資本(basic capital: BC)」に代表されるような、普遍主義福祉の制度構想である。BIやBCは、職域や世帯構成などの属性によって分断された部分集団にではなく、ある政治社会に帰属する諸個人に無条件で現金を給付する。すなわち、全市民に同一の権原を確保し、人々の自発的・主体的なリスク・マネジメントやニーズ充足を支援することにより、社会的包摂の要請に応え、シティズンシップ保障を実現しようとするのである。

「ステークホールディング(stakeholding)」は、このような社会的包摂によるシティズンシップ保障の必要性と、その手段としての普遍主義福祉の可能性が論じられるなかで、鍵概念の一つであり続けてきた。企業経営における株主に限られない多様な利害関係者を指し、一九八〇年代以降に普及した「ステークホルダー(stakeholder)」の語は、[8] 九〇年代後半には「ニュー・レーバー」への変貌を図るイギリス労働党の理念に転用され、「ステークホルダー資本主義」、「ステークホルダー経済」、「ステークホルダー福祉」などの表現で、盛んな議論を喚起した。他方、同時期のアメリカでBCの一構想として「ステークホルダー・グラント」が提唱されて以後、ステークホールディングは、BC制度全般を包括的に指示する語としても使われるようになっている。[9] しかしながら、これらの議論をステークホルダー概念の含意とともに総合的に検討する試みは、ほとんど行われてこなかった。

ステークホールディングの視座は、「居場所」と「出番」のある社会の実現に、どのような貢献を為しうるのであろうか。本稿では、その答えを提示したい。以下ではまず、上記二つの文脈におけるステークホールディング論の展開をたどるとともに、それらが二〇世紀前半から続く「財産所有デモクラシー」の思想水脈を承けた共通の立場であることを明らかにする（二）。次に、この立場が持つ特質を整理し、その現代的意義を確認した上で、同時に社会的包摂を実現するにあたっての難点をも見出せることを指摘し、これを乗り越えるべく、ステークホールディング論の批判的再構成を試みる（三）。最後に検討の成果と課題をまとめ、稿を閉じたい（四）。

二　史的展開

1　ステークホルダー資本主義

『オブザーバー』紙のコラムニストであったウィル・ハットンは、一九九五年一月に刊行した著書において、英米型の株主資本主義を批判するとともに日独型のステークホルダー資本主義（stakeholder capitalism）を唱道し、ステークホールディング論に先鞭をつけた。[10] 彼によれば、「ステークホールディングの根本的理念を支えているものは、平等よりむしろ、社会的・経済的包摂」であり、そのような「包摂の観念を中心として構築された、権利と義務の相互関係」の下にこそ、「ステークホルダー社会やステークホルダー経済」がありうるとされる。[11] その立場は、当時において「市場の拒絶と国家の拒絶のあいだの狭い道」を左派に指し示すものとして注目され、同書のベストセラーとともに、労働党の新戦略のなかに受容された。[12]

翌年一月にシンガポールで演説に立ったトニー・ブレアは、ハットンの強い影響下に、国民全員を包摂するような「ステークホルダー経済」においては、「全ての人に機会が開かれ、功績を通じた向上がなされ」るし、「そこからは、どんな集団も階級も、隔離されたり排除されたりすることがない」と述べている。[13]「ステーク（stake）」、すなわち社会内における「持ち分」としての正当な地位や権利が各市民に保障されるべき理由を、ブレアは次のように訴える。「もし人々が自分は社会におけるステークを持っていないと感じるならば、彼らは社会に対してほとんど責任を感じないだろうし、社会の成功のために働こうとはほとんど思わないだろう」[14]。かくして、労働党が地滑り的勝利を収めた翌九七年の総選挙マニフェストには、「誰もが社会においてステークを持ち、それに対して責任を負う」ことが、「ステークホルダー経済の真の意味である」との一節が書き込まれた。[15]

その後ブレアは、ステークホールディングとはコーポラティズムの別名にすぎず、労働党の旧態依然の体質を現しているとの批判に面すると、短期間のうちにこの語を打ち棄てていく。また、企業行動や金融市場に対する規制・監督を重視するハットンの主張は、ブレア政権における実際の政策と一致するものではなく、二人の蜜月は一時的なものでしかなかった。[16]しかしながら、あらゆる個人へのステークの保障による社会的包摂と、それに伴う責任を重視する基本的立場において、両者は共通している。

彼らに限らず、当時の労働党周辺のステークホールディング論においては、ステークの保障は政府と市民のあいだで結ばれる一種の契約であり、それゆえ市民の側にも当然に一定の義務が生じるとの認識が広く共有されていた。[17]また、ハットンが考える「良い資本主義」の心臓部には、企業家精神が据えられている。[18]すなわちステークホルダー資本主義論における市民（ステークホルダー）像は、社会に対して責任ある参画を果たすような「公民」の側面と、企業家精神に溢れた「リスクテイカー」としての側面を併せ持つものであった。そこでは、保障されるステークは、社会のステークホルダーとしての持ち分というだけでなく、いわば社会参加というゲームのプレーヤーに分配される「賭け金」をも意味しており、責任の負担は、ゲームに伴うリスクとしても前提されることになる。[19]

このような考え方は、具体的制度にも結実している。ブレア政権で福祉改革大臣を務めたフランク・フィールドは、「ステークホルダー福祉」を掲げ、やはり個人を単位とした社会的包摂を構想した。自己利益の肯定を出発点とするフィールドは、個人と社会の双方が同時に利を得る制度でなければ、持続可能ではないと考える。[20]そこで彼は、国民全員が利益を感じられる福祉制度が必要であるとして、資力調査に基づく選別主義的な福祉を批判し、強制加入によって拠出に基づく給付の権利を国民全員に保障する、普遍主義的な年金の創設により、貯蓄の義務化を図ろうとした。[21]政権は国民に更なる拠出増を求める政治的可能性を否定し、フィールドは九八年一〇月に閣僚を辞する。だが、九九年に創設され、二〇〇一年四月から導入された新制度には、「ステークホルダー年金（stakeholder pension）」の名が残され、彼の発想の一部が受け継がれたのである。

ステークホルダー年金は、国民を私的年金に誘導するものであり、就労と貯蓄へのインセンティブを高めて、公的年金を最低限の規模に縮小し、福祉への依存を防ぐことを目的として導入された。政府により設定された一定の基準を満たすことにより、民間運営の私的年金が、ステークホルダー年金と認定される。[22]割安になるよう手数料に上限を設け、高い安全性を確保するために運用実績報告義務などを課し、一時未納付や保険移転に伴うペナルティを禁止することで、転職および失業によって不利にならない柔軟性を持たせるなど、加入者の権利を守る様々な基準が設けられている点が、制度の最大の特徴である。

この制度は、個別性の高いリスクに対応するために必要な貯蓄を個人に促し、無年金者・貧困者を生まないためのメカニズムである。それは、職域によって除外されない普遍性の高い民間年金スキームでありながら、加入者の権利を政府が保障しており、職域的な年金同様の集合的なリスク・マネジメントを実現している。[23]他方で、あくまで任意加入の個人年金の一種であり、確定拠出のため、運用の失敗による損害は自らで負わなければならない。したがってステークホルダー年金は、フィールドが構想したような、より普遍主義的なスキームには至っていないものの、権利を保障された市民が同時に責任あるリスクテイカーであることを求める、ステークホルダー資本主義の理念を制度化したものと見なすことができるだろう。近藤康史はこれを、自発的性格を持った連帯性を実現するものと評価する。[24]

2 ステークホルダー・グラント

アメリカに目を転じよう。一九九九年の共著書で憲法学者ブルース・アッカーマンと財政学者アン・アルストット（A&A）が提案したステークホルダー・グラント（stakeholder grant: SG）は、一定額の資本を無条件で給付するBC制度の一種である。すべてのアメリカ市民に対して、成人時に一律八万ドルの現金（「ステーク」）を政府が給付し、利子を含めて死亡時に払い戻させるという仕組みであり、制度開始時の財源として、富裕層を対象とする年二％の財産税が課される[25]。

A&Aは、SGが貧困に対するプログラムではなく、シティズンシップのプログラムであることを強調する[26]。SGに期待されているのは、それが高等教育の学資などに用いられ、これから社会に参画していく人々の「発射台」として機能することであり、セーフティネットの役割ではない[27]。八万ドルの使い道は自由だが、個々の選択の結果は自分自身で引き受けなければならない。また、結果として成功を収めた人は人生の最後にステークを返還しなければならず（返還の余裕がない者にこの義務は課されない）、払い戻しと納税によって社会全体で制度を支えることが求められる。SGの下では、「あらゆるアメリカ人は、全員に公平なスタート地点を用意する義務を有する」ことになる[28]。

SGをはじめとするBCについての議論蓄積を背景としてイギリスで創設されたのが、「児童信託基金（child trust fund: CTF）」である。CTFは、二〇〇一年総選挙でブレア労働党が掲げ、〇五年一月に導入された。政府が新生児の出生時に二五〇ポンド、七歳時点でさらに二五〇ポンドを支給するもので、給付金は子ども名義の口座（銀行預金、投資信託、株式投資のいずれか）に振り込まれて、一八歳まで引き出し不可とされる。保護者は毎年一二〇〇ポンドを上限に積み立てが可能であり、利子・運用益は課税されない。政権交代後の一一年一月に終了し、政府拠出のない「児童向け個人貯蓄口座（junior individual savings accounts）」へと制度移行したが、小規模ながらBCを実現した事例として注目される。

CTFについてアッカーマンは、相続税を財源に用いることでその規模を拡大するべきだと提言し、それが「シティズンシップの相続」のために必要であると主張している。[29] A&AにとってBCは、あらゆる市民が持つ過去世代の達成への「分け前」を得る権利に応える制度である。[30] 曰く、「共和国（commonwealth）のすべてのメンバーは、前の世代によって生み出された物質的な賦与の公正な持ち分を相続する権利を持つ」。[31] SGにおける返還の義務も、世代間正義の重要性を明示するものとして意味づけられている。[32]

このように、「合衆国市民としての、めいめいのアメリカ人」に「自国におけるステークを得る権利」を保障しながら、[33] それを発射台（ないしは賭け金）に用いて自らの人生を切り拓いていくような、企業家精神あふれる人間像を想定するA&Aの立場は、ステークホルダー資本主義と大きく重なるものである。だが、こうした重なりは、社会的包摂がアジェンダに浮上した九〇年代以降の文脈に限定して理解されるべきではない。ステークホルダー資本主義とSGの共通性は、より長い歴史に根拠を持つ。この点を明らかにするため、時代を少々遡ってみたい。

3　財産所有デモクラシー

A&AはSGを、財産とシティズンシップを結びつけるアメリカの共和主義的伝統を再生させるものと捉えている。[34] そこで念頭に置かれているのはトマス・ペインであるが、より近い時期に彼らの立場の先駆をなしているのは、ジョン・ロールズの「財産所有デモクラシー（property-owning democracy）」論である。[35] ロールズは、事後的な再分配を中心とする「福祉国家資本主義」の問題性を指摘し、予め諸個人に財産を配分することで自由と自尊の基礎を提供することの重要性を説いた。SGやCTFのように、個人の財産形成を支援することを通じてリスクへの対応力を備えさせようとする福祉制度は、「資産ベース福祉（asset-based welfare）」と呼ばれる。[36] その規範的正当化において、ロールズの議論は頻繁に参照されてきた。

財産所有デモクラシーの名の下に個人所有の拡散を促進しようとする立場は、そもそもは集団所有へのイデオロギー的オルターナティブとして、一九二〇年代のイギリス保守党において確立されたものである。[37] 同党の下院議員であったノエル・スケルトンは、社会主義の台頭を前にして、不可逆的に拡大するデモクラシーが私有財産への脅威となることを防ぐためには、守るべき私有財産そのものに基礎づけることによって、デモクラシーを安定化させなければならないと考え、はじめて財産所有デモクラシーを提起した[38]。その主張は、戦後イギリス政治を牽引する保守政治家のあいだに浸透し、四六年党大会でのアンソニー・イーデンの演説以来、五〇年、五一年、五五年のマニフェストで言及されるなど、階級を超えた「一つの国民」への統合を目指す保守党のスローガンへと成長した[39]。

とはいえ、戦後イギリス政治における財産所有デモクラシーの理念は、長いあいだ、住宅建設と持ち家の奨励以上の意味を持ってこなかった。その伝統に一つの画期をもたらしたのが、マーガレット・サッチャーである。サッチャーが政権を獲得する七九年総選挙のマニフェストでは、財産所有デモクラシーの名の下に、公営住宅を買い取る権利（the right to buy）の付与が約束された[40]。さらに八七年のマニフェストでは、国営事業の民営化推進を背景に株式の所有が奨励され、すべての市民が資本家であるような社会を理想とする「大衆資本主義（popular capitalism）」が打ち出される[41]。

サッチャーの住宅政策は、財政支出から租税支出へとシフトすることで低所得者層を置き去りにするものであったが、持ち家の重視では労働党も一致しており、ブレア政権以降も抜本的な政策変更は為されていない[42]。より階級横断的な社会的包摂を目指してステークホルダー年金やＣＴＦに結実したステークホルダー資本主義も、集団主義を退け、諸個人の自発的な資産形成やリスク・マネジメントの支援を重視した点では、大衆資本主義との連続性を持つものであった[43]。

したがって、ステークホルダー資本主義とＳＧはともに、二〇世紀の英米に生き続けた財産所有デモクラシー論の歴史的文脈に位置づけられる。このような把握により、ステークホールディング論が一定の共通性と持続性を備えた思想的立場であることが了解されるであろう。財産所有デモクラシー論からの連続性を視野に収めることにより、諸個人へのシティズンシップ保障としてのステークの配分を財産所有という具体性とともに理解することが容易となり、ステークホールディング論の輪郭は明確さを増す。では、この立場をどのように評価・継承しうるか。節を改めて検討することにしたい。

三　批判的再構成

1　ステークホールディング論の過去と未来

これまでの追跡により、英米におけるステークホールディング論から、共通する三つの特質を抽出することができる。第一に、普遍主義（個人主義）である。いずれの論者においても、ステークはシティズンシップに伴う持ち分と捉えられ、社会内のあらゆる個人に配分されなければならないとされていた。第二に、資産ベース福祉である。ステークホルダー年金、SG、CTF、さらに大衆資本主義における持ち家・持ち株政策まで含め、ステークの配分は、主として諸個人の資産形成を支援・促進するかたちで構想されてきた。第三に、権利としてのステークの保障に伴う、義務・責任の強調である。社会のステークホルダーたる市民には、配分されるステークを賭け金として、能動的な社会参加を為すことが期待されている。

すなわちステークホールディング論は、普遍主義的な資産ベース福祉の構想として、リスク構造の変化に応じたシティズンシップの再定義を、財産所有という具体的視角から果たそうとする。その議論蓄積は、集団主義的連帯が困難に面している現代において、受け継ぐに値する意義を示している。他方、社会的包摂の観点からは、課題も指摘できる。公共的責任感や企業家精神に充溢した能動的市民像を置くことは、そこから外れる人々の評価を低め、包摂されるべき人々の範囲や生き方を、狭く限定してしまいかねない。権利の保障と引き換えに義務の負担を求めることは、義務を果たせない者の権利を否認し、彼らの「居場所」を奪うことを帰結しかねない。したがって、従来のステークホールディング論をそのまま受け継ぐだけでは、社会からの排除が個人の責任として処理されてしまう余地を残すことになり、あらゆる個人の社会的包摂を実現するためには不十分な立場となる。

そこで以下では、普遍主義的な資産ベース福祉としてのステークホールディングの構想を受け継ぎながら、これを従来の論者が依拠してきた互恵性原理と切断し、想定する市民（ステークホルダー）像や義務の捉え方に修正を加えることにより、より幅広い人々の多様な生のあり方を肯定し、社会に包摂しうる立場として、再構成を試みる。また、そのような立場からBIやBCなどの個別の制度案をどのように評価しうるかを検討し、理念・制度の両側面から、新たなステークホールディング論を描き出すことにしたい。

2 理念的側面――民主的連帯・集合的義務・自律保護

(1) 連帯の理由――互恵性から民主的連帯へ

齋藤純一によれば、福祉国家には「制度化された非人称の連帯としての意義がある」一方で、その連帯は「制度（および多分に官僚制化したその運用）によって媒介されており、しかも強制的な性格をそなえているという点で、それを支える動機づけを人々に喚起しにくい」[44]。ナショナルな単位の連帯を可能にしてきたのは、強制的な徴税権力と、自由な移動を制限する国境管理である[45]。だが、階層的かつ個別的に経験されるようになった現代のリスクと、グローバル化とともに昂進する国境の相対化は、人々の意識に上る連帯の根拠を一層希薄化し、資源の徴収と分配への政治的支持を細らせる。

このような現状は、デモクラシーに基づく政治社会であればこそ深刻さを増す難局であると同時に、普遍主義福祉への注目を高める理由ともなっている。フィールドが個人と社会の利益の一致をそこに見たように、あらゆる個人を対象とする普遍主義福祉は、集団主義的ないし選別主義的な制度と比べ、制度を支える動機づけが得られやすいと期待されるからである。とはいえ普遍主義福祉においても、資源の徴収と分配という権力的契機は不可避であり、何らかの連帯性による下支えが必要とされる。その際、連帯の正当化は、どのような原理によって為しうるだろうか。

スチュワート・ホワイトによるニュー・レーバーの擁護に明らかなように[46]、これまでステークホールディングを論じてきた者の多くは、「互恵性／相互性（reciprocity）」の原理に依拠することで、この問いに答えようとしてきた。この原理を提起したロールズによれば、財産所有デモクラシーは、「自由平等な者として互いに表象し承認しあう諸個人が、そのような相互表象・承認による自尊を保ちながら、自身と他の協働のメンバーの利益のために己の分を果たしつつ、己の正当な分け前を受け取る」ような、互恵性（相互性）の関係に拠って立つ[47]。そしてホワイトによれば、あらゆる市民がまっとうな最低所得と引き換えに、自らの生産上のハンディキャップの程度に応じた、まっとうな最低限の生産的貢献を為す義務を負うことこそ、基礎的な互恵性である[48]。

だが、互恵性に基づく連帯は、「己の分」を果たすことのできない者、誰に対しても利益をもたらしえず、社会に何らの生産的貢献も為しえない者を、不可避的に排除する。彼らが持ち分を受け取ることを許さない。ホワイトが言うように、持ち分の獲得が生産的貢献と引き換えになされるべきだとすれば、子どもを育てるべき理由などないことになる。乳幼児はその存在を通じて養育者に心理的な充足を与えるかもしれないが、自らでは何らの生産的貢献も為しえない。ゆえに彼らの権利を保障すべき理由は、互恵性原理からは引き出せない。

たとえ経済的価値には尽くされない互恵性（たとえばボランティアやケア、相互承認）を勘定に入れたとしても[49]、問題は消えない。賃労働か無賃労働か、経済的か非経済的かにかかわらず、価値とは誰か／何かにとって役立つことを意味しており、評価の基準を多元化・多様化させても、役立たない存在が低く見られることは変わらない。働けず、身寄りがなく、親しい知り合いも持たず、何の「とりえ」もない人々は、排除してよいことになるだろう。互恵性のネットワークから切断されて孤立を深めていくことこそ、まさに社会的排除が意味するところであった。互恵性の解釈の拡大によりネットワークの組み上げ方を変えることは、そこから切断される人が出てくることに対して、原理的な水準での解決を導くものではない。したがって、多様な人々の生を肯定する社会的包摂のためには、連帯を互恵性とは別の原理へ基づかせなければならない。

実際に、私たちの社会は互恵性だけから成り立ってきたわけではない。私たちの多くが、重度の障碍者に代表されるような、生産的貢献を為しがたい者を社会的連帯の対象に含めるとすれば、それは連帯が、ナショナルな政治社会内部における平等な地位身分（シティズンシップ）を根拠にしてきたからにほかならない。私たちが生産的貢献を為しがたい同じ国民とは連帯し、生産的貢献を為しうる別の国民とは連帯しないとき、その線引きはシティズンシップの有無に由来しており、連帯の理由は、互恵性のような道徳的な原理によってではなく、政治的な事実性によって調達されている。互恵性に基づくとされる連帯も、それが国民国家のような特定の政治社会を越えて徹底されないとすれば、より基底的な根拠として、同じ政治社会への帰属性を前提していると言えるだろう。

集団主義的でない連帯のかたちとして普遍主義給付が行われる場合には、連帯の根拠がシティズンシップにあることは、一層明確になる。ただし繰り返すように、現代ではナショナルな連帯の自明性は掘り崩されている。国民国家の役割を改めて強調するばかりでは、民主政治の下で制度的・強制的連帯を持続的に実現することは難しい。したがって、帰属する政治社会の共通性が連帯の必然性を導き、資源の徴収と分配を正当化する論理を紡ぎなおし、再提示する必要があろう。

そこで顧みるべきは、デモクラシーの要件たる「政治的平等」である。政治社会を民主的に構成するためには、これを担う、相互に対等な政治主体が必要とされる。そして、同じ政治社会のなかでも多様に異なる環境に置かれた市民に、そのような政治主体としての「自律（autonomy）」を実現するための条件を整備するにあたっては、社会内での資源の徴収と分配が不可欠である。そのため社会的連帯は、民主的政治社会の存立と持続のために帰結される、デモクラシーに内在的な要請であると言えよう(50)。

このように、連帯の要請をデモクラシー内在的に理解する「民主的連帯（democratic solidarity）」の立場を採るなら、社会保障の縮減を政治的に企図する立場にあっても、民主的政治社会における市民の政治的平等を否定するのでない限り、その前提となる経済的・社会的条件整備のために必然的に要請される連帯を拒むことは、妥当性を欠く振る舞いとなる。また、シティズンシップの承認をより狭い範囲に限定すべきとの政治的見解を持つ者も、民主的政治過程において自らの立場を正当化するにあたっての前提として、平等な政治主体としての権利が、既存の範囲の市民に対して適正に保障されることを当然に承認しなければならない。ステークホールディングは、このような政治主体の自律のための条件整備を、普遍主義的な資産ベース福祉によって担おうとする立場と解するべきである。

民主的連帯の観念に基づき配分されるステークは、シティズンシップ以外の何らの条件も付されずに保障されるべき、政治社会の平等な構成員としての持ち分である。したがってステークホールディングは、BIやBCのような、使途を問わない無条件の現金給付を行う普遍主義福祉を正当化する。もし給付される現金の使途の道徳的適切さを問題とし、特にそれを「生産的」目的との関連で問うなら、人々の自由は生産性という規準に従属することになり、「非生産的」な生の排除が帰結されかねない。だが、社会のステークホルダーとしての持ち分（権利）は、生産的貢献のような特定の義務を果たすことの引き換えとされるべきではない。

（2）果たされるべき義務——その集合的性質

互恵性原理の支持者はしばしば、個人に認められる権利が、あたかも同一個人に求められる義務と対価性を持つかのように想定しているが、明白な誤りである。[51] 論理的対応関係を持つのは一方の権利と他方の義務であり、同一主体における権利と義務ではない。個人が政府に対して請求権を持つとき、政府はこの個人に対する義務を負い、政府が同じ個人に対して権能を持つとき、この個人は従う義務を負うが、この服従は前記の請求権の対価ではない。特定の政治社会におけるシティズンシップを持つ個人は、当該の政治社会が課する義務の下に置かれる。だが、そこで課される義務は他の諸個人や政府などが持つ権利・権能から帰結される義務であり、自らが持つ権利によって直接に帰結されているわけではない。

むろん課税に象徴されるように、社会はあらゆる市民の権利を保障するために、同じくあらゆる市民への義務を課すのであり、その意味で個人における権利と義務には間接的な結びつきがあるように思える。政治社会を構成する主体創出を旨とするステークホールディングにおいても、諸個人に自律を可能にする多くの権利がもたらされる一方、そのための資源の生産と徴収をはじめとした、多くの義務が導出されるであろう。個人の権利を保障しうる政治社会を存続させるためには、たとえば教育、勤労、納税、防衛といった義務が、ぜひとも果たされなければならない。このように考えるなら、権利と義務を対価的に捉えることを誤りと言い切ることが、必ずしも妥当とは思えないかもしれない。

だが、そうした権利と義務の結びつきは、社会全体において集合的に現われるものであり、個人において対応するわけではない。[52] この点を適切に把握するために、日本国憲法第二六条が規定する「教育を受けさせる義務」を例に採ろう。同条は一方で「教育を受ける権利」も規定しているが、その権利に対応する義務者は、保護者など特定の個人ではない。教育を受ける権利が各個人に保有される権利であるのに対して、教育を受けさせる義務は、国民が全体として負う、集合的な義務なのである。それは、たとえば義務教育の制度化のように法律に基づく政府の施策（保護者個人への法的義務の規定もこの水準に属する）を導き、その帰結として個人への影響を及ぼしうるが、個人に直接課される義務ではない。同様に、「全員に公平なスタート地点を用意する義務」を「あらゆるアメリカ人」が負うものとしたA＆Aの発想も、義務の遂行主体を集合的に捉えるものと理解すべきであろう。

したがって、ステークホールディングにおいて帰結される義務は、政治社会の存続を可能にするために内在的に要請され、社会が集合的に負う性質を持つと捉えられる。集合的義務を果たすために、個人の義務が政治的に帰結されることはありうるが、その政策的選択肢は、諸個人の自律を脅かさない範囲に限定される。諸個人の自律へ向けた条件整備のために必要な限りで要請される集合的義務からは、当の自律を著しく侵害する義務が帰結されることはない。たとえば少子化により生産可能人口が減少している社会において、新しい世代の産出が社会全体として遂行すべき集合的義務だと考えられたとしても、個人に生殖や出産の義務を課すことは正当化されない。また、出生率の上昇を目指すにあたっては、生殖・出産の義務化よりも先に、子育て支援施策の必要性が想起されるであろう。集合的義務を果たすための手段や過程は政策的に多様でありうるのであって、集合的義務が必ず個人の義務を帰結するわけではない。同様に、政治社会の再生産という要請が、同性愛の禁止や優生政策の肯定などを導く必然性はない。

これまでのステークホールディング論は、互恵性原理に依拠し、権利と義務を対価的に理解してきたが、連帯の根拠を政治的平等に据え直す民主的連帯の観念に依拠することにより、社会的包摂は、政治社会を等しく構成する各市民の自律を実現するために要請される、集合的な義務の範囲で規律づけられることになる。そこでの勤労の義務は、必要な資源を誰かが生産・調達しなければならないという社会の集合的義務として理解されるため、権利保障の対価として理解されることはない。権利に基づく困窮からの解放が、義務の遂行と引き換えにされることはない。不就労への懲罰的措置やスティグマの付与は否定され、働かない人の自由と働けない人の存在が肯定されることになる。ステークが持ち分と賭け金の両側面を持つとすれば、個別の「賭け」の結果がどうあろうと、あるいは「賭け」に参加するか、できるかにかかわらず、定められた持ち分は保障されなければならないのである。

(3) 自律の保護――多元的な政治社会におけるステークホルダーの地位

ステークホールディングを互恵性の原理から切り離し、民主的連帯と結びつけることは、この立場への外在的な修正を意味するだろうか。デモクラシーの担い手としてのあらゆる市民に、財産所有に基づく自律をもたらすことは、スケルトン以来の財産所有デモクラシー論に引き継がれてきた理念である。[53] A&Aは、SGを通じた経済的不安の解消は、市民の反省(reflection)のための確かなゆとりを提供するとしている。諸個人が国家的な問題により多くの関心を払う余裕ができれば、冷静で長期的視点に立った熟慮により、政治の質と安定性が向上するであろうし、自分の人生におけるSGの根本的役割について反省することは、愛国心の涵養をも促すと言うのである。[54] 互恵性の観念を手放すことは、普遍主義的な資産ベース福祉によって政治社会の構成主体に自律をもたらすというステークホールディングの構想の核心に、何一つ手を加えることにはならない。

一つの政治社会を、正統的な権力主体の決定が拘束力を持ちうる範囲と捉えるなら、デモクラシーにおいては、その拘束的決定が作成される過程に、政治社会のひとしい構成員すべてが、実効的に参加できるための機会が保障されなければならない。実効的な参加機会が保障され、自らの意思を決定作成過程に反映することで集合的に自己決定を為せるとき、人々の自律が実現される。したがって自律は、諸個人において私的に追求される価値であると同時に、デモクラシーを成り立たせるために社会的に追求すべき価値でもある。[55] このとき諸個人の自律という価値の追求は、社会の集合的義務として為されるものであるから、一人ひとりに特定の人間像への到達を求めることや、完全な自律を為しがたい者への権利保障を阻むことを意味しない。[56] 実効的な参加を阻む様々な障害を絶えず除去し、あらゆる諸個人の完全な自律を実現することは困難であるが、自律の実現のために必要な一般的条件を見定め、諸個人の置かれた多様な環境に応じた条件整備に取り組むことは可能であり[57]、デモクラシーの存立のために取り組まれるべき課題でもある。そしてこの課題の端的な表現こそ、社会的包摂にほかならない。

このように特定の政治社会への帰属を根拠とした権利保障の正当化論理を紡ぎなおすことは、必ずしもナショナルな連帯の再形成ばかりを意味するわけではない。これまでのステークホールディング論は、市民を政治社会のステークホルダーと捉えることの含意に十分意識的であったとは言えないが、もともとステークホルダー概念の意義は、株主が持つような法的権利・義務関係に尽くされない利害関係の存在を抽象的に指示することにより、企業という権力主体が決定にあたって応答すべき範囲を、多様な利害関係の実態に即して再解釈させるところにあった。このような指示範囲の抽象性・不確定性は、ステークホルダー概念を「きわめてコミュニタリアンなもの」と見なすアミタイ・エツィオーニの理解に反して[58]、政治社会の構成を絶えざる再解釈へと導くものである。同概念の理論的含意を真剣に受け取るなら、諸個人は権力主体から受けている事実的な影響や、切迫したニーズに基づいて、現段階でシティズンシップを持たない政治社会に対しても、そのステークホルダーとしての道徳的権利を主張し、可能的な政治主体として、自らの保護を求めることができる。

諸個人は、多層的な政治空間において複数存在する政府権力の決定に同時に拘束される以上、それら政治社会群のステークホルダーとして、そのいずれにも同時に帰属すると捉えられうる。そして、このような把握をするならば、グローバルな規模で多元的に存在する政治社会のうち、ある政治社会がその構成員たる諸個人の自律を保護する能力を十分に持っていない場合にも、諸個人が同時に帰属する別の政治社会群が保護の担い手となることが求められ、彼らの自律の条件整備は、幾つかの政治社会による施策が全体として達成すべき課題となる[59]。

さらに、このように政治社会の構成主体をステークホルダー概念に基づいて把握する立場からすれば、自律の条件整備の担い手を政府権力に限るべき必然性も存在しないことになる。諸個人がその決定から影響を被る権力主体としては、企業などの非政府主体も存在しており、諸個人は自らのステークホルダーたる地位を主張し、当該権力に民主的正統性を具備させるための手続きの実現を求めることにより、政府権力とは独立に政治社会の構成を為しうるからである。シティズンシップ概念がグローバルな射程を持ちうるものであるとしても、[60] そこでは政府主体を権力中枢に置く政治社会のみが前提されるにとどまる。それに対して、企業権力など非政府主体を権力中枢に置く政治社会をも含んだ、多元的な政治社会の形態を想定できることは、ステークホールディング概念に固有の特徴である。

このような理論的把握は、財産所有デモクラシー論の歴史的遺産と無縁ではない。ロールズに直接の影響を及ぼしたJ・M・ミードは、保守党に発した財産所有デモクラシー論を自由党や労働党の一部が受容することで戦後に形成した、財産所有デモクラシーの左派的潮流に位置している。彼の立場は、個人の財産所有を平等化するだけでなく、社会的な所有の拡張や企業統治への労働者参加をも重視するものであり、ロールズの分類ではむしろ、「リベラルな社会主義」に近いものであった。[61] したがって財産所有デモクラシーの思想水脈からは、一方では個人持ち株の拡大による資本主義経済の民主化という大衆資本主義の楽観的ヴィジョンを、他方では産業デモクラシーを求めるミードらの異なるヴィジョンを汲み出せる。ステークホールディングはこれらを合流させ、株主や労働者に限られない多様なステークホルダーによって民主的に統治され、事業を通じて得られた成果をステークとして彼らに公正に配分する企業（という政治社会）像を描き出す立場として理解しうる。

グローバルな規模での公私にわたる多層的・多元的な政治社会における包摂を射程に収めた立場であることは、ステークホールディングに備わる、シティズンシップ概念を超え出るポテンシャルを示している。ただしそれは、あくまでも理論的可能性である。シティズンシップがそうであるように、道徳的権利を持つステークホルダーという規範的地位身分を認められる人々は、必ず一定の範囲に限定されるのであり、自らをステークホルダーと主張する個人が実際に保護されるかは、各政治社会の判断にかかっている。ステークホールディングは政治社会の構成を再解釈に導くが、具体的な構成内容までを直接に帰結するものではない。したがって政治社会の構成は多義性に開かれており、ステークホルダーの定義をめぐる政治の所産となる。

3　制度的側面――普遍主義的な資産ベース福祉を中心とする複合的保障

以上の議論を踏まえつつ、具体的な制度の検討に移りたい。ステークホールディングは主に普遍主義的な現金給付と結びつけられてきたため、以下では、ＢＩ／ＢＣを中心とする所得保障の諸構想に焦点を絞り、諸個人の自律保護のために望ましい制度体系の検討を行う。

普遍主義福祉の制度構想をめぐる論争では、あれかこれかの議論が行われがちだが、民主的連帯に基づく社会的包摂を企図する立場として新しく定式化されたステークホールディングの観点からは、個人の自律を高めるためにより適切であるならば、ＢＩやＢＣに限られない様々な制度・政策が、ライフステージ上の各局面で用意されるべきであると考えられる。(62) ＢＩは、労働と所得を切り離すことで「脱商品化（de-commodification）」を徹底させるとして、福祉の受給と就労を結びつけて「再商品化（re-commodification）」を志向する「ワークフェア（workfare）」や「アクティベーション（activation）」と対比され、社会政策上の「政策規範」や「原理」として語られる場合がある。(63) だが、ＢＩは所得保障以外の社会政策に対して中立的であり、サービス給付のあり方までを導き出す内在的な論理を持たない。(64) それはいかなる意味でも「原理」ではなく、一つの制度構想ないし政策手段にすぎないのであるから、他の構想・手段と組み合わせて用いることができる。

ＢＩとＢＣの優位性を争う議論では、ＢＣは若年期の無差別給付にすぎず、残りの人生を保障しないという点が強調されがちである。(65) それは確かだが、だからＢＣが不要になるわけではない。Ａ＆ＡはＳＧをシティズンシップのプログラムであると考えていた。若年期にＢＣが給付されるべきなのは、それによって家庭環境や成育条件にかかわらず対等な人的資本形成や社会参加の機会を保障できるからであり、それゆえ給付の帰結よりも給付そのものに意味があると考えるべきである。ＢＣが一括給付ゆえに浪費されたり、それだけでは貧困の予防・削減などに役立たなかったりしたとしても、そのことはＢＣを否定的に評価する理由にはならない。ＢＣだけでは足りないが、ＢＣもあった方がよい。

ＢＩとＢＣは両立可能な制度である。フィリップ・ヴァン・パリースは、多額を一括で給付するＢＣの方が、ＢＩよりも人々のライフステージ上での資源配分に一層大きな自由をもたらせるとの批判を想定して、マイルドなパターナリズムに立てば、浪費を回避させつつ各期内の配分を自由に行わせるＢＩを正当化できると反論する。(66) しかしパターナリズムに根拠づけなくとも、パリース自身が述べているように、「同じ人体が構成する連続した諸人格のそれぞれは同じ額のベーシックインカムを与えられねばならない」と考えればよい[67]。異時点間の人格の同一性を相対化して、各時点を生きる各人格が給付単位であると考えるなら、五〇歳の人は二〇歳だった頃にどう過ごしたかにかかわらず一定の所得を保障されるべきである[68]。パリースは、このように考えることが、各期のBIの残額を含む資産が期末ごとに取り上げられてよいことを帰結するのではないかと懼れたが、連続した諸人格のあいだで継承される資産を、死亡時の相続と同様に扱うべき必然性は存在しない[69]。

BIは、自律に対する介入としてのパターナリズムの所産ではなく、その時々の個人へのシティズンシップ保障の一環と考えるべきである。ステークホールディングは資産ベース福祉によって社会参加・政治参加への阻害要因を取り除こうとするが、人生全体を通じて一定の人格的完成へと近づくことを求めているわけではない。過去の放蕩ゆえに貯蓄をしてこなかった者にまで所得を保障するべきではないとの道徳的立場は、民主的連帯の観念に反する。その人が現に政治社会の構成員であり、デモクラシーの担い手である以上、人格や経歴にかかわらず、ひとしく持ち分が配分されなければならない。

BIの核心は、就労や労働能力、所得・資産、性別、年齢、世帯構成、使途を問わずに現金を個人に給付する、無条件性にある。この無条件性はしかし、人々のニーズや直面するリスクの種類・原因を顧慮しないために、「ライフステージに対応するリスク・マネジメントの体系的総合的なシステム」としての社会保障の中心を担うことに適していない[70]。BIを最低生活保障と結びつけようとする議論は多いが[71]、「属性や条件などを、すべて考慮の外に置かれた個人の最低生活費という概念そのものに無理」があることは否定できない[72]。BIの「ベーシック」は「ベーシック・ニーズ」の概念とつながりを持たないとするパリースの立場は、妥当である[73]。

最低生活保障のためにBIよりも適切なのは、ミルトン・フリードマンが発案した「負の所得税（negative income tax: NIT）」に起源を持つ「給付つき税額控除（refundable tax credit: RTC）」であろう[74]。この制度は一定額の課税所得最低限を定め、基準以上の人々には課税を、基準以下の人々には税額控除を行い、貧困線を下回る人々には現金給付を行う。R

ＴＣは世帯単位の給付と結びつけられがちであるが、個人単位で給付する制度設計も可能である[75]。また、所得調査のみで給付するため給付適格者の捕捉率が高く、調査の有無が第三者に知られることがないのでスティグマの発生が抑制され、貧困対策として優れている[76]。

ただし、ＲＴＣが事後給付であることは、ＢＩの生活保障上の意義が小さくないことを示している。後に所得が補塡されることになっていても、手持ちの現金がなければ、たとえば就職面接に臨むための履歴書や衣服、交通費をまかなうことができないなど、社会的排除を未然に防げないことがある。また、ライフステージ上の不確実なリスクに対処するためには自由に使える資産が不可欠である。ＲＴＣのような低所得者向けの給付は貯蓄のインセンティブをもたらさないため[77]、リスク・マネジメントのための所得保障は、ＲＴＣだけでも足りない。ＢＩは、少額でも事前に所得を保障するための基礎的な手当として、ＢＣやＲＴＣとともに、個人の自律に資する制度として正当化することができる。人生全体にわたる無差別給付としてのＢＩには、あらゆる個人があらゆる時点においてシティズンシップの承認を意識できるという象徴的な意義とともに、基礎的な所得を事前に確保できるという所得保障上の固有の意義もある。いずれの観点からも多額の給付は必要とされないため、ＢＩは小規模での実施で足りる。

最低生活保障と結びつけられたＢＩは、脱商品化を徹底し、「働かない自由」を保障すると考えられている[78]。その主張の背景には、脱工業化社会では完全雇用の達成がますます困難になるとの認識から、所得と就労の結びつきを相対化しようとする脱生産主義が存在する[79]。だが、多額のＢＩが労働市場からの退出者を相当数生じさせるなら、歳入が減少し、制度の維持は困難となる[80]。シティズンシップに由来する持ち分は無条件に保障されるべきであるから、福祉が就労を条件とすることは望ましくない。とはいえ、脱商品化によって個人の市場からの自律の程度を高めることが目的なのであれば、所得と就労を切り離すこと自体に意義があるわけではないし、権利の保障は、その財政的な持続可能性を担保しうる生産的活動を、集合的義務として、絶えず要請する。「働かない自由」だけに焦点を当てることは間違っている。

むしろ個人の自律のために重要なのは、労働市場への参入離脱の自由を高める「働く権利」（労働権）の保障である。働かない自由＝「労働からの自由」が「労働への自由」を含まないのに対して、働く権利は二つの自由を同時に意味する。働くことも働かないこともできなければ、働く権利とは言えないからである。[81] 離職が差し迫った困窮を生まず、労働へ強迫されることのない条件が整えられると同時に、稼得可能な労働の選択肢が十分に確保されなければならない。このためにはＢＩでは足りない。ＢＩは低賃金労働を受容できる余地を高めるので、働く自由を実質的に実現すると述べられることもあるが、[82] 低賃金のごく限られた労働しか選べないのなら、それは自由とは言えない。脱商品化を通じた商品化の下支えは、結果的に脱商品化の程度を高めない可能性がある。[83] 脱商品化の追求だけでなく、労働市場そのものの変革も必要である。ケア労働や社会的諸活動から相応の報酬が得られるような環境づくりを進め、稼得可能な労働のメニューを豊富にしていくべきであろう。

ＢＩは、人々の自律にとっての「足場」となるかもしれないが、[84] ＢＩだけでは足場には不十分であり、ＢＩだけが足場になりうるわけでもない。若年期にはＢＣも併給できた方がよいし、貧困を防ぐためにはＲＴＣの方が有効でありうる。自らの「出番」を欲する人のためには働く権利の保障が必要であり、人々のニーズを充たす上では、所得保障以外の多様な社会サービスの給付も不可欠である。ステークホールディングは、普遍主義的な資産ベース福祉を中心としながらも、諸個人の自律を実現するために、複合的な保障体系を要請する。

四　おわりに——再び、「居場所」と「出番」のある社会へ

本稿では、一九九〇年代後半以降の英米で展開されてきたステークホールディング論を普遍主義的な資産ベース福祉の構想と理解した上で、それが社会的包摂によるシティズンシップ保障に資する可能性を最大限に引き出すべく、構想の核心部分を引き継ぎつつも、理念・制度の両面にわたる理論的再構成を施した。ステークホールディングは今や、互恵性ではなく民主的連帯に依拠することにより、諸個人が政治社会のステークホルダーとして自律するための条件整備を政治社会の集合的義務と捉える、シティズンシップ保障の新たな解釈を示す立場として現れてくる。これにより、これまでのステークホールディング論が排除しかねなかった多様な人々の生と自由が肯定されるとともに、主権国家以外

にも多様化された自律保護の担い手によるトランスナショナルな社会的包摂が、理論的射程に収められることとなった。

ステークホールディングが政治社会の構成員に保障するステークは、一面では社会に積極的に参与するための賭け金としての性格を持つ。分配される権原は、諸個人がライフステージ上の多様な局面で能動性を発揮しうる経済的・社会的な基礎を提供するものであり、人々が「出番」を持ち、誰かの「役に立つ」喜びを得ることを助けるとともに、「出番」に伴う多様なリスクに対応することを可能にする。他方、ステークには社会における持ち分——あるいはこの語の原義である「杭」——として、人々の「居場所」を確かに画する意味もある。それは、誰か／何かの「役に立つ」存在であるかどうかにはかかわらず、自ら「賭ける」ことのできない者を含めた、あらゆる個人に保障されなければならない。

鳩山によって掲げられた「支え合い、役に立ち合う」社会においては、人々の「出番」のみならず、「居場所」の有無までもが互恵性の関数と位置づけられている。本稿は、そのような社会像を拒絶し、ステークホールディングの構想を批判的に継承することにより、「居場所」と「出番」のある社会を、上のように再解釈しえた。このような社会においてこそ、人々は社会からの排除を経験せず、そのシティズンシップを確かに保障されるであろう。

本稿ではしかし、新しいステークホールディングの構想を包括的に展開できたわけではない。これまでのステークホールディング論との連続と断絶を描き出すことに注力するため、措かざるを得なかった論点は多い。所得保障以外の労働権保障とサービス保障の具体的内容のほか、各制度を実現するために用いるべき財源や、制度の実現可能性・実現プロセスについての議論は、扱うことができなかった。また、グローバルな規模での制度構想や、その実施主体・実施枠組みについての具体的検討も叶わなかった。いずれも別稿を期したい。

（1）「第一七三回国会における鳩山内閣総理大臣所信表明演説」首相官邸ホームページ、二〇〇九年一〇月二六日、<http://www.kantei.go.jp/jp/hatoyama/statement/200910/26syosin.html>。
（2）山口二郎『政権交代とは何だったのか』岩波書店、二〇一二年、三—四頁。
（3）福原宏幸「社会的排除／包摂論の現在と展望——パラダイム・「言説」をめぐる議論を中心に」、福原宏幸編『社会的排除／包

摂と社会政策』法律文化社、二〇〇七年、第一章。

(4) K. Armingeon and G. Bonoli eds. *The Politics of Post-Industrial Welfare States: Adapting Post-War Social Policies to New Social Risks*, Routledge, 2006.

(5) ピエール・ロザンヴァロン『連帯の新たなる哲学——福祉国家再考』北垣徹訳、勁草書房、二〇〇六年；田中拓道「フランス福祉国家論の思想的考察——「連帯」のアクチュアリティ」、『社会思想史研究』第二八号、二〇〇四年、五九、六四頁；田中拓道『貧困と共和国——社会的連帯の誕生』人文書院、二〇〇六年、二二一頁。

(6) 宮本太郎「ポスト福祉国家のガバナンス 新しい政治的対抗」、『思想』第九八三号、二〇〇六年、三一―三三頁。

(7) 田村哲樹「シティズンシップと福祉改革」、『名古屋大学法政論集』第二一七号、二〇〇七年、三三三―三六八頁。

(8) 経営学におけるステークホルダー理論の成り立ちと展開については、以下を参照。水村典弘『現代企業とステークホルダー——ステークホルダー型企業モデルの新構想』文眞堂、二〇〇四年；R. E. Freeman, et al. *Stakeholder Theory: The State of The Art*, Cambridge University Press, 2010.

(9) K. Dowding et al. eds., *The Ethics of Stakeholding*, Palgrave Macmillan, 2004; W. Paxton et al. eds., *The Citizen's Stake: Exploring the Future of Universal Asset Policies*, Policy Press, 2006.

(10) W. Hutton, *The State We're in*, fully revised ed., Vintage, 1996.

(11) W. Hutton, An Overview of Stakeholding, in G. Kelly et al. eds., *Stakeholder Capitalism*, Palgrave Macmillan, 1997, p. 3.

(12) R. Levitas, *The Inclusive Society?: Social Exclusion and New Labour*, 2nd ed., Palglave Macmilan, 2005, p. 88.

(13) T. Blair, *New Britain: My Vision of a Young Country*, Fourth Estate, 1996, p. 292.

(14) *Ibid*., p. 293

(15) Labour Party, *New Labour: Because Britain Deserves Better*, 1997, p. 19.

(16) P. Gould, *The Unfinished Revolution: How the Modernisers Save the Labour Party*, Abacus, 1998, pp. 253-255; 小堀眞裕『サッチャリズムとブレア政治——コンセンサスの変容、規制国家の強まり、そして新しい左右軸』晃洋書房、二〇〇五年、第四章；W. Hutton, *Them and Us: Changing Britain - Why We Need a Fair Society*, Abacus, 2010, pp. 150-151.

(17) D. Soskice, Stakeholder Yes; the German Model No, in Kelly et al., *op. cit*., p. 223.

(18) Hutton, *Them and Us*, p. 21.

（19）オックスフォード英語辞典（第二版）によれば、stickと同源のstakeは、一四世紀前半から、「杭で土地に印をつける」や「杭を打って土地の権利を主張する」などの意味で使われていた。少なくとも一六世紀以降、こうした権利主張者はstakeholderと呼ばれるようになり、北米大陸の開拓民が杭の上でポーカーに興じたことから、stakeは「賭け事」「賭け金」、stakeholderは賭け金の保管人を意味するようになったとされる。その後、前者は出資等に伴う「持ち分」や「分け前」、後者は賭け事の参加者、投資者・出資者をも意味するようになっている。D. Julius, Globalization and Stakeholder Conflicts: A Corporate Perspective, in *International Affairs*, Vol. 73, No. 3(1997)p. 454; K. E. Goodpaster, Business Ethics and Stakeholder Analysis, in *Business Ethics Quarterly*, Vol. 1, No. 1（1991）p. 54.

（20）F. Field, *Making Welfare Work: Reconstructing Welfare for the Millennium*, Transaction Publisher, 2001, p. 143; F. Field et al., *Debating Pensions: Self Interest, Citizenship, and the Common Good*, Civitas, 2002, p. 27.

（21）Field, *Making Welfare Work*. 樫原朗『イギリス社会保障の史的研究V——20世紀末から21世紀へ』法律文化社、二〇〇五年、五三九—五四三頁；近藤康史『個人の連帯——「第三の道」以後の社会民主主義』勁草書房、二〇〇八年、六八頁。

（22）ステークホルダー年金の制度詳細については、藤森克彦『構造改革ブレア流』TBSブリタニカ、二〇〇二年を参照。

（23）近藤前掲『個人の連帯』、六六頁。

（24）同、六八頁。ただし、ステークホルダー年金の加入率はごく低水準にとどまっている。阪野智一「ニュー・レイバーとイギリス自由主義レジームの再編」、新川敏光編『福祉レジームの収斂と分岐』ミネルヴァ書房、二〇一一年、第五章、一六八頁。

（25）B. Ackerman and A. Alstott, *The Stakeholder Society*, Yale University Press, 1999.

（26）*Ibid*., p. 197.

（27）*Ibid*., p. 215.

（28）*Ibid*., p. 5.

（29）B. Ackerman, Inherit the Windfall, *The Guardian*, Oct 11th, 2007.

（30）B. Ackerman and A. Alstott, Why Stakeholding?, in E. O. Wright eds., *Redesigning Redistribution: Basic Income and Stakeholder Grants as Alternative Cornerstones for a More Egalitarian Capitalism*, Verso, 2006, pp. 44-45.

（31）*Ibid*., p. 59.

（32）*Ibid*., p. 56.

（33） Ackerman and Alstott, *The Stakeholder Society*, p. 4.
（34） *Ibid.*, pp. 11-12, 181-182.
（35） J. Rawls, *Justice as Fairness: A Restatement*, edited by E. Kelly, Harvard University Press, 2001, pp. 135-140（田中成明ほか訳『公正としての正義 再説』岩波書店、二〇〇四年、二四一―二五〇頁）. アメリカおよびロールズにおける共和主義については、井上彰「共和主義とリベラルな平等――ロールズ正義論にみる共和主義的契機」佐伯啓思・松原隆一郎編『共和主義ルネサンス――現代西欧思想の変貌』NTT出版、二〇〇七年、第二章などを参照。
（36） 齊藤拓「福祉国家改革の一方向性――各国に見る資産ベース福祉への移行」、『Core Ethics』第二号、二〇〇六年、二五九―二七〇頁；丸尾直美「資産ベースの福祉政策の設計――理念、意義、展望」、『尚美学園大学総合政策論集』第七号、二〇〇七年、四七―六九頁。
（37） B. Jackson, Property-Owning Democracy: A Short History, in M. O'Neill and T. Williamson eds., *Property-Owning Democracy: Rawls and Beyond*, Wiley-Blackwell, 2012, pp. 33-52. 豊永郁子『サッチャリズムの世紀――作用の政治学へ』新版、勁草書房、二〇一〇年、九六―九七、一八二頁も参照。
（38） A. Ron, Visions of Democracy in 'Property-Owning Democracy': Skelton to Rawls and Beyond, in *History of Political Thought*, Vol. 29, No. 1（2008）p. 176; D. Torrance, *Noel Skelton and the Property-Owning Democracy*, Biteback, 2010.
（39） Jackson, *op. cit.*, pp. 38-40; I. Dale ed. *Conservative Party General Election Manifestos, 1900-1997*, Routledge, 2000, pp. 84, 98, 118. 七四年一〇月のマニフェストでは、「保守党の理想」と明言されている。*Ibid.*, p. 243.
（40） 豊永前掲『サッチャリズムの世紀』、九二―九三頁。
（41） 毛利健三『イギリス福祉国家の研究』東京大学出版会、一九九〇年、二八九―二九〇頁；Jackson, *op. cit.*, p. 47. なお、同様の議論は、五〇年代のアメリカでも「人民資本主義（people's capitalism）」の名で流行した。V. Perlo, "People's Capitalism" and Stock- Ownership, in *The American Economic Review*, Vol. 48, No. 3（1958）pp. 333-347（名和献三訳「人民資本主義の実態」、伊東光晴・相良竜介編『変貌する資本主義』平凡社、一九六七年、一八八―二〇四頁）を参照。
（42） 武川正吾「住宅政策」、毛利健三編『現代イギリス社会政策史 1945-1990』ミネルヴァ書房、一九九九年、第四章を参照。
（43） 小堀前掲『サッチャリズムとブレア政治』、一一三頁；豊永郁子『新保守主義の作用――中曽根・ブレア・ブッシュと政治の変容』勁草書房、二〇〇八年、九六―九八頁。

(44) 齋藤純一「制度化された連帯とその動機づけ」、齋藤純一編『支える——連帯と再分配の政治学』風行社、二〇一一年、一〇五—一〇六頁。

(45) 杉田敦「社会統合の境界線」、齋藤純一編『社会統合——自由の相互承認に向けて』岩波書店、二〇〇九年、一八九—一九〇頁。

(46) S. White, 'Rights and Responsibilities: A Social Democratic Perspective,' in *The Political Quarterly*, Vol. 70, Issue Supplement S1 (1999) pp. 166-180.

(47) 大澤津「分配の原理と分配の制度——ロールズの財産所有制民主主義をめぐって」、『政治思想研究』第一一号、二〇一一年五月、二八九頁。齋藤はこのような互恵性は相互性の「狭義の観念」であり、それと区別される「広義の観念」として、「社会的協働が成員相互にとって利益となるだけではなく、各人の自尊（self-respect）の感情と両立することを求める」ような「相互尊重」を挙げる（齋藤純一「排除に抗する社会統合の構想——ロールズとハーバーマスにおける相互承認をめぐって」、『年報政治学』二〇〇七年Ⅱ号、一〇九頁）。だが、そのような自尊と相互尊重が、協働への貢献と結びつけられた資産の分配によって可能になるとすれば、相互性が互恵性を含意することは否定しえない。相互性が協働に寄与できない人々を排除するのは（同、一一五頁）、それが狭く解釈されるからではなく、その核心に互恵的関係が据えられているからではないだろうか。

(48) S. White, Liberal Equality, Exploitation, and the Case for an Unconditional Basic Income, in *Political Studies*, Vol. 45, No. 2 (1997) p. 319.

(49) 齋藤純一『政治と複数性——民主的な公共性に向けて』岩波書店、二〇〇八年、一六三頁。

(50) 政治的平等を承認し合う者同士の対等さ——シティズンシップそのもの——として相互性を理解するものとして、後藤玲子「正義と公共的相互性——公的扶助の根拠」、『思想』第九八三号、二〇〇六年三月を参照。

(51) この誤りは、互恵性を重視する論者からも指摘されるところである。A. Etzioni, *Next: The Road to the Good Society*, Basic Books, 2001, p. 29（小林正弥監訳『ネクスト——善き社会への道』麗澤大学出版会、二〇〇五年、六三—六四頁）.

(52) 後藤前掲「正義と公共的相互性」、九四頁。

(53) Ron, *op. cit.*, pp. 178-179.

(54) Ackerman and Alstott, *The Stakeholder Society*, pp. 185-187; Ackerman and Alstott, Why Stakeholding?, p. 51.

(55) 社会保障を基礎づける法理念としては、従来から生存権や社会連帯が考えられてきたが、菊池馨実はこれらに加えて、個人が人格的に自律した存在として主体的に自らの生き方を追求していくことを可能にするための条件整備を挙げている。個人主義に基づいた上で、自律支援への最終的責任主体を国家に求め、ライフステージの各段階での「生き方の選択の幅の平等」を目指す菊池の立場は、ステークホールディングの考え方に近い。菊池馨実『社会保障法制の将来構想』有斐閣、二〇一〇年、第一章を参照。ただし菊池の理論においては、自律能力なき者が権利を持つかという問題は扱いがたいものとして残る。その背景には、福祉受給者による「貢献」を不可欠とする菊池が、互恵性を重視する立場に連なる点が挙げられる（同書、二〇―二一、二五頁）。

(56) 菊池前掲『社会保障法制の将来構想』、三二頁。

(57) 諸個人の自律を実現するために望ましい方策を評価するにあたっては、主体が「達成できる機能（状態と行為）の様々な組み合わせ」を意味して「行いうること、なりうること」の範囲を示す「ケイパビリティ（capability）」の指標を用いることが最適である。各人の特質や置かれた環境の多様性を考慮に入れ、実質的な自由を焦点化するケイパビリティ概念に基づくことで、相互に差異を持つ諸個人における自律の実現程度を一般的に測れるようになる。アマルティア・センが、ケイパビリティは「自由の特別な地位や手続き的公正さの要求までも取って代わることができるわけではない」と述べているように、シティズンシップに伴う持ち分の配分としてＢＩやＢＣのような現金給付を行うことは、ケイパビリティ保障の観点と整合的である。普遍主義的な現金給付は、それだけでケイパビリティを実現できるわけではないとしても、実現に資することができる。A. Sen, *Inequality Reexamined*, Oxford University Press, 1992, p. 40（池本幸生ほか訳『不平等の再検討――潜在能力と自由』岩波書店、一九九九年、五九―六〇頁）; A. Sen, *The Idea of Justice*, Penguin Books, 2010, p. 299（池本幸生訳『正義のアイデア』、明石書店、二〇一一年、四二八頁）.

(58) A. Etzioni, Is China Responsible Stakeholders? in *International Affairs*, Vol. 87, No. 3 (2011) p. 540.

(59) グローバルな規模でのステークホールディングは、たとえばＢＩのような単一の制度の全政治社会を通じた実現（グローバルＢＩ）を帰結することにはならない。現金給付がケイパビリティをもたらすためには、政治的に安定し汚職の蔓延がない法的秩序と、十分に機能する市場が不可欠である（永松伸吾『キャッシュ・フォー・ワーク――震災復興の新しいしくみ』岩波書店、二〇一一年、一二―一五頁）。個人が置かれた状況は社会ごとに異なるために、自律を実現する上で望ましい手段は一様ではない。より基底的なニーズを優先的に充足させるためには、社会間で異なる施策が当然に帰結されるだろう。

(60) 佐々木寛「「グローバル・シティズンシップ」の射程」、『立命館法学』第三三三・三三四号、二〇一〇年、六八一―七〇九頁。

(61) Jackson, *op. cit.*, pp. 40-47.

(62) Ａ＆ＡもＳＧと同時に、一定年齢から無条件で給付される市民年金の提言を行っている。Ackerman and Alstott, *The Stakeholder Society*, ch. 8.

（63）宮本太郎「福祉国家再編の規範的対立軸――ワークフェアとベーシックインカム」、『季刊社会保障研究』第三八巻第二号、二〇〇二年九月、一二九―一三七頁; 武川正吾・宮本太郎・小沢修司「ワークフェアとベーシック・インカム」、『海外社会保障研究』第一四七号、二〇〇四年六月、三―一八頁; 田村前掲「シティズンシップと福祉改革」。脱商品化と再商品化については、田中拓道「脱商品化とシティズンシップ――福祉国家の一般論のために」、『思想』第一〇四三号、二〇一一年三月、一四五―一六三頁を参照。

（64）武川正吾「ベーシック・インカムの理論と実践――日本の社会政策の場合」、『大原社会問題研究所雑誌』第六三四号、二〇一一年七月、二〇頁。たとえば齊藤拓が「理念」「目的」としてのＢＩと語るものは、無条件の現金給付としてのＢＩそのものではなく、ＢＩを帰結する政治哲学的立場を意味している。だが、ＢＩを導出したりＢＩに伏在したりしている理念はＢＩ以外の何かであり、それらをＢＩと語ることもＢＩを目的と見ることも間違っている。齊藤拓「政治哲学的理念としてのベーシック・インカム」、立岩真也・齊藤拓『ベーシックインカム――分配する最小国家の可能性』青土社、二〇一〇年、第二部。

（65）C. Pateman, Democratizing Citizenship: Some Advantages of a Basic Income, in Wright, *op. cit.*, p. 94.

（66）P. Van Parijs, *Real Freedom for All: What (If Anything) Can Justify Capitalism?*, Clarendon Press, 1995, pp. 45-47（後藤玲子・齊藤拓訳『ベーシック・インカムの哲学――すべての人にリアルな自由を』新装版、勁草書房、二〇〇九年、七四―七七頁）.

（67）*Ibid.*, p. 46（邦訳、七五頁）.

（68）このような考えを採ることは直観に反するかもしれないが、あくまでも所得保障にあたっての給付単位の画定に伴う「みなし」であり、便宜に適う法的操作にすぎないと捉えるなら、反直観的であることは、これを退ける理由にはならないはずである。

（69）*Ibid.*, p. 47（邦訳、七六頁）.

（70）成瀬龍夫「ベーシック・インカムの魅惑と当惑」、『大原社会問題研究所雑誌』第六三四号、二〇一一年七月、五、七頁。

（71）小沢修司は、日本におけるＢＩ導入の試算にあたり、「仮に」と断りながらも、生活保護の基準を参考に用いている。また山森亮も、貧困対策としての期待をＢＩに寄せている。小沢修司『福祉社会と社会保障改革――ベーシック・インカム構想の新地平』高菅出版、二〇〇二年; 小沢修司「ベーシック・インカムと社会サービス構想の新地平」、『現代思想』第三八巻第八号、二〇一〇年六月、六二―六九頁; 山森亮『ベーシックインカム入門――無条件給付の基本所得を考える』光文社、二〇〇九年。

（72）後藤道夫「「必要」判定排除の危険――ベーシックインカムについてのメモ」、『ＰＯＳＳＥ』第八号、二〇一〇年九月、三六頁。

（73）Van Parijs, *op. cit.*, p. 30（邦訳、五〇頁）. 福士正博がこの点でパリースを批判しているが、ＢＩをニーズ概念と切り離すことはニーズを無視することではなく、ニーズ充足はＢＩで足りるとする解釈を拒否することである。福士正博『完全従事社会の可能

性――仕事と福祉の新構想』日本経済評論社、二〇〇九年、一〇六頁。

(74) M. Freedman, *Capitalism and Freedom*, University of Chicago Press, 1962（村井章子訳『資本主義と自由』日経ＢＰ社、二〇〇八年）; 森信茂樹編『給付つき税額控除――日本型児童税額控除の提言』中央経済社、二〇〇八年。

(75) 個人単位の給付つき税額控除の制度提言として、阿部彩「ワーキング・プア対策としての給付つき税額控除」、埋橋孝文・連合総合生活開発研究所編『参加と連帯のセーフティネット――人間らしい品格ある社会への提言』ミネルヴァ書房、二〇一〇年、第一〇章がある。個人単位の給付に伴う問題としては、高所得世帯でも夫婦の一方がパート労働者であるような場合には受給できる点が指摘されているが、自律の一側面としての「脱家族化（de-familialization）」を重視するステークホールディングの立場からすれば、これは問題ではない。個人単位の給付によって世帯構成の変動にかかわらない所得を保障することは、子どもの貧困を防ぎ、次世代の自律を助けることにもつながる。鎌倉治子「諸外国の課税単位と基礎的な人的控除」、『レファレンス』第五九巻第一一号、二〇〇九年一一月、一二九頁; G. Esping-Andersen, *Social Foundations of Post-Industrial Economies*, Oxford University Press, 1999, p. 174（渡辺雅男・渡辺景子訳『ポスト工業経済の社会的基礎――市場・福祉国家・家族の政治経済学』桜井書店、二〇〇〇年、二四五頁）.

(76) 阿部前掲「ワーキング・プア対策としての給付つき税額控除」、二五〇頁。

(77) 齊藤拓「ベーシックインカムとベーシックキャピタル」、『Core Ethics』第二号、二〇〇六年、一一八頁。

(78) T. Fitzpatrick, *Freedom and Security: An Introduction to the Basic Income Debate*, Macmillan, 1999, pp. 48-51（武川正吾・菊地英明訳『自由と保障――ベーシック・インカム論争』勁草書房、二〇〇五年、五八―六一頁）; Pateman, *op. cit.*

(79) 新川敏光「福祉国家の改革原理――生産主義から脱生産主義へ」、『季刊社会保障研究』第三八巻第二号、二〇〇二年九月、一二〇―一二八頁。

(80) Fitzpatrick, *op. cit.*, p. 57（邦訳、六七頁）.

(81)「働く機会を保障される権利」は、既存のシティズンシップ概念には組み込まれていないとされる（福士前掲『完全従事社会』、一五九頁）。なお、日本における労働権保障の包括的検討として、松林和夫『労働権と雇用保障法』日本評論社、一九九〇年を参照。

(82) Van Parijs, *op. cit.*, p. 37（邦訳、五九頁）.

(83) 商品化の必要条件としての脱商品化について、山森亮「市場・脱商品化・基本所得――福祉国家論の規範的含意」、小笠原浩一・武川正吾編『福祉国家の変貌――グローバル化と分権化のなかで』東信堂、二〇〇二年、五八―五九頁を参照。

(84) 田村哲樹「ベーシック・インカム、自由、政治的実現可能性」、宮本太郎編『社会保障――セキュリティの構造転換へ』岩波書店、二〇一〇年、一五二頁。

＊謝辞　本稿にコメントを頂戴した延べ六名の査読者に深謝申し上げる。なお応えきれていない部分は、別所で再論したい。

◆書評

政治思想史の中のトマス・アクィナス

●――将基面貴巳

柴田平三郎『トマス・アクィナスの政治思想』（岩波書店、二〇一四年）

トマス・アクィナスの政治思想は、中世政治思想の典型であると伝統的に評価されていながら、そのテーマに真正面から取り組む研究書は、我が国のみならず西洋においてすら決して多くはない。そもそもトマスは今日我々が「政治的著作」と称するような作品をごくわずかしか残しておらず、「政治」についての思索は、多くの場合、『神学大全』をはじめとする、膨大な神学的著作の中に断片的に見出されるにすぎない。この手強い研究対象に関して、長年我が国の中世政治思想史研究をリードしてきた著者が過去十数年の考察をまとめたのが本書である。

本書の論述はいくつかの点で通俗的なトマス像を一新する。前半で示される様々な伝記的エピソードやパリ大学を中心とする歴史的状況の叙述を通じて、著者は、静的な思索者としてのイメージばかりが強いトマスの活動的な生涯とその生活環境を活写する。その語り口は、本格的な研究書であるにもかかわらず、中世政治思想や中世ヨーロッパ史にあまり親しみのない読者でも抵抗感なくトマスの思想世界へと誘う。そして、トマスが、中世ローマ教会においては正統的地位にあるどころか、むしろ論争を呼ぶ存在だったことを強調することで「正統的カトリック神学者トマスという現代の固定像から自由に」なることを説いている。それは、十九世紀末以来のトミズム的イメージを脱却し、トマスの真正な歴史的理解へ一歩を踏み出すことの宣言である。

本書の後半における政治思想分析は、中世政治思想研究の課題をもっぱら近代政治思想の起源を探ることと見なす、近代主義的な研究傾向を批判することからはじまる。ワルター・ウルマンの古典的な「アリストテレス革命」説に対するケアリー・ネーダーマンの批判を紹介しつつ、「キリスト教的アリストテレス主義」により政治思想の世俗化への一歩を踏み出したトマスという近代主義的イメージに疑問符を付す。

各論的には、たとえばトマスの混合政体論について、二十年ほど前にジェイムズ・ブライスが中世政治思想における混合政体論の系譜について発表した研究が欧米で今も高く評価されているが、著者もこの研究に見られるトマス論と歩調を合わせている。「教会」と「国家」の関係をめぐるトマスの見解は、研究史上、難問とされてきているが、著者はトマスが教会における地位や名誉をすべて拒否した結果として、教会と国家をめぐる現実政治に巻き込まれなかったことが、その問題の理論的探求に深入りしなかった理由を説明するとしており、興味深い。

本書の方法論的立場について、著者は「テクスト主義とコンテクスト主義の融合」をめざすとしているが、著者が注目する「コンテクスト」とは、主にトマス自身の神学・哲学的枠組のことである。それは、『神学大全』における暴君放伐論を、世俗権力に対する服従の問題を論じた、同書の他の箇所との連関において読み解き、トマス正戦論を人間の罪と悪徳に関するトマス自身の神学的考察の枠組の中に位置づけて解釈している点にも明らかである。しかし、そうだからといって、本書が中世思想家の政治思想とその神学・哲学との間に理論的整合性を当然のこととして想定する、二十世紀中葉に有力だった伝統的方法を踏襲しているわけではない。だが、その一方で、本書は、典型的なコンテクスト主義的アプローチと異なり、十二、十三世紀の神学者や法学者達の政治思想が、トマスにとってどのような知的コンテクストを構成していたかについてはあまり多くを語っていない。例えば、今世紀に入って以来、トマスの師アルベルトゥス・マグヌスの思想研究は進展著しいが、アルベルトゥスのトマスに及ぼした政治思想的影響の可能性について著者はどう考えるのだろうか。

こうしてみると著者の方法は、いわゆるコンテクスト主義に依拠するものというよりは、トマス自身のテクストの組織的かつ緻密な読解に力点があるように思われる。そして、トマス政治思想の神学的枠組を強調する結果、本書は「アリストテレス革命」の起点に立つ世俗的な政治思想家としてのトマス像に代えて、「〈キリスト教共同体〉の思想的具現者」としてのトマス像を提示している。つまり、トマス政治思想が中世盛期のいわばひとつのキリスト教思想的総決算であるというわけである。解釈の力点をアリストテレス主義から神学的枠組に移すことで、本書はトマスを、中世という時代に錨付ける一方で、神学を通じて人間についての「永遠の問題」を問うた思想家であると結論している。

このようにトマス政治思想の歴史的意味と時代を超えた意義を同時に探る方法的モデルとなっているのはA・P・ダントレーヴの著作『政治思想への中世の貢献』である。一九三〇年代から七〇年代にかけて活躍したこの思想史家について、著者は中世政治思想を「歴史の相において」だけでなく「永遠の相において」も探究したと述べて、その重要性を特筆大書している。この点は、本書で言及されていないネーダーマンの最近作[1]でも同様に、ダントレーヴに注目しつつ強調され、欧米の専門家の関心をひいたことだが、政治哲学的問題と切り結ぶ歴史的研究としての政治思想史のあり方を模索することは、決して中世政治思想の専門家だけの課題ではないだろう。

(1) C. J. Nederman, *Lineages of European Political Thought: Explorations along the Medieval/Modern Divide from John of Salisbury to Hegel*, The Catholic University of America Press, 2009, ch. 4. この作品の将基面の書評も参照。*Sixteenth Century Journal*, Vol. 41, No. 4 2010, pp. 1194-95.

◆書評

マキァヴェッリの「二つの顔」

●――高濱俊幸

鹿子生浩輝『征服と自由――マキァヴェッリの政治思想とルネサンス・フィレンツェ』（風行社、二〇一三年）

本書評表題の「二つの顔」は、主にマキァヴェッリが見せる二つの側面、すなわち共和制論者と君主制論者という基本的に相反する二つの「顔」を意味している。この「二つの顔」に関連してマキァヴェッリ研究の傾向は、『君主論』を中心に新しい政治学の発見者を見るか、もしくは『リウィウス論』に拠りながら共和主義的伝統の継承者を見るか、さもなければ『君主論』と『リウィウス論』は異なる意図をもって書かれた別個の著作と割り切るかであったという（八―一六頁）。本書は共和制論者という見解に立っているが、もっぱら『リウィウス論』に依拠するのではなく、『君主論』との「整合性」を見出そうとしている（一九頁）。また、「二つの顔」には伝統主義者か近代主義者かという論点も含まれるが、本書は伝統主義者の側に立つ。以下、その内容を簡単に紹介する。

本書は、最初に、共和主義の伝統がマキァヴェッリ時代のフィレンツェにおいていかに強力なイデオロギーであったかを確認する。メディチ支配によって君主制への移行が起こったとはせず、「フィレンツェ共和主義の継続性」が謳われる（七二頁）。すなわち、コジモ以来「メディチ家は、共和国の従来の制度や政治手法を継承し」ていて（七三頁）、ソデリーニ政権崩壊後のメディチ帰還（一五一二年）以降も「市民的統治」は維持されたという（一一三頁）。

本書の最大の特色は、『君主論』と『リウィウス論』の一見矛盾する内容を、適用地域の相違として説明するところにある。すなわち、『リウィウス論』がフィレンツェを対象としたのに対して、『君主論』は教皇領を念頭に、支配の正当性を欠いたまま「新君主」として教皇領を統治するはずのメディチ家のジュリアーノや小ロレンツォに与えられた助言であった（一八五頁）。しかも、『君主論』におけるメディチへの悪徳の勧めは限定的かつ期限付きのものであった。新君主国の置かれた短期的かつ特殊な状況が悪徳を勧めさせたのであって、これらの国々にあっても、統治を安定させるという「長期的見通し」からは、公益追求という「有徳な振る舞い」を通じて「名誉や栄光」を獲得するのが望ましい（二二七頁）。さらに言えば、『君主論』が旧来の「君主の鏡」論を転倒させたかに見えるのも、新君主を助言対象としていたからにすぎず（二三六頁）、一見新奇に映るマキァヴェリズムも「慣例的な主張」とそれほど変わりない（二三三頁）。

このように『君主論』を全体として「新国家」統治のための献策と見る本書であるが、『君主論』第九章の「市民的君主」論については、フィレンツェに帰還したメディチに対して、「共和制を維持ないし構築することが望ましいという指示」もしくは「少なくとも共和制の観念に近い国家」を維持せよという助言と捉える（二七三頁）。そして、『リウィウス論』こそフィレンツェへの適用を想定した統治論であったという（二八一頁）。その統治論が共和制秩序の維持を前提としたのは、フィレンツェの「慣習的・社会的条件」からして、当時の読者には「ほとんど自明」であった（三一七頁）。なお、『リウィウス論』第一巻第一八章を、極度に腐敗したフィレンツェに自由を回復するために「絶対的権力」を行使せよというメディチ家への勧告と解釈してきたことに、本書は反対する。腐敗の程度およびメディチ家の置かれた状況が当該箇所の叙述とは大きく異なるという理由から、むしろ「純理論的探求」であったと論じるのである（三五七―三六〇頁）。

晩年の政治的作品三点を取り上げた最終章が確認するように、マキァヴェッリは共和制論者であり続けた。さらに、フィレンツェは「拡大型共和国」であるべきとも考えた（三三三頁）。祖国フィレンツェを中心とするマキァヴェッリの将来構想は、「短期的・中期的に」は共和主義的価値観を共有する「トスカーナの覇権」であり（三二五頁）、長期的には他のイタリア諸地域をも服属させる「複合国家」的「帝国」支配であった（三七二頁）。イタリア単一国家の形成を目指したとするマキァヴェッリ解釈が時代錯誤でしかないことは多くの研究者の一致した意見であろうが、本書は「拡大型共和国」の構想をより具体的に示している。

ここで評者の希望を述べよう。『君主論』が「新君主国」向けの献策であったとするならば、該当する各都市の個別事情と『君主論』における献策内容との対応をより具体的に示すことで、説得力が高まるのではないかと考える。また、献策に従って教皇領の新君主として権力を拡大させていくメディチ家がいずれフィレンツェの共和制秩序を破壊するであろうとマキァヴェッリが危惧しなかったとすれば、それは何故か。あるいは、「トスカーナの覇権」構想の要にいたレオ一〇世にとって（三六七、三八三頁）、「破壊的な結論」（四一六頁）に行き着いたマキァヴェッリのキリスト教批判が不都合でなかったのは何故か。気になるところである。

最後に、比較的最近のマキァヴェッリ研究二冊に触れて結びとしたい。本書はマキァヴェッリを〈共和制論者〉＋〈伝統主義者〉と見たが、厚見恵一郎『マキァヴェッリの拡大的共和国―近代の必然性と「歴史解釈の政治学」』（二〇〇七年）は、〈共和制論者〉＋〈近代主義者〉と捉える。すなわち、マキァヴェッリの拡大型共和国の構想を独裁君主によって「創設」される「平民を中心とした新秩序」と解釈することによって（三四〇―三四二頁）、「近代の創始者」と「古典的共和主義の継承者」という「二つのマキァヴェッリ像」を統合しようとするのである（四二八頁）。一方、マキァヴェッリを〈君主制論者〉＋〈近代主義者〉と考えるのが、石黒盛久『マキアヴェッリとルネサンス国家――言説・祝祭・権力』（二〇〇九年）である。そこではマキァヴェッリは、貴族対平民の抗争を「元首の創設」によって克服しようとして始まった権力集中過程に「脱イデオロギー的」に奉仕した「事務官僚」として現れる（九七頁）。マキァヴェッリは、二つと言わず、いくつもの顔を見せ続けているようである。

◆書評

政治が生む「寛容」／寛容が浮かび上がらせる「政治」

●——田上雅徳

宇羽野明子『政治的寛容』（有斐閣、二〇一四年）

一六世紀後半のフランスは、カトリックとプロテスタントとが血で血を洗う、宗教戦争に見舞われた。泥沼化したそれを終結させるべく、このとき世に問われたのが寛容論である。ただし、通常の説明では、ここでの寛容論は、国内が無秩序になるのを回避するための「政治的な」それであり、信教の自由にもとづいて異なる宗教の並存を積極的に認めようとするものとは区別すべきだ、とされる。

もちろん、著者も認めるように、政治的寛容は暫定的かつ実践的であるがゆえに、フランス宗教戦争を終わらせるという当面の課題に対しては、一定の成果を見せた。だとしても、状況論的性格の強い議論は、果たして思想研究の対象になりうるのだろうか。こうした問いを意識しつつ、本書は、一見したところ理論的な深みを欠く政治的寛容論が、実は、政治の本質をめぐって西欧人が積みかさねてきた思惟の一つの到達点だったことを明らかにしようとする。「シヴィリテ」という概念を通して、である。

本書の概要は以下の通りである。

第一章は「問題の所在」と銘打たれているが、章題どおり本論に関係する基礎概念を見直しつつ、著者は検討課題を示す。

たとえば政治的寛容の主唱者であるポリティーク派について。著者は、彼らがおもにパルルマン（高等法院）を拠点にした司法集団に属していたことを重視する。というのも、当時のおもだった法曹はシヴィリテの伝統に、すなわち「人間の固有性である「共同の生」を、政治社会の「法」、社会の「作法」を通じて成り立たせ、秩序づけるための原理であり、技術・知識」の伝統に慣れ親しんでいたからである。そこで著者は、この法曹たちが担う伝統から導き出された「政治的なるもの」の観念が政治的寛容の土台を形成している、との視点を定め、以下、論を展開していく。

さて、一六世紀初め、クロード・ド・セセルが、フランスの王権を拘束するものとして宗教と正義、そして（王国を基礎づける既存の法や慣習を指す）「ポリス」を挙げたことは有名だが、このポリスを具体化させる制度がパルルマンだった。そして、パルルマンに連なる法曹たちにとっての正義の基準がシヴィリテだった点は、先に触れたとおりである。

そこで第二章では、このような制度を媒介にして王権を律してきたシヴィリテが何に由来してきたかが探究され、著者はそれが古典古代の哲学や中世ローマ法学だったことを論証する。ここにシヴィリテは、西欧の思想史において正統性を主張しうることが明らかにされた。だからこそそれは、「もはや信仰上の和解が望みえない状況で唯一、秩序の一体性を正当に担保」するものとして、危機の時代に光が当てられることになったのである。

もっとも、信仰の論理は、シヴィリテにとっての単なる克服対象に留まっていたわけではない。第三章では、宗教の側にもシヴィリテに親和的なロジックが準備されていたことが指摘される。

著者によれば、必ずしも宗教に無関心ではなかったポリティーク派が政治的寛容を説くとき、そこで重んじられていたのは「たとえ誤っていても良心は尊重されなければならないとする「主観的確信」としての「良心」への擁護」だった。この良心観は、いうまでもなく古代以来のキリスト教史を通じて培われてきたが、その中で著者が特に注目するのは中世後期のオッカムである。このスコラ学者は、理性的な判断の客観的な正しさよりも「主観的確信の堅固さ」に人は従うべきだ、と主張していたからである。

では、それに拘泥すると「神々の争い」を引き起こしかねない良心がどうして尊ばれたのだろうか。「無神論」に対する危惧からである。たとえばプロテスタントにカトリックを押しつけても、強制された側は真の意味で改宗しないだろうから、彼らは結果として無神論者となるであろう。そして一六世紀のフランスにあって、無神論者は良心を喪失しており、無秩序を招来する存在だと目されていた。当時の人びとの法的・政治的心性がうかがえるところだが、各人の良心の尊重はこうして、シヴィリテもまた担っている「王国の基礎である法や権力への服従」を担保するための方策になりえたのである。

そして最後の第四章では、著者が長年取り組んできたモンテーニュの思想が、改めてシヴィリテの観点から位置づけ直される。

一六世紀の政治思想史においてモンテーニュは既存の秩序への服従を主張してきたことから、「宗教や道徳的信念から自由になるアタラクシアの境地を模索する」非政治的な思想家と見なされることもあった。だが、そんな彼をシヴィリテの伝統のなかに置くとき読者に示されるのは、政治秩序こそ「理想の人間性の追究を可能とする場である」とするからこそ「いわゆる政治的懐疑主義とはまったく異なる見地から」既存の政治秩序への服従を説く、宗教戦争期における一つの政治的生の姿である。

以上のように、本書は、一六世紀の政治的寛容が過酷な現実への単なる対症療法にとどまらない思想的可能性を秘めていたことを示唆する。と同時に、キリスト教史に関心を抱く評者は、近代的な政治の論理の確立に対する神学の寄与の仕方というものを改めて考えさせられた。何より、そうした宗教と古典古代に由来する思想とが交叉する中でひとつの寛容を生み出した西欧の「政治的なるもの」の重層性にも感じ入った次第である。

こうしたシヴィリテによる権力の制約と立憲主義とはどのような関係に置かれるのか。また、政治的寛容は現実と理論の両レベルでその後どのように位置づけられていくのか。著者に質問したい点はいくつかあるが、「あとがき」で著者は「寛容思想史における政治的寛容の位相」を明らかにすることも視野に入れている、と述べている。その成果の示される日が待ち遠しい。

◆書評

軍事をめぐる討論から見えてくる政治思想

●──菅原　光

尾原宏之『軍事と公論──明治元老院の政治思想』（慶應義塾大学出版会、二〇一三年）

日本における近代議会の成立は、貴族院と衆議院とからなる帝国議会が発足した一八九〇年のことであり、明治国家成立から二〇年以上待たなければならなかった。しかし一八九〇年以前の日本でも、政策が全て権力者によって恣意的に決定されるばかりだったわけではない。明治前半期の議法機関であった元老院の役割は決して小さいものではなかった。本書は、帝国議会開設以前から既に成立していた、討論を通じた政策決定過程を分析したものである。しかもそこで主たる対象となっているのは、徴兵令改正をめぐる審議過程という「軍事」である。逸脱した近代日本の歴史や思想を批判し、あるべき近代化、あるべき近代的政治システムの成立といった観点への近接度を争うかのようだった戦後の政治思想史研究においては、「軍事」は批判対象としてしか研究され得なかったという感は否めない。本書は第一に、「軍事」を対象とする本格的な政治思想史研究である点に特徴がある。

第一章、第二章では、広範な徴兵逃れを許容するシステムとなっていた徴兵制の実態が「国民皆兵」の理念からは遠く離れたものになっていたこと、そのことは早くから認識されており、明治十二年には元老院において議論の遡上にのぼっていたことが明らかにされている。しかも著者は、徴兵令制定の段階で「国民皆兵」という理念が掲げられていたと言えるのかというそもそもの前提に対する疑義を差し挟むことにより、当時の政府、元老院が「護国ノ義務」という「国民の義務」をどう捉えどう主張すべきなのかという思想的な問題に直面していたことを明らかにしている。それは『徴兵告諭』の段階で既に自明のものであり、改めて議論する必要はないという意見もあった。また、憲法制定以前に国民の義務を定めることはできないとする議論もあった。度重なる制度改革によって、あらかじめ定まっていた「国民皆兵」という理念の実現過程としてばかり捉えると、このような思想的な問題の存在は見えにくいままであっただろう。

「いわゆる「明治啓蒙」を代表する知識人の一人」でもあった元老院議官津田真道の議論が中心的な考察対象となっている第三章並びに補論では、津田の「強硬な徴兵制度反対論」がどのような思想的背景に基づくものであったかが検討されている。津田は、「国民皆兵」という理念に強硬な反対姿勢を示していた。軍事そのものを不要と考えていたのではない。そうではなく、もはや兵員数に依存すべき時代ではなく、「器械の力」こそが重要視されるべきだと津田は考えていた。それは、あくまでも独自の「富国」

構想とそれに基づいた海防論、日本の取るべき道を「通商国家」以外にはあり得ないとする発想に基づいていた。そしてその背景には、A・スミスやH・スペンサーらからの思想受容の影響があったという。津田は「国民皆兵」の理念に対外膨張のメッセージを読み取り、それに対して「智識」とそれに基づく「殖産興業」こそを対置させようとしていたというのである。

　第四章、第五章では、津田以外の元老院議官による徴兵令改正論議が検討されている。それぞれの議官はそれぞれの立場から、華族の子弟や私立学校の学生に対する徴兵猶予についての賛否を展開していた。それは、出自に由来する同族の利害を実現するための主張に過ぎないという見方もできよう。しかし著者は、それぞれの議官の主張を「言説戦略」という言葉で捉え、「軍事と議会的なものが正面からぶつかり合った希有な事例」としてポジティブに検討を加えている。著者はまた、それまでは明記されていた兵力量についての記述が、明治十六年の徴兵令改正案においては削除されているという問題を、箕作麟祥による指摘とその強硬な反論を跡付ける形で論じている。後に編制権が天皇大権とされる淵源が、この改正案の中に含まれていたというのである。

　以上のように、本書は、徴兵令改正をめぐる審議過程を明らかにすることを通じ、元老院における討論の幅の広さ、それを支えている思想の奥行きを見事に描き出した好著である。もちろん、政治史や歴史学の世界では、元老院についての研究も、徴兵制度についての研究も珍しくはなく、著者もまたそのような先行研究の成果に負っている部分もある。本書は、それら実証研究の成果を踏まえながら、江戸時代の諸思想に加え同時代の西洋思想からの影響関係といった思想的背景にまで踏み込んで分析した、あくまでも政治思想史の研究書として評価すべきものであり、その点で画期的な研究だと言えるだろう。

　しかし、改めて政治思想史の研究として見てみるならば、論述不足と感じる部分もある。第一に、タイトルに含まれている「公論」について、さしたる議論が為されていない点である。「公論」とは何を意味するのか。公的な価値を持つ議論だろうか。「オオヤケ」による議論だろうか。それとも、ここでの「公」はpublicなのであろうか。あるいは、「討論」や「議論」と互換可能なものとして「公論」を用いることによって、「公論」という語に過剰な意味を持たせがちな昨今の「公論」インフレ状況を緩和させようとする意図があったりするのだろうか。タイトルにまで掲げている以上、どのような意味で「公論」を用いているのか、説明が必要ではないだろうか。第二に、同じく思想的背景についての分析でも、津田に与えた頼山陽の影響については詳細かつ具体的である一方で、スミスやスペンサーからの影響という点については、記述からは、影響を受けたとする津田自身の自己認識と、似ているという程度の関係しか見えないように思う。しかもまた、その程度の類似は、当時においても既に、彼らを参照することによって初めて可能になるという問題でもないようにも思える。さらなる引用と論証に加え、そのことを指摘することにどのような意味があり得るのか、説明が欲しいところであった。

◆書評

〈美学〉から〈政治〉へ
――若きルカーチと〈形式〉への意志

西永亮『初期ルカーチ政治思想の形成――文化・形式・政治』（小樽商科大学出版会、二〇一四年）

●――上野成利

一般にルカーチの政治思想といえば、西欧マルクス主義の始原として語られるのが通例だろう。主著と目される『歴史と階級意識』（一九二三年）にしても、ともするとフランクフルト学派の前史、「アドルノの『否定的弁証法』への歴史的序論」（徳永恂）として読まれてきた。そしてこうしたクリシェとともにルカーチの名は、政治思想研究の後景へと静かに退いていったのだった。とすれば、ルカーチを忘却の淵から救い出そうとする試みは、西欧マルクス主義の枠からその思想を解き放つ試みでなければならないだろう。こうした問題意識からルカーチの読み方の刷新を図ろうとしたのが本書である。

著者が西欧マルクス主義の代わりに着目するのは、〈二〇世紀政治思想〉という同時代的な文脈である。たしかにルカーチはマルクス主義の系譜に連なる思想家だが、しかしその理論と実践が同時に〈二〇世紀政治思想〉の文脈のなかにあったことは間違いない。本書はこの文脈にルカーチをあらためて位置づけようとする。ただし表題が示しているように、ここではその長い生涯の全体が取り上げられるわけではない。著者が目を向けるのはもっぱら一九一〇―二〇年代、おおむね『歴史と階級意識』刊行までの時期であり、G・ジンメル、C・シュミット、Th・マン、M・ウェーバー、R・ルクセンブルクらの思想と対質させつつ、若きルカーチの精神の軌跡が検討の俎上に載せられてゆく。

なかでも特権的な重みが与えられるのは、ジンメルである。ジンメルによれば、〈生〉は〈形式〉を媒介としてしか存在しえず、しかも〈形式〉は〈生〉から乖離したものであるほかない。こうした〈生〉と〈形式〉との逆説的な関係のうちにジンメルは〈文化の悲劇〉を見て取るわけである。これがルカーチの『魂と形式』（一九一〇年）の下敷きになっていることは、もちろん夙に知られていよう。しかし本書の第一の眼目は、ここにルカーチの政治思想の決定的な出発点を見出そうとするところにある。

ルカーチにしてみれば、いかに悲劇的であろうとも〈生〉あるいは〈魂〉にとって何らかの〈形式〉が不可欠である以上、必要なのは新しい世界をもたらす新しい〈形式〉であり、そうした新しい〈形式〉を追求する意志である。ここにおいて〈形式〉を喪失した現代文化にあらがう、〈区別・決断の倫理〉が要請される。しかもこれはルカーチにあって狭義の文化の問題だけにとどまらない。文化の悲劇はそのまま政治の悲劇でもある。〈形式〉から逃走せず、この悲劇を時代の宿命として引き受けつつ新たな政治の〈形式〉を創出すること、これがルカーチの焦眉の課題となる。『歴史と階級意識』もこの延長線上に位置づけられる。そこではブルジョア化した大衆を日々の決断へ導く規律の組織たる〈党〉こそが、この時代に必要な〈形式〉として要請される。こうしたボルシェヴィズムへの傾倒については、もとより本書でも批判的に検討される。しかしいずれにせよ著者は、こうしてルカーチをウェーバーやシュミットらと同じ土俵へ引っ張り出し、まさしく二〇世紀の政治思想家として位置づけるわけである。これが本書の最大の特長であり、研究史への貢献だといってよい。

〈美学〉から〈政治〉へ――本書の提示する大きな見取り図を一言でいえば、このように定式化できるだろう。実際、本書の方法論上の特徴は、「美学者であったルカーチがいかにして政治へと思想的に関与していったのか」、「その変遷のなかで理論化される『政治』とはいかなる意味をもつのか」、これを検証するところにあるという（六頁）。著者のみるところ、初期の美学論・文化論を抜きにルカーチの政治思想は理解できないのであって、それゆえジンメルの圧倒的な影響下にあった初期の美的思考こそ、ルカーチの政治思想を理解する鍵ということになるだろう。

一方、〈美学〉から〈政治〉へという図式は、少々厄介な問題も孕んでいる。著者はこのシフトを――晩年のルカーチ自身の証言もふまえつつ――〈美学〉を放棄して〈政治〉へ接近するという意味合いで捉える（一二六―一二七頁）。なるほど、「これまで『文化』概念によって思考されてきた事柄をめぐり、単なる観念の次元においてではなく、現実の政治との接触において思考されるようになる」（一五五頁）という指摘は、それ自体としては正しい。しかし、美的思考の観念はルカーチの政治的思考の根底に流れ込んでいる、と解釈する余地は残されていないだろうか。

となれば、〈美学〉から〈政治〉へという図式も別の含意を帯びてくる。これが〈美学〉を基礎にして〈政治〉を思考するという意味合いで解釈できるとすれば、〈美的政治〉の思考系という、それこそ二〇世紀政治思想の大動脈がただちに浮上してくるからだ。あるいは、このように〈美的政治〉という文脈にルカーチを落とし込む発想は、じつのところ本書のもう一つの仮想敵だったのかもしれない。実際、二〇世紀のドイツ思想は従来あまりにも美的モダニズムとの絡みで語られすぎたきらいもある。

とはいえ美学を放棄して政治へシフトするという構図は、思想家自身の晩年の証言に少々忠実すぎる解釈でもある。とりわけ本書ではジンメルに大きな重みが与えられ、しかもその論証が説得的であるだけに、ルカーチを〈美的政治〉の文脈で解釈する見方もまた十分に成立するようにみえてくる。もとより転位を繰り返しながら変遷するルカーチの思考の跛行的な歩みについて、一貫した視座から捉えるのは至難の業だろう。本書はそれに果敢に挑み、その設定の枠内で成功を収めている。おそらく続編では、中期・後期まで含めたルカーチの思考の全体像が提示されることだろう。その刊行を期して待ちたいと思う。

◆書評

灰色の時代に、（政治の）世界を見つめて

●――岡野八代

小山花子『観察の政治思想――アーレントと判断力』（東信堂、二〇一三年）

本書は、アカデミアでは常に関心が高く、また一思想家のしかも、限定された時代・政治背景を描く映画（『ハンナ・アーレント』日本では二〇一三年初公開）としては予想外の観客動員数を誇り、一般市民の間でもその思考方法について話題とされる、ハンナ・アーレントの「判断力」をめぐる論文集である。

公共性論、自由論、民主主義論、全体主義批判、あるいは物語論や戦後責任論など、アーレントの思想をどの視点から切り拓くかによって、さまざまにアーレント論は展開されてきた。これまで蓄積されてきたアーレント論に、本書は「観察」という視座から、新たな光を当てようとする。以下、数あるアーレント論のなかでの本書の特徴と、著者小山自身の関心という二点から、本書を概観してみたい。

本書は序章ほか六章の本文から構成され、「始まり」（第二章）、「公共性」（第三章）、「市民的不服従」（第四章）、「許し」（第五章）、「世界」（第六章）といったアーレント思想の鍵概念を、アイヒマン事件を契機に明確に示されるようになる、観察者としての判断力（第一章）が試される問題群として再解釈しようとする。

政治思想家は活動家ではなく、著作に判断力や思考力が表れるのは当然である。だが、小山が観察者としてのアーレントに拘るのは、アーレント思想をめぐるいくつもの論争に対して、観察者という筋を通すことで、一定の応えが与えられるからである。

第一章は、そのフリッパントな語り口（cf. 加藤典洋）をめぐって日本でも論争となった、「悪の陳腐さ」をめぐる議論が考察される。ただ小山が注目するのは、『全体主義の起原』で示された根源悪から、『アイヒマン』での陳腐さへとアーレントの立場が変化したか否かではない――小山は一九四六年のヤスパースとの書簡を示すことで、悪魔的偉大さは一貫して拒否されていると論じる――。むしろ、紛糾に巻き込まれる「受難者」のような行為者（『人間の条件』邦訳、三六七頁）の立場から離れて、世界の事象を眺めるアーレントの関心が、「悪の阻止」にあったと主張され、悪が可能となるのは、人びとの判断の停止にある、という本書全体の主張となるテーゼが導き出される。

外から世界を眺めるアーレントは、したがって第二章で詳述されるように、「行為、自由、悪、そして始まり」といった核心的な概念をめぐって深刻な矛盾を抱え込んでいるようにみえる（三九頁）。しかしそれは、観察者の立場を貫く限り、人間の事象は、行為者の意志に関わらず、人間の網の目のなかで連鎖するため、

「始まり」が終焉を告げ、「創設」が逆説的に保守的な意味合いをもっていたならば、その事象に忠実である他ない。個別の事象の新奇さに驚きをもって接するアーレントは、その意味を問うことを通じて過去の出来事に敬意を払いつつ、絶え間なく生まれ出ずる人びとの奇跡的な新しさに、愛をもって応えているのだ。

第三章では、『人間の条件』がしばしば指摘されてきたような公共性の喪失の物語ではなく、労働において卓越を競うようになる、変質の物語として提示される。『革命について』で徹底して批判される代表民主主義は、その変質を受け、公共性の特徴である「現われ」と「言論」の双方を否定する制度である。公共性をめぐるアーレントの著述のトーンは「悲しげ」であり、それはノスタルジックなアーレント観を生むと同時に、古代ギリシアを理想化するエリート主義との批判も生んだ。だが、観察者アーレントの主眼は、幾度も挫折する「現れ」の意味を理解し、その出来事の輝きを描くことで「我々を行為へと誘う」ことにある(九四頁)。

劇場のアレゴリーによって語られ、「闘技的」、ときに「祝祭」とも称せられる行為は、観察者が存在しなければ意味がない。したがって行為者は観察者に依存している、と論じる第四章は、アーレント解釈にとって見落とされてはならない「観察者の役割」が論じられる。ここに、本書の主題である判断力、カントの「公開性」や「代表的思考」が思想家アーレントにとって重要な意味をもっていたことが明らかにされる。行為者中心の政治思想を描いたと理解されがちなアーレントは、むしろ観察者に新しい政治の始まりを期待していた、といえるのかもしれない。

第四章では、行為の結果も意味も知らない行為者と、距離を置いて行為を眺める観察者の抗争に着目されるが、第五章ではアイヒマン裁判の死刑判決をめぐって、アーレントが拒絶したかにみえる「許し」の可能性が「悪を理解する」視座から救い出される。彼女の死刑賛成については、カント的な厳格主義の影響や世界愛との関連で現代的な関心が集中する議論である。本章は、観察者アーレントという小山の読解の力が最も試される章でもある。

第六章は、アーレントが現代の現われの空間を維持するものとして最も期待を寄せた評議会制を、人と自然との関係に深く関わる科学技術をめぐる問題として再考される。

第六章での、自然を破壊する主体としての国家批判——秘匿主義と言論実践のなさ——は、読者に福島原発事故以降の日本を想起させずにはいられない。本書はアーレント思想の一解釈でありつつも、先述したように小山の政治的問題関心が、その解釈のなかに溢れ出ている点を、評者は積極的に評価したい。それは、公共性の再興を唱える手前に、政治思想の課題が存在していることを主張するものだ。政治の危機、そして代表民主主義の喪失を目の前に、じつは多くの市民はデモに集い、声を挙げている。わたしたちの政治にもっとも欠けているのは、繰り返される挫折にも、人間世界の事象として飽くことなく愛を向け、言葉を紡ぎつつ新しい始まりを予感する、観察者なのかもしれないのだ。

なお、アーレントが哲学教授を務めたニュー・スクールで、著者が学んだアーレント的な精神が、脚注ほか本書のそこかしこに垣間見える点は、読者を楽しませてくれる。

◆書評

主権のアポリアと人民の政治

●——杉田　敦

鵜飼健史『人民主権について』（法政大学出版局、二〇一三年）

政治状況の流動化を受けて、主権のゆくえが社会的にも関心の的となっているが、多くの場合、議論は事実関係をめぐるものである。すなわち、国家以外の主体の台頭により、主権国家体制が崩壊しつつあるのか、それとも、変容しつつも、別の形で維持されているのかといった論点が中心である。

それでも政治理論の分野では、主権とは何であるかを正面から考えようとする動きがある。著者は、数多くの関連文献を渉猟しつつ、こうした主権の「存在論」を本書において全面的に展開している。

著者がまず指摘するのは、主権概念をめぐる一種のアポリアである。そもそも政治的決定には、何らかの超越論的な価値を目的とするという「正統性」が必要であるが、脱領域的・普遍的な「人民」だけが、そうした正統性を供給することができると著者はいう。ところが、現実の政治は、ある領域の中に閉じ込められた「国民」という特殊な主体によってしか行われない。すなわち、主権は理念的には普遍的な人民のものであるとしても、現実的には特殊的な国民のものとなる。ここに、非常に大きなズレが生じてくる。

こうしたズレは、主権と「主権者」の間の循環的な関係ともかかわる。主権論によれば、ある領域を区切って国家を樹立するのは主権者である。しかし、主権者たる人びとがどの範囲なのかは、あらかじめ決まっているわけではなく、主権が成立すると同時に、主権によって主権者の範囲が指定される。ジャック・デリダがアメリカ独立宣言をめぐって、「署名が署名者を生む」と述べたゆえんである。

国家の成立と共に、それまで脱領域的であった主権者としての人民は、領域の中に囲い込まれて国民となってしまう。これを著者は、人民の「物象化」と表現する。その上で、人民主権論の再興によって、こうした物象化に対抗し、本来の普遍的な価値に照らして現実政治を批判する視点を回復できる、とするのである。

しかし、そのように「人民」概念を打ち立てて既存の政治を批判することは、ポピュリズムにつながらないか。こうした疑問を先取りする形で、著者は、ポピュリズム論にかなりの紙幅を割いている。エルネスト・ラクラウらを参照しつつ、さまざまな差異を超えた「人民」の連帯が構築される過程と、「人民」の名において特定のポピュリストが選出される過程の、二段階にポピュリズム現象を整理するのである。

そして、こうして生まれるポピュリズムは、主権者たる人民を現実政治において実体化するものである以上、いちがいに否定できるものではないとしながら、同時にそこには必ず限界があり、本来の人民とポピュリストとの間にズレがある以上、人民主権論による不断の批判も必要となるという。

このように著者は、われわれは人民概念を必要としており、主権を手放すこともできないという前提に立つ。そして、人民と国民との間のズレ、主権者と主権との間のズレ、人民とポピュリストとの間のズレ等が必ず生じることを認めつつ、そうしたズレを政治への障害とするのではなく、むしろ政治を成り立たせる資源と見なそうとしている。距離があるからこそ、批判が可能になるとするのである。

これは一つの理論として十分に成立しており、特殊意志と一般意志を対比した上で、一般意志にもとづく政治の実現を目指すルソー主義的な文脈の中に位置づけることもできるかもしれない。人民概念が「主体的・解放的な意味を含んでいる（含んでいた）」と強調する加藤哲郎の議論にも著者はふれている。

しかしながら、現実政治を対象化し、それへの批判の契機を確保するために、主権という剣呑な概念に改めて訴えることが必須であるか、あるいは有効であるかについては、疑問も呈しうる。

著者は「政治の目的が何らかの前政治的な価値―人民の意志、人権、公共の福祉、共通善―の実現に最終的には依拠しているため、政治はその普遍的な前提へ訴求する」ことを要するという。しかし、普遍的な価値へのコミットメントは、主権概念がなければできないわけでは必ずしもなかろう。

「私たちがもとめるのは主権権力の断念であり、それを共有し分割することである」というジョン・カプートの議論も引かれている。また、主権概念を多元主義的に換骨奪胎し、多元的な諸要素を含み、領域性を撹乱するようなものとして再定義する、ウィリアム・コノリーの試みをも著者は紹介している。一元的な主権を想定しなくても、いやむしろ想定しない方が、批判的な契機を確保できるというのが、これらの論者の議論である。しかし著者は、コノリー的「主権論の展開と評価については別著で議論したい」として、こうした方向性を斥ける。その背景はどこにあるのか。

サッチャー元首相らによる、「右からの」ポピュリスト的包摂に対抗して、「空虚なシニフィアン」（指示内容を特定しない指示記号）によって幅広い勢力を糾合し、「左からの」ポピュリスト的包摂を図ったのがラクラウである。著者は、こうしたラクラウの立場と多くを共有しているように思われる。すなわち、分散していては戦えないので、「人民」という空虚なシニフィアンを打ち立て、「主権」という強力な概念をふりかざして、左からの巻き返しを図るという戦略がそこにあるのであろう。

もっとも、国民として「物象化」した後、グローバル経済に組み込まれて、競走の中で連帯の基礎を見失っている人びとが、いかなる回路によって「人民」を構成しうるのか。その具体的な筋道までは、必ずしも明らかになっていない。にもかかわらず、政治が直面する困難を根源から考え抜いた著作として、本書の意義はきわめて大きいといえよう。

二〇一四年度学会研究会報告

◇二〇一四年度研究会企画について

企画委員長　松田宏一郎（立教大学）

二〇一四年度政治思想学会研究会（第二一回）は、五月二四日および二五日、関西大学にておこなわれた。統一テーマは「国家と圏域の政治思想」である。二つの企画シンポジウム、三つの自由論題分科会、および一つの公募パネルがおこなわれた。例年企画委員会によるシンポジウムは三つ組まれることが多かったが、今回は、自由論題および公募パネルに多くの申し込みがあることを期待し、またそれに十分な枠を用意しておくため、あえて企画シンポジウムは二つにした。結果としては自由論題に一〇の報告、それに加えて公募パネル一つをプログラムに入れることができた。

統一テーマである「国家と圏域の政治思想」とは、二〇世紀に興隆した国民国家、主権国家の理念が、望ましい政治的共同体についての目標を示すというよりは、捨てるには惜しいがあまり信頼もできない政治的装置そしてイデオロギーの一つとなった歴史的経緯と、国家の枠にとらわれない、あるいはそれに囲い込まれない政治的共同体のリアリティが増すにつれて、そこで政治的正当性や規範がいかにして有効たり得るのかについての、不安をはらんだ展望とを、両方とも議論したいという企図から生まれた。「圏域」という語はやや曖昧に過ぎるという懸念もあったが、議論の幅を広げるために敢えて採用した。

シンポジウムⅠ「国家・主権・規範理論」では、政治体制の正当性を主張するために個人の自由、法の下の平等といった、国家を超えた一般的な正義の要請と「主権」とは論理的には連結されない（あるいはシュミットが指摘するように、むしろ切断されるべきである）といった問題を、現代的視野から再検討する報告がなされ、またそれをめぐって討論がなされた。周知のように現代の世界では、たとえば、「主権」の主張は国家による権力の行使を正当化できないとする立場と、「主権」を主張し続ける以外に権力を正当化するアイデアがない立場とが、併存し、あるいは摩擦を起こしている。「憲法」や「主権」が、その価値をそれ自身の内側に設定して閉じた体系となることが不可能（あるいは非合理的）だとしても、その事態を現実の国家が受け入れて別の方法を考えるかどうかは、場合によりけりである。この困難な実情を明らかにするための、理論的焦点および現実的問題点が、報告および討論の中で鋭く指摘されたシンポジウムとなった。

シンポジウムⅡ「圏域の政治思想」では、地政学（ただし報告のトピックの一つとなったシュミットの場合は、意識された非・地政学）、共同体主義、文明圏のそれぞれの発想が、拮抗し、また互いを利用し合いながら、良くも悪くも政治的そして思想的動力としての働きをなしてきた歴史を再検討し、またそのような動力に依存することで展望が開けるのかどうかが議論された。議論を通じて見えてきたのは、現代世界の問題は、一見同じような「圏域」についての主張を繰り広げている主体（それは国家であったり、理論家であったりする）が、まったく異なる位相の意図をもっていることが通常であるだけでなく、そのズレに居直る一種のシニシズムが全体を覆っていることである。この問題状況は主権論にも共通する。このセッションでの報告や議論は、それぞれの研究関心に立脚しながらも、その深刻な状況を乗り越えるきっかけをいくつか提示していた。

　自由論題のトピックは幅広かったが、ある程度セッションごとの性格分けをするために、西洋思想、政治理論、日本・韓国思想の3つのセッションに分けた。それぞれ真摯な研究努力の成果であったが、日本・韓国以外の非西洋圏の思想研究が加われば、さらによかったかと思う。今後の研究関心の広がりに期待したい。

　公募パネルは、日本と英国をケースとしながらも、グローバルな課題としての政治教育、市民教育が議論された。大会二日目最後の時間ではあったが、最後まで多くのフロア参加者が残り、質疑も活発であった。政治思想研究者は政治学教育者でもあるため、多くの会員がこのテーマに関心をもっていたことがわかる。

　企画委員を代表して、レベルの高い報告を準備してくださった報告者、討論者、司会者、真摯な討論に参加した会員、会場運営その他の多大な労力を提供してくださった関西大学のスタッフに、感謝の意をお伝えしたい。

【シンポジウムⅠ】

国家・主権・規範理論

司会　上野成利（神戸大学）

第一部では、毛利透（非会員／京都大学）「憲法の前提としての国家と憲法による国家統合」、王前（会員／東京大学）「カール・シュミットと中国――その国家・主権論を中心に」、山岡龍一（会員／放送大学）「主権・正義・政治――近代国家概念の再検討」という三つの報告、および寺島俊穂会員（関西大学）のコメントを中心に、「国家・主権・規範理論」という主題への思想史的・理論的な接近が試みられた。ここでは当日の質疑応答の一端について、ごく簡単に振り返っておくことにしたい（なお王報告と山岡報告の概要については、本号所収論文をご参照いただきたい）。

【1】毛利報告は、ケルゼン、シュミット、スメントらの議論を〈憲法の前提としての国家〉と〈憲法による国家統合〉との対立軸で整理し、さらに後者の系譜が戦後ドイツの憲法学にまで流れ込み、ハーバーマスの憲法パトリオティズムもまたその系譜に位置づけられると指摘したうえで、その重要性を示唆するものだった。これについては、そうした対立の構図自体は当時のドイツの政治状況に制約されたものではないか（遠藤泰弘会員／松山大学）、ドイツ国法学の伝統に棹さすこの種の議論はどこまで汎用性をもちうるのか（寺島会員）、という質問があった。報告者からは、憲法学が国家の統一性を前提にできなかった当時のドイツの状況こそが、憲法と国家の関係について理論的な汎用性を有する議論を可能にしたのではないか――との回答があった。一方、国家をさしあたり法的主体として前提としないかぎり国際法秩序が成り立たないのだとすれば、国家の存在をいわば括弧に入れる憲法学は国際法学とどのように接点をもつのか（杉田敦会員／法政大学）、という疑問も提出された。〈初めに国家ありき〉という思考が危険をはらんでいるのは間違いないが、しかし〈憲法による国家統合〉という視点だけでは国家の現実性が捉えにくくなるのではないか、ということであろう。報告者からは、国家を憲法によって成立するものとして捉える論理自体は、EUのような組織を国際法に組み込むうえで有力な助けとなるだろう――との回答があった。

【2】王報告は、シュミットを援用して自由主義を批判する現代中国の思潮を取り上げ、そうしたシュミット受容にはらまれる問題性を批判的に検討するものだった。これにたいして、日本におけるシュミット受容を引き合いに出しつつ、シュミットを「脱臼」させるような受容は中国ではみられないのかという趣旨の質問が提出された。たとえば清水幾太郎がウェーバーとの抱き合わせでシュミットを紹介したとき、そこにはウェーバーでシュミットを相対化しようとする意図が働いていたのではないか（野口雅

弘会員／立命館大学）。あるいは丸山眞男にしても、シュミットを経由してスピノザ、ホッブズにまで遡ることで、シュミットから自由主義的な理論を逆説的に引き出そうとしたのではなかったか（松田宏一郎会員／立教大学）。そうだとすれば中国でも、かならずしも国家主義に直結しないシュミット受容がみられないのだろうか。さらにいえば、シュミットを始めとする欧米思想の受容は、中国独自の思想の形成につながっていないのか（寺島会員）。これについては、一方でバーリン、ロールズ、アーレントらの議論も積極的に受容され、それが一種の解毒剤のような役割を果たしていたり、他方ではシュミットから逆説的に自由主義的な理論を引き出そうとする動きもみられたりするが、しかし独自の思想の創造にはまだ時期尚早というべきかもしれない――との回答があった。

【3】山岡報告は、国家の絶対的な有用性を信じないH・スタイナーのリバタリアン的な議論を検討の俎上に載せ、その理論的な射程に肯定的な評価を与えようとするものだった。これにたいして、それは国家の規範性と現実性とを捉えそこなう恐れのある議論ではないか、との疑問が提出された。国家・主権・領土は国際法によってもその規範性が供給されているのであって、これを狭義の政治理論の文脈だけで論じてしまうのは危ういのではないか（押村高会員／青山学院大学）。あるいは、こうしたメタ理論的な問いは法制度的な議論とどのように接続しうるのだろうか（寺島会員）。これは毛利報告に杉田会員が寄せたのとほぼ同種の問いでもあろう。しかし報告者によれば、こうした現実主義的な立場からの分析的政治理論への批判はしばしば主権国家の現実性を前提としており、むしろその点にこそ政治理論的に検討されるべき論点がある。そしてそうした前提を正義論の立場から徹底的に掘り崩そうと試みたところに、スタイナーの理論のもつ積極的な意義があるという。スタイナーの分析的政治理論それ自体は、統計にもとづく経験的研究との連携の可能性をもっている。しかし実際に理論と現実とを総合するにあたっては分業が不可避であり、概念分析に専念するところに政治理論の担うべき役割があるのではないか――報告者からはこのような見解が示唆された。

シンポジウム全体を貫く統一テーマは「国家と圏域の政治思想」であった。それを支えていたのは何よりも脱国境的な〈圏域〉への関心であったかもしれない。しかし第一部では〈圏域〉へと一足飛びに赴くのではなく、まずは〈国家〉と〈主権〉を丁寧に洗いなおすことに眼目が置かれた。そして三つの報告と質疑応答からあらためて浮き彫りになったのは、この問題圏にはらまれる振幅の大きさであった。主権国家の機制Verfassungを徹底的に解析することは、主権を軸に国家をいっそう強固に弁証することもあれば、主権から国家を解き放ち、ついには国家を根底から解体することもある。あるいは逆に国家から主権を解き放ち、脱国境的な主権の可能性について考える方向もありえよう。本学会でも今後さらに議論が深められてゆくことを期待したい。

【シンポジウムⅡ】

圏域の政治思想

司会　小田川大典（岡山大学）

ポスト冷戦期におけるグローバル化と「国家の退場」（スーザン・ストレンジ）の進展の中、東アジア共同体構想やEUなどにみられるように、国民国家体制を相対化しつつ、「アジア」や「ヨーロッパ」といった具体的な歴史的・文化的素地を共通の基盤としたトランスナショナルな地域統合のあり方が注目を集めている。シンポジウムⅡではそうした「圏域の政治思想」の一九三〇年代から現代までの展開を歴史的・理論的に位置づけるべく、西平等会員（関西大学）「秩序の閾《しきい》：非地政学的思考としてのカール・シュミット圏域理論」、石井知章会員（明治大学）「東亜協同体論におけるマルクス主義の思想的位置」、山下範久氏（立命館大学、非会員）「国際関係論と領域主義」という三つの報告の後、遠藤乾氏（北海道大学、非会員）のコメントを踏まえて、討議を行なった。

西会員の第一報告は、三〇年代以降にカール・シュミットが展開した広域秩序論が、同時代のドイツで隆盛を誇っていた地政学の影響下で形成されながらも、地政学や人種主義とは明確に一線を画す思考形式――ノモスの概念によって表現される区分・配分原理――を基礎としていたことを示す試みであった。ここでいうノモスとは、大地の一部分を「閾」に画された圏域として外部から切り離し、共同で取得するとともに、その内部を区画し、それぞれの区画を構成員たる地位を持つ者に配分することによって打ち立てられる秩序のことである。「閾」で区切られた秩序の内部と外部。例えばシュミットは、領域や権限が構成員に配分され、相互に承認されている「陸」と、それらの配分がなく、相互の権利や権限を度外視した自由な活動が許される「海」とを、そして圏域において領域や権限の配分を受ける地位を有する「正しい敵」と、そのような地位を持たない「不正な敵」とを明確に区別する。このように〈権利・権限が配分されており、その配分に根拠を有する規範を媒介として（間接的に）利益や政治的理念の実現が図られる領域〉と〈無媒介＝直接的に利益や政治的理念の実現が追求される領域〉とを区別する形而上学は、青年期のシュミットが提示した「間接性」と「直接性」の区別に始まり、最晩年のノモス論に至るまで、一貫して彼の秩序構想の「形式」を規定していたということが論じられた。

石井会員の報告は、三木清と尾崎秀実が一九三〇年代に展開した東亜協同体論――その内実は「社会民主主義的トランスナショナリズムとしてのマルクス主義」であった――の可能性とそれが中国と日本の論壇で辿ることになった運命を検討する試みであった。報告によれば、彼らの東亜協同体論は、西洋文明の閉塞を近代そのものの行き詰まりとして解釈し、これをアジア的な論理と倫理で乗り超えようとした京都学派の「世界史の哲学」や「近代の超克」論の延長線上で展開されたものであり、前近代的なゲマインシャフトとも近代的なゲゼルシャフトとも異なる、より高次の協同社会（ゲノッセンシャフト）を目指し、圏域内の各民族の固有性を基礎としつつも、日本を含む構成国のナショナリズムを抑制するという意味でコスモポリタン的な理想主義の契機を持つ思想であった。だが、残念なことに同時代の中国の論壇においてそうした理想主義はほとんど顧みられることはなく、彼らの議論は専ら抑圧的な支配のためのイデオロギーとして反発を買うことになり、また日本の論壇においても、一時は進歩的知識人たちの連帯の礎となったものの、当時の政治情勢の中で「中国ナショナリズムへの視点」と「自発的な下からの国民組織の視点」が見失われ、「国防国家、総動員、国体明徴を粉飾する精神運動」（栗原彬）へと変質を余儀なくされたのである。

山下氏の報告は、国際関係論においてリージョナリズムとして論じられることの多い圏域の思想を手掛かりに、学知としての国際関係論に対するいわゆるウェストファリア史観の呪縛を批判的にあぶり出す試みであった。他の様々な歴史研究と比べたとき、国際関係論の歴史叙述は、明らかに主権領域国家で構成されたシステムを対象とする学という国際関係論の自己規定に束縛されている。一八世紀から現代までの歴史を振り返るならば、圏域の思想は、ヨーロッパに重心を置きつつ、①フランス革命をまたぐ断層、②両次の世界大戦をまたぐ断層、③冷戦終結をまたぐ断層を経て多段階的に展開しているが、①の断層では、統合による乗り越えの対象が王朝や領邦から国民国家に変容しており、②の断層ではヨーロッパの他の文明圏に対する優越の自明性が失われており、③の断層では圏域の思想自体への再帰的問いかけが前景化している。だが、そこにうかがえるのは、国際政治の構造的な非対称性のダイナミズム（ウェストファリア史観の解釈権の所在）ゆえに生じる、マクロ歴史的な不連続性の隠蔽である。圏域の思想を検討するに際しても、他分野の歴史研究の成果を踏まえつつ、こうしたウェストファリア史観の呪縛を批判的に問う必要があるということが報告の趣旨であった。

討論者の遠藤氏からは、シュミットの広域秩序論の現代的意義、三木と尾崎の東亜協同体論の可能性、圏域の思想を手掛かりとしたウェストファリア史観の問い直しについてコメントと質問があったが、特に注目すべきはEUにとってのシュミットの広域秩序論のインプリケーションをめぐるやりとりであった。西会員は、遠藤氏の質問に対し、自分の報告があくまでもシュミットの秩序構想の「形式」に議論を限定したものだとことわったうえで、EUが、「閾」を無視するグローバル化の〈無媒介＝直接的な利益の領域〉の暴力からヨーロッパ的な生活形態の基盤である権利・権限の配分原理を守る「カテコン」の役割を果たす可能性について示唆的に言及した。一九三〇年代に盛んに論じられ、様々な負の遺産を負うことになってしまった圏域の思想であるが、いまもなおそのポテンシャルは汲み尽くされていないのである。

〔自由論題　分科会1〕

司会　野口雅弘（立命館大学）

本分科会では、熊谷英人（東京大学大学院）「一八・一九世紀転換期におけるローマ王政期解釈の政治学」、内藤葉子（関西大学・京都女子大学）「マックス・ヴェーバーにおける近代的主体の形成とその特質：心情倫理を中心に」、大井赤亥（東京大学大学院）「H・ラスキの見た一九三〇年代アメリカのニューディール：「マルクス主義者」によるリーダーシップ論」、千野貴裕（早稲田大学）「グラムシの宗教論：クローチェの宗教批判への応答とカトリック教会の分析を中心に」の四つの報告が行われた。

熊谷報告は、ドイツ史研究で「近代歴史学」の祖として名前は出てくるが、その内実はあまりよく知られていないニーブーアを取り上げ、そのローマ史解釈を政治学の研究として検討した。このとき新興の社会集団を取り込むというニーブーアの視座がとりわけ強調された。この報告に対しては、共和政時代の対外的拡大に関してや、その後のローマ史研究におけるニーブーアの評価などについて質問があった。

ヴェーバーの「責任倫理」に関してはこれまでも多くの研究がなされてきた。これに対して内藤報告はヴェーバーの「心情倫理」のほうにフォーカスを当てた。この両概念をめぐるW・シュルフターらの先行研究や、Gesinnungの訳語として（「信条」「心術」「心根」などではなく）「心情」を用いる理由、あるいは古代ユダヤの預言者から禁欲的プロテスタンティズムに至る系譜とは異なる文化的背景における「心情倫理」のタイプなどについて議論がなされた。

大井報告は、ニューディール、あるいはルーズヴェルト大統領に対するラスキの見解を検討した。これによって大井は、多元的国家論者から「マルクス主義者」に転換した後期のラスキには「政治」の契機が消えるという通説に修正を加えようとする。この報告ではリーダーシップがキーワードとされたが、それがいかなる種類のものなのかをめぐって多くの討論がなされた（たとえばボナパルティズムとの対比）。また、出発点の多元的国家論との関連についても質問が出た。

グラムシといえばヘゲモニー概念、知識人、あるいはラディカル・デモクラシー論との関連で名前が出てくる思想家であるが、千野報告は（経済的な構造が変わっても残る）過去の堆積物としての「市民社会」に目を向け、グラムシの宗教論、とりわけカトリック教会をめぐる議論を検討した。そこでは、グラムシのカトリック批判は、クローチェによる批判が不十分であるとの認識から導き出されていることが主として指摘された。千野報告に対しては、ラクラウ的なグラムシ論との違いなどについて質問が出された。

自由論題の分科会なので、これら四つの報告には相互に関連性はない。しかし政治指導（リーダーシップ）のあり方や一九三〇年代という時代などをめぐって議論がシンクロし、フロアからもたくさんの建設的な発言が出た。司会の力量不足にもかかわらず、よいセッションになったと思う。参加者の皆さまに心から感謝したい。

〔自由論題　分科会2〕

司会　飯田文雄（神戸大学）

本分科会では、梅川佳子会員（名古屋大学大学院）「Charles Taylor 政治哲学の形成（一九五六―一九七〇）――subjectivityの政治学」、岸見太一会員（早稲田大学大学院）「生まれ・自由・制度――政治共同体の入国管理権限の批判的検討」、木山幸補会員（東京大学大学院）「グローバル世界と人権理論――干渉、諸人民の法、自然法アプローチ」という三本の報告が行われた。

梅川報告は、従来論じられる機会の少なかったテイラーの七〇年代に至る形成期の議論について、ニューレフトとソーシャリズムという二つの視角から総括を試みた。同報告はまず、テイラーとスチュアート・ホールらニューレフトの代表的論者との交流過程を書誌学的に考察すると同時に、テイラーが初期マルクスの摂取を通じて、疎外克服と社会的連帯を企図するソーシャリズムの構想を呈示する経緯を考察した。その後、同報告は、こうしたソーシャリズムの視角から、テイラーの具体的な言説の分析を行い、政党政治のありかたや資本主義批判、対話社会等の諸論点に関してテイラーが展開した議論が考察された。同報告に関しては、テイラーのソーシャリズム概念と共同体論の関係、その政党制概念の具体像、主体性概念等に関して活発な質疑応答が行われた。

木山報告は、ロールズ以降のリベラルな人権論が、主権国家システムの存在を所与の前提としつつ、干渉の正当化という人権概念の現実的機能を重視する結果、主権国家を超えた人権の普遍的基礎付けに失敗していると批判した。その上で、同報告は、リベラルな人権論が呈示する、良識ある階層制の諸人民からの同意や、社会的協働等を用いた人権の普遍的基礎付けが失敗しているとの批判を展開した上で、人間がその特性故に持つ根本的価値に依拠する自然法的アプローチの可能性について、グリフィン・ヌスバウム・内藤淳ら既存の自然法論の批判的検討を通じて考察した。同報告に対しては、その自然法理解の妥当性、ロールズ理解の妥当性、実定法や法実証主義との関係等に関して活発な質疑応答が行われた。

岸見報告は、リベラルな平等主義の観点から入国管理制度に関する考察を試みた。同報告はまず、リベラルな平等主義、特に正義の実現可能性をめぐるロールズやコーエンらの論争を踏まえつつ、入国管理制度廃止の実現可能性にかかわらず、生まれに起因する不平等を是正するという運の平等論の観点から、入国管理制度を批判することはなお可能なことを指摘した。その上で、同報告は、運の平等論に対するロールズ的批判への再反論を試みつつ、むしろロールズ自身も自らが唱える移動の自由の一環として入国管理制度廃止を支持する可能性があることを指摘した。同報告に対しては、運の平等論としてのタンやカレンス理解の妥当性、方法論争と具体的争点に関する結論との連関性、移動の自由の具体的内容等について活発な質疑応答が行われた。

〔自由論題　分科会3〕

司会　松田宏一郎（立教大学）

この分科会は、日本および韓国の思想を対象とする報告によって構成された。島田会員の報告「頼山陽の史論」は、徳川後期の思想家、頼山陽の史論を直接の対象としながら、この時代に歴史書を書くことを動機づけるものは何かと、その動機を支える名声や物質的利益を生み出す「市場」の状況（教育環境、交流のネットワークや図書流通システムなど）はいかなるものであったかを照らし合わせ、頼山陽が史論家として自己をどのようにプロデュースしようとしたのかを明らかにしようとする報告である。思想家の政治的理想や価値判断の特性を描くよりは、史論家という役割を選び取ろうとする意識の成立に着目した報告であったが、頼山陽自身に本当にそのような選択の意識があったかどうかがやや不明確であった。

望月会員の報告「石橋湛山の「小日本主義」の再検討―ナショナリズムをめぐって―」は、石橋湛山の政治思想を「小日本主義」というタームでくくることへの異議申し立てである。従来の石橋湛山研究を腑分けしつつ、多くの研究がそれぞれの思惑を「小日本主義」に投影し、その結果、石橋が考えていたことを全体として理解する試みに失敗してきたことを批判する。望月会員が強調するのは、石橋の「「真」を追求する思考」であり、経済合理主義と「日本人意識」が、それを軸に統合されているという点である。ただし、「「真」を追求する思考」の中身がわかりにくく、また石橋がある意味ナショナリストでありながら、「盲目的な」ナショナリズムには批判的であった、という指摘（あるいは評価）は、結局もう一つの人物評価を打ち出しているだけで、従来の研究方法そのものの批判にはなっていない。

崔先鎬会員の「戦後信託統治期と第一共和国期の韓国における教育政策」は、米国軍政庁統治期（一九四五―一九四八）から第一共和国（一九四八―一九六〇）政府成立直前までの教育制度について、その世論形成政策としての意図を検討した報告である。米国は、戦前の人格倫理教育が日本の軍国主義を支えるイデオロギー教育であったとして、「人格教育と学問研究との分離を図る」ことを試みたが、では、戦前の人格倫理教育は日本帝国主義の産物なのか、韓国に伝統的な教育理念なのか、おそらくGHQには区別がつかなかった。キリスト教的理念の導入と実学的教育の導入が並行しておこなわれたが、これも一種の矛盾をはらんでいた。興味深い事例を扱った報告であるが、残念なのは、現在の日韓のナショナリスティックな相互反発をどうしたらよいのかといった話題に報告が流れてしまい、狙いがぼやけてしまった。

一般化すべきではないかもしれないが、いずれの報告も意図は野心的ながら、自己の研究方法はどのようなもので、何を目的としてトピックや史料を選択し、その研究が何を明らかにしようとしているのかといった、方法意識が弱い。スタイル競争のような方法論にうんざりしている世代のせいかもしれないが、思考を歴史的に理解する方法論の再検討が政治思想研究の学問世界に必要であると感じた。

執筆者紹介〔掲載順〕

王　前
一九六七年生。東京大学グローバル・コミュニケーション研究センター特任准教授。『中国が読んだ現代思想』（講談社、二〇一一年）、「林達夫と丸山眞男」（河野有理編『近代日本政治思想史――荻生徂徠から網野善彦まで』ナカニシヤ出版、二〇一四年）。

山岡龍一
一九六三年生。放送大学教授。Ph.D.（ロンドン大学）『西洋政治理論の伝統』（放送大学教育振興会、二〇〇九年）、共著『西洋政治思想史　視座と論点』（岩波書店、二〇一二年）。

石井知章
一九六〇年生。明治大学商学部教授。政治学博士。『K・A・ウィットフォーゲルの東洋的社会論』（社会評論社、二〇〇八年）、『中国革命論のパラダイム転換』（社会評論社、二〇一二年）。

小玉重夫
一九六〇年。東京大学大学院教育学研究科教授。博士（教育学）。『シティズンシップの教育思想』（白澤社、二〇〇三年）、『難民と市民の間で――ハンナ・アレント『人間の条件』を読み直す』（現代書館、二〇一三年）。

蓮見二郎
一九七三年生。九州大学大学院法学研究院准教授。Ph.D.「政治腐敗」（古賀敬太編『政治概念の歴史的展開』第六巻、晃洋書房、二〇一三年）、「社会形成としてのシティズンシップ教育」（『法政研究』第七九巻第三号、二〇一二年）。

熊谷英人
一九八四年生。明治学院大学法学部専任講師。博士（法学・東京大学大学院法学政治学研究科）。「『均衡』の宇宙――思想家としてのフリードリヒ・ゲンツ」（『政治思想研究』第一一号、二〇一一年）、「幻影の共和国――J・G・フィヒテ、『二十二世紀』からの挑戦」（『国家学会雑誌』第一二三巻三・四号、二〇一〇年）。

大井赤亥
一九八〇年生。日本学術振興会特別研究員（PD）、東京大学・昭和女子大学非常勤講師。「初期ハロルド・ラスキの『多元的国家論』をめぐる再検討――教会論と労働組合論の位相」（『政治思想研究』第一二号、二〇一二年）、「ラスキにおける『二つの全体主義』認識の変容と自由民主政への批判的省察」（『年報政治学』二〇一二―Ⅱ、二〇一二年）。

愛甲雄一
一九六九年生。専修大学経済学部非常勤講師。Ph.D.（サセックス大学）"Rousseau and Saint-Pierre's Peace Project: A Critique of 'History of International Relations Theory'", Beate Jahn (ed.), *Classical Theory in International*

Relations, Cambridge University Press, 2006、『デモクラシーとコミュニティ――東北アジアの未来を考える』（中神康博氏との共編著、未來社、二〇一三年）。

内藤葉子

一九七〇年生。関西大学非常勤講師。「『神々の闘争』は『ヴェーバーの遺した悪夢』か？――シュミットの『価値の専制』論に照らして」（『現代思想』第三五巻第一五号、青土社、二〇〇七年）。「フェミニズム」（古賀敬太編著『政治概念の歴史的展開』第五巻、晃洋書房、二〇一三年）。

千野貴裕

一九八二年生。早稲田大学政治経済学術院助教、欧州大学院マックス・ウェーバー・フェロー。Ph.D. in Political Science (University College London). "Antonio Gramsci as an Italian Revolutionary: Gramsci's Marxism and the Crisis of Italian Democracy", Ph.D. thesis submitted to University College London, 2013、「同意と公共性――A・グラムシの市民社会論における同意の形成と解体」（齋藤純一編『公共性をめぐる政治思想』おうふう、二〇一〇年）。

長野　晃

一九八七年生。慶應義塾大学大学院法学研究科後期博士課程。

宮下　豊

一九七二年生。早稲田大学政治経済学術院非常勤講師。博士（政治学）。『ハンス・J・モーゲンソーの国際政治思想』（大学教育出版、二〇一二年）、「ニーバーとバターフィールドにおける自己義認批判」（『国際政治』第一八〇号、二〇一五年）。

宮本雅也

一九八九年生。早稲田大学大学院政治学研究科博士後期課程。日本学術振興会特別研究員（DC）。

松尾隆佑

一九八三年生。法政大学大学院政治学研究科博士後期課程。「マルチレベル・ガバナンスの民主的正統性と公私再定義――ステークホルダー・デモクラシーのグローバルな実現へ向けて」（『社会科学研究』第六五巻第二号、二〇一四年）。

将基面貴巳

一九六七年生。オタゴ大学人文学部歴史学科教授。*Ockham and Political Discourse in the Late Middle Ages*, Cambridge: Cambridge University Press, 2007、『ヨーロッパ政治思想の誕生』（名古屋大学出版会、二〇一三年）。

高濱俊幸

一九六一年生。恵泉女学園大学人文学部准教授。『言語慣習と政治――ボーリングブルックの時代』（木鐸社、一九九六年）、共著『共和主義の思想空間――シヴィック・ヒューマニズムの可能性』（田中秀夫・山脇直司編、名古屋大学出版会、二〇〇六年）。

田上雅徳
一九六三年。慶應義塾大学法学部教授。「ルターとカルヴァン――近代初期における身体性の政治神学」（『岩波講座　政治哲学1　主権と自由』岩波書店、二〇一四年）、『入門講義キリスト教と政治』（慶應義塾大学出版会、二〇一五年）。

菅原　光
一九七五年生。専修大学法学部教授。博士（学術）。『西周の政治思想――規律・功利・信』（ぺりかん社、二〇〇九年）、「マジックワードとしての『立憲主義』――脱魔術化と再生の試み」（松田宏一郎ほか編『自由主義の政治家と政治思想』中央公論新社、二〇一四年）。

上野成利
一九六三年生。神戸大学大学院国際文化学研究科教授。『暴力』（岩波書店、二〇〇六年）、「フランクフルト学派――唯物論のアクチュアリティ」（齋藤純一編『岩波講座　政治哲学5　理性の両義性』岩波書店、二〇一四年）。

岡野八代
一九六七年生。同志社大学大学院グローバル・スタディーズ研究科教授（博士）。『憲法のポリティカ――哲学者と政治学者の対話』（高橋哲哉との共著、白澤社、二〇一五年）、『フェミニズムの政治学――ケアの倫理をグローバル社会へ』（みすず書房、二〇一二年）。

杉田　敦
一九五九年生。法政大学法学部教授。『政治的思考』（岩波新書、二〇一三年）、『政治への想像力』（岩波書店、二〇〇九年）。

●政治思想学会規約

第一条　本会は政治思想学会（Japanese Conference for the Study of Political Thought）と称する。

第二条　本会は、政治思想に関する研究を促進し、研究者相互の交流を図ることを目的とする。

第三条　本会は、前条の目的を達成するため、次の活動を行なう。

（1）研究者相互の連絡および協力の促進

（2）研究会・講演会などの開催

（3）国内および国外の関連諸学会との交流および協力

（4）その他、理事会において適当と認めた活動

第四条　本会の会員は、政治思想を研究する者で、会員二名の推薦を受け、理事会において入会を認められたものとする。

第五条　会員は理事会の定めた会費を納めなければならない。会費を滞納した者は、理事会において退会したものとみなすことができる。

第六条　本会の運営のため、以下の役員を置く。

（1）理事　若干名　内一名を代表理事とする。

（2）監事　二名

第七条　理事および監事は総会において選任し、代表理事は理事会において互選する。

第八条　代表理事、理事および監事の任期は二年とし、再任を妨げない。

第九条　代表理事は本会を代表する。理事は理事会を組織し、会務を執行する。理事会は理事の中から若干名を互選し、これに日常の会務の執行を委任することができる。

第十条　監事は会計および会務の執行を監査する。

第十一条　理事会は毎年少なくとも一回、総会を召集しなければならない。理事会は、必要と認めたときは、臨時総会を招集することができる。総会の招集に際しては、理事会は遅くとも一カ月前までに書面によって会員に通知しなければならない。総会の議決は出席会員の多数決による。

第十二条　本規約は、総会においてその出席会員の三分の二以上の同意がなければ、変更することができない。

付則　本規約は一九九四年五月二八日より発効する。

【論文公募のお知らせ】

『政治思想研究』編集委員会では、第一六号の刊行（二〇一六年五月予定）にむけて準備を進めています。つきましては、それに掲載する論文を下記の要領で公募いたします。多数のご応募を期待します。

1　投稿資格

査読用原稿の提出の時点で、本会の会員であること。また原則として修士号を取得していること。ただし、『政治思想研究』本号に公募論文もしくは依頼論文（書評および学会要旨などは除く）が掲載された者は、次号には応募することができない。

2　応募論文

応募論文は未刊行のものに限る。ただし、インターネット上で他者のコメントを求めるために発表したものはこの限りではない。

3　エントリー手続

応募希望者は、二〇一五年七月十五日までに、編集委員会宛（kibe@icu.ac.jp）に、①応募論文のタイトル（仮題でも可）、②執筆者氏名、③メールアドレス、④現職（または在学先）を知らせること。ただし、やむを得ない事情があってこの手続きを踏んでいない場合でも、下記の締切までに応募した論文は受け付ける。

4　審査用原稿の提出

原則として、電子ファイルを電子メールに添付して提出すること

締切　二〇一五年八月三十一日

メールの「件名」に、「公募論文」と記すこと。

次の二つのアドレスの両方に、同一のファイルを送付すること　kibe@icu.ac.jp　nenpoeditor@yahoo.co.jp

5　提出するもの：ファイルの形式は、原則として「Word」にすること

（1）論文（審査用原稿）

審査における公平を期するために、著者を特定できないように配慮すること。（「拙稿」などの表現や、特定大学の研究会や研究費への言及を避けること。また、電子ファイルのファイル情報（プロパティ欄など）の中に、作成者名などが残らないように注意すること）

ファイル名には、論文の題名をつけること。題名が十五文字を超える場合には、簡略化すること。（ファイル名には著者の名前を入れないこと。）

例：「社会契約説の理論史的ならびに現代的意義」→「社会契約説の意義.doc」

（2）論文の内容についてのA４用紙一枚程度のレジュメ

（3）以下の事項を記載した「応募用紙」

（「応募用紙」は本学会ホームページからダウンロードできるが、任意のA４用紙に以下の八項目を記入したものでもよい。）

①応募論文のタイトル、②執筆者氏名、③連絡先の住所とメールアドレス、④生年、⑤学部卒業年（西暦）月、⑥修士以上の学位、⑦現職（または在学先）、⑧主要業績（五点以内。書誌情報も明記のこと）。

6　審査用原稿の様式

（1）原稿の字数は、本文と注を含めて三万二四〇〇字以内とする。この字数を超えた論文は受理しない。この字数の中には、改行や章・節の変更にともなう余白も含まれるが、論文タイトルとサブタイトルは含まれない。

（2）論文タイトルとサブタイトルのみを記載した「表紙」を付けること。

（3）A4用紙へのプリントアウトを想定して作成すること。

（4）本文及び注は、一行四〇字、一ページ三〇行で、なるべく行間を広くとる。注は文末にまとめる。横組みでも縦組みでもよい。詳しくは「執筆要領」に従うこと。（なお、この様式の場合、三万二四〇〇字は二七枚になる。）

（5）図や表を使用する場合には、それが占めるスペースを字数換算して、制限字数を計算すること（原稿に明記すること）。使用料が必要なものは使用できない。また印刷方法や著作権の関係で掲載ができない場合もある。

7　審査

編集委員会において外部のレフェリーの評価も併せて審査した上で掲載の可否を決定する。応募者には十月下旬頃に結果を通知する。また編集委員会が原稿の手直しを求めることもある。

8　最終原稿

十二月初旬に提出する。編集委員会から修正要求がある場合には、それに対応することが求められるが、それ以外の点については、大幅な改稿は認めない。

9　転載

他の刊行物に転載する場合は、予め編集委員会に転載許可を求め、初出が本誌である旨を明記すること。

10　ホームページ上での公開

本誌に掲載された論文は、原則としてホームページ上でも公開される。

以上

【政治思想学会研究奨励賞】

本賞は『政治思想研究』に掲載を認められた応募論文に対して授与されるものである。

・ただし、応募時点で学部卒業後一五年未満の政治思想学会会員に限る。
・受賞は一回限りとする。
・受賞者には賞状と賞金（金三万円）を授与する。
・政治思想学会懇親会で受賞者の紹介をおこない、その場に本人が出席している場合は、挨拶をしてもらう。

【執筆要領】

1　入稿はWord形式のファイルで行うこと。ただし特殊なソフトを使用しているためＰＤＦ形式でなければ不都合が生じる場合は、ＰＤＦ形式も認める。

2　見出しは、大見出し（漢数字一、二……）、中見出し（アラビア数字1、2……）、小見出し（(1)、(2)……）を用い、必要な場合にはさらに小さな見出し（i、ii……）をつけることができるが、章、節、項などは使わないこと。

3　注は、文末に（１）、（２）……と付す。

4　引用・参考文献の示し方は以下の通りである。

①洋書単行本の場合

K. Marx, *Grundrisse der Kritik der politischen Ökonomie*, Diez Verlag, 1953, S. 75-6（高木監訳『経済学批判要綱』（一）、大月書店、一九五八年、七九頁）.

②洋雑誌掲載論文の場合

E. Tokei, Lukács and Hungarian Culture, in *The New Hungarian Quarterly*, Vol. 13, No. 47（1972）p. 108.

③和書単行本の場合

丸山眞男『現代政治の思想と行動』第二版、未來社、一九六四年、一四〇頁。

④和雑誌掲載論文の場合

坂本慶一「プルードンの地域主義思想」、『現代思想』第五巻第八号、一九七七年、九八頁以下。

5　引用・参考文献として欧文文献を示す場合を除いて、原則として数字は漢数字を使う。

6　「、」や「。」、また「　」（　）等の括弧類は全角のものを使う。

7　校正は印刷上の誤り、不備の訂正のみにとどめ、校正段階での新たな加筆・訂正は認めない。

8　『政治思想研究』は縦組みであるが、本要領を遵守していれば横組み入力でも差し支えない。

9　「書評」および「学会研究会報告」は、一ページの字数が二九字×二四行×二段（すなわち二九字×四八行）という定型を採用するので、二九字×○行という体裁で入力する。

10　その他、形式面については第六号以降の方式を踏襲する。

二〇一四—二〇一五年度理事および監事（二〇一四年五月二十五日、総会において承認）

[代表理事]

押村高（青山学院大学）

[理事]

飯田文雄（神戸大学）
石川晃司（日本大学）
宇野重規（東京大学）
梅森直之（早稲田大学）
大久保健晴（慶應義塾大学）
大澤麦（首都大学東京）
岡野八代（同志社大学）
小田川大典（岡山大学）
鏑木政彦（九州大学）
苅部直（東京大学）
川出良枝（東京大学）
菅野聡美（琉球大学）
北川忠明（山形大学）
木部尚志（国際基督教大学）
木村俊道（九州大学）
権左武志（北海道大学）
齋藤純一（早稲田大学）
向山恭一（新潟大学）
杉田敦（法政大学）
田村哲樹（名古屋大学）
辻康夫（北海道大学）
堤林剣（慶應義塾大学）
中田喜万（学習院大学）
野口雅弘（立命館大学）
萩原能久（慶應義塾大学）
松田宏一郎（立教大学）
安武真隆（関西大学）
山田央子（青山学院大学）

[監事]

森川輝一（京都大学）
山岡龍一（放送大学）

国家と圏域の政治思想（政治思想研究　第15号）

2015年5月1日　第1刷発行

編　者　政治思想学会（代表理事　押村　高）
学会事務局　〒603-8577　京都府京都市北区等持院北町56-1
立命館大学法学部　野口雅弘研究室内
Fax. 075－465－8294
学会ホームページ：http://www.jcspt.jp/
発行者　犬塚　満
発行所　株式会社風行社
〒101－0052　東京都千代田区神田小川町3－26－20
Tel.・Fax. 03-6672-4001／振替 00190-1-537252
印刷／製本　モリモト印刷

ISBN978-4-86258-058-0　C3031　Printed in Japan